수능 / EBS / 출제 대상 총집결

One & Top ① Word Power ^{wP} 수능

Essential Vocabulary and Power Meanings for Top Scorers

이 광 섭
배이유정
이 선 우

독해는 레크리에이션이 아닙니다.
대입 시험장 시계는 세상에서 가장 빠른 시계입니다.
단어를 분석하고, 연상하고, 붙잡고 매달려 단어 퀴즈 할 정신?? 없습니다.
독해를 위한 단어암기는 간결할수록 좋습니다.
독해는 늘 시간이 부족합니다.

아는 게 독(毒)이다.
한 단어에 한 가지 뜻만 있으면 얼마나 좋겠습니까? 그쵸?
결정적 복수의미, 출제위원이 선호하는 최우선 타깃입니다.
엉뚱한 해석은 모르는 것보다 더 위험합니다.
6년 공부하고 용감하게 오답으로 직행합니다.

One & Top

One & Top ① **Word Power** 수능 수능2000 기본/핵심편 wP

1판 1쇄 발행 2025년 9월 26일
지은이 이광섭, 배이유정, 이선우

편집 이새희
마케팅 · 지원 이창민

펴낸곳 (주)하움출판사   펴낸이 문현광

이메일 haum1000@naver.com   홈페이지 haum.kr
블로그 blog.naver.com/haum1000   인스타 @haum1007

ISBN 979-11-7374-079-4 (53740)

좋은 책을 만들겠습니다.
하움출판사는 독자 여러분의 의견에 항상 귀 기울이고 있습니다.
파본은 구입처에서 교환해 드립니다.

이 책은 교육적 참고서이며, 단어의 의미와 용법 등, 정확성을 위해 최선을 다해 검수하였습니다.
출판 후 오류가 확인되는 경우 공식 카페 정오표를 통해 공지하여 바로잡습니다.

CLASS CARD 학습 안내

■ DAY by DAY 학습　시작 페이지 QR 스캔 > 학습

■ 50 DAYS 학습　뒤표지 QR 스캔 > 회원 로그인 > 학습

1. 앱 다운로드

안드로이드 사용자	아이폰 사용자
1. Google Play 스토어서 '클래스카드' 검색 2. 앱 다운로드 후 설치	1. App Store에서 '클래스카드' 검색 2. 앱 다운로드 후 설치

2. 무료 회원가입

초, 중, 고 학교 선생님	학원, 공부방, 대학교 선생님	학생

3. 뒤표지 QR 스캔 > 클래스 가입 (초대코드 **988779795**)

classcard.net
www.classcard.net/
ClassMain/1759522

워드파워수능
cafe.naver.com/
onentopwordpower

교사용 문제은행
cafe.naver.com/
onentopwordpowertea

■ pc에서 학습

1. 구글 크롬브라우저(권장) 실행
2. CLASSCARD 로그인 > 클래스 가입 (초대코드 **988779795**)

초대코드 988779795

one&topwordpower수능기…
*** 학원 | 이광섭 선생님 (onentopwordpower)

나의 클래스   새 클래스
- one&topwordpower수능기…
- one&topwordpower수능종…

나의 폴더   새 폴더
- 이용한 세트
- 만든 세트
- 구독중인 폴더

9월
모의고사
2025년 9월 고1~3 모의고사
공식세트를 공개합니다!
지금 확인 >

클카추천하고 최대 10만원 할인받기 >
온라인 세미나 신청 >

의견을 공유해주셔서 감사합니다.   Ad choices ▷

세트   학생   리포트   쪽지   관리

위치 이동   하이라이트 / 숨김   합치기   인쇄   제거

복습   **누적 오답 단어 복습하기**
누적기간 08/11 - 09/07 찐쌔의   복습하기

≡   단어   **one&topwordpower수능기본/핵심편 DAY01 (40)**   40 카드

one&topwordpower수능기본/핵심편 DAY01 (40) ≪
40 카드 | onentopwordpower | 1개 클래스 사용 중 ⓘ

☐ 편집   🖶 인쇄   ☐ 폴더에 추가   ☐ 클래스에 추가   ☐ 추출/결합   ☐ 세트분리   ↑ 내보내기   🗑 삭제   ⚠ 신고

학생들의
광고를
제거해
주세요

학습구간 (전체) ▼   ☐ 뜻 보기   ☐ 슬라이드   ☐ 크래시

딴면보기   암기학습   리콜학습   스펠학습

☆ **admit (2)** (0001)	☆ **realize (2)** (0002)	☆ **property (2)** (0003)	☆ **observe (2)** (0004)
☆ **claim (2)** (0005)	☆ **represent** (0006)	☆ **revolution (2)** (0007)	☆ **authority (2)** (0008)

수험생, 단어장

✔ ChatGPT 등 영어 학습용 AI 도구의
정확도는 80퍼센트 정도입니다.
달리 말하면, 약 20퍼센트는
부정확하거나 잘못된 정보입니다.

✔ 빅데이터는 AI 도구의 기초 단계인,
단순 정량(定量)적 자료에 불과합니다.
누구나 생성하고 인용할 수 있는
기본적인 자료입니다.

✔ 수험생을 위한 단어장은
AI 도구와 빅데이터의 한계를 뛰어넘는,
수능 독해에 최적화된 단어장이어야 합니다.
정확성과 속도는 필수입니다.
실전에서 정확하게, 그리고 단번에 적용되는
완벽 고효율 단어장이어야 합니다.

One & Top ① **Word Power** 수능

Structure

| 엉뚱한 해석으로 시간을 빼앗는 함정 다의어, 오역, 오답을 유도하는 고위험 다의어 군을 최우선으로 다루었습니다.

| 1등급 빈출 단어부터 기본 필수단어까지, 수능 시험에 빈틈없이 대비할 수 있도록 필요충분 단어를 수록하였습니다.

| 약점 단어, 혼동 단어를 분리 배치하여, 효율적으로 암기할 수 있도록 구성하였습니다.

진단 테스트

| 본인의 실력을 진단하고, 점검할 수 있는 연결형 문제입니다. DAY 시작 전과 암기 후 수시로 점검할 수 있습니다.

| 보기를 안 보고도 뜻을 답할 수 있는 방식이 가장 바람직하며, 취약한 단어는 오답 노트로 집중 관리합니다.

| 망각/보유 이론에 근거하여, 하루 암기량을 늘리면 궁극적으로 더 효율적입니다.

| 가장 보편적이면서 직결적인 뜻을 제시하여, 빠르고 정확한 독해가 이루어지도록 하였습니다.

| 유사 단어에는 명확한 비교 설명을 추가하여 독해에서의 혼동을 방지하면서, 암기 효율성을 높였습니다.

| 단어장에 수록된 단어들로 구성하여, 반복 학습 효과를 높여주는 똑똑한 예문을 엄선하였습니다.

RELATED WORDS

- 연계 단어 패키지 학습이 요구되는 경우에는, 이미 등장한 표제어를 한 번 더 제시하여 함께 익힐 수 있도록 하였습니다.

- 파생어의 비중이 크거나, 의미상 또는 형태상 주의할 파생어는 표제어로 제시하였습니다.

- 파생어의 중요도가 낮거나, 형태 변화가 일반적으로 익숙한 단어는 과감하게 생략하였습니다.

REVIEW

- 완벽한 암기 상태가 아닌 경우, 1시간 이상 경과 후 페이지 전체를 재점검하는 것이 효과적입니다.

- 타 과목의 학습 비중을 고려하면서, 일정 기간 (1일, 2일, 6일 권장) 경과 후 반복 확인하면, 두뇌 장기 보유에 도움이 됩니다.

- 망각/보유 이론에 근거하여, 하루 테스트량을 늘리면 궁극적으로 더 효율적입니다.

PHRASE

- 수능 시험 및 고교 교과 과정에 등장하는 독해 중심의 숙어를 수록하였습니다.

- 간결하고 기본적인 예문을 통하여 숙어의 쓰임새를 한눈에 이해할 수 있도록 하였습니다.

- 모르는 숙어를 중심으로 오답 노트를 작성하고 이를 활용하여 집중적으로 관리 하십시오.

Features

1일 40개, 50일 완성으로 구성하였으며,
결정적 복수의미, 고득점 필수의미, 약점
단어, 혼동 단어 순으로 배치하였습니다.
하루 암기량을 늘리면 궁극적으로 더
효율적입니다.

p. 12

DAY 01

★★★ 중상급 빈출 단어이면서, 문맥상
비중이 크거나 주의할 단어
★★☆ 중상급 빈출 단어이면서, 글쓴이의
의도를 종종 내포하는 단어
★☆☆ 빈도수 무관 기본 단어, 또는 단편적
의미를 가진 최상급 단어

0001 ★★★
admit
[ædmít]

ⓥ인정하다, 입장을 허가하다 (주로 승인이 필요)
I admit that the existing policies don't
나는 기존의 정책들이 실업을 줄이지 못한다는 것을
The refugee was admitted without obta
난민은 비자를 받지 않고 입국이 허가되었다.
*admission ⓝ입장, 입학, 입원

0002 ★★☆
realize
[ríːəlàiz]

ⓥ깨닫다, 실현하다, 인식하다
I realized that the passion for success c
나는 성공을 향한 열정이 나의 인생을 파괴할 수 있다
They are willing to adopt any means to
그들은 야망을 실현하기 위하여 어떠한 수단도 기꺼

중요한 뜻은 적색으로 강조하였으며, 비중이
낮은 품사는 생략하였습니다.
발음기호는 미국식, 영국식 등 보편성을
고려하였으며, 정확한 발음은 클래스카드
음성 파일을 참고하십시오.

0003 ★★★
property
[prɑ́pərti]

ⓝ재산, 특성
The precise instruments in the laborato
실험실에 있는 정밀 기구들은 공공 재산이다.
The substances in the object have uniq
그 물체 안에 있는 물질들은 독특한 특성들을 지니고
*intellectual property 지적 재산, 지식 재산

0004 ★★★
observe
[əbzə́ːrv]

ⓥ관찰하다, 준수하다
The astronomer observed the stars fror
천문학자는 관측소로부터 별들을 관찰하였다.
To observe the traffic regulations is to
교통 규정을 준수하는 것이 사고를 예방하는 것이다.
*observation ⓝ관찰 *observance ⓝ준수

주의가 필요한 중요 파생어 위주로
수록하였으며, 중요도가 낮거나, 쉽게 예측
가능한 파생어는 제외하였습니다. 주의할
파생어는 표제어로 제시하여 심도 있게
학습하도록 하였습니다.

0005 ★★☆
claim
[kleim]

ⓥ주장하다, 청구하다 ⓝ주장, 청구
The customers claimed that their mone
고객들은 자신들의 돈이 환불되어야 한다고 주장하
The farmers claimed compensation for
농부들은 오염된 농지에 대한 보상을 청구하였다.

p. 353

단어장에 수록된 의미를 그대로 반영한 직역 위주의 해석을 덧붙였습니다. 일부 문장은 다소 어색할 수 있으나, 이는 단어 암기 효율성에 중점을 둔 의도적 기획입니다.

의미 또는 형태가 유사한 단어, 또는 혼동되는 단어끼리 함께 묶어 한번에 학습하도록 구성하였습니다. 각 단어의 관련성을 활용하여 암기 효율을 높여주는 연계 학습 방식입니다.

대표 뜻만으로 해석이 불충분한 경우를 대비하여, 빈도는 낮지만 간혹 등장하는 추가적인 뜻을 수록하였습니다. 반면에, 빈도가 낮거나 중요도가 떨어지는 품사는 제외하였습니다.

사전적인 뜻만으로는 명확하게 이해하기 어려운 단어에는 보충 설명을 덧붙였습니다. 대부분 본 단어장에서만 접할 수 있는, 그 어떤 검색보다도 명쾌한 '사이다' 지식입니다.

Contents

☐ **결정적 복수의미** · · · · · · · · · 11
엉뚱한 해석으로 시간을 빼앗는 함정 다의어

☐ **고득점 필수의미** · · · · · · · · 131

☐ **약점 단어, 혼동 단어** · · · · · 431

★★★ 중상급 빈출 단어이면서, 문맥상 비중이 크거나 주의할 단어
★★☆ 중상급 빈출 단어이면서, 글쓴이의 의도를 종종 내포하는 단어
★☆☆ 빈도수 무관 기본단어, 또는 단편적 의미의 최상급 단어

DAY
01

DAY 01

[진단 테스트]

※ 실력을 진단하고 점검하는 연결형 문제입니다. 문제에 표시하지 마시고, 전용 오답 노트를 활용하여 집중 관리 하십시오. 본 단어장의 모든 문제는 반복 학습용입니다.

1. admit	①깨닫다, 실현하다
2. realize	②권한, 당국
3. property	③회전, 혁명
4. observe	④대표하다, 나타내다
5. claim	⑤초안, 선발
6. represent	⑥인정하다, 입장을 허가하다
7. revolution	⑦겸손한, 하찮은
8. authority	⑧주장하다, 청구하다
9. humble	⑨관찰하다, 준수하다
10. draft	⑩재산, 특성

1.⑥ 2.① 3.⑩ 4.⑨ 5.⑧ 6.④ 7.③ 8.②
9.⑦ 10.⑤

1. witness	①조립, 집회
2. maintain	②유지하다, 주장하다
3. relative	③걱정하는, 열망하는
4. anxious	④증인, 목격하다
5. assemble	⑤조립하다, 모이다
6. assembly	⑥물품, 기사
7. article	⑦보존하다, 예약하다
8. reserve	⑧논쟁하다, 주장하다
9. decline	⑨상대적인, 친척
10. argue	⑩감소하다, 사양하다

1.④ 2.② 3.⑨ 4.③ 5.⑤ 6.① 7.⑥ 8.⑦
9.⑩ 10.⑧

1. harbor	①객관적인, 목적
2. share	②국내의, 가정의
3. object	③항구, 품다
4. objective	④기울이다, ~하는 경향이 있다
5. domestic	⑤안전한, 확보하다
6. incline	⑥공유하다, 몫
7. current	⑦시도, 재판
8. secure	⑧반대하다, 목적, 물체
9. facility	⑨현재의, 흐름
10. trial	⑩시설, 손쉬움

1.③ 2.⑥ 3.⑧ 4.① 5.② 6.④ 7.⑨ 8.⑤
9.⑩ 10.⑦

1. culture	①잡다, 파악하다
2. immediate	②물질, 자료
3. manual	③문화, 교양
4. grasp	④다루다, 연설하다
5. material	⑤얼룩, 장소, 목격하다
6. operate	⑥즉시의, 인접한
7. address	⑦운영하다, 작동하다, 수술하다
8. commit	⑧범하다, 전념하다
9. exhaust	⑨수작업의, 지침서
10. spot	⑩기진맥진하게 하다, 소진하다

1.③ 2.⑥ 3.⑨ 4.① 5.② 6.⑦ 7.④ 8.⑧
9.⑩ 10.⑤

0001 ★★★
admit
[ædmít]

ⓥ**인정하다, 입장을 허가하다** (주로 승인이 필요한 입장/입학/입원 등)

I admit that the existing policies don't reduce unemployment.
나는 기존의 정책들이 실업을 줄이지 못한다는 것을 인정한다.

The refugee was admitted without obtaining a visa.
난민은 비자를 받지 않고 입국이 허가되었다.

*admission ⓝ입장, 입학, 입원

0002 ★★☆
realize
[ríːəlàiz]

ⓥ**깨닫다, 실현하다**, 인식하다

I realized that the passion for success could destroy my life.
나는 성공을 향한 열정이 나의 인생을 파괴할 수 있다는 것을 깨달았다.

They are willing to adopt any means to realize their ambition.
그들은 야망을 실현하기 위하여 어떠한 수단도 기꺼이 받아들인다.

0003 ★★★
property
[prɑ́pərti]

ⓝ**재산, 특성**

The precise instruments in the laboratory are public properties.
실험실에 있는 정밀 기구들은 공공 재산이다.

The substances in the object have unique properties.
그 물체 안에 있는 물질들은 독특한 특성들을 지니고 있다.

*intellectual property 지적 재산, 지식 재산

0004 ★★★
observe
[əbzə́ːrv]

ⓥ**관찰하다, 준수하다**

The astronomer observed the stars from the observatory.
천문학자는 관측소로부터 별들을 관찰하였다.

To observe the traffic regulations is to prevent accidents.
교통 규정을 준수하는 것이 사고를 예방하는 것이다.

*observation ⓝ관찰 *observance ⓝ준수

0005 ★★☆
claim
[kleim]

ⓥ**주장하다, 청구하다** ⓝ주장, 청구

The customers claimed that their money should be refunded.
고객들은 자신들의 돈이 환불되어야 한다고 주장하였다.

The farmers claimed compensation for the polluted farmland.
농부들은 오염된 농지에 대한 보상을 청구하였다.

Check

□ admit	□ realize	□ property	□ observe	□ claim

0006 ★★★

represent
[rèprizént]

ⓥ**대표하다, 나타내다**

The poor blamed the organization representing the rich.
가난한 사람들은 부자들을 대표하는 단체를 비난하였다.

The infants' odd drawings represent their psychological states.
유아들의 이상한 그림들은 그들의 심리 상태를 나타낸다.

***representative** ⓝ대표, 대표자 ⓐ대표하는
***representation** ⓝ대표 활동, 묘사

0007 ★★★

revolution
[rèvəlúːʃən]

ⓝ**회전, 혁명**

The Earth's revolution around the Sun produces four seasons.
태양 주위를 도는 지구의 회전이 사계절을 만든다.

The Industrial Revolution altered agricultural conditions.
산업 혁명은 농업 환경을 변화시켰다.

***revolve** ⓥ회전하다

0008 ★★★

authority
[əθɔ́ːriti]

ⓝ**권한, 당국**, 권위, 권위자

The coach has the authority to hire and fire players.
감독은 선수들을 고용하고 해고할 권한이 있다.

The authorities warned the residents not to cross the border.
당국은 주민들에게 국경을 넘지 말라고 경고하였다.

***authorize** ⓥ권한을 주다, 인가하다 ***authoritative** ⓐ권위 있는

0009 ★★☆

humble
[hʌ́mbəl]

ⓐ**겸손한, 하찮은**, 미천한

He tries to be humble rather than arrogant.
그는 거만하기보다는 겸손해지려고 노력한다.

He rose from humble origins to become the governor.
그는 하찮은 출신에서 올라가 주지사가 되었다.

0010 ★★☆

draft
[dræft]

ⓝ**초안, 선발**, 징병 ⓥ초안을 작성하다, 선발하다

The first draft of my speech was completed.
내 연설의 첫 초안이 완결되었다.

My nephew was drafted into the navy.
내 조카는 해군으로 징집되었다.

Check

□ represent	□ revolution	□ authority	□ humble	□ draft

0011 ★★☆
witness
[wítnis]

ⓝ증인, 목격자 ⓥ**목격하다**

The vicious witness made the innocent person go to jail.
사악한 증인은 결백한 사람을 감옥에 가게 만들었다.

I witnessed cultural bias and racism in the refugee camp.
나는 난민 캠프에서 문화적 편견과 인종 차별을 목격하였다.

0012 ★★★
maintain
[meintéin]

ⓥ**유지하다, 주장하다**

They maintained close relationships with the residents.
그들은 주민들과 긴밀한 관계를 유지하였다.

The feminist maintains that women are superior to men.
여성주의자는 여성이 남성보다 우월하다고 주장한다.

*maintenance ⓝ유지, 보수

0013 ★★★
relative
[rélətiv]

ⓐ**상대적인** ⓝ**친척**

The relative poverty in the urban area frustrated people.
도시 지역에서의 상대적인 빈곤이 사람들을 좌절시켰다.

My relatives occasionally aid the poor within their means.
내 친척들은 가끔 그들의 수입 내에서 가난한 사람들을 돕는다.

0014 ★★★
anxious
[ǽŋkʃəs]

ⓐ**걱정하는, 열망하는**

The anxious child will probably become passive.
걱정하는 아이는 아마 소극적으로 될 것이다.

He is anxious to contact the witness.
그는 목격자와 연락하기를 갈망한다.

*anxiety ⓝ걱정, 열망, 불안

0015 ★★☆
assemble
[əsémbəl]

ⓥ**조립하다, 모이다**

The soldiers can assemble a gun within seconds.
병사들은 몇 초 이내에 총을 조립할 수 있다.

Most applicants assembled in the auditorium.
대부분 지원자가 강당에 모였다.

*disassemble ⓥ분해하다, 해체하다

Check				
☐ witness	☐ maintain	☐ relative	☐ anxious	☐ assemble

0016 ★★☆

assembly

[əsémbli]

ⓝ**조립, 집회,** 의회 (National Assembly)

The various parts are stored in the assembly plant.
다양한 부품들이 조립 공장에 저장되어 있다.

The politicians eased the restrictions on freedom of assembly.
정치인들은 집회의 자유에 대한 제한을 완화하였다.

*congress ⓝ의회

0017 ★★☆

article

[άːrtikl]

ⓝ**물품, 기사(記事)**

Many articles were donated to the drought-stricken village.
많은 물품이 가뭄에 타격을 입은 마을로 기부되었다.

The editor demanded that I write an impartial article.
편집자는 내가 공정한 기사를 쓰도록 요구하였다.

0018 ★★☆

reserve

[rizə́ːrv]

ⓥ**보존하다, 예약하다** ⓝ비축, 예비, 보호 구역

I reserved some money for an emergency.
나는 비상시에 대비하여 약간의 돈을 비축해 두었다.

The front row of seats was reserved for the celebrities.
앞줄 좌석 열은 유명 인사들을 위하여 예약되었다.

0019 ★★★

decline

[dikláin]

ⓥ**감소하다, 사양하다** ⓝ감소, 쇠퇴

Domestic consumption declined owing to the depression.
국내 소비가 불경기 때문에 감소하였다.

The court declined to review his case.
법원은 그의 소송 사건을 검토하는 것을 거절하였다.

0020 ★★☆

argue

[άːrgjuː]

ⓥ**논쟁하다, 주장하다**

It is absurd to argue about a fair evaluation.
공정한 평가에 대해 논쟁하는 것은 불합리하다.

He argues that all matter could be infinitely divided.
그는 모든 물질이 무한히 나누어질 수 있다고 주장한다.

*argument ⓝ논쟁, 주장

Check

☐ assembly	☐ article	☐ reserve	☐ decline	☐ argue

0021 ★★☆

harbor
[hɑ́ːrbər]

ⓝ**항구** (주로 안전 지형) ⓥ**(생각/감정을) 품다,** 숨겨 주다

The vessels in the harbor were safe during the storm.
항구에 있는 배들은 폭풍 속에서도 안전하였다.

They harbored a strong suspicion that he was guilty.
그들은 그가 유죄라는 강한 의심을 품었다.

***port** ⓝ항구 (주로 교역항)

0022 ★★☆

share
[ʃɛər]

ⓥ**공유하다** ⓝ**몫,** 지분

Sharing our domestic affairs was a wise strategy.
우리의 가정사를 공유하는 것은 현명한 전략이었다.

They agreed to split their share of the inheritance.
그들은 상속 재산의 자기들 몫을 분할 하기로 합의하였다.

0023 ★★★

object
[ɑ́bdʒikt]

ⓥ**반대하다** ⓝ**목적** (계획, 활동 등의 의도), **물체,** 대상

The human rights organization objects to racism.
인권 단체는 인종 차별주의에 반대한다.

The object of the experiment is to filter out the moisture.
그 실험의 목적은 수분을 걸러내는 것이다.

***objection** ⓝ반대

0024 ★★★

objective
[əbdʒéktiv]

ⓐ**객관적인** ⓝ**목적** (전문 분야, 사업 등의 지향점), 목표

The evaluation staff were fair and objective.
평가 직원들은 공정하고 객관적이었다.

He fulfilled the objective of making a large fortune.
그는 많은 재산을 모으는 목표를 달성하였다.

***objectivity** ⓝ객관성

0025 ★★☆

domestic
[dowméstik]

ⓐ**국내의, 가정의,** 가정적인

The improved version boosted domestic consumption.
개선된 유형은 국내 소비를 증대시켰다.

Most couples share domestic chores.
대부분 부부는 가사 일을 분담한다.

Check				
☐ harbor	☐ share	☐ object	☐ objective	☐ domestic

0026 ★★☆

incline
[inkláin]

ⓥ**기울이다, ~하는 경향이 있다** (be inclined to)

The telescope is inclined at a right angle.
망원경은 직각으로 기울어져 있다.

Modest people are sometimes inclined to be ignored.
겸손한 사람들은 가끔 무시되는 경향이 있다.

0027 ★★☆

current
[kə́:rənt]

ⓐ**현재의** ⓝ**흐름**

The current survey will reveal the exact scale of damage.
현재의 조사가 피해의 정확한 규모를 밝혀낼 것이다.

Migrating birds are sensitive to air currents.
이주하는 새들은 공기 흐름에 민감하다.

***currency** ⓝ화폐 (통용 화폐), 통화

0028 ★★★

secure
[sikjúər]

ⓐ**안전한** ⓥ**확보하다,** 안전하게 하다

They adopted appropriate measures to make our team secure.
그들은 우리 팀을 안전하게 하기 위한 적절한 조치를 택하였다.

The troops secured enough weapons to defeat the enemy.
군대는 적을 패배시키기 충분한 무기를 확보하였다.

***security** ⓝ안전, 보안.

0029 ★★★

facility
[fəsíləti]

ⓝ**시설, 손쉬움,** 용이함

The infected patients were admitted to the separate facilities.
감염된 환자들은 분리된 시설로 입원되었다.

He solved the math problem with facility.
그는 수학 문제를 쉽게 해결하였다.

***facilitate** ⓥ손쉽게 하다, 용이하게 하다, 촉진하다

0030 ★★★

trial
[tráiəl]

ⓝ**시도, 재판,** 시험, 시련

He achieved the positive outcome from the initial trial.
그는 첫 시도에서 긍정적인 결과를 성취하였다.

He became a victim of an unfair trial in the case.
그는 그 소송 사건에서 불공정한 재판의 희생자가 되었다.

***trial and error** 시행착오

Check

□ incline	□ current	□ secure	□ facility	□ trial

0031 ★☆☆

culture
[kʌ́ltʃər]

ⓝ문화, 교양

Humans tend to imitate and absorb their culture.
인간은 문화를 흉내내고, 흡수하는 경향이 있다.

The tribes consider a cultured man the best groom.
그 부족들은 교양 있는 남성을 최고의 신랑감으로 여긴다.

*cultured ⓐ교양 있는, 세련된

0032 ★★★

immediate
[imíːdiət]

ⓐ즉시의, 인접한

The physician urged the immediate admission of the patient.
의사는 환자의 즉각적인 입원을 재촉하였다.

They live in the immediate neighborhood of the factory.
그들은 공장에 인접한 이웃에 산다.

*immediately ⓐ즉시

0033 ★★★

manual
[mǽnjuəl]

ⓐ수작업의, 육체노동의 ⓝ지침서

Many manual jobs have been replaced by machinery.
많은 육체노동 직업이 기계류로 대체되었다.

Referring to the manual, anyone can assemble the equipment.
지침서를 참조하면서 누구나 그 장비를 조립할 수 있다.

0034 ★★★

grasp
[græsp]

ⓥ잡다, 파악하다, 이해하다 ⓝ붙잡음, 파악

The author grasped the opportunity to appear on TV.
그 작가는 TV에 등장할 기회를 잡았다.

I didn't grasp the concrete concepts of your theory.
나는 네 이론의 구체적인 개념을 이해하지 못했다.

0035 ★☆☆

material
[mətíəriəl]

ⓝ물질, 자료 ⓐ물질적인

The material, full of defects, threatens growth.
결함으로 가득한 그 물질은 성장을 위협한다.

The author collected materials for the biography.
작가는 전기를 위한 자료를 수집하였다.

Check

□ culture	□ immediate	□ manual	□ grasp	□ material

0036 ★★★

operate

[ǽpərèit]

ⓥ **운영하다, 작동하다, 수술하다**

The president employed a manager to operate the factory.
사장은 공장을 운영할 관리자를 고용하였다.

The surgeon operated on the fatally ill patient.
외과 의사는 치명적으로 아픈 환자를 수술하였다.

0037 ★★★

address

[ədrés]

ⓥ **다루다, 연설하다,** 말을 걸다 ⓝ연설, 인사말

The article addressed the problems related to poverty.
그 기사는 가난과 관련된 문제들을 다루었다.

He addressed the audience on the wonders of science.
그는 청중에게 과학의 경이로움에 관하여 연설하였다.

0038 ★★★

commit

[kəmít]

ⓥ **범하다, 전념하다** (commit oneself, be committed), 약속하다

He proved to have committed the offenses.
그가 위법 행위를 범하였음이 판명되었다.

You need to commit yourself to the objective.
너는 목표에 전념할 필요가 있다.

***commitment** ⓝ전념, 헌신, 약속

0039 ★★☆

exhaust

[igzɔ́:st]

ⓥ **기진맥진하게 하다, 소진하다,** 다 써 버리다 ⓝ배기가스

Excessive use of the muscles exhausted the athlete.
근육의 과도한 사용이 운동선수를 기진맥진하게 하였다.

As the budget was exhausted, we raised additional funds.
예산이 소진되었기 때문에, 우리는 추가적인 기금을 마련하였다.

0040 ★★☆

spot

[spɑt]

ⓝ **얼룩, 장소,** 반점, 현장 ⓥ **목격하다**

Some spots of blood were found on an abandoned suit.
약간의 피 얼룩이 버려진 옷에서 발견되었다.

The storm dumped heavy rain at a few spots.
폭풍은 몇몇 장소에 폭우를 퍼부었다.

The astronaut spotted a unique stripe on the surface of Mars.
우주 비행사는 화성의 표면에서 독특한 줄무늬를 목격하였다.

Check

□ operate	□ address	□ commit	□ exhaust	□ spot

REVIEW

1. admit   ⓥ______ ______
2. realize   ⓥ______ ______
3. property   ⓝ______ ______
4. observe   ⓥ______ ______
5. claim   ⓥ______ ______
6. represent   ⓥ______ ______
7. revolution   ⓝ______ ______
8. authority   ⓝ______ ______
9. humble   ⓐ______ ______
10. draft   ⓝ______ ______

1. witness   ⓝ______ ⓥ______
2. maintain   ⓥ______ ______
3. relative   ⓐ______ ⓝ______
4. decline   ⓥ______ ______
5. assemble   ⓥ______ ______
6. assembly   ⓝ______ ______
7. article   ⓝ______ ______
8. reserve   ⓥ______ ______
9. anxious   ⓐ______ ______
10. argue   ⓥ______ ______

1.인정하다, 입장을 허가하다 2.깨닫다, 실현하다 3.재산, 특성 4.관찰하다, 준수하다 5.주장하다, 청구하다 6.대표하다, 나타내다 7.회전, 혁명 8.권한, 당국 9.겸손한, 하찮은 10.초안, 선발

1.증인, 목격하다 2.유지하다, 주장하다 3.상대적인, 친척 4.감소하다, 사양하다 5.조립하다, 모이다 6.조립, 집회 7.물품, 기사 8.보존하다, 예약하다 9.걱정하는, 열망하는 10.논쟁하다, 주장하다

1. harbor   ⓝ______ ⓥ______
2. share   ⓥ______ ⓝ______
3. object   ⓥ______ ⓝ______ ______
4. objective   ⓐ______ ⓝ______
5. domestic   ⓐ______ ______
6. incline   ⓥ______ ______
7. current   ⓐ______ ⓝ______
8. secure   ⓐ______ ⓥ______
9. facility   ⓝ______ ______
10. trial   ⓝ______ ______

1. culture   ⓝ______ ______
2. immediate   ⓐ______ ______
3. manual   ⓐ______ ⓝ______
4. grasp   ⓥ______ ______
5. material   ⓝ______ ______
6. operate   ⓥ______ ______ ______
7. address   ⓥ______ ______
8. commit   ⓥ______ ______
9. exhaust   ⓥ______ ______
10. spot   ⓝ______ ______ ⓥ______

1.항구, 품다 2.공유하다, 몫 3.반대하다, 목적, 물체 4.객관적인, 목적 5.국내의, 가정의 6.기울이다, ~하는 경향이 있다 7.현재의, 흐름 8.안전한, 확보하다 9.시설, 손쉬움 10.시도, 재판

1.문화, 교양 2.즉시의, 인접한 3.수작업의, 지침서 4.잡다, 파악하다 5.물질, 자료 6.운영하다, 작동하다, 수술하다 7.다루다, 연설하다 8.범하다, 전념하다 9.기진맥진하게 하다, 소진하다 10.얼룩, 장소, 목격하다

PHRASE

abstain from ~을 삼가다 (refrain from)
according to ~에 따라 (according as 절)
account for 설명하다, 차지하다
add to 증가시키다 (increase)
adhere to 고수하다 (stick to)
agree on ~에 합의하다 (복수 주어 agree on) *agree to 계약/계획/조건 등 ~에 동의하다 *agree with 사람/의견/생각 등 ~에 동의하다
ahead of ~에 앞서 (prior to)
all at once 갑자기, 모두 동시에 (all of a sudden, suddenly)
all but 거의 (almost) *anything but 결코 ~ 아닌 *nothing but 단지
all thumbs 손재주가 없는, 서투른
and so on 등등 (and so forth, and what not, etc.)
answer for 책임지다 (be responsible/liable for)

1. She abstains _______ eating fatty foods.
그녀는 기름진 음식을 삼간다.

2. According _______ the report, global temperatures are rising.
보고서에 따르면 지구의 온도가 상승하고 있다.

3. He was _______ to account for all the expenses.
그는 모든 비용을 설명하기 꺼렸다.

4. High interest rates added _______ the financial burden.
높은 이자율은 재정적 부담을 증가시켰다

5. The principal adhered _______ his principles.
교장은 자신의 원칙을 고수하였다.

6. Both parties agreed _______ the terms of the contract.
양 당사자는 계약 조건에 합의하였다.

7. He finished the project _______ of schedule.
그들은 일정보다 앞서 과제를 끝냈다.

8. All at once, she _______ into tears.
갑자기 그녀는 울음을 터뜨렸다.

9. The town was all _______ destroyed by the earthquake.
마을은 지진으로 거의 파괴되었다.

10. He is all _______ when it comes to fixing things.
그는 물건들을 수리하는 데 있어서 서툴다.

11. I avoid junk food like soda, candy, and _______ on.
나는 탄산음료, 사탕 등과 같은 불량식품을 피한다.

12. The director has to answer _______ the losses.
중역은 손실에 대하여 책임져야 한다.

※ 이 페이지의 단어들은 필요 시 참고하는 분야별 단어입니다. 학습자의 수준과 진도에 맞게 활용하십시오.

space	공간, 우주	spacecraft	우주선
planet	행성, 지구	atmosphere	대기, 분위기
exploration	탐사	revolution	회전, 혁명
satellite	위성	solar	태양의
telescope	망원경	lunar	달의
galaxy	은하	tropical	열대의
meteor	유성	shuttle	왕복하다
comet	혜성	launch	개시하다, 발사하다

[Definition Quiz]

1. to make regular trips between two places. ________

2. a rock from space that burns when entering Earth's air. ________

3. a huge group of stars, gas, and dust held by gravity. ________

4. to send a rocket or spacecraft into the sky or space. ________

5. hot and humid, typical of warm regions. ________

6. related to the moon. ________

7. an object, natural or made by humans, that moves around a planet. ________

8. the act of traveling into unknown areas to discover new things. ________

9. the layer of gases that surrounds a planet. ________

10. related to or coming from the sun. ________

11. a large round object that moves around a star. ________

12. a vehicle made to travel in outer space. ________

13. the vast area beyond Earth's air where planets and stars exist. ________

14. a ball of ice and dust that moves around the sun. ________

15. a device used to see distant objects in the sky. ________

16. the movement of one object in a circle around another. ________

---

1. 두 장소 사이를 정기적으로 오가다 **2.** 지구 대기에 들어올 때 불타는 우주 암석 **3.** 중력에 의해 유지되는 거대한 별, 가스, 먼지의 집단 **4.** 로켓이나 우주선을 하늘이나 우주로 발사하다 **5.** 덥고 습하며, 따뜻한 지역 특유의 **6.** 달과 관련된 **7.** 행성 주위를 도는 천연 또는 인공의 물체 **8.** 새로운 것을 발견하기 위해 미지의 지역으로 여행하는 행위 **9.** 행성을 둘러싼 기체층 **10.** 태양과 관련되거나 태양에서 온 **11.** 별 주위를 도는 크고 둥근 천체 **12.** 우주 공간을 여행하기 위해 만들어진 탈것 **13.** 행성과 별이 존재하는, 지구의 대기 너머의 광활한 공간 **14.** 태양 주위를 도는 얼음과 먼지 덩어리 **15.** 하늘의 먼 물체를 보기 위해 쓰는 기구 **16.** 한 물체가 다른 물체 주위를 원형으로 도는 움직임

1.shuttle **2.**meteor **3.**galaxy **4.**launch **5.**tropical **6.**lunar **7.**satellite **8.**exploration
9.atmosphere **10.**solar **11.**planet **12.**spacecraft **13.**space **14.**comet **15.**telescope
16.revolution

Categories p549   2. History p64 ▶

DAY
02

[진단 테스트]

※ 실력을 진단하고 점검하는 연결형 문제입니다. 문제에 표시하지 마시고, 전용 오답 노트를 활용하여 집중 관리 하십시오. 본 단어장의 모든 문제는 반복 학습용입니다.

1. indicate	①올바른, 수정하다
2. trace	②추적하다, 흔적
3. track	③정리하다, 준비하다
4. trail	④가리키다, 나타내다
5. institution	⑤편파적인, 부분적인
6. correct	⑥추적하다, 흔적
7. partial	⑦기관, 제도
8. description	⑧추적하다, 흔적
9. arrange	⑨명령하다, 받아쓰게 하다
10. dictate	⑩묘사, 명세

1.① 2.⑥ 3.② 4.⑧ 5.⑦ 6.① 7.⑤ 8.⑩ 9.③ 10.⑨

1. natural	①상태, 지위
2. state	②풀어주다, 공개하다
3. status	③추론하다, 이성, 이유
4. involve	④완화, 구원
5. reason	⑤선천적인, 당연한, 자연의
6. release	⑥상태, 언급하다
7. well	⑦실행하다, 관행, 연습
8. practice	⑧우물, 건강한, 잘
9. relieve	⑨포함하다, 관련시키다
10. relief	⑩완화하다, 안도하게 하다

1.⑤ 2.⑥ 3.① 4.⑨ 5.③ 6.② 7.⑧ 8.⑦ 9.⑩ 10.④

1. appear	①임명하다, 약속하다
2. appearance	②괴롭히다, 고통
3. minister	③출현, 외모
4. offend	④적합한, 건강한
5. fit	⑤불쾌하게 하다, 위반하다
6. appoint	⑥나타나다, ~처럼 보이다
7. tip	⑦상급자, 연장자
8. senior	⑧장관, 성직자
9. distress	⑨끝, 조언
10. appreciate	⑩감사하다, 이해하다, 높이 평가하다

1.⑥ 2.③ 3.⑧ 4.⑤ 5.④ 6.① 7.⑨ 8.⑦ 9.② 10.⑩

1. significant	①작은 부분, 덧댐 조각
2. host	②인지하다, 인정하다
3. fancy	③의지, 유언
4. interest	④고급의, 상상하다
5. recognize	⑤추정하다, 떠맡다
6. cabin	⑥오두막, 객실
7. patch	⑦중대한, 상당한
8. scale	⑧이익, 이자, 흥미롭게 하다
9. will	⑨벗겨내다, 저울, 규모
10. assume	⑩다수, 주인, 주최하다

1.⑦ 2.⑩ 3.④ 4.⑧ 5.② 6.⑥ 7.① 8.⑨ 9.③ 10.⑤

0041 ★★★

indicate
[índikèit]

ⓥ**가리키다, 나타내다**

He indicated the shortcut to his destination.
그는 목적지로 향하는 지름길을 가리켰다.

The figures in the report indicate a decline in employment.
보고서에 있는 숫자들은 고용 감소를 나타낸다.

*indication ⓝ지표, 표시

0042 ★★☆

trace
[treis]

ⓥ**추적하다** ⓝ**흔적** (단서 자국 등), 소량

I am tracing the source of the strange noise.
나는 이상한 소음의 근원을 추적하는 중이다.

There exist traces of an ancient civilization near the river.
그 강 근처에 고대 문명의 흔적이 존재한다.

*chase ⓥ추적하다 ⓝ추적, 추구

0043 ★★☆

track
[træk]

ⓥ**추적하다** ⓝ**흔적** (통행 자국 등), 길 (지나다녀 생긴 길)

His stolen car is equipped with a tracking device.
그의 도난당한 차는 추적 장치가 장착되어 있다.

We encountered lots of wildlife tracks on a safari.
우리는 사파리에서 많은 야생 동물 자국을 마주쳤다.

*trek ⓥ오지 도보 여행하다

0044 ★☆☆

trail
[treil]

ⓥ**추적하다**, 끌고 가다 ⓝ**흔적** (이어진 자국 등), 길 (야생 길)

The police trailed the robber to his hiding place.
경찰은 강도를 은신처까지 추적하였다.

The tornado left a trail of destruction behind it.
토네이도는 파괴의 흔적을 뒤에 남겼다.

0045 ★★☆

institution
[ìnstətjúːʃən]

ⓝ**기관, 제도**, 관습

The colleges cooperate closely with other research institutions.
대학들은 다른 연구 기관들과 긴밀하게 협력한다.

The institution of slavery was once widespread.
노예 제도가 한때 널리 퍼졌었다.

*institute ⓝ기관 ⓥ설립하다, 제정하다

Check

□ indicate	□ trace	□ track	□ trail	□ institution

0046 ★★★
correct

[kərékt]

ⓐ**올바른**, 정확한 ⓥ**수정하다**

We must find the correct solutions for social stability.
우리는 사회 안정을 위한 올바른 해결책을 찾아야 한다.

He doesn't attempt to correct his prejudices.
그는 자신의 편견을 고치려고 시도하지 않는다.

0047 ★★☆
partial

[pɑ́ːrʃəl]

ⓐ**편파적인, 부분적인**

The judge was accused of being partial.
심판은 편파적이라고 비난받았다.

***impartial** ⓐ공정한

0048 ★★☆
description

[diskrípʃən]

ⓝ**묘사, 명세**, 상세 설명

Her autobiography contains a description of her rural life.
그녀의 자서전은 자신의 시골 생활에 대한 묘사를 포함하고 있다.

***describe** ⓥ묘사하다, (상세히) 설명하다

0049 ★★★
arrange

[əréindʒ]

ⓥ**정리하다, 준비하다**, 마련하다

The mechanic arranged the tools on the shelf.
기계공은 도구들을 선반에 정리하였다.

We arranged transportation and accommodation for them.
우리는 그들을 위하여 교통편과 숙박을 마련하였다.

0050 ★☆☆
dictate

[díkteit]

ⓥ**명령하다, 받아쓰게 하다**, 지시하다

He has no right to dictate how I should react to his remarks.
그는 내가 그의 언급에 어떻게 반응해야 하는지를 명령할 권리가 없다.

***dictator** ⓝ독재자 ***dictation** ⓝ받아쓰기

0051 ★★☆
natural

[nǽtʃərəl]

ⓐ**선천적인, 당연한, 자연의**

Wolves are not naturally cruel or vicious.
늑대는 선천적으로 잔인하거나 사악하지 않다.

It is natural that a lazy person struggles with poverty.
게으른 자가 가난과 싸우는 것은 당연하다.

Check

□ correct	□ partial	□ description	□ arrange	□ dictate
□ natural				

0052 ★★☆
state
[steit]

ⓝ**상태** (물리적, 정신적 상태 등), 주(州), 국가 ⓥ**언급하다**

He descended from the mountain in a state of exhaustion.
그는 기진맥진한 상태로 산에서 내려왔다.

The law states that anyone is innocent until proved guilty.
법은 누구든지 유죄로 입증될 때까지 무죄라고 명시한다.

0053 ★★☆
status
[stéitəs]

ⓝ**상태** (진행 상태, 법적, 사회적 상태 등), **지위**

The regular check-ups indicated the status of his lung cancer.
정기 검진은 그의 폐암 진행 상태를 나타내 주었다.

He seized the opportunity to raise his social status.
그는 사회적 지위를 높일 기회를 잡았다.

0054 ★★☆
involve
[inválv]

ⓥ**포함하다, 관련시키다,** 수반하다

My daily routine involves exercise, reading, and studying.
나의 일상은 운동, 독서 그리고 공부를 포함한다.

*be involved in ~에 관여하다, ~에 관련되다

0055 ★★★
reason
[ríːzən]

ⓥ**추론하다** ⓝ**이성, 이유**

He reasons that he will be released if he finds a witness.
그는 자기가 증인을 찾으면 석방될 거라고 추론한다.

The power of reason is superior to that of emotion.
이성의 힘은 감정의 힘보다 우월하다.

*reasonable ⓐ합리적인, 적정한

0056 ★★★
release
[rilíːs]

ⓥ**풀어주다, 공개하다,** 내보내다, 출시하다 ⓝ해방, 공개

The arrested demonstrators were released.
체포된 시위자들은 석방되었다.

0057 ★☆☆
well
[wel]

ⓝ**우물** ⓐ**건강한** ⓐⓓ**잘**

The tribes installed a pump to draw water from the well.
부족들은 우물에서 물을 끌어 올리기 위하여 펌프를 설치하였다.

Check

□ state	□ status	□ involve	□ reason	□ release
□ well				

0058 ★★★

practice
[prǽktis]

ⓥ실행하다 ⓝ관행, 연습

We practiced his suggestion in the local factory.
우리는 현지 공장에서 그의 제안을 실행하였다.

It is a long-lasting practice for the tribe not to wear shoes.
그 부족이 신발을 신지 않는 것은 오래 지속되고 있는 관행이다.

*practical ⓐ실용적인, 실제의

0059 ★★★

relieve
[rilíːv]

ⓥ완화하다, 안도하게 하다

His jokes relieved the tension in the debate.
그의 농담은 토론에서 긴장을 덜어주었다.

0060 ★★☆

relief
[rilíːf]

ⓝ완화, 구원, 구호, 안도

The drug gave me some relief from pain.
그 약은 나의 통증을 약간 완화해 주었다.

I contributed my savings to the UN relief fund.
나는 내 저축을 유엔 구호 기금에 기부하였다.

0061 ★★★

appear
[əpíər]

ⓥ나타나다, ~처럼 보이다

A rare whale appeared on the horizon.
희귀한 고래가 수평선에 나타났다.

The device appeared appropriate for analyzing the ingredients.
그 장치는 성분을 분석하기에 적합한 것처럼 보였다.

*disappear ⓥ사라지다

0062 ★★★

appearance
[əpíərəns]

ⓝ출현, 외모

The appearance of the celebrity surprised the passersby.
유명 인사의 등장이 행인들을 놀라게 하였다.

His healthy appearance and mild nature are quite respectable.
그의 건강한 외모와 부드러운 성품은 매우 존경받을 만하다.

0063 ★★☆

minister
[mínistər]

ⓝ장관, 성직자

The minister was dismissed for neglect of his duty.
장관은 임무 태만으로 해임되었다.

Check				
☐ practice	☐ relieve	☐ relief	☐ appear	☐ appearance
☐ minister				

0064 ★★☆

offend
[əfénd]

ⓥ**불쾌하게 하다, 위반하다**

He offended his wife by mentioning her previous husband.
그는 아내의 전남편을 언급함으로써 그녀를 불쾌하게 하였다.

The timid driver feared offending traffic regulations.
소심한 운전자는 교통 규칙을 위반하는 것을 두려워하였다.

*offensive ⓐ불쾌하게 하는, 공격적인 *offense ⓝ위반, 위법 행위, 공격

0065 ★★☆

fit
[fit]

ⓐ**적합한, 건강한**

The meat has been certified fit for human consumption.
그 고기는 사람이 소비하기에 적합하다고 인증되었다.

The doctor confirmed that I was remarkably fit for my age.
의사는 내가 나이에 비해 상당히 건강하다고 확인하였다.

*fitness ⓝ적합성, 건강

0066 ★★☆

appoint
[əpɔ́int]

ⓥ**임명하다, (시간, 장소) 약속하다,** 정하다

The committee appointed him the new successor.
위원회는 그를 새로운 후계자로 임명하였다.

The lecture will proceed at the appointed time.
강연은 약속된 시간에 진행될 것이다.

*appointment ⓝ임명, (시간, 장소) 약속

0067 ★☆☆

tip
[tip]

ⓝ**끝, 조언,** 사례금

The nurse obtained blood from my fingertip.
간호사는 나의 손가락 끝에서 혈액을 채취하였다.

0068 ★☆☆

senior
[síːnjər]

ⓝ**상급자, 연장자** ⓐ상급의, 연상의

She was promoted to senior nurse.
그녀는 상급 간호사로 승진되었다.

0069 ★★☆

distress
[distrés]

ⓥ**괴롭히다** ⓝ**고통,** 곤경

The tragedy left people exhausted and distressed.
비극은 사람들을 기진맥진하고 괴로워지도록 만들었다.

Check				
☐ offend	☐ fit	☐ appoint	☐ tip	☐ senior
☐ distress				

0070 ★★★

appreciate

[əprí:ʃièit]

ⓥ감사하다, 이해하다, 높이 평가하다, 감상하다

They **appreciate** my removing the obstacles.
그들은 내가 장애물을 제거한 것에 감사한다.

I hardly **appreciate** the foreign literature in translation.
나는 번역된 외국 문학을 거의 이해하지 못한다.

I admire those who **appreciate** their cultural heritage.
나는 자기들의 문화유산을 높이 평가하는 사람들을 존경한다.

0071 ★★★

significant

[signífikənt]

ⓐ중대한, 상당한

Global warming is described as a **significant** disaster.
지구 온난화는 중대한 재앙으로 묘사된다.

The policy affects a **significant** proportion of the inhabitants.
그 정책은 상당한 비율의 주민에게 영향을 준다.

***significance** ⓝ중요성

0072 ★★☆

host

[houst]

ⓝ다수 (사람, 사물), 주인, 사회자 ⓥ주최하다

The documentary features a **host** of celebrities.
그 기록물은 많은 유명 인사를 특집으로 다룬다.

The firm that **hosted** the exhibition invited its clients.
전시회를 주최한 기업은 고객들을 초대하였다.

***hostess** ⓝ여주인 ***a host of** 수많은 ***herd** ⓝ떼, 십난 ⓥ볼나, 보으나

0073 ★★☆

fancy

[fǽnsi]

ⓐ고급의, 장식용의 ⓥ상상하다, 좋아하다 ⓝ상상, 공상

The **fancy** computer supports artificial intelligence functions.
그 고급 컴퓨터는 인공 지능 기능을 지원한다.

I often **fancy** the idea of winning the scholarship.
나는 종종 장학금을 받는 생각을 상상한다.

0074 ★★★

interest

[íntərist]

ⓝ이익, 이자, 이해관계 (interests) ⓥ흥미롭게 하다

The reform bill is for the public **interest**.
개혁 법안은 공공의 이익을 위한 것이다.

The larger the loan, the more **interest** you have to pay.
대출이 많을수록 너는 더 많은 이자를 지급해야 한다.

Check

☐ appreciate	☐ significant	☐ host	☐ fancy	☐ interest

0075 ★★★
recognize
[rékəgnàiz]

ⓥ**인지하다, 인정하다,** 알아보다

They **recognize** the threat posed by nuclear power.
그들은 원자력에 의하여 제기되는 위협을 인지하고 있다.

We invited the **recognized** specialists in each field.
우리는 각 분야에서 인정받는 전문가들을 초대하였다.

***recognition** ⓝ인지, 인정

0076 ★☆☆
cabin
[kǽbin]

ⓝ**오두막,** (비행기/선박) **객실**

My nephews and nieces strolled around the log **cabin**.
나의 조카와 여조카들은 통나무 오두막 주위를 거닐었다.

***cottage** ⓝ시골집

0077 ★★☆
patch
[pætʃ]

ⓝ**작은 부분, 덧댐 조각,** 소 구역

He planted some seeds in a wet **patch** of the meadow.
그는 초원의 젖은 부분에 약간의 씨앗을 심었다.

0078 ★☆☆
scale
[skeil]

ⓥ**벗겨내다,** 오르다 ⓝ**저울, 규모**

The dentist **scaled** and polished my teeth.
치과 의사는 나의 치아를 벗겨내고 광택을 냈다.

0079 ★★☆
will
[wil]

ⓝ**의지, 유언**

His **will** to survive was the source of his complete recovery.
생존하겠다는 그의 의지가 완전한 회복의 원천이었다.

I wonder who will inherit the assets unless he leaves a **will**.
나는 만약 그가 유언을 남기지 않는다면 누가 재산을 상속할지 궁금하다.

0080 ★★★
assume
[əsjúːm]

ⓥ**추정하다, 떠맡다,** 가정하다

The police **assume** that the suspect is guilty.
경찰은 그 혐의자가 유죄라고 추정한다.

The actor **assumed** the role of a movie director.
그 배우는 영화 연출자의 역할을 떠맡았다.

***assumption** ⓝ추정, 가정

Check

☐ recognize	☐ cabin	☐ patch	☐ scale	☐ will
☐ assume				

※ 정답 표시하지 마시고, 전용 오답 노트를 활용하여 집중 관리 하십시오. 모든 문제는 반복 학습용입니다.

1. indicate	ⓥ______ ______	1. natural	ⓐ______ ______ ______
2. trace	ⓥ______ ⓝ______	2. state	ⓝ______ ⓥ______
3. track	ⓥ______ ⓝ______	3. status	ⓝ______ ______
4. trail	ⓥ______ ⓝ______	4. involve	ⓥ______ ______
5. institution	ⓝ______ ______	5. reason	ⓥ______ ⓝ______ ______
6. correct	ⓐ______ ⓥ______	6. release	ⓥ______ ______
7. partial	ⓐ______ ______	7. well	ⓝ______ ⓐ______ ⓐⓓ______
8. description	ⓝ______ ______	8. practice	ⓥ______ ⓝ______ ______
9. arrange	ⓥ______ ______	9. relieve	ⓥ______ ______
10. dictate	ⓥ______ ______	10. relief	ⓝ______ ______

1.가리키다, 나타내다 **2.**추적하다, 흔적 **3.**추적하다, 흔적 **4.**추적하다, 흔적 **5.**기관, 제도 **6.**올바른, 수정하다 **7.**편파적인, 부분적인 **8.**묘사, 명세 **9.**정리하다, 준비하다 **10.**명령하다, 받아쓰게 하다

1.선천적인, 당연한, 자연의 **2.**상태, 언급하다 **3.**상태, 지위 **4.**포함하다, 관련시키다 **5.**추론하다, 이성, 이유 **6.**풀어주다, 공개하다 **7.**우물, 건강한, 잘 **8.**실행하다, 관행, 연습 **9.**완화하다, 안도하게 하다 **10.**완화, 구원

1. appear	ⓥ______ ______	1. significant	ⓐ______ ______
2. appearance	ⓝ______ ______	2. host	ⓝ______ ⓥ______
3. minister	ⓝ______ ______	3. fancy	ⓐ______ ⓥ______
4. offend	ⓥ______ ______	4. interest	ⓝ______ ⓥ______
5. fit	ⓐ______ ______	5. recognize	ⓥ______ ______
6. appoint	ⓥ______ ______	6. cabin	ⓝ______ ______
7. tip	ⓝ______ ______	7. patch	ⓝ______ ______
8. senior	ⓝ______ ______	8. scale	ⓥ______ ⓝ______
9. distress	ⓥ______ ⓝ______	9. will	ⓝ______ ______
10. appreciate	ⓥ______ ______ ______	10. assume	ⓥ______ ______

1.나타나다, ~처럼 보이다 **2.**출현, 외모 **3.**장관, 성직자 **4.**불쾌하게 하다, 위반하다 **5.**적합한, 건강한 **6.**임명하다, 약속하다 **7.**끝, 조언 **8.**상급자, 연장자 **9.**괴롭히다, 고통 **10.**감사하다, 이해하다, 높이 평가하다

1.중대한, 상당한 **2.**다수, 주인, 주최하다 **3.**고급의, 상상하다 **4.**이익, 이자, 흥미롭게 하다 **5.**인지하다, 인정하다 **6.**오두막, 객실 **7.**작은 부분, 덧댐 조각 **8.**벗겨내다, 저울, 규모 **9.**의지, 유언 **10.**추정하다, 떠맡다

※ 정답 표시하지 마시고, 전용 오답 노트를 활용하여 집중 관리 하십시오. 모든 문제는 반복 학습용입니다.

anything but 결코 ~ 아닌 (never) *all but 거의 *nothing but 단지
apart from ~와 별개로 (aside from)
apply oneself to ~에 몰두하다 (devote/dedicate/give oneself to, absorb/lose oneself in, be applied/devoted/dedicated/given to, be absorbed/lost in)
apply to ~에 적용되다 *apply for ~에 지원하다
as a matter of fact 사실상 (in fact)
as a rule 대체로 (on the whole)
as far as S V ~하는 한
as for ~에 관해 말하자면 (when it comes to)
as good as ~와 마찬가지인, ~와 다름없는 (no better than)
as is often the case with ~에게 흔히 있는 일이지만
as it were 말하자면 (so to speak)
as long as ~하는 한 (so long as)

1. The movie was anything ________ boring.
영화는 결코 지루하지 않았다.

2. Apart ________ his job, he runs an online business.
그의 직업과는 별개로, 그는 온라인 사업을 운영한다.

3. He applies ________ to studying English.
그는 영어 공부하는 것에 몰두하고 있다.

4. The regulations apply ________ all immigrants.
규정은 모든 이민자에게 적용된다.

5. As a ________ of fact, she is talkative.
사실, 그녀는 말이 많다.

6. As a ________, they obeyed the rule.
대체로 그들은 규칙을 준수하였다.

7. As far ________ I remember, he was courteous.
내가 기억하는 한, 그는 예의 발랐다.

8. As ________ the budget, we need to cut expenses.
예산에 관해 말하자면, 우리는 비용을 줄여야 한다.

9. The project is as ________ as finished.
과제는 끝난 거나 다름없다.

10. ________ is often the ________ with teenagers, he often resists his parents.
십 대들에게 흔히 있는 일이지만, 그는 종종 자기 부모님에게 저항한다.

11. He is, as ________ ________, a walking dictionary.
그는 말하자면 걸어 다니는 사전이다.

12. As long ________ you work hard, you will succeed.
네가 열심히 노력하는 한, 너는 성공할 것이다.

DAY
03

[진단 테스트]

※ 실력을 진단하고 점검하는 연결형 문제입니다. 문제에 표시하지 마시고, 전용 오답 노트를 활용하여 집중 관리 하십시오. 본 단어장의 모든 문제는 반복 학습용입니다.

1. submit	①물리적인, 신체의	1. urge	①참다, 지니다
2. shade	②제출하다, 굴복하다	2. illustration	②우연한, 격식을 차리지 않는
3. duty	③용돈, 허용량	3. plain	③재촉하다, 충동
4. physical	④의무, 관세	4. casual	④패배, 이기다
5. vary	⑤변하다, 다양하다	5. upset	⑤수단, 수입
6. allowance	⑥그늘, 색조	6. means	⑥예시, 삽화
7. garage	⑦교장, 주요한	7. defeat	⑦뒤엎다, 속상하게 하다
8. principal	⑧차고, 정비소	8. bear	⑧건전한, ~처럼 들리다
9. resolve	⑨결의, 해결	9. brief	⑨간결한, 짧은
10. resolution	⑩결의하다, 해결하다	10. sound	⑩평범한, 명확한, 솔직한, 평원

1.② 2.⑥ 3.④ 4.① 5.⑤ 6.③ 7.⑧ 8.⑦ 9.⑩ 10.⑨

1.③ 2.⑥ 3.⑩ 4.② 5.⑦ 6.⑤ 7.④ 8.① 9.⑨ 10.⑧

1. solution	①압박하나, 언론	1. treal	①강점, 가장자리
2. fortune	②물자, 공급하다	2. rest	②악, 부
3. hang	③안락, 위로하다	3. rate	③직위, 게시하다, ~ 이후
4. comfort	④걸다, 교수형에 처하다	4. edge	④주문, 질서, 명령
5. bark	⑤해결, 용해	5. vice	⑤휴식, 나머지, 의존하다
6. blow	⑥운, 재산	6. post	⑥배출구, 할인점
7. adjust	⑦짖다, 나무껍질	7. order	⑦소송 사건, 경우
8. supply	⑧불다, 강타	8. suit	⑧옷, 소송, 적합하다
9. generation	⑨조정하다, 적응하다	9. outlet	⑨비율, 속도, 평가하다
10. press	⑩발생, 세대	10. case	⑩치료하다, 취급하다, 대접하다

1.⑤ 2.⑥ 3.④ 4.③ 5.⑦ 6.⑧ 7.⑨ 8.② 9.⑩ 10.①

1.⑩ 2.⑤ 3.⑨ 4.① 5.② 6.③ 7.④ 8.⑧ 9.⑥ 10.⑦

0081 ★★★

submit
[səbmít]

ⓥ제출하다, 굴복하다

The candidates submitted their resumes for evaluation.
후보자들은 평가를 위한 이력서를 제출하였다.

In a vote, the minority should submit to the majority.
투표에서 소수는 다수에게 승복해야 한다.

*submission ⓝ제출, 굴복

0082 ★☆☆

shade
[ʃeid]

ⓝ그늘, 색조

The huge tree provided shade for the exhausted athlete.
거대한 나무가 기진맥진한 운동선수에게 그늘을 제공하였다.

The dark shade of red seems suitable for her elegant makeup.
짙은 빨강 색조는 그녀의 우아한 화장에 적합한 것처럼 보인다.

0083 ★★☆

duty
[djúːti]

ⓝ의무, 관세, 임무

The figure completed his duty as a representative.
그 인물은 대표자로서 자신의 임무를 완수하였다.

A high duty is expected on the extremely costly purchases.
극도로 비싼 구매품에 대하여 높은 관세가 예상된다.

0084 ★☆☆

physical
[fízikəl]

ⓐ물리적인, 신체의

The physicists study the physical properties of an object.
물리학자들은 물체의 물리적 특성을 연구한다.

0085 ★★☆

vary
[vɛ́əri]

ⓥ변하다, 다양하다

The cost varies depending on the price of raw materials.
비용은 원자재 가격에 따라 변한다.

*various ⓐ다양한 *varied ⓐ다양한 *invariable ⓐ변함없는

0086 ★☆☆

allowance
[əláuəns]

ⓝ용돈, 허용량, 수당

The authorities reduced the unemployment allowances.
당국은 실업 수당을 줄였다.

*allow ⓥ허락하다

Check

□ submit	□ shade	□ duty	□ physical	□ vary
□ allowance				

0087 ★☆☆

garage
[gərάːʒ]

ⓝ차고, 정비소

My father is currently enlarging the narrow garage.
아버지는 현재 좁은 차고를 확장하고 있다.

0088 ★★☆

principal
[prínsəpəl]

ⓝ교장, 단체장 ⓐ주요한

The vice principal will be promoted to the principal next year.
교감은 내년에 교장으로 승진할 것이다.

Their principal task is the analysis of the collected materials.
그들의 주요한 과제는 수집된 자료의 분석이다.

*principle ⓝ원칙, 원리

0089 ★★☆

resolve
[rizάlv]

ⓥ결의하다, 해결하다, 결심하다

They resolved to promote the reform.
그들은 개혁을 추진하기로 결의하였다.

He struggles to resolve his financial crisis.
그는 자신의 재정적 위기를 해결하려 애쓴다.

*resolute ⓐ단호한

0090 ★★☆

resolution
[rèzəlúːʃən]

ⓝ결의, 해결, 결심

The assembly passed a resolution approving the survey.
의회는 조사를 승인하는 결의안을 통과시켰다.

0091 ★★★

urge
[əːrdʒ]

ⓥ재촉하다 ⓝ충동

The congressman urged an amendment to the Constitution.
국회의원은 헌법 개정을 촉구하였다.

I couldn't resist the urge to reveal the secret.
나는 비밀을 폭로하고 싶은 충동을 견딜 수 없었다.

0092 ★☆☆

illustration
[iləstréiʃən]

ⓝ예시, 삽화

I prefer a brief illustration to a long explanation.
나는 긴 설명보다 간단한 예시를 선호한다.

*illustrate ⓥ나타내다, 예시하다, 삽화를 넣다

Check				
☐ garage	☐ principal	☐ resolve	☐ resolution	☐ urge
☐ illustration				

0093 ★★☆
plain
[plein]

ⓐ평범한, 명확한, 솔직한 ⓝ평원

It was **plain** that the host had a warm attitude.
초대자가 따뜻한 태도를 지닌 것이 명확했다.

I want your **plain** answer to the revised proposal.
나는 수정된 제안에 대한 너의 솔직한 답변을 원한다.

0094 ★★☆
casual
[kǽʒuəl]

ⓐ우연한, 격식을 차리지 않는, 무심결의

The exhibition booth was crowded with **casual** visitors.
전시관은 우연한 방문객들로 붐볐다.

***causal** ⓐ원인이 되는, 인과 관계의

0095 ★★☆
upset
[ʌpsét]

ⓥ뒤엎다, 속상하게 하다 (upset-upset-upset)

The disaster **upset** living conditions in the village.
그 재난이 마을의 생활 여건을 뒤엎어 놓았다.

0096 ★★☆
means
[miːnz]

ⓝ수단, 수입, 재력

The doctor employed a novel **means** to remove cancer cells.
의사는 암세포를 제거하는 새로운 수단을 택하였다.

The monthly interest was beyond her **means**.
매월 이자는 그녀의 수입을 넘어섰다.

0097 ★★☆
defeat
[difíːt]

ⓝ패배 ⓥ이기다, 패배시키다

The spectators were upset at their team's **defeat**.
관객들은 자기들 팀의 패배에 속상하게 되었다.

The passionate cheer inspired him to **defeat** the opponent.
열정적인 응원이 그를 고무하여 상대를 이기도록 하였다.

0098 ★★☆
bear
[bɛər]

ⓥ참다, 지니다, 견디다, 나르다 ⓝ곰

I couldn't **bear** being ridiculed by my peers.
나는 동료들에게 조롱당하는 것을 참을 수 없었다.

The notice **bears** the description of the missing sailors.
그 공고에는 실종된 선원들에 대한 상세한 내용이 있다.

Check

□ plain	□ casual	□ upset	□ means	□ defeat
□ bear				

0099 ★★☆

brief

[briːf]

ⓐ**간결한, 짧은,** 단시간의

The brief and vivid description gives her writing an edge.
간결하고 생생한 묘사는 그녀의 글에 강점을 제공한다.

0100 ★☆☆

sound

[saund]

ⓐ**건전한** ⓥ**~처럼 들리다** ⓝ**소리**

The firm has a sound financial status.
그 기업은 건전한 재정 상태를 보유하고 있다.

0101 ★★☆

solution

[səlúːʃən]

ⓝ**해결, 용해,** 용액

He tries to generate the solution to alter his attitude.
그는 자신의 태도를 바꾸기 위한 해결책을 만들어 내려고 노력한다.

The liquid was made through the solution of the substances.
그 액체는 물질들의 용해를 통하여 만들어졌다.

***solve** ⓥ해결하다

0102 ★★☆

fortune

[fɔ́ːrtʃən]

ⓝ**운, 재산,** 운명

The secretary had the fortune to assist a considerate director.
그 비서는 운 좋게도 사려 깊은 간부를 도왔다.

Patience and industry brought him a large fortune.
인내와 근면은 그에게 많은 재산을 가져다주었다.

***misfortune** ⓝ불운 ***fortunate** ⓐ운이 좋은 ***unfortunate** ⓐ불운한

0103 ★☆☆

hang

[hæŋ]

ⓥ**걸다,** 매달리다(hang-hung-hung), **교수형에 처하다**(hang-hanged-hanged)

Travelers watched the monkey hanging by its tail.
여행자들은 꼬리로 매달려 있는 원숭이를 보았다.

0104 ★★☆

comfort

[kʌ́mfərt]

ⓝ**안락,** 편안 ⓥ**위로하다**

The comfort of the sofa is an attraction to old people.
소파의 안락함은 노인들에게 매력이다.

She comforted her depressed child with a tight embrace.
그녀는 침울해진 아이를 꽉 끌어안으며 위로하였다.

***comfortable** ⓐ안락한, 편안한

Check

☐ brief	☐ sound	☐ solution	☐ fortune	☐ hang
☐ comfort				

0105 ★☆☆

bark
[ba:rk]

ⓥ짖다 ⓝ나무껍질

The barking dog pursued the beast.
짖는 개는 짐승을 뒤쫓았다.

0106 ★☆☆

blow
[blou]

ⓥ불다 (blow-blew-blown) ⓝ강타, 타격

The feather, blown by a breeze, landed on the window frame.
미풍에 날린 깃털이 창틀에 내려앉았다.

The governor's resignation was a blow to the president.
주지사의 사임은 대통령에게 큰 타격이었다.

0107 ★★☆

adjust
[ədʒʌ́st]

ⓥ조정하다, 적응하다, 적응시키다

He raised his binoculars and adjusted the focus.
그는 쌍안경을 들어 올려서 초점을 조정하였다.

He gradually adjusted to the practice of respecting his elders.
그는 어른들을 존경하는 관행에 점진적으로 적응하였다.

0108 ★☆☆

supply
[səplái]

ⓝ물자, 공급 ⓥ공급하다, 제공하다

The grocer donated a large supply of groceries to the charity.
식료품상은 많은 식료품 물자를 자선 단체에 기부하였다.

*demand ⓝ수요 ⓥ요구하다

0109 ★★★

generation
[dʒènəréiʃən]

ⓝ발생, 세대, 창출

The nuclear power contributes to the generation of electricity.
원자력은 전기의 생산에 공헌한다.

Scarce resources must be preserved for future generations.
희귀한 자원들은 미래 세대를 위하여 보존되어야 한다.

*generate ⓥ발생시키다, 창출하다

0110 ★☆☆

press
[pres]

ⓥ압박하다, 누르다 ⓝ언론

The press was blamed for the biased articles.
그 언론은 편파적인 기사 때문에 비난받았다.

Check

□ bark	□ blow	□ adjust	□ supply	□ generation
□ press				

0111 ★★★
treat
[triːt]

ⓥ**치료하다, 취급하다, 대접하다** ⓝ환대, 환대 음식

The herb stem is used to treat the rare disorder.
그 약초 줄기는 희귀 질환을 치료하는 데 사용된다.

The inhabitants treated the refugees out of sincere sympathy.
주민들은 진심 어린 동정심으로 난민들을 대접하였다.

***treatment** ⓝ치료, 취급

0112 ★★☆
rest
[rest]

ⓝ**휴식, 나머지** ⓥ**의존하다,** 쉬다

They agreed to pass the bill during the rest of the session.
그들은 나머지 회기 동안 법안을 통과시키기로 합의하였다.

Your promotion rests on the evaluation from your seniors.
너의 승진은 상급자들로부터의 평가에 달려있다.

***restless** ⓐ불안정한

0113 ★★★
rate
[reit]

ⓝ**비율, 속도,** 요금 ⓥ**평가하다**

The annual rate of interest reached double figures.
연간 이자율이 두 자릿수에 도달하였다.

The experts rated the grain as superior in its nutrition.
전문가들은 그 곡식이 영양공급에 있어서 우수하다고 평가하였다.

***rating** ⓝ평점, 등급 ***proportion** ⓝ비율

0114 ★☆☆
edge
[edʒ]

ⓝ**강점, 가장자리,** 우월성

He has the slight edge over his competitors.
그는 경쟁자들보다 약간의 강점을 지니고 있다.

He inhabits the cottage on the edge of the pasture.
그는 초원 가장자리에 있는 오두막에 거주한다.

0115 ★★☆
vice
[vais]

ⓝ**악** ⓐ**부(副)**

I doubt that virtue will triumph over vice.
나는 미덕이 악을 이긴다는 것을 의심한다.

The vice president resigned in disgrace.
부통령은 불명예스럽게 사임하였다.

***vicious** ⓐ사악한 ***vicious cycle** 악순환 ***virtue** ⓝ미덕

Check

□ treat	□ rest	□ rate	□ edge	□ vice

0116 ★★☆
post
[poust]

ⓝ**직위**, 기둥, 직책, 우편 ⓥ**게시하다**, 우편으로 보내다 ⓟ~ 이후

The figure is a candidate for the vacant post.
그 인물은 공석인 직위에 대한 후보자다.

Various bills are posted on the bulletin board.
다양한 전단지가 게시판에 게시되어 있다.

The post-war generations long for their own culture.
전쟁 이후 세대는 자신들만의 문화를 갈망한다.

0117 ★★☆
order
[ɔ́rdər]

ⓝ**주문, 질서, 명령**, 순서 ⓥ**주문하다**, 명령하다

They took firm measures to restore order out of the chaos.
그들은 혼란으로부터 질서를 회복하기 위한 확고한 조치를 취하였다.

The commander ordered his troops to attack the enemy.
사령관은 자기 군대가 적을 공격하도록 명령하였다.

***disorder** ⓝ무질서, 질환, 심신 이상 ***orderly** ⓐ질서 있는, 정돈된

0118 ★★☆
suit
[suːt]

ⓝ**옷, 소송 (lawsuit)**, 정장 ⓥ**적합하다**, 어울리다

I'll bring a suit against the company that dismissed me.
나는 나를 해고한 회사에 소송을 제기할 것이다.

I applied for the loan that suited my financial status.
나는 내 재정 상태에 적합한 대출을 신청하였다.

***suitable** ⓐ적합한

0119 ★☆☆
outlet
[áutlet]

ⓝ**배출구, 할인점**, 출구

He is seeking an outlet for his suppressed emotion.
그는 억압된 감정에 대한 배출구를 찾고 있다.

0120 ★☆☆
case
[keis]

ⓝ**소송 사건, 경우**, 사건

He is anxious to avoid a court case.
그는 법정 소송 사건을 피하기를 갈망한다.

The lawyer plays a critical role in case of legal disputes.
변호사는 법률적 분쟁의 경우에 중대한 역할을 한다.

Check				
☐ post	☐ order	☐ suit	☐ outlet	☐ case

※ 정답 표시하지 마시고, 전용 오답 노트를 활용하여 집중 관리 하십시오. 모든 문제는 반복 학습용입니다.

1. submit ⓥ_____ _____	1. urge ⓥ_____ ⓝ_____
2. shade ⓝ_____ _____	2. illustration ⓝ_____ _____
3. duty ⓝ_____ _____	3. plain ⓐ_____ _____ ⓝ_____
4. physical ⓐ_____ _____	4. casual ⓐ_____ _____
5. vary ⓥ_____ _____	5. upset ⓥ_____ _____
6. allowance ⓝ_____ _____	6. means ⓝ_____ _____
7. garage ⓝ_____ _____	7. defeat ⓝ_____ ⓥ_____
8. principal ⓝ_____ ⓐ_____	8. bear ⓥ_____ _____
9. resolve ⓥ_____ _____	9. brief ⓐ_____ _____
10. resolution ⓝ_____ _____	10. sound ⓐ_____ ⓥ_____

1.제출하다, 굴복하다 2.그늘, 색조 3.의무, 관세 4.물리적인, 신체의 5.변하다, 다양하다 6.용돈, 허용량 7.차고, 정비소 8.교장, 주요한 9.결의하다, 해결하다 10.결의, 해결

1.재촉하다, 충동 2.예시, 삽화 3.평범한, 명확한, 솔직한, 평원 4.우연한, 격식을 차리지 않는 5.뒤엎다, 속상하게 하다 6.수단, 수입 7.패배, 이기다 8.참다, 지니다 9.간결한, 짧은 10.건전한, ~처럼 들리다

1. solution ⓝ_____ _____	1. treat ⓥ_____ _____ _____
2. fortune ⓝ_____ _____	2. rest ⓝ_____ _____ ⓥ_____
3. hang ⓥ_____ _____	3. rate ⓝ_____ _____ ⓥ_____
4. comfort ⓝ_____ ⓥ_____	4. edge ⓝ_____ _____
5. bark ⓥ_____ ⓝ_____	5. vice ⓝ_____ ⓐ_____
6. blow ⓥ_____ ⓝ_____	6. post ⓝ_____ ⓥ_____ ⓟ_____
7. adjust ⓥ_____ _____	7. order ⓝ_____ _____ _____
8. supply ⓝ_____ ⓥ_____	8. suit ⓝ_____ ⓥ_____
9. generation ⓝ_____ _____	9. outlet ⓝ_____ _____
10. press ⓥ_____ ⓝ_____	10. case ⓝ_____ _____

1.해결, 용해 2.운, 재산 3.걸다, 교수형에 처하다 4.안락, 위로하다 5.짖다, 나무껍질 6.불다, 강타 7.조정하다, 적응하다 8.물자, 공급하다 9.발생, 세대 10.압박하다, 언론

1.치료하다, 취급하다, 대접하다 2.휴식, 나머지, 의존하다 3.비율, 속도, 평가하다 4.강점, 가장자리 5.악, 부 6.직위, 게시하다, ~ 이후 7.주문, 질서, 명령 8.옷, 소송, 적합하다 9.배출구, 할인점 10.소송 사건, 경우

※ 정답 표시하지 마시고, 전용 오답 노트를 활용하여 집중 관리 하십시오. 모든 문제는 반복 학습용입니다.

---

as of ~ 현재

as usual 평소처럼 (in the usual way)

~ as well ~도 또한 (too)

ask after 안부를 묻다 (inquire after)

at a loss 어쩔 줄 몰라서 (embarrassed, perplexed)

at all costs 어떤 일이 있어도, 반드시 (at any cost/price, by all means)

at any rate 어쨌든, 하여튼 (anyway)

at best 기껏해야, 아무리 잘 해 봐야 *at most 기껏해야, 아무리 많아야

at first hand 직접적으로 (directly) *at second hand 간접적으로 (indirectly)

at hand 가까이에 (near)

at home 편안한 (comfortable)

at large 대개 (usually)

---

1. As _______ today, I have no balance in my account.
오늘 현재, 나는 계좌에 잔액이 없다.

2. The subway was crowded, _______ usual.
지하철은 평소처럼 붐볐다.

3. The food was delicious, and the service was great as _______.
음식은 맛있었고, 서비스도 또한 훌륭하였다.

4. I asked _______ his father working abroad.
나는 해외에서 근무하시는 그의 아버지 안부를 물었다.

5. He looked at a _______ when he spilled coffee.
그는 커피를 쏟았을 때, 어쩔 줄 몰랐다.

6. We have to complete the work at all _______.
우리는 어떤 일이 있어도 그 일을 완수해야 한다.

7. The weather wasn't fine, but at any _______, I enjoyed my trip.
날씨가 좋지는 않았지만, 어쨌든 나는 여행을 즐겼다.

8. At _______, we will make a small profit this month.
기껏해야, 우리는 이번 달에 작은 이익을 낼 것이다.

9. I experienced the hardships of expedition at first _______.
나는 탐험의 고난을 직접 경험하였다.

10. I keep my smartphone at _______ in bed.
나는 잠잘 때 스마트폰을 가까이에 둔다.

11. Make yourself at _______ and help yourself.
편하게 있으면서 마음껏 먹어라.

12. At _______, the young prefer casual clothing.
대체로 젊은이들은 격식을 차리지 않는 복장을 선호한다.

DAY
04

[진단 테스트]

※ 실력을 진단하고 점검하는 연결형 문제입니다. 문제에 표시하지 마시고, 전용 오답 노트를 활용하여 집중 관리 하십시오. 본 단어장의 모든 문제는 반복 학습용입니다.

1. temper	①탑승하다, 판	1. presentation	①관습, 세관
2. division	②내용, 만족한	2. reflect	②신화, 근거 없는 통념
3. mission	③성질, 완화하다	3. patient	③흥정하다, 대폭 할인 상품
4. cast	④원조하다, 보조 도구	4. suspect	④참을성 있는, 환자
5. mad	⑤임무, 사절단	5. bargain	⑤여백, 이윤
6. aid	⑥소형의, 탄탄한	6. margin	⑥제시, 발표
7. compact	⑦미친, 화난	7. complex	⑦복잡한, 복합 단지, 강박 관념
8. board	⑧분할, 부문	8. custom	⑧의심하다, 혐의자
9. content	⑨출연진, 던지다	9. project	⑨과제, 영사하다
10. present	⑩제공하다, 현재의, 존재하는	10. myth	⑩반영하다, 반사하다, 숙고하다

1.③ 2.⑧ 3.⑤ 4.⑨ 5.⑦ 6.④ 7.⑥ 8.① 9.② 10.⑩

1.⑥ 2.⑩ 3.④ 4.⑧ 5.③ 6.⑤ 7.⑦ 8.① 9.⑨ 10.②

1. planet	①간과하다, 내려다보다	1. concern	①학사, 촉각
2. cause	②행성, 지구	2. term	②식물, 공장, 심다
3. anticipate	③당기다, 그리다	3. stock	③떠나다, 남기다, 휴가
4. account	④과정, 처리하다	4. lean	④기간, 용어
5. process	⑤원인, 초래하다	5. plant	⑤재고, 주식, 채우다
6. crazy	⑥동양, 지향하게 하다	6. charge	⑥마른, 기대다, 의존하다
7. overlook	⑦미친, 열광하는	7. bachelor	⑦석사, 주인, 숙달하다
8. step	⑧계좌, 설명	8. master	⑧수도, 자본
9. draw	⑨예상하다, 고대하다	9. leave	⑨걱정, 관심사, 관련시키다
10. orient	⑩조치, 단계	10. capital	⑩비용, 담당, 청구하다

1.② 2.⑤ 3.⑨ 4.⑧ 5.④ 6.⑦ 7.① 8.⑩ 9.③ 10.⑥

1.⑨ 2.④ 3.⑤ 4.⑥ 5.② 6.⑩ 7.① 8.⑦ 9.③ 10.⑧

0121 ★★☆
temper
[témpər]

ⓝ성질 ⓥ완화하다

His short temper often embarrasses his colleagues.
그의 급한 성질은 종종 동료들을 당황하게 한다.

The midday heat was tempered by cool breezes.
한낮의 더위가 시원한 미풍에 의해 완화되었다.

***temperament** ⓝ성질 (본성), 기질

0122 ★★☆
division
[divíʒən]

ⓝ분할, 부문, 나눗셈, 부서

Unequal distribution of wealth may cause division in society.
불평등한 부의 분배는 사회에서 분열을 초래할 수 있다.

He works in the purchasing division of the company.
그는 회사의 구매 부서에서 근무한다.

***divide** ⓥ나누다 ***subdivision** ⓝ분업

0123 ★☆☆
mission
[míʃən]

ⓝ임무, 사절단

The mission to rescue the arrested soldier was assigned to us.
체포된 병사를 구출하기 위한 임무가 우리에게 할당되었다.

0124 ★☆☆
cast
[kæst]

ⓝ출연진 ⓥ던지다, 주조(鑄造)하다, 배역을 정하다 (cast-cast-cast)

The groom cast an admiring glance at the bride.
신랑은 신부에게 감탄하는 눈빛을 보냈다.

0125 ★☆☆
mad
[mæd]

ⓐ미친, 화난

The immigrants got mad about the unreasonable policy.
이민자들은 불합리한 정책에 격분하게 되었다.

0126 ★★☆
aid
[eid]

ⓥ원조하다, 돕다 ⓝ보조 도구, 원조

The starving children were aided by the public institution.
굶주리는 아이들은 공공 기관에 의하여 원조받았다.

They made a presentation by using a projector as an aid.
그들은 보조 도구로서 영사기를 이용하여 발표하였다.

Check				
☐ temper	☐ division	☐ mission	☐ cast	☐ mad
☐ aid				

0127 ★★☆

compact
[kəmpǽkt]

ⓐ**소형의, 탄탄한**

The device is compact but performs various functions.
그 장치는 소형이지만, 다양한 기능을 수행한다.

The athlete has a compact and muscular body.
그 운동선수는 탄탄한 근육질의 몸을 가졌다.

0128 ★☆☆

board
[bɔːrd]

ⓥ**탑승하다**, 기숙하다 ⓝ**판**, 위원회

The robber was arrested just before boarding a plane.
강도는 비행기 탑승 직전에 체포되었다.

0129 ★★☆

content
[kəntént]

ⓝ**내용**, 만족 ⓐ**만족한**

The creative contents in the report satisfied his senior.
보고서에 있는 창의적인 내용은 그의 상사를 만족시켰다.

Everyone is content with the fair and just measures.
모든 사람이 공정하고 정당한 조치에 만족한다.

0130 ★★☆

present
[prézənt]

ⓥ**제공하다**, 발표하다 ⓐ**현재의, 존재하는** ⓝ**선물**

He presented the application for a long-term loan.
그는 장기 대출 신청서를 제출하였다.

Bacteria present in raw meat may cause severe illnesses.
생고기에 존재하는 박테리아가 심한 질병을 초래할 수 있다.

0131 ★★☆

presentation
[prèzəntéiʃən]

ⓝ**제시, 발표**

I was admitted upon presentation of my identification.
나는 신분증을 제시하자마자 입장 허가되었다.

0132 ★★★

reflect
[riflékt]

ⓥ**반영하다, 반사하다, 숙고하다**

The opinion poll accurately reflected the public mood.
여론 조사는 대중의 분위기를 정확하게 반영하였다.

The author reflected on human injustice.
작가는 인간의 불의에 대하여 숙고하였다.

Check

□ compact	□ board	□ content	□ present	□ presentation
□ reflect				

0133 ★★★

patient
[péiʃənt]

ⓐ참을성 있는 ⓝ환자

She was patient with her ignorant and lazy husband.
그녀는 무지하고 게으른 남편에게 참을성 있었다.

*patience ⓝ인내 *impatient ⓐ참을성 없는 *tolerate ⓥ참다, 용인하다

0134 ★★★

suspect
[səspékt]

ⓥ의심하다 (~이라고 의심하다, ~이라고 여기다) ⓝ혐의자, 용의자

The resident suspects that his neighbor is a thief.
주민은 자신의 이웃이 도둑이라고 의심한다.

The detectives are chasing the suspect.
형사들은 혐의자를 추적하고 있다.

*suspicion ⓝ의심 *suspicious ⓐ의심스러운
*doubt ⓥ의심하다 (~인지 의심하다, ~ 아닐 거라고 의심하다) ⓝ의심

0135 ★☆☆

bargain
[bɑ́ːrgən]

ⓥ흥정하다 ⓝ대폭 할인 상품

The employer and employees bargain over wages annually.
고용주와 피고용인들은 매년 임금에 대해 흥정한다.

0136 ★☆☆

margin
[mɑ́ːrdʒin]

ⓝ여백, 이윤 (profit margin), 격차

Infants usually leave excessive margins on drawing papers.
유아들은 대개 도화지에 과도한 여백을 남긴다.

0137 ★★☆

complex
[kəmpléks]

ⓐ복잡한 ⓝ복합 단지, 강박 관념

The debaters were given a complex subject.
토론자들은 복잡한 주제가 주어졌다.

*complexity ⓝ복잡성

0138 ★☆☆

custom
[kʌ́stəm]

ⓝ관습, 세관 (customs)

The ancient cultures had many mysterious customs.
고대의 문화에는 많은 신비로운 관습이 있었다.

All baggage and belongings were inspected at customs.
모든 수화물과 소지품은 세관에서 검사되었다.

Check				
☐ patient	☐ suspect	☐ bargain	☐ margin	☐ complex
☐ custom				

0139 ★☆☆

project
[prɑdʒékt]

ⓝ(연구, 사업) **과제,** 기획 ⓥ**영사하다,** 기획하다

The excessive budget was allocated to the research project.
과도한 예산이 연구 과제에 배정되었다.

***projector** ⓝ영사기

0140 ★★☆

myth
[miθ]

ⓝ**신화, 근거 없는 통념**

He relied on the myths to explain the origin of the universe.
그는 우주의 기원을 설명하기 위해 신화에 의존하였다.

I don't believe in the myth that males are superior to females.
나는 남성이 여성보다 우월하다는 근거 없는 통념을 믿지 않는다.

***mythology** ⓝ신화, 신화집 (myths)

0141 ★★☆

planet
[plǽnət]

ⓝ**행성, 지구**

The satellite captured the revolution of the distant planet.
위성은 먼 행성의 회전을 포착했다.

The ozone layer functions as a shield for our planet.
오존층은 지구를 위한 방패로서 기능한다.

0142 ★★☆

cause
[kɔːz]

ⓝ**원인,** 큰 목적, 대의 ⓥ**초래하다**

Dense fog causes dangerous driving conditions.
짙은 안개는 위험한 운전 조건을 초래한다.

***causal** ⓐ원인이 되는, 인과 관계의 ***casual** ⓐ우연한, 격식을 차리지 않는

0143 ★★★

anticipate
[æntísəpèit]

ⓥ**예상하다, 고대하다**

The authorities didn't anticipate the extreme resistance.
당국은 극단적인 저항을 예상하지 못하였다.

Most families anticipate the summer vacation.
대부분 가정은 여름휴가를 고대한다.

0144 ★★☆

account
[əkáunt]

ⓝ**계좌, 설명** ⓥ설명하다, (비율을) 차지하다

The chemist gave a brief account of the phenomenon.
화학자는 그 현상에 대하여 간단한 설명을 하였다.

Check

□ project	□ myth	□ planet	□ cause	□ anticipate
□ account				

0145 ★★★
process
[prɑ́ses]

ⓝ**과정** (실행의 종류, 큰 단계) ⓥ**처리하다,** 가공하다

The process of applying for the university is quite diverse.
대학교에 지원하는 과정은 매우 다양하다.

The agency will process my visa extension.
그 기관은 내 비자 연장을 처리할 것이다.

***procedure** ⓝ과정 (세부 절차, 세부 단계)

0146 ★☆☆
crazy
[kréizi]

ⓐ**미친, 열광하는**

My relatives are crazy about their brilliant children.
나의 친척들은 자기들의 영리한 자식들에게 열광한다.

***craze** ⓝ열풍

0147 ★★☆
overlook
[òuvərlúk]

ⓥ**간과하다, 내려다보다,** 눈감아 주다

He was generous enough to overlook my faults.
그는 나의 결점을 눈감아 줄 정도로 매우 관대하였다.

0148 ★★☆
step
[step]

ⓝ**조치, 단계,** 걸음

The president took immediate steps to end the war.
대통령은 전쟁을 끝내기 위한 즉각적인 조치를 취하였다.

The genius skipped two steps in the learning process.
천재는 학습 과정에서 두 단계를 건너뛰었다.

0149 ★★☆
draw
[drɔː]

ⓥ**당기다, 그리다** (draw-drew-drawn)

The participants drew a profitable conclusion at the meeting.
참가자들은 회의에서 유익한 결론을 끌어냈다.

The boy drew an odd-looking figure in the margin of a book.
소년은 책의 여백에 이상하게 보이는 인물을 그렸다.

***drawer** ⓝ서랍

0150 ★☆☆
orient
[ɔ́ːriənt]

ⓝ**동양** (Orient) ⓥ**지향하게 하다,** 적응시키다

The economists supported the employment-oriented policies.
경제학자들은 고용 지향적인 정책을 지지하였다.

Check				
☐ process	☐ crazy	☐ overlook	☐ step	☐ draw
☐ orient				

concern
[kənsə́ːrn]

ⓝ걱정, 관심사 ⓥ관련시키다

Many doctors have concerns about illegal drugs.
많은 의사가 불법 마약에 대하여 우려한다.

My prime concern is to exercise my rights.
나의 제일 관심사는 나의 권리를 실행하는 것이다.

*be concerned with ~와 관련되다

term
[təːrm]

ⓝ기간, 용어, 조건 (terms)

They signed the long-term contract.
그들은 장기 계약을 맺었다.

The vague terms in the journal confuse the audience.
간행물에 있는 모호한 용어들이 독자를 혼동시킨다.

stock
[stɑk]

ⓝ재고, 주식 ⓥ채우다

The entire stock of the weapons was destroyed.
무기 재고 전체가 파괴되었다.

His resignation caused the collapse of the stock's value.
그의 사임은 주식 가치의 폭락을 초래하였다.

The grocer stocked the shelves with beverages.
식료품상은 선반에 음료를 채워 놓았다.

lean
[liːn]

ⓐ마른, 군살 없는 ⓥ기대다, 의존하다 (lean on), 몸을 굽히다

The lean man with well-developed muscles seems fit.
잘 발달된 근육을 가진 마른 남자는 건강해 보인다.

The patient barely walked leaning on his stick.
환자는 지팡이에 의존하여 가까스로 걸었다.

plant
[plænt]

ⓝ식물, 공장 ⓥ심다

She regularly fertilizes and waters the plants.
그녀는 규칙적으로 식물에 비료를 주고 물을 준다.

The enemy bombed the weapons manufacturing plant.
적군은 무기 제조 공장을 폭격하였다.

The farmer plowed the soil before planting the crops.
농부는 작물을 심기 전에 흙을 쟁기질하였다.

Check

□ concern	□ term	□ stock	□ lean	□ plant

0156 ★★☆
charge
[tʃɑːrdʒ]

ⓝ비용, 담당 ⓥ청구하다, 충전하다, 고소하다

The lawyer is in charge of the robbery case.
그 변호사는 강도 소송 사건을 담당하고 있다.

The museum doesn't charge an admission fee for infants.
박물관은 유아에게 입장료를 청구하지 않는다.

0157 ★☆☆
bachelor
[bǽtʃələr]

ⓝ학사, 총각

He earned a bachelor's degree in physics.
그는 물리학 학사 학위를 취득하였다.

The bachelor led the shy bride to the ceremony.
총각은 수줍은 신부를 예식으로 이끌었다.

0158 ★☆☆
master
[mǽstər]

ⓝ석사, 주인 ⓥ숙달하다

His master's degree in psychology led him to get a job.
그의 심리학 석사 학위는 그가 취업하도록 이끌었다.

The master instructed his servants to sow the seeds.
주인은 하인들에게 씨앗을 뿌리라고 지시하였다.

***mistress** ⓝ여주인

0159 ★★☆
leave
[liːv]

ⓥ떠나다, 남기다 (leave-left-left) ⓝ휴가

The family left downtown for the outskirts of the capital.
그 가족은 도심지를 떠나 수도의 외곽으로 갔다.

Some beasts left their footprints in the pasture.
몇몇 짐승들이 목초지에 발자국을 남겼다.

The bill to substitute paid leave for unpaid leave was rejected.
무급 휴가를 유급 휴가로 대체하는 법안은 기각되었다.

0160 ★☆☆
capital
[kǽpitl]

ⓝ수도, 자본

Many vehicles in the capital worsen air quality.
그 수도에 많은 차량이 대기의 질을 악화시킨다.

They ceased working for lack of capital.
그들은 자본 부족으로 작업을 중단하였다.

***capitalism** ⓝ자본주의

Check				
☐ charge	☐ bachelor	☐ master	☐ leave	☐ capital

REVIEW

> ※ 정답 표시하지 마시고, 전용 오답 노트를 활용하여 집중 관리 하십시오. 모든 문제는 반복 학습용입니다.

1. temper ⓝ______ ⓥ______
2. division ⓝ______ ______
3. mission ⓝ______ ______
4. cast ⓝ______ ⓥ______
5. mad ⓐ______
6. aid ⓥ______ ⓝ______
7. compact ⓐ______ ______
8. board ⓥ______ ⓝ______
9. content ⓝ______ ⓐ______
10. present ⓥ______ ⓐ______ ______

1. presentation ⓝ______ ______
2. reflect ⓥ______ ______ ______
3. patient ⓐ______ ⓝ______
4. suspect ⓥ______ ⓝ______
5. bargain ⓥ______ ⓝ______
6. margin ⓝ______ ______
7. complex ⓐ______ ⓝ______ ______
8. custom ⓝ______ ______
9. project ⓝ______ ⓥ______
10. myth ⓝ______ ______

1.성질, 완화하다 **2.**분할, 부문 **3.**임무, 사절단 **4.**출연진, 던지다 **5.**미친, 화난 **6.**원조하다, 보조 도구
7.소형의, 탄탄한 **8.**탑승하다, 판 **9.**내용, 만족한 **10.**제공하다, 현재의, 존재하는

1.제시, 발표 **2.**반영하다, 반사하다, 숙고하다 **3.**참을성 있는, 환자 **4.**의심하다, 혐의자 **5.**흥정하다,
대폭 할인 상품 **6.**여백, 이윤 **7.**복잡한, 복합 단지, 강박 관념 **8.**관습, 세관 **9.**과제, 영사하다
10.신화, 근거 없는 통념

---

1. planet ⓝ______ ______
2. cause ⓝ______ ⓥ______
3. anticipate ⓥ______ ______
4. account ⓝ______ ______
5. process ⓝ______ ⓥ______
6. crazy ⓐ______
7. overlook ⓥ______ ______
8. step ⓝ______ ______
9. draw ⓥ______ ______
10. orient ⓝ______ ⓥ______

1. concern ⓝ______ ______ ⓥ______
2. term ⓝ______ ______
3. stock ⓝ______ ______ ⓥ______
4. lean ⓐ______ ⓥ______ ______
5. plant ⓝ______ ______ ⓥ______
6. charge ⓝ______ ______ ⓥ______
7. bachelor ⓝ______ ______
8. master ⓝ______ ______ ⓥ______
9. leave ⓥ______ ______ ______
10. capital ⓝ______ ______

1.행성, 지구 **2.**원인, 초래하다 **3.**예상하다, 고대하다 **4.**계좌, 설명 **5.**과정, 처리하다 **6.**미친,
열광하는 **7.**간과하다, 내려다보다 **8.**조치, 단계 **9.**당기다, 그리다 **10.**동양, 지향하게 하다

1.걱정, 관심사, 관련시키다 **2.**기간, 용어 **3.**재고, 주식, 채우다 **4.**마른, 기대다, 의존하다 **5.**식물,
공장, 심다 **6.**비용, 담당, 청구하다 **7.**학사, 총각 **8.**석사, 주인, 숙달하다 **9.**떠나다, 남기다, 휴가
10.수도, 자본

PHRASE

at least 적어도 (not less than)
at length 결국, 마침내 (in the long run, in the end, after all, at last)
at most 기껏해야, 아무리 많아야 *at best 기껏해야, 아무리 잘 해 봐야
at once 즉시, 동시에
at second hand 간접적으로 (indirectly) *at first hand 직접적으로 (directly)
at the cost of ~을 희생하여, ~의 대가로 (at the expense/price of)
at the mercy of ~에 좌우되어 (at one's mercy)
at the sight of ~을 보자마자 (upon seeing)
at times 가끔 (from time to time, now and then/again, once in a while, on occasion, occasionally) *in time 얼마 후에, 제시간에 *on time 정각에
at will 마음대로 (at one's pleasure)
attend on 시중들다, 섬기다, 돌보다 (wait on, serve)
attend to 신경을 기울이다, 주의를 기울이다 (pay attention to)

1. I drink at ________ 2 litters of water a day.
나는 하루에 적어도 2리터의 물을 마신다.

2. We, at ________, got to the destination.
우리는 마침내 목적지에 도달하였다.

3. It will take at ________ a day to review the essay.
글을 검토하는 데 기껏해야 하루 걸릴 것이다.

4. I responded to his email at ________.
나는 즉시 그의 이메일에 답장을 보냈다.

5. I heard the story at ________ hand through my friend.
나는 친구를 통하여 간접적으로 그 이야기를 들었다.

6. He achieved his success at the ________ of his health.
그는 건강을 희생하여 성공을 성취하였다.

7. The explorers, at the ________ of the storm, couldn't perform the task.
탐사대원들은 폭풍에 좌우되어, 과제를 완수할 수 없었다.

8. She screamed at the ________ of a worm.
그녀는 벌레를 보자마자 소리를 질렀다.

9. At ________, he abruptly called on me.
가끔 그는 갑자기 나를 방문하였다.

10. You can never enter the facilities at ________.
너는 그 시설에 마음대로 들어갈 수 없다.

11. The nurse attends ________ the elderly patient.
간호사는 노인 환자를 시중든다.

12. You have to attend ________ urgent matters.
너는 긴급한 일에 신경을 써야 한다.

DAY
05

[진단 테스트]

※ 실력을 진단하고 점검하는 연결형 문제입니다. 문제에 표시하지 마시고, 전용 오답 노트를 활용하여 집중 관리 하십시오. 본 단어장의 모든 문제는 반복 학습용입니다.

1. instruct	①참석자, 시중드는 사람	1. ease	①추진하다, 승진시키다
2. certain	②함정, 가두다	2. distinct	②실행하다, 운동
3. trap	③선장, 우두머리	3. firm	③비서, 장관
4. character	④성격, 등장인물	4. secretary	④강요하다, 군대
5. horn	⑤지시하다, 교육하다	5. harsh	⑤완화하다, 편안
6. captain	⑥어떤, 확실한	6. vision	⑥명확한, 별개의
7. settle	⑦참석하다, 시중들다	7. scholarship	⑦학문, 장학금
8. foundation	⑧해결하다, 정착하다	8. promote	⑧거친, 가혹한
9. attend	⑨설립, 토대	9. exercise	⑨기업, 견고한
10. attendant	⑩뿔, 경적	10. force	⑩시력, 전망

1.⑤ 2.⑥ 3.② 4.④ 5.⑩ 6.③ 7.⑧ 8.⑨
9.⑦ 10.①

1.⑤ 2.⑥ 3.⑨ 4.③ 5.⑧ 6.⑩ 7.⑦ 8.①
9.② 10.④

1. direct	①참다, 입장, 가판대	1. climb	①지원하다, 적용하다
2. direction	②샘, 솟아오르다	2. fundamental	②쟁점, 발행하다
3. stand	③대량, 덩어리	3. adapt	③당사자, 일행
4. burden	④명확한, 제거하다	4. deal	④거래, 다루다
5. spring	⑤짐, 부담	5. issue	⑤지원, 적용
6. mass	⑥시민의, 공손한	6. survive	⑥적응하다, 개조하다
7. clear	⑦눕다, 놓여 있다	7. party	⑦기초적인, 근본적인
8. lie	⑧지시, 방향	8. apply	⑧어울리다, 성냥
9. civil	⑨장군, 일반적인	9. application	⑨~ 후에 살아남다, ~보다 오래 살다, 생존하다
10. general	⑩지시하다, 방향을 잡다, 직접적인	10. match	⑩올라가다, 엉금엉금 움직이다

1.⑩ 2.⑧ 3.① 4.⑤ 5.② 6.③ 7.④ 8.⑦
9.⑥ 10.⑨

1.⑩ 2.⑦ 3.⑥ 4.④ 5.② 6.⑨ 7.③ 8.①
9.⑤ 10.⑧

0161 ★★☆

instruct

[instrʌ́kt]

ⓥ지시하다, 교육하다

He instructed his secretary to cancel his engagements.
그는 비서에게 자신의 약속을 취소하라고 지시하였다.

The expert instructed me on how to strengthen my muscles.
전문가는 나에게 근육을 강화하는 방법을 교육하였다.

*instruction ⓝ지시, 교육 *instructor ⓝ강사 *instructive ⓐ교훈적인

0162 ★☆☆

certain

[sə́ːrtən]

ⓐ어떤, 확실한, 특정한

Certain territories are more fertile than others.
어떤 영토는 다른 곳보다 더 비옥하다.

The rare species will certainly become extinct soon.
희귀한 종은 확실히 곧 멸종될 것이다.

*certainty ⓝ확실성

0163 ★☆☆

trap

[træp]

ⓝ함정, 덫 ⓥ가두다

The troops made the enemy fall into a trap.
군대는 적이 함정에 빠지도록 만들었다.

The rescuers were trapped in the basement.
구조대원들이 지하실에 갇혔다.

0164 ★★☆

character

[kǽriktər]

ⓝ성격, 등장인물, 특성

His optimistic character invariably pleases his mates.
그의 낙천적인 성격은 항상 그의 동료들을 즐겁게 한다.

The ridiculous-looking character performed multiple roles.
우스꽝스럽게 보이는 등장인물이 복합적인 역할을 수행하였다.

*characteristic ⓝ특징 ⓐ특징적인

0165 ★☆☆

horn

[hɔːrn]

ⓝ뿔, 경적, 나팔

The wildlife has stiff horns on its head.
그 야생 동물은 머리에 강한 뿔을 지니고 있다.

Some drivers habitually blow their horns.
어떤 운전자들은 습관적으로 경적을 울린다.

Check

□ instruct	□ certain	□ trap	□ character	□ horn

0166 ★☆☆

captain
[kǽptin]

ⓝ **선장, 우두머리**

The ship's crew complained of the captain's neglect.
그 배의 선원들은 선장의 태만에 대하여 불평하였다.

The captain of the department took a week's leave.
그 부서의 장은 일주일 휴가를 냈다.

0167 ★★☆

settle
[sétl]

ⓥ **해결하다, 정착하다**

They settled the border dispute by diplomatic means.
그들은 외교적 수단으로 국경 분쟁을 해결하였다.

His family entirely deserted him and settled in another city.
그의 가족은 완전히 그를 버리고 다른 도시에 정착하였다.

0168 ★★☆

foundation
[faundéiʃən]

ⓝ **설립, 토대**, 기초, 재단

The charity has contributed to our society since its foundation.
그 자선 단체는 설립 이후 우리 사회에 공헌해 왔다.

His bold investment became the foundation of his wealth.
그의 대담한 투자는 부의 토대가 되었다.

***found** ⓥ설립하다, 토대를 두다

0169 ★★☆

attend
[əténd]

ⓥ **참석하다, 시중들다**, 주의를 기울이다

Those attending the funeral showed little emotion.
장례식 참석자들은 감정을 거의 드러내지 않았다.

The nurse attends to the critical patients.
그 간호사는 치명적인 환자들을 보살핀다.

***attention** ⓝ주의, 주목 ***attendance** ⓝ참석, 시중

0170 ★★☆

attendant
[əténdənt]

ⓝ **참석자 (attendee), 시중드는 사람**, 종업원

The host paid the utmost attention to the attendants.
주최자는 참석자들에게 최대한의 관심을 기울였다.

The passengers on board felt grateful to the kind attendants.
탑승한 승객들은 친절한 승무원들에게 감사하게 느꼈다.

***flight attendant** (비행기) 승무원

Check				
☐ captain	☐ settle	☐ foundation	☐ attend	☐ attendant

0171 ★★☆

ease
[iːz]

ⓥ**완화하다**, 편안하게 해주다 ⓝ**편안**, 쉬움

The medicine would ease your pain.
그 약은 너의 통증을 완화할 것이다.

The hot-tempered man seldom felt at ease.
급한 성질의 남자는 좀처럼 편안하게 느끼지 못하였다.

***easy** ⓐ편안한, 쉬운

0172 ★★☆

distinct
[distíŋkt]

ⓐ**명확한, 별개의,** 뚜렷한

He showed a distinct lack of affection and passion.
그는 애정과 열정의 명백한 결핍을 보여주었다.

His theory is distinct from the general one.
그의 이론은 일반적인 이론과는 별개이다.

***distinctive** ⓐ독특한

0173 ★★☆

firm
[fəːrm]

ⓝ**기업** ⓐ**견고한**

The firm seeks to maximize its annual profit.
그 기업은 연간 이익을 최대화하려고 애쓴다.

A high-protein diet is likely to make your muscles firm.
고단백 식품이 너의 근육을 단단하게 만들 가능성이 있다.

0174 ★☆☆

secretary
[sékrətèri]

ⓝ**비서, 장관,** 총무

The staff member was appointed secretary to the chairman.
그 직원은 회장의 비서로 임명되었다.

The Secretary of State pursued a peace strategy.
국무 장관은 평화 전략을 추구하였다.

0175 ★☆☆

harsh
[haːrʃ]

ⓐ**거친, 가혹한**

The harsh noise prevented me from concentrating on the job.
거친 소음은 내가 일에 집중하는 것을 방해하였다.

Many immigrants work in harsh environments.
많은 이민자가 가혹한 환경에서 일한다.

Check

☐ ease	☐ distinct	☐ firm	☐ secretary	☐ harsh

0176 ★☆☆

vision
[víʒən]

ⓝ**시력, 전망,** 시야, 꿈 (희망)

He has to wear glasses owing to his poor vision.
그는 형편없는 시력 때문에 안경을 착용해야 한다.

He has a vision of unifying the divided nation.
그는 분단된 국가를 통일하는 꿈을 지니고 있다.

*envision ⓥ상상하다, 마음속에 그리다

0177 ★☆☆

scholarship
[skɑ́lərʃip]

ⓝ**학문, 장학금**

His latest paper holds significant value in scholarship.
그의 최신 논문은 학문적으로 중요한 가치를 지닌다.

The firm hired the graduates who had won scholarships.
그 기업은 장학금을 받았던 졸업생들을 고용하였다.

*scholar ⓝ학자

0178 ★★★

promote
[prəmóut]

ⓥ**추진하다, 승진시키다,** 판매 촉진하다

It is not moral to promote harmful products.
해로운 제품을 판매 촉진하는 것은 도덕적이지 않다.

He felt frustrated as he was not promoted.
그는 승진되지 않아서 좌절되게 느꼈다.

*promotion ⓝ추진, 승진, 판촉

0179 ★★★

exercise
[éksərsàiz]

ⓥ**실행하다** ⓝ**운동,** 연습

It is vital to exercise your right to vote.
투표할 권리를 행사하는 것이 매우 중요하다.

0180 ★★☆

force
[fɔːrs]

ⓥ**강요하다** ⓝ**군대,** 힘

The arrested were forced to kneel on the ground.
체포된 자들은 땅에 무릎 꿇도록 강요받았다.

Morale in the armed forces declined steeply.
무장 군대 내에 사기가 급격하게 저하되었다.

Check

☐ vision	☐ scholarship	☐ promote	☐ exercise	☐ force

0181 ★★☆

direct
[dirékt]

ⓥ지시하다, 방향을 잡다 ⓐ직접적인

I directed the architect to modify the budget.
나는 건축가에게 예산을 수정하도록 지시하였다.

My sympathy was directed to those who survived the disaster.
나의 동정심이 재난에서 살아남은 사람들에게로 향하였다.

*director ⓝ책임자, 관리자, 연출자, 임원 *directive ⓐ지시하는

0182 ★★☆

direction
[dirékʃən]

ⓝ지시, 방향, 지시서

Some trainees complained about the instructor's direction.
일부 훈련생들은 강사의 지시에 관하여 불평하였다.

The scared livestock ran off in every direction.
겁먹은 가축이 각 방향으로 달아났다.

0183 ★★☆

stand
[stænd]

ⓥ참다, 견디다, 서다 ⓝ입장, 태도, 가판대, 정류장

I couldn't stand his habit of interrupting our conversation.
나는 우리의 대화를 방해하는 그의 습관을 참을 수 없었다.

The company maintained its stand despite public criticism.
그 회사는 대중의 비판에도 불구하고 입장을 유지하였다.

We passed several souvenir stands on our way to the museum.
우리는 박물관으로 가는 길에 여러 기념품 가판대를 지나쳤다.

0184 ★★☆

burden
[báːrdn]

ⓝ짐, 부담

The porter climbed the slope with a burden on his shoulder.
짐꾼은 어깨에 짐을 짊어진 채 경사를 올라갔다.

The high-interest burden forced me to pay my debt promptly.
높은 이자 부담은 내가 신속히 빚을 갚도록 강요하였다.

0185 ★☆☆

spring
[spriŋ]

ⓝ샘, 용수철, 봄 ⓥ솟아오르다, 튀다 (spring-sprang/sprung-sprung)

The hot springs near the volcano were covered with gray ash.
화산 근처의 온천은 회색 재로 덮였다.

The shelter of hundreds of refugees sprang up overnight.
수백 명 난민의 은신처가 하룻밤 사이에 불쑥 생겨났다.

Check

□ direct	□ direction	□ stand	□ burden	□ spring

0186 ★☆☆

mass
[mæs]

ⓝ대량, 덩어리 ⓐ대량의

The enemy denied the use of weapons of mass destruction.
적은 대량 파괴 무기의 사용을 부정하였다.

The satellite picture shows a dense mass of smoke.
위성 사진은 짙은 연기 덩어리를 보여준다.

0187 ★★☆

clear
[kliər]

ⓐ명확한 ⓥ제거하다, 치우다

He has a clear intention to cooperate with his colleagues.
그는 자기 동료들과 협력하려는 명확한 의도를 지니고 있다.

The residents cleared the street of dirt after the eruption.
주민들은 화산 분출 후 거리에서 흙먼지를 제거하였다.

clear A of B A에게서 B를 제거하다

0188 ★☆☆

lie
[lai]

ⓥ눕다, 놓여 있다 (lie-lay-lain), 거짓말하다 (lie-lied-lied) ⓝ거짓말

The patient with a back injury lay down on his stomach.
등에 부상이 있는 환자는 배를 대고 엎드렸다.

His edge lies in his ability to accomplish the task.
그의 강점은 과제를 완수하는 능력에 있다.

lay ⓥ놓다, 두다 (lay-laid-laid)

0189 ★★☆

civil
[sívəl]

ⓐ시민의, 공손한

Freedom of assembly is a basic civil right.
집회의 자유는 기본적인 시민의 권리이다.

His strength is his ability to engage in civil conversation.
그의 강점은 공손한 대화로 관여할 수 있는 능력이다.

civilian ⓝ시민, 민간인

0190 ★☆☆

general
[dʒénərəl]

ⓝ장군 ⓐ일반적인, 전반적인

The general commanded that the defense line be reinforced.
장군은 방어선이 강화되어야 한다고 명령하였다.

My opinion is different from the general view.
내 의견은 일반적 견해와 다르다.

generalize ⓥ일반화하다 **general hospital** 종합병원

Check

□ mass	□ clear	□ lie	□ civil	□ general

0191 ★☆☆

climb
[klaim]

ⓥ**올라가다, 엉금엉금 움직이다**

The prisoner climbed the wall and escaped from jail.
죄수는 담장을 올라가서 감옥으로부터 탈출하였다.

Hearing the knock, he climbed out of bed.
두드리는 소리를 듣고, 그는 침대로부터 엉금엉금 내려왔다.

0192 ★☆☆

fundamental
[fʌ̀ndəméntl]

ⓐ**기초적인, 근본적인**

The orphan didn't receive a fundamental education.
그 고아는 기초적인 교육을 받지 못하였다.

A fundamental reform would change our society.
근본적인 개혁이 우리 사회를 바꾸어 놓을 것이다.

0193 ★★☆

adapt
[ədǽpt]

ⓥ**적응하다, 개조하다,** 각색하다

The timid child seldom adapted to new circumstances.
소심한 아이는 좀처럼 새로운 환경에 적응하지 못하였다.

The author adapted his novel for a play.
작가는 연극을 위해 자신의 소설을 각색하였다.

***adopt** ⓥ채택하다, 입양하다 ***adaptation** ⓝ적응, 개조, 각색

0194 ★★☆

deal
[diːl]

ⓝ**거래** ⓥ**다루다** (deal with) (deal-dealt-dealt)

They signed a loan deal at a reasonable interest rate.
그들은 적정한 이자율로 대출 거래에 서명하였다.

The author dealt with despair and frustration in his novel.
작가는 소설에서 절망과 좌절을 다루었다.

***dealer** ⓝ중개상, 전문 상인

0195 ★☆☆

issue
[íʃuː]

ⓝ**쟁점** ⓥ**발행하다,** 공표하다

The issue reflects the concerns of the younger generation.
그 쟁점은 젊은 세대의 관심사를 반영한다.

The identity cards were issued by the authorities.
신분증은 당국에 의하여 발행되었다.

Check

☐ climb	☐ fundamental	☐ adapt	☐ deal	☐ issue

0196 ★★☆

survive
[sərváiv]

ⓥ~ 후에 살아남다, ~보다 오래 살다, 생존하다

Those who survived the fire were accommodated in the dorm.
화재 후에 살아남은 사람들은 기숙사에 수용되었다.

He prayed that his wife would survive him.
그는 아내가 자신보다 오래 살기를 기도하였다.

They survived on an isolated island under awful conditions.
그들은 외딴섬에서 끔찍한 환경 속에 생존하였다.

***survival** ⓝ생존

0197 ★★☆

party
[pάːrti]

ⓝ당사자, 일행, 정당

The dispute between its parties required my involvement.
당사자 간의 분쟁은 나의 개입을 요구하였다.

The host reserved the front row of the hall for our party.
주최자는 우리 일행을 위하여 회관의 앞 열을 예약하였다.

0198 ★★☆

apply
[əplái]

ⓥ지원하다, 적용하다, 응용하다

The graduate applied to the promising company.
졸업생은 유망한 회사에 지원하였다.

The scholar applied the latest theory to his experiment.
학사는 쇠신 이론을 자신의 실험에 적용하였다.

0199 ★★☆

application
[æ̀plikéiʃən]

ⓝ지원, 적용, 응용 프로그램 (app), 응용

The bank approved my loan application.
은행은 나의 대출 신청을 승인하였다.

I object to the unconditional application of the regulation.
나는 그 규정의 무조건적인 적용을 반대한다.

***applicant** ⓝ지원자

0200 ★☆☆

match
[mætʃ]

ⓥ어울리다, 일치하다 ⓝ성냥, 시합

The clown wore the socks that didn't match his costume.
광대는 의상과 어울리지 않는 양말을 신었다.

Check

□ survive	□ party	□ apply	□ application	□ match

※ 정답 표시하지 마시고, 전용 오답 노트를 활용하여 집중 관리 하십시오. 모든 문제는 반복 학습용입니다.

1. instruct ⓥ______ ______	1. ease ⓥ______ ⓝ______
2. certain ⓐ______ ______	2. distinct ⓐ______ ______
3. trap ⓝ______ ⓥ______	3. firm ⓝ______ ⓐ______
4. character ⓝ______ ______	4. secretary ⓝ______ ______
5. horn ⓝ______ ______	5. harsh ⓐ______ ______
6. captain ⓝ______ ______	6. vision ⓝ______ ______
7. settle ⓥ______ ______	7. scholarship ⓝ______ ______
8. foundation ⓝ______ ______	8. promote ⓥ______ ______
9. attend ⓥ______ ______	9. exercise ⓥ______ ⓝ______
10. attendant ⓝ______ ______	10. force ⓥ______ ⓝ______

1.지시하다, 교육하다 **2.**어떤, 확실한 **3.**함정, 가두다 **4.**성격, 등장인물 **5.**뿔, 경적 **6.**선장, 우두머리
7.해결하다, 정착하다 **8.**설립, 토대 **9.**참석하다, 시중들다 **10.**참석자, 시중드는 사람

1.완화하다, 편안 **2.**명확한, 별개의 **3.**기업, 견고한 **4.**비서, 장관 **5.**거친, 가혹한 **6.**시력, 전망
7.학문, 장학금 **8.**추진하다, 승진시키다 **9.**실행하다, 운동 **10.**강요하다, 군대

---

1. direct ⓐ______ ⓥ______ ______	1. climb ⓥ______ ______
2. direction ⓝ______ ______	2. fundamental ⓐ______ ______
3. stand ⓥ______ ⓝ______ ______	3. adapt ⓥ______ ______
4. burden ⓝ______ ______	4. deal ⓝ______ ⓥ______
5. spring ⓝ______ ⓥ______	5. issue ⓝ______ ⓥ______
6. mass ⓝ______ ______	6. survive ⓥ______ ______ ______
7. clear ⓐ______ ⓥ______	7. party ⓝ______ ______
8. lie ⓥ______ ______	8. apply ⓥ______ ______
9. civil ⓐ______ ______	9. application ⓝ______ ______
10. general ⓝ______ ⓐ______	10. match ⓥ______ ⓝ______

1.직접적인, 방향을 잡다, 지시하다 **2.**지시, 방향 **3.**참다, 입장, 가판대 **4.**짐, 부담 **5.**샘, 솟아오르다
6.대량, 덩어리 **7.**명확한, 제거하다 **8.**눕다, 놓여 있다 **9.**시민의, 공손한 **10.**장군, 일반적인

1.올라가다, 엉금엉금 움직이다 **2.**기초적인, 근본적인 **3.**적응하다, 개조하다 **4.**거래, 다루다 **5.**쟁점,
발행하다 **6.**~ 후에 살아남다, ~보다 오래 살다, 생존하다 **7.**당사자, 일행 **8.**지원하다, 적용하다
9.지원, 적용 **10.**어울리다, 성냥

※ 정답 표시하지 마시고, 전용 오답 노트를 활용하여 집중 관리 하십시오. 모든 문제는 반복 학습용입니다.

---

attribute A to B A를 B의 탓으로/덕으로 돌리다 (ascribe/impute A to B)
avail oneself of 이용하다 (take advantage of)
back and forth 앞뒤로 (to and fro)
badly off 궁핍한 (worse off, poor) *well off 부유한 (better off, rich)
based on ~에 근거하여 (on the basis of)
be about to 막 ~하려고 하다 (be on the point/edge/verge of ~ing)
be absorbed in ~에 몰두하다 (be lost in, be applied/devoted/dedicated/given to, absorb/lose oneself in, apply/devote/dedicate/give oneself to)
be accustomed to ~에 익숙하다 (be used to, accustom oneself to) *be used to V ~하기 위하여 사용되다 *used to ~하곤 했다
be acquainted with ~을 알고 있다
be anxious about 걱정하다 (be concerned about, worry about)
be anxious for 갈망하다 (be eager for, yearn for, be anxious to V)
be apt to ~하기 쉽다 (be likely/prone to)

---

1. He attributes his success _______ my help.
그는 자신의 성공을 나의 도움 덕으로 돌린다.

2. The elderly avail _______ _______ the free medical check-up.
노인들은 무료 건강 검진을 이용한다.

3. The vessel rocked back and _______ on the waves.
배는 파도에 앞뒤로 흔들렸다.

4. Most merchants are _______ off due to the economic crisis.
대부분 상인은 경제 위기 때문에 궁핍하다.

5. His argument is _______ on rumors, not facts.
그의 주장은 사실이 아니라 소문에 근거한다.

6. The train was _______ to depart when I got to the station.
내가 역에 도착하였을 때 열차기 막 출발하려고 하였다.

7. The mechanic is absorbed _______ fixing the equipment.
기계공은 장비를 수리하는 데 몰두하고 있다.

8. The tourists were _______ to our culture.
관광객들은 우리 문화에 익숙하였다.

9. The foreigner was acquainted _______ the subway system.
외국인은 지하철 체계를 알고 있었다.

10. Most applicants are anxious _______ their job interview.
대부분 지원자는 취업 면접에 대해 걱정한다.

11. The suspect is anxious _______ a chance to prove himself innocent.
혐의자는 자신이 결백하다는 것을 입증할 기회를 갈망한다.

12. Children are _______ to imitate their parents.
아이들은 부모를 흉내내기 쉽다.

※ 이 페이지의 단어들은 필요 시 참고하는 분야별 단어입니다. 학습자의 수준과 진도에 맞게 활용하십시오.

civilization	문명	emperor	황제
age	시대	ruin	폐허, 망치다
ancient	고대의	antique	골동품
primitive	원시적인	independence	독립
colony	식민지, 집단 부락	myth	신화, 근거없는 통념
slavery	노예 신분, 노예 제도	legend	전설
tribe	부족	unification	통합
empire	제국	conquer	정복하다

[Definition Quiz]

1. the state of being free from control by others. _______

2. to take control of a place by force. _______

3. something old and valuable from the past. _______

4. a group of people with the same culture and leader. _______

5. an old story, often about heroes, passed down. _______

6. simple and not developed, like early humans. _______

7. a man who rules an empire. _______

8. a land controlled by another country. _______

9. a traditional story explaining beliefs or nature. _______

10. the act of joining separate parts into one. _______

11. the remains of a destroyed building or city. _______

12. the state of being owned and forced to work. _______

13. belonging to a time long ago. _______

14. a developed society with culture, laws, and technology. _______

15. a group of countries ruled by one power. _______

16. a particular period in history. _______

---

1. 다른 사람의 지배에서 벗어나 자유로운 상태 **2.** 힘으로 어떤 장소를 점령하다 **3.** 과거의 오래되고 가치 있는 것 **4.** 같은 문화와 지도자를 가진 사람들의 집단 **5.** 영웅에 관한 이야기 등, 전해 내려오는 오래된 이야기 **6.** 초기 인류처럼 단순하고 발전되지 않은 **7.** 제국을 다스리는 남자 **8.** 다른 나라의 지배를 받는 땅 **9.** 믿음이나 자연현상을 설명하는 전통적인 이야기 **10.** 분리된 부분들을 하나로 합치는 행위 **11.** 파괴된 건물이나 도시의 잔해 **12.** 소유되어 강제로 일해야 하는 상태 **13.** 오래전 시대에 속하는 **14.** 문화, 법, 기술을 갖춘 발전된 사회 **15.** 하나의 권력에 의해 지배되는 여러 나라들의 집단 **16.** 역사 속의 특정한 시기

1.independence **2.**conquer **3.**antique **4.**tribe **5.**legend **6.**primitive **7.**emperor **8.**colony **9.**myth **10.**unification **11.**ruin **12.**slavery **13.**ancient **14.**civilization **15.**empire **16.**age

---

◀ 1. Earth & Space p22   Categories p549   3-1. Science & Technology p76 ▶

DAY
06

DAY 06

[진단 테스트]

※ 실력을 진단하고 점검하는 연결형 문제입니다. 문제에 표시하지 마시고, 전용 오답 노트를 활용하여 집중 관리 하십시오. 본 단어장의 모든 문제는 반복 학습용입니다.

1. demand	①입증, 시위
2. secondhand	②입다, 닳게 하다
3. degree	③완전한, 완성하다
4. reach	④수요, 요구하다
5. wear	⑤입증하다, 시위하다
6. complete	⑥정도, 학위
7. entire	⑦간접적인, 중고의
8. demonstrate	⑧완전한, 전체적인
9. demonstration	⑨도달하다, 손을 뻗다
10. respect	⑩존경하다, 면

1.④ 2.⑦ 3.⑥ 4.⑨ 5.② 6.③ 7.⑧ 8.⑤
9.① 10.⑩

1. square	①통로, 통과
2. block	②포장물, 무리, 포장하다
3. grave	③광장, 정사각형
4. notice	④차단하다, 사각 물체
5. fair	⑤알아채다, 통지
6. fairly	⑥공정한, 박람회
7. passage	⑦형태, 형성하다
8. craft	⑧무덤, 심각한
9. pack	⑨공정하게, 꽤
10. shape	⑩솜씨, 항공기

1.③ 2.④ 3.⑧ 4.⑤ 5.⑥ 6.⑨ 7.① 8.⑩
9.② 10.⑦

1. check	①항해하다, 돛
2. view	②버리다, 사막
3. sail	③저장하다, 상점
4. invent	④발전하다, 개발하다
5. subject	⑤실험 대상, 주제, 과목
6. store	⑥견해, 경관, 보다
7. bill	⑦지폐, 청구서, 법안
8. desert	⑧발명하다, 꾸며내다
9. develop	⑨주요한, 전공
10. major	⑩수표, 계산서, 점검하다, 저지하다

1.⑩ 2.⑥ 3.① 4.⑧ 5.⑤ 6.③ 7.⑦ 8.②
9.④ 10.⑨

1. minor	①변명, 용서하다
2. figure	②보다, 감시하다
3. seal	③부수다, 중간 휴식
4. break	④봉인하다, 물개
5. watch	⑤직업, 점유
6. excuse	⑥구성하다, 작문하다
7. compose	⑦사소한, 미성년자
8. sentence	⑧숫자, 인물, 모습, 이해하다
9. fiction	⑨소설, 허구
10. occupation	⑩선고하다, 문장

1.⑦ 2.⑧ 3.④ 4.③ 5.② 6.① 7.⑥ 8.⑩
9.⑨ 10.⑤

0201 ★★☆
demand
[dimǽnd]

ⓝ수요 ⓥ요구하다

The figures indicate that there is a huge demand for the fuel.
숫자들은 연료에 대한 엄청난 수요가 있다는 것을 나타낸다.

The patient is in a critical situation demanding an operation.
그 환자는 수술을 요구하는 치명적인 상황에 있다.

*demanding ⓐ다그치는, 요구가 많은 *supply ⓝ물자, 공급 ⓥ공급하다

0202 ★★☆
secondhand
[sékəndhǽnd]

ⓐ간접적인, 중고의

Secondhand smoke is harmful to health.
간접흡연은 건강에 해롭다.

The charity is collecting secondhand clothes.
자선 단체는 중고 의류를 수집 중이다.

*firsthand ⓐ직접적인

0203 ★★☆
degree
[digríː]

ⓝ정도, 학위

The government is responsible for the disaster to a degree.
정부는 어느 정도 재난에 대한 책임이 있다.

I have a bachelor's degree and hope to earn a master's one.
나는 학사 학위를 가지고 있으며, 석사 학위를 취득하기 희망한다.

0204 ★☆☆
reach
[riːtʃ]

ⓥ도달하다, 손을 뻗다

You have to modify the draft to reach their standard.
너는 그들의 기준에 도달하기 위해 초안을 수정해야 한다.

He reached out to his associates for advice.
그는 충고를 위하여 자기 동료들에게 손을 뻗었다.

0205 ★★★
wear
[wɛər]

ⓥ입다, 닳게 하다, 착용하다, 닳다 (wear-wore-worn)

The bald man wearing sunglasses appeared confident.
선글라스를 착용한 대머리 남자는 자신 있어 보였다.

My socks are worn out at the heel.
나의 양말은 뒤꿈치가 닳았다.

Check

□ demand	□ secondhand	□ degree	□ reach	□ wear

0206 ★★☆

complete

[kəmplíːt]

ⓐ완전한 ⓥ완성하다

The bachelor lived a lonely life in complete despair.
총각은 완전한 절망 속에 외로운 삶을 살았다.

The police completed their investigation into the robbery.
경찰은 강도 사건에 대한 조사를 완료하였다.

*completion ⓝ완성

0207 ★★☆

entire

[entáiər]

ⓐ완전한, 전체적인

The charity relies entirely on voluntary contributions.
자선 단체는 전적으로 자발적인 기부금에 의존한다.

He dedicated his entire life to establishing the foundation.
그는 재단을 설립하는 것에 자신의 전체 인생을 바쳤다.

0208 ★★★

demonstrate

[démənstrèit]

ⓥ입증하다, 시위하다, 나타내다

He was frustrated because he couldn't demonstrate his claims.
그는 자신의 주장을 입증할 수 없어서 좌절되었다.

His supporters demonstrated outside the courtroom.
그의 지지자들은 법정 밖에서 시위하였다.

*demonstrator ⓝ시위자

0209 ★★★

demonstration ⓝ입증, 시위

[dèmənstréiʃən]

He gave a brief demonstration of the vehicle's functions.
그는 차량의 기능에 관하여 간단한 입증을 하였다.

Their demonstration was a symptom of discontent.
그들의 시위는 불만족의 징후였다.

0210 ★★☆

respect

[rispékt]

ⓥ존경하다 ⓝ면, 점, 존경

The new version is inferior in many respects.
새로운 유형은 많은 면에서 열등하다.

Check

□ complete	□ entire	□ demonstrate	□ demonstration	□ respectw

0211 ★☆☆

square

[skwɛər]

ⓝ**광장, 정사각형**

The machinery exhibition was held in the broad square.
기계류 전시회가 넓은 광장에서 개최되었다.

The gardener sowed some seeds in his square courtyard.
정원사는 자신의 정사각형 안뜰 마당에 약간의 씨를 뿌렸다.

*rectangle ⓝ직사각형

0212 ★★☆

block

[blɑk]

ⓥ**차단하다** ⓝ**사각 물체, 구역**

The police blocked the demonstrators to keep order.
경찰은 질서를 유지하기 위하여 시위자들을 막았다.

The laborers carried many blocks of stone to the site.
노동자들은 많은 사각형 돌덩이를 현장으로 운반하였다.

*brick ⓝ벽돌

0213 ★★☆

grave

[greiv]

ⓝ**무덤** (일반 무덤) ⓐ**심각한**

Careless remarks may dig your own grave.
부주의한 언급이 너 자신의 무덤을 팔 수도 있다.

The frequent storms had grave consequences.
빈번한 폭풍이 심각한 결과를 가져왔다.

*gravity ⓝ중력, 심각성 *tomb ⓝ무덤 (내부 격실 무덤)

0214 ★★☆

notice

[nóutis]

ⓥ**알아채다, 통지하다** ⓝ**통지**

I didn't notice his appearance while I watched TV.
나는 TV를 시청하는 동안에 그의 등장을 알아채지 못하였다.

The museum will be temporarily closed until further notice.
박물관은 추가적인 통지가 있을 때까지 일시적으로 폐쇄될 것이다.

0215 ★★☆

fair

[fɛər]

ⓐ**공정한** ⓝ**박람회**

The authorities took a fair step to settle the conflict.
당국은 갈등을 해결하기 위하여 공정한 조치를 취하였다.

The manufacturer displayed its products at the trade fair.
그 제조업체는 무역 박람회에 자사의 생산품을 전시하였다.

Check

☐ square	☐ block	☐ grave	☐ notice	☐ fair

0216 ★★☆

fairly
[fέərli]

ⓐ공정하게, 꽤, 매우

The relief supplies were fairly distributed to the refugees.
구호물자들은 난민들에게 공정하게 분배되었다.

It is fairly disappointing to cancel aid for the disabled.
장애인들을 위한 원조를 취소한 것은 꽤 실망스럽다.

0217 ★☆☆

passage
[pǽsidʒ]

ⓝ통로, 통과, 단락

The soldiers crept down a narrow passage.
병사들은 좁은 통로를 따라 기어갔다.

The bridge doesn't allow the passage of freight vehicles.
그 다리는 화물 차량의 통과를 허용하지 않는다.

*pass ⓥ건네주다, 통과하다 ⓝ승차권, 통행권

0218 ★★☆

craft
[kræft]

ⓝ솜씨 (craftsmanship), 항공기, 공예, 선박

I have acquired the craft of wood carving.
나는 목각 솜씨를 습득하였다.

The astronaut landed the spacecraft on the lunar surface.
우주 비행사는 우주선을 달 표면에 착륙시켰다.

*craftsman ⓝ장인, 공예가

0219 ★★☆

pack
[pæk]

ⓝ포장물, 무리 ⓥ포장하다, 채우다

The customers received the pack containing some souvenirs.
고객들은 약간의 기념품들을 포함하고 있는 꾸러미를 받았다.

The thunder and lightning frightened a pack of dogs.
천둥과 번개는 한 무리의 개를 놀라게 하였다.

*packet ⓝ포장물, 작은 소포 *unpack ⓥ풀다, 꺼내다

0220 ★☆☆

shape
[ʃeip]

ⓝ형태 ⓥ형성하다

The shapes of buried articles resemble the ancient tools.
매장된 물품들의 형태는 고대 도구들을 닮았다.

What we encounter or experience in life shapes our attitudes.
우리가 살면서 마주치거나 경험하는 것이 우리의 태도를 형성한다.

Check				
☐ fairly	☐ passage	☐ craft	☐ pack	☐ shape

0221 ★☆☆
check
[tʃek]

ⓝ수표, 계산서, 점검 ⓥ점검하다, 저지하다

You'd better check any evidence before relying on it.
너는 어떠한 증거에 의존하기 전에 그것을 점검하는 편이 낫다.

The police took adequate measures to check violent crimes.
경찰은 폭력 범죄를 저지하기 위하여 적절한 조치를 하였다.

0222 ★★☆
view
[vjuː]

ⓝ견해, 경관, 전망 ⓥ보다, 간주하다

People elect a candidate based on his or her views.
사람들은 후보자의 견해에 근거하여 후보자를 선출한다.

The bacteria are invisible unless viewed with a microscope.
박테리아는 현미경으로 관찰되지 않으면 볼 수 없다.

0223 ★☆☆
sail
[seil]

ⓥ항해하다 ⓝ돛

The vessel sailed into the rough ocean.
그 배는 거친 대양으로 항해하였다.

The ship can alter speed by raising or lowering its sail.
배는 돛을 올리거나 낮춤으로써 속도를 바꿀 수 있다.

0224 ★★★
invent
[invént]

ⓥ발명하다, 꾸며내다

My duty is to refine the existing theoies, not invent new ones.
내 임무는 기존의 이론들을 다듬는 것이지, 새로운 것을 발명하는 것이 아니다.

The firm deceived the stockholders by inventing details.
그 기업은 세부 사항을 꾸며냄으로써 주주들을 속였다.

***invention** ⓝ발명, 발명품, 꾸며냄

0225 ★★★
subject
[sʌ́bdʒikt]

ⓝ실험 대상, 주제, 과목, 국민 (통치 대상) ⓐ~의 영향을 받는 (subject to)

The subjects in the experiment gathered together.
실험에 참여한 대상자들이 함께 모였다.

Their view on the subject is required for the final conclusion.
그 주제에 대한 그들의 견해가 최종 결론을 위하여 요구된다.

Check				
☐ check	☐ view	☐ sail	☐ invent	☐ subject

0226 ★★☆

store

[stɔːr]

ⓥ저장하다 ⓝ상점

The distributor stored a lot of stock in the basement.
유통업자는 지하실에 많은 재고를 저장하였다.

***storage** ⓝ저장

0227 ★★☆

bill

[bil]

ⓝ지폐, 청구서, 법안, 전단지, 벽보

The magician transformed a 1-dollar bill into a rabbit.
마술사는 1달러 지폐를 토끼로 변형하였다.

He was required to settle the bill for the repair.
그는 수리에 대한 청구서를 해결하라고 요구받았다.

The bill to raise the minimum wage will be submitted.
최저 임금을 인상하는 법안이 제출될 것이다.

***act** ⓝ법령 ⓥ연기(演技)하다, 행동하다

0228 ★★★

desert

[dizə́ːrt]

ⓥ버리다 ⓝ사막[dézərt]

The high rental price forced the poor to desert their homes.
높은 임대 비용은 가난한 사람들이 자기들의 집을 포기하도록 강요하였다.

***deserted** ⓐ버려진, 황량한 ***dessert** ⓝ후식

0229 ★☆☆

develop

[divéləp]

ⓥ발전하다, 개발하다

His communication skills developed at a remarkable rate.
그의 의사소통 기술이 주목할 만한 속도로 발전하였다.

The country concentrates on developing its natural resources.
그 나라는 천연자원을 개발하는 것에 집중한다.

0230 ★★☆

major

[méidʒər]

ⓐ주요한 ⓝ전공

He pursued major shifts in his strategy to reduce taxes.
그는 세금을 줄이기 위해 자신의 전략에 주요한 변화를 추구하였다.

His major is physics, while his wife's is physical education.
그의 전공은 물리학이고 반면에 아내의 전공은 체육이다.

***majority** ⓝ다수, 과반수

Check

□ store	□ bill	□ desert	□ develop	□ major

0231 ★★☆

minor
[máinər]

ⓐ사소한 ⓝ미성년자

The police ceased to check minor violations.
경찰은 사소한 위반을 확인하는 것을 멈췄다.

The minors were refused admission to the bar.
미성년자들은 주점에 입장을 거절당했다.

*minority ⓝ소수, 소수 집단, 소수 민족

0232 ★★★

figure
[fígjər]

ⓝ숫자, 인물, 모습, 형체 ⓥ이해하다 (figure out), 파악하다

I wrote the amount in figures on the check.
나는 수표에 숫자로 금액을 적었다.

A tall figure approached me in the dense fog.
키 큰 인물이 짙은 안개 속에서 나에게 접근하였다.

I scanned the manual to figure out how to repair the device.
그는 그 장치를 수리하는 방법을 이해하기 위하여 지침서를 살펴보았다.

*figurative ⓐ비유적인

0233 ★☆☆

seal
[siːl]

ⓥ봉인하다 ⓝ물개

The container was completely sealed for a delicate experiment.
그 용기는 민감한 실험을 위하여 완전히 봉인되었다.

0234 ★☆☆

break
[breik]

ⓥ부수다 ⓝ중간 휴식

I am anxious about breaking the contract.
나는 계약을 파기하는 것을 걱정한다.

The laborers took a half-hour break for snacks.
노동자들은 간식을 위하여 30분 중간 휴식을 취하였다.

0235 ★☆☆

watch
[watʃ]

ⓥ보다, 감시하다, 주시하다 ⓝ주시, 감시, 시계

I have watched many domestic firms collapse these days.
나는 최근에 많은 국내 기업이 무너지는 것을 보았다.

*watchman ⓝ경비원

Check				
☐ minor	☐ figure	☐ seal	☐ break	☐ watch

0236 ★☆☆

excuse

[ikskjúːz]

ⓝ**변명** ⓥ**용서하다,** 양해하다

He invented an excuse to postpone the appointment.
그는 약속을 연기하기 위하여 변명을 꾸며냈다.

He asked me to excuse his casual clothes at the ceremony.
그는 나에게 식장에서의 격식 없는 옷차림을 양해해 달라고 요청했다.

0237 ★★☆

compose

[kəmpóuz]

ⓥ**구성하다, 작문하다,** 작곡하다

The mission is composed of experts in particular fields.
사절단은 특정한 분야의 전문가들로 구성되어 있다.

The composer is good at composing traditional folk songs.
그 작곡가는 전통 민요를 작곡하는 것에 능숙하다.

*composition ⓝ구성, 작문, 작곡 *composer ⓝ작곡가
*be composed of ~로 구성되다 (consist of)

0238 ★★☆

sentence

[séntəns]

ⓥ**선고하다** ⓝ**문장,** 선고, 판결

The judge sentenced the criminal to one year in prison.
재판관은 범죄자에게 1년 징역형을 선고하였다.

0239 ★☆☆

fiction

[fíkʃən]

ⓝ**소설, 허구**

Science fiction movies attract the audience with alien scenes.
공상 과학 영화는 외계의 장면으로 관객을 매혹한다.

It is a fiction that the current policy can reduce crime.
현재의 정책이 범죄를 줄일 수 있다는 것은 허구다.

*science fiction 공상 과학 소설 (SF) *non-fiction 실화

0240 ★★☆

occupation

[ὰkjəpéiʃən]

ⓝ**직업, 점유**

The refugees were classified according to their occupations.
난민들은 그들의 직업에 따라 분류되었다.

The illegal occupation of the public facilities is not allowed.
공공시설에 대한 불법적인 점유는 허용되지 않는다.

*occupy ⓥ차지하다 *profession ⓝ직업, 전문직

Check

□ excuse	□ compose	□ sentence	□ fiction	□ occupation

※ 정답 표시하지 마시고, 전용 오답 노트를 활용하여 집중 관리 하십시오. 모든 문제는 반복 학습용입니다.

1. demand ⓝ______ ⓥ______
2. secondhand ⓐ______
3. degree ⓝ______
4. reach ⓥ______ ______
5. wear ⓥ______ ______
6. complete ⓐ______ ⓥ______
7. entire ⓐ______ ______
8. demonstrate ⓥ______ ______
9. demonstration ⓝ______ ______
10. respect ⓥ______ ⓝ______

1. square ⓝ______ ______
2. block ⓥ______ ⓝ______
3. grave ⓝ______ ⓐ______
4. notice ⓥ______ ⓝ______
5. fair ⓐ______ ⓝ______
6. fairly ⓐⅾ______ ______
7. passage ⓝ______ ______
8. craft ⓝ______ ______
9. pack ⓝ______ ⓥ______
10. shape ⓝ______ ⓥ______

1.수요, 요구하다 2.간접적인, 중고의 3.정도, 학위 4.도달하다, 손을 뻗다 5.입다, 닳게 하다
6.완전한, 완성하다 7.완전한, 전체적인 8.입증하다, 시위하다 9.입증, 시위 10.존경하다, 면

1.광장, 정사각형 2.차단하다, 사각 물체 3.무덤, 심각한 4.알아채다, 통지 5.공정한, 박람회
6.공정하게, 꽤 7.통로, 통과 8.솜씨, 항공기 9.포장물, 무리, 포장하다 10.형태, 형성하다

---

1. check ⓝ______ ______ ⓥ______ ______
2. view ⓝ______ ______ ⓥ______
3. sail ⓥ______ ⓝ______
4. invent ⓥ______ ______
5. subject ⓝ______ ______ ______
6. store ⓥ______ ⓝ______
7. bill ⓝ______ ______ ______
8. desert ⓥ______ ⓝ______
9. develop ⓥ______ ______
10. major ⓐ______ ⓝ______

1. minor ⓐ______ ⓝ______
2. figure ⓝ______ ______ ⓥ______
3. seal ⓥ______ ⓝ______
4. break ⓥ______ ⓝ______
5. watch ⓥ______ ______
6. excuse ⓝ______ ⓥ______
7. compose ⓥ______ ______
8. sentence ⓥ______ ⓝ______
9. fiction ⓝ______ ______
10. occupation ⓝ______ ______

1.수표, 계산서, 점검하다, 저지하다 2.견해, 경관, 보다 3.항해하다, 돛 4.발명하다, 꾸며내다 5.실험
대상, 주제, 과목 6.저장하다, 상점 7.지폐, 청구서, 법안 8.버리다, 사막 9.발전하다, 개발하다
10.주요한, 전공

1.사소한, 미성년자 2.숫자, 인물, 모습, 이해하다 3.봉인하다, 물개 4.부수다, 중간 휴식 5.보다,
감시하다 6.변명, 용서하다 7.구성하다, 작문하다 8.선고하다, 문장 9.소설, 허구 10.직업, 점유

PHRASE

be aware of 알다 (know)
be bound for ~로 향하다 (head for)
be bound to V ~해야 한다, 틀림없이 ~하다
be capable of ~ing ~할 수 있다 (be able to, can)
be composed of ~로 구성되다 (consist of. be made up of, comprise)
be concerned about 걱정하다 (be anxious about, worry about)
be concerned with ~와 관계가 있다 (be related to/with)
be dependent on 의존하다 (depend on) *be independent of ~로부터 독립하다
be destined to V ~할 운명이다 (be doomed to V)
be different from ~와 다르다 (differ from)
be eager for 갈망하다 (be anxious for, yearn for, be anxious to V)
be engaged in ~에 종사하다 (be occupied in)

1. The directors are ________ of the company's financial status.
간부들은 회사의 재정 상태를 알고 있다.

2. The plane is bound ________ New York.
그 비행기는 뉴욕행이다.

3. You are bound ________ submit the assignment today.
너는 오늘 과제물을 제출해야 한다.

4. The genius is ________ of solving complex math problems.
천재는 복잡한 수학 문제를 풀 수 있다.

5. Water is ________ of hydrogen and oxygen.
물은 수소와 산소로 구성되어 있다.

6. People are concerned ________ their health.
사람들은 자신의 건강을 걱정한다.

7. The article is concerned ________ artificial intelligence.
그 기사는 인공 지능과 관련이 있다.

8. The country is ________ on agriculture.
그 나라는 농업에 의존한다.

9. They are ________ to get married.
그들은 결혼할 운명이다.

10. My opinion is different ________ his.
나의 의견은 그의 의견과 다르다.

11. The students are eager ________ the vacation.
학생들은 방학을 갈망한다.

12. I am engaged ________ teaching English.
나는 영어를 가르치는 데 종사하고 있다.

※ 이 페이지의 단어들은 필요 시 참고하는 분야별 단어입니다. 학습자의 수준과 진도에 맞게 활용하십시오.

invention	발명	particle	입자
discovery	발견	atom	원자
experiment	실험	structure	구조
laboratory	실험실	hydrogen	수소
instrument	기구	oxygen	산소
equipment	장비	solid	고체
machine	기계	liquid	액체
device	장치	fluid	유체, 유동체

[Definition Quiz]

1. the way parts are arranged to form something. _______
2. something that can flow, like a liquid or gas. _______
3. the smallest unit of an element. _______
4. a place where experiments and tests are done. _______
5. a gas in air that people and animals breathe. _______
6. a device with moving parts that does work. _______
7. a light gas that burns easily, the simplest element. _______
8. finding something for the first time. _______
9. the things needed for a job or activity. _______
10. a tool used for precise work or measurement. _______
11. a small tool or machine with a special purpose. _______
12. a state of matter that flows like water. _______
13. a firm and fixed shape of matter. _______
14. a new thing made for the first time. _______
15. a very small piece of matter. _______
16. a test to learn or prove something. _______

---

1. 무언가를 이루기 위해 부분들이 배열되는 방식 **2.** 액체나 기체처럼 흐를 수 있는 것 **3.** 원소를 이루는 가장 작은 단위 **4.** 실험과 검사가 이루어지는 장소 **5.** 사람과 동물이 숨쉬는 공기 속의 기체 **6.** 일을 하는 움직이는 부품이 있는 장치 **7.** 가장 간단한 원소로, 잘 타는 가벼운 기체 **8.** 어떤 것을 처음으로 발견하는 것 **9.** 어떤 일이나 활동에 필요한 것들 **10.** 정밀한 작업이나 측정에 쓰이는 도구 **11.** 특별한 목적을 가진 작은 도구나 기계 **12.** 물처럼 흐르는 상태의 물질 **13.** 단단하고 형태가 고정된 물질의 상태 **14.** 처음으로 만들어진 새로운 것 **15.** 물질의 아주 작은 조각 **16.** 무언가를 배우거나 증명하기 위한 시험

1.structure **2.**fluid **3.**atom **4.**laboratory **5.**oxygen **6.**machine **7.**hydrogen
8.discovery **9.**equipment **10.**instrument **11.**device **12.**liquid **13.**solid **14.**invention
15.particle **16.**experiment

DAY
07

DAY 07

[진단 테스트]

※ 실력을 진단하고 점검하는 연결형 문제입니다. 문제에 표시하지 마시고, 전용 오답 노트를 활용하여 집중 관리 하십시오. 본 단어장의 모든 문제는 반복 학습용입니다.

1. contribute	①무질서, 질환	1. makeup	①장면, 현장
2. contribution	②공헌, 기부금	2. suffer	②열, 노를 젓다
3. branch	③파도, 손을 흔들다	3. aim	③보통의, 공통의
4. disorder	④약, 의학	4. row	④겪다, 고생하다
5. medicine	⑤고체, 견고한	5. suggest	⑤제안하다, 암시하다
6. solid	⑥차장, 지휘자	6. common	⑥솜씨, 속임수
7. examine	⑦나뭇가지, 지점	7. arm	⑦목표, 겨냥하다
8. point	⑧공헌하다, 기부하다	8. scene	⑧구성, 화장
9. wave	⑨요점, 가리키다	9. grade	⑨무기류, 무장하다
10. conductor	⑩조사하다, 진찰하다	10. trick	⑩등급, 학년

1.⑧ 2.② 3.⑦ 4.① 5.④ 6.⑤ 7.⑩ 8.⑨
9.③ 10.⑥

1.⑧ 2.④ 3.⑦ 4.② 5.⑤ 6.③ 7.⑨ 8.①
9.⑩ 10.⑥

1. note	①경비원, 보호하다	1. raise	①영향, 효과, 결과
2. count	②주목하다, 언급하다	2. critical	②수행, 성과
3. audience	③상태, 조건	3. effect	③양육하다, 올리다, 제기하다
4. own	④하단부, 1피트	4. sort	④종류, 분류하다
5. guard	⑤중요하다, 의존하다, 세다	5. bet	⑤중대한, 치명적인, 비판적인
6. foot	⑥싣다, 짐	6. performance	⑥신속한, 촉진하다
7. sum	⑦청중, 독자	7. still	⑦확신하다, 내기 걸다
8. load	⑧인정하다, 소유하다	8. locate	⑧고요한, 정지한
9. regular	⑨규칙적인, 보통의	9. sense	⑨감각, 감지하다
10. condition	⑩금액, 요약하다	10. prompt	⑩위치시키다, 위치를 알아내다

1.② 2.⑤ 3.⑦ 4.⑧ 5.① 6.④ 7.⑩ 8.⑥
9.⑨ 10.③

1.③ 2.⑤ 3.① 4.④ 5.⑦ 6.② 7.⑧ 8.⑩
9.⑨ 10.⑥

0241 ★★★
contribute
[kəntríbjuːt]

ⓥ**공헌하다, 기부하다**, 기고하다

The astronomer contributed to the space exploration.
천문학자는 우주 탐사에 공헌하였다.

They contributed the raised money to relief organizations.
그들은 모금된 돈을 구호 기관에 기부하였다.

***contribute to** ~에 공헌하다, ~의 원인이 되다

0242 ★★★
contribution
[kàntrəbjúːʃən]

ⓝ**공헌, 기부금**, 기부, 기고

His contribution to regional stability was considerable.
지역의 안정에 대한 그의 공헌은 상당하였다.

I made a contribution to the famine relief organization.
나는 기아 구호 단체에 기부금을 냈다.

0243 ★☆☆
branch
[bræntʃ]

ⓝ**나뭇가지, 지점**, 분점

He built a shelter out of fallen branches.
그는 떨어진 나뭇가지들로 은신처를 만들었다.

The firm established a new branch office abroad.
그 기업은 해외에 새로운 지점을 세웠다.

0244 ★★☆
disorder
[disɔ́ːrdər]

ⓝ**무질서, 질환**, 심신 이상

Most civil wars occurred after a social disorder.
대부분 내전은 사회적 무질서 후에 발생하였다.

His symptoms indicate a mental disorder.
그의 증세는 정신적 질환을 나타낸다.

***order** ⓝ주문, 질서, 명령, 순서 ⓥ주문하다, 명령하다

0245 ★★☆
medicine
[médəsən]

ⓝ**약, 의학**

The medicine had a positive effect on pain relief.
그 약은 통증 완화에 긍정적인 영향을 주었다.

The professor of medicine is an authority on infection.
그 의학 교수는 감염에 대한 권위자이다.

***College of Medicine** 의과대학 (Medical School)
***College of Pharmacy** 약학대학 (Pharmacy School) ***drug** ⓝ약, 마약

Check

□ contribute	□ contribution	□ branch	□ disorder	□ medicine

0246 ★★☆

solid
[sɑ́lid]

ⓝ**고체** ⓐ**견고한**

A liquid can be frozen into a solid.
액체는 얼어서 고체가 될 수 있다.

The statue was founded on solid ground.
그 조각상은 견고한 땅 위에 세워졌다.

***solidity** ⓝ견고 ***solidify** ⓥ단단하게 하다, 강화하다 ***liquid** ⓝ액체

0247 ★★★

examine
[igzǽmin]

ⓥ**조사하다, 진찰하다,** 시험 치르게 하다

Customs officers examined the contents of my luggage.
세관원은 내 수화물의 내용물을 조사하였다.

The physician examined the patient to identify the symptoms.
의사는 증상을 확인하기 위하여 환자를 진찰하였다.

***examination** ⓝ조사, 진찰, 시험

0248 ★☆☆

point
[pɔint]

ⓝ**요점** ⓥ**가리키다**

The point of the strategy is to reveal the hidden secret.
그 전략의 요점은 숨겨진 비밀을 밝히는 것이다.

The soldier pointed his rifle at enemy territory.
병사는 적 영토를 향해 소총을 겨누었다.

0249 ★☆☆

wave
[weiv]

ⓝ**파도, 물결** ⓥ**손을 흔들다**

The ship disappeared beneath the rough waves.
선박은 거친 파도 아래로 사라졌다.

The candidate, waving his hands, addressed the crowd.
후보자는 손을 흔들면서 군중에게 연설하였다.

0250 ★☆☆

conductor
[kəndʌ́ktər]

ⓝ**차장, 지휘자**

The conductor collected fares from passengers.
차장이 승객들로부터 운임을 거두었다.

The professor is also a composer and conductor.
그 교수는 또한 작곡가이자 지휘자이다.

***conduct** ⓥ행하다, 안내하다 ⓝ행동

Check

□ solid	□ examine	□ point	□ wave	□ conductor

0251 ★☆☆

makeup
[méikʌp]

Ⓝ**구성, 화장,** 분장, 꾸며 대기

The racial makeup of the committee was another issue.
위원회의 인종적 구성은 또 다른 쟁점이었다.

The actress was instructed not to wear excessive makeup.
여배우는 과도한 화장을 하지 말 것을 지시받았다.

0252 ★★☆

suffer
[sʌfər]

Ⓥ**겪다, 고생하다** (suffer from)

The laborer suffered a brief exposure to toxic chemicals.
그 노동자는 유독성 화학 물질에 잠깐 노출을 겪었다.

He suffers from depression due to the intolerable burden.
그는 참을 수 없는 부담 때문에 우울증으로 고생한다.

0253 ★★☆

aim
[eim]

Ⓝ**목표** Ⓥ**겨냥하다**

Our primary aim is the early detection of cancer.
우리의 제1의 목표는 암의 조기 발견이다.

The policy aims to prevent conflicts between classes.
그 정책은 계층 간 갈등을 예방하는 것을 겨냥하고 있다.

0254 ★★☆

row
[rou]

Ⓝ**열,** 줄, 연속 Ⓥ**노를 젓다**

The general gave a speech before many rows of soldiers.
장군은 많은 열의 병사들 앞에서 연설하였다.

The natives rowed the raft with all their might.
원주민들은 모든 힘을 다하여 뗏목을 노 저었다.

*in a row 연속으로 *raw ⓐ날것의, 원래 그대로의

0255 ★★★

suggest
[səgdʒést]

Ⓥ**제안하다, 암시하다**

I suggested firm measures to overcome current chaos.
나는 현재의 혼란을 극복하기 위한 확고한 조치를 제안하였다.

The outcome of the debate suggests his theory is not correct.
토론의 결과는 그의 이론이 정확하지 않다는 것을 암시한다.

Check				
☐ makeup	☐ suffer	☐ aim	☐ row	☐ suggest

0256 ★★☆

common
[kάmən]

@보통의, 공통의

This bird differs from the common one in its feathers.
이 새는 깃털이 보통의 새와 다르다.

They assembled to pursue their common interests.
그들은 공통의 이익을 추구하기 위해 모였다.

*uncommon @보통이 아닌, 특이한

0257 ★☆☆

arm
[ɑ:rm]

@무기류 (arms) ⓥ무장하다

The country declared its possession of nuclear arms.
그 나라는 핵무기 보유를 선언하였다.

The civilians armed with weapons attacked the police station.
무기로 무장한 시민들은 경찰서를 공격하였다.

0258 ★★☆

scene
[si:n]

@장면, 현장

An injured man stayed at the scene of the crash.
부상당한 사람이 충돌 현장에 머물러 있었다.

The actor collapsed after the battle scenes.
그 배우는 전투 장면 후에 쓰러졌다.

*scenery @경치

0259 ★★☆

grade
[greid]

@등급, 학년

The grocery store sells high-grade meat.
그 식료품점은 높은 등급의 고기를 판매한다.

My daughter attends ninth grade at a suburban high school.
나의 딸은 교외의 고등학교 9학년에 다닌다.

0260 ★☆☆

trick
[trik]

@솜씨, 속임수, 묘기

He has a trick for making others feel comfortable.
그는 다른 사람들이 편안하게 느끼도록 만드는 솜씨를 지니고 있다.

It is a trick for him to make a bird disappear in an instant.
그가 새를 순식간에 사라지게 하는 것은 속임수이다.

Check				
☐ common	☐ arm	☐ scene	☐ grade	☐ trick

0261 ★★☆

note
[nout]

ⓥ**주목하다, 언급하다** ⓝ메모, 음표

People noted his amazing suggestions.
사람들은 그의 놀라운 제안에 주목하였다.

The lawyer noted that the witness was reliable.
변호사는 증인이 신뢰할 만하다고 언급하였다.

***notable** ⓐ주목할 만한

0262 ★★★

count
[kaunt]

ⓥ**중요하다, 의존하다** (count on), **세다** ⓝ셈

What counts in studying is patience and persistence.
공부에서 중요한 것은 인내와 끈기이다.

He counts on his teacher to improve his English fluency.
그는 영어 유창성을 개선하기 위하여 선생님에게 의존한다.

***recount** ⓥ나열하다

0263 ★★☆

audience
[ɔ́ːdiəns]

ⓝ**청중, 독자**

The audience leaped to their feet to admire the lecturer.
청중은 벌떡 일어나서 강연자를 찬양하였다.

The typical space adventure story attracts the audience.
전형적인 우주 모험 이야기는 독자를 매혹한다.

0264 ★★★

own
[oun]

ⓥ**인정하다, 소유하다** ⓐ자신의

He owned that he had committed a crime.
그는 죄를 범하였다고 인정하였다.

Private companies previously owned the power plant.
사기업들이 전에 발전소를 소유하였다.

0265 ★☆☆

guard
[ɡɑːrd]

ⓝ**경비원** ⓥ**보호하다**

The strict regulation was established to guard dairy farms.
엄격한 규정이 낙농을 보호하기 위하여 마련되었다.

The armed guards prevent the prisoners from escaping.
무장 경비원들은 죄수들이 탈출하는 것을 막는다.

Check

□ note	□ count	□ audience	□ own	□ guard

0266 ★☆☆

foot
[fut]

ⓝ**하단부, 1피트, 발**

Several cottages are located at the foot of the mountain.
몇몇 오두막집들이 산 하단부에 위치되어 있다.

The hero conducted the orchestra with a one-foot stick.
주인공은 1피트 막대를 가지고 오케스트라를 지휘하였다.

0267 ★☆☆

sum
[sʌm]

ⓝ**금액, 합계** ⓥ**요약하다**

A large sum of capital enabled the company to flourish.
많은 금액의 자본은 그 회사가 번창하는 것을 가능케 하였다.

He summed up the essence of virtue in a concise sentence.
그는 미덕의 본질을 간결한 문장으로 요약하였다.

0268 ★★☆

load
[loud]

ⓥ**싣다** ⓝ**짐**

The farmer loaded his farming tools on a wagon.
농부는 자신의 농사 도구를 짐차에 실었다.

He delivered a heavy load of laundry.
그는 무거운 세탁물 짐을 배달하였다.

***unload** ⓥ내리다, 하역하다

0269 ★★☆

regular
[régjələr]

ⓐ**규칙적인, 보통의**

High-grade milk provides better nutrients than regular milk.
높은 등급의 우유는 보통의 우유보다 더 나은 영양분을 제공한다.

Regular exercise improves blood circulation.
규칙적인 운동은 혈액 순환을 개선한다.

0270 ★★☆

condition
[kəndíʃən]

ⓝ**상태, 조건**

The injured were in serious condition.
부상자들은 심각한 상태에 있었다.

The bank inserted strict conditions in the loan contract.
은행은 대출 계약서에 까다로운 조건들을 삽입하였다.

***conditional** ⓐ조건부의

Check

□ foot	□ sum	□ load	□ regular	□ condition

0271 ★★☆

raise
[reiz]

ⓥ**양육하다, 올리다, 제기하다,** 기금 마련하다 ⓝ인상

The retiree raises cattle in the pasture.
그 은퇴자는 초원에서 소를 기른다.

The employer raised the wage of the promoted worker.
고용주는 승진된 근로자의 임금을 인상하였다.

0272 ★★★

critical
[krítikəl]

ⓐ**중대한, 치명적인, 비판적인**

The avoidance of injury is critical to a professional athlete.
부상을 피하는 것은 직업 운동선수에게 중대하다.

The victim remains in a critical condition.
그 희생자는 치명적인 상태에 있다.

***critic** ⓝ비평가, 평론가

0273 ★★☆

effect
[ifékt]

ⓝ**영향, 효과, 결과**

The marine biologist researches the effect of tidal movements.
해양 생물학자는 조수 운동의 영향을 연구한다.

It is important to analyze cause and effect.
원인과 결과를 분석하는 것은 중요하다.

***effective** ⓐ효과적인, 효력이 있는 ***side effect** 부작용
***cause and effect** 원인과 결과, 인과 관계

0274 ★★☆

sort
[sɔːrt]

ⓝ**종류** ⓥ**분류하다**

This sort of experiment is essential for elementary students.
이러한 종류의 실험은 초등학생들에게 필수적이다.

He sorted the collected pebbles by their features.
그는 수집된 자갈들을 그것들의 특징으로 분류하였다.

0275 ★☆☆

bet
[bet]

ⓥ**확신하다, 내기 걸다**

I bet the players were exhausted after the fierce competition.
나는 선수들이 격렬한 시합 후에 기진맥진하였다고 확신한다.

It is definitely risky to bet on the weakest horse.
가장 약한 말에게 내기 거는 것은 명백히 위험하다.

Check				
□ raise	□ critical	□ effect	□ sort	□ bet

0276 ★★☆

performance

[pərfɔ́ːrməns]

ⓝ**수행, 성과,** 공연, 연기

He showed his talent in the performance of his duty.
그는 자신의 임무 수행에서 재능을 보여주었다.

Pay will be adjusted based on the annual performance.
급여는 연간 성과에 근거하여 조정될 것이다.

***perform** ⓥ수행하다, 실행하다

0277 ★★★

still

[stil]

ⓐ**고요한, 정지한** ⓐⓓ여전히

A feather floated on the still lake.
깃털이 고요한 호수 위에 떠다녔다.

The creature stays still before attacking its prey.
그 동물은 먹잇감을 공격하기 전에 정지한 상태로 머문다.

***stillness** ⓝ고요, 정적

0278 ★★☆

locate

[lóukeit]

ⓥ(건물, 시설 등을) **위치시키다, 위치를 알아내다**

The bank located its branch in the apartment complex.
그 은행은 아파트 단지에 지점을 위치시켰다.

The investigator located the black box at the crash site.
조사관들은 추락 현장에서 블랙박스의 위치를 알아냈다.

***location** ⓝ위치

0279 ★★☆

sense

[sens]

ⓝ**감각,** 분별력 ⓥ**감지하다**

The device can sense anyone entering the facilities.
그 장치는 그 시설로 들어가는 누구든지 감지할 수 있다.

***sensor** ⓝ감지기 ***common sense** 상식

0280 ★★☆

prompt

[prɑmpt]

ⓐ**신속한** ⓥ**촉진하다**

I appreciate your prompt settlement of the debt.
나는 너의 신속한 빚 해결에 감사하다.

Even mild violence can prompt an enormous tragedy.
심지어 가벼운 폭력도 엄청난 비극을 촉진할 수 있다.

***rapid** ⓐ빠른

Check				
□ performance	□ still	□ locate	□ sense	□ prompt

> ※ 정답 표시하지 마시고, 전용 오답 노트를 활용하여 집중 관리 하십시오. 모든 문제는 반복 학습용입니다.

1. contribute	ⓥ_______ _______	**1.** makeup	ⓝ_______ _______
2. contribution	ⓝ_______ _______	**2.** suffer	ⓥ_______ _______
3. branch	ⓝ_______ _______	**3.** aim	ⓝ_______ ⓥ_______
4. disorder	ⓝ_______ _______	**4.** row	ⓝ_______ ⓥ_______
5. medicine	ⓝ_______ _______	**5.** suggest	ⓥ_______ _______
6. solid	ⓝ_______ ⓐ_______	**6.** common	ⓐ_______ _______
7. examine	ⓥ_______ _______	**7.** arm	ⓝ_______ ⓥ_______
8. point	ⓝ_______ ⓥ_______	**8.** scene	ⓝ_______ _______
9. wave	ⓝ_______ ⓥ_______	**9.** grade	ⓝ_______ _______
10. conductor	ⓝ_______ _______	**10.** trick	ⓝ_______ _______

1.공헌하다, 기부하다 **2.**공헌, 기부금 **3.**나뭇가지, 지점 **4.**무질서, 질환 **5.**약, 의학 **6.**고체, 견고한
7.조사하다, 진찰하다 **8.**요점, 가리키다 **9.**파도, 손을 흔들다 **10.**차장, 지휘자

1.구성, 화장 **2.**겪다, 고생하다 **3.**목표, 겨냥하다 **4.**열, 노를 젓다 **5.**제안하다, 암시하다 **6.**보통의,
공통의 **7.**무기류, 무장하다 **8.**장면, 현장 **9.**등급, 학년 **10.**솜씨, 속임수

1. note	ⓥ_______ _______	**1.** raise	ⓥ_______ _______ _______
2. count	ⓥ_______ _______ _______	**2.** critical	ⓐ_______ _______
3. audience	ⓝ_______ _______	**3.** effect	ⓝ_______ _______ _______
4. own	ⓥ_______ _______	**4.** sort	ⓝ_______ ⓥ_______
5. guard	ⓝ_______ ⓥ_______	**5.** bet	ⓥ_______ _______
6. foot	ⓝ_______ _______	**6.** performance	ⓝ_______ _______
7. sum	ⓝ_______ ⓥ_______	**7.** still	ⓐ_______ _______
8. load	ⓥ_______ ⓝ_______	**8.** locate	ⓥ_______ _______
9. regular	ⓐ_______ _______	**9.** sense	ⓝ_______ ⓥ_______
10. condition	ⓝ_______ _______	**10.** prompt	ⓐ_______ ⓥ_______

1.주목하다, 언급하다 **2.**중요하다, 의존하다, 세다 **3.**청중, 독자 **4.**인정하다, 소유하다 **5.**경비원,
보호하다 **6.**하단부, 1피트 **7.**금액, 요약하다 **8.**싣다, 짐 **9.**규칙적인, 보통의 **10.**상태, 조건

1.양육하다, 올리다, 제기하다 **2.**중대한, 치명적인, 비판적인 **3.**영향, 효과, 결과 **4.**종류, 분류하다
5.확신하다, 내기 걸다 **6.**수행, 성과 **7.**고요한, 정지한 **8.**위치시키다, 위치를 알아내다 **9.**감각,
감지하다 **10.**신속한, 촉진하다

※ 정답 표시하지 마시고, 전용 오답 노트를 활용하여 집중 관리 하십시오. 모든 문제는 반복 학습용입니다.

---

be equal to ~을 감당할 수 있다, ~에 맞먹다
be familiar to ~에게 잘 알려져 있다 (be well known to)
be familiar with ~을 잘 알다 (know well)
be fond of 좋아하다 (like)
be forced to ~하지 않을 수 없다, ~해야만 한다 (be bound/compelled/obliged to)
be full of ~로 가득 차다 (be filled with)
be good at ~에 능숙하다 *be poor at ~에 서툴다
be inclined to ~하고 싶다, ~하는 경향이 있다
be indifferent to ~에 무관심하다
be known by ~을 보면 S를 알 수 있다 *be known as 신분/실체 ~로서 알려지다 *be known for 특징/재능 ~로 유명하다 *be known to ~에게 알려지다
be likely to ~할 가능성이 있다
be lost in ~에 몰두하다 (be absorbed in, be applied/devoted/dedicated/given to, absorb/lose oneself in, apply/devote/dedicate/give oneself to)

---

1. He is ________ to the harsh challenge.
그는 가혹한 도전을 감당할 수 있다.

2. His achievements are familiar ________ many people.
그의 업적은 많은 사람들에게 알려져 있다.

3. The designer is familiar ________ the latest trends.
디자이너는 최신 추세를 잘 알고 있다.

4. I am ________ of science fiction novels.
나는 공상 과학 소설을 좋아한다.

5. He was ________ to resign due to the corruption.
그는 부패 때문에 사임해야만 했다.

6. The drawer is full ________ toys.
서랍은 장난감으로 가득 차 있다.

7. He is ________ at assembling computers.
그는 컴퓨터를 조립하는 데 익숙하다.

8. I am ________ to depend on your advice.
나는 너의 조언에 의존하고 싶다.

9. She is ________ to outdoor activities.
그녀는 야외 활동에 무관심하다.

10. A man is known ________ the company he keeps.
사람은 자기가 어울리는 동반자를 보면 알 수 있다.

11. It is more ________ to rain next week.
다음 주에 비가 내릴 가능성이 더 높다.

12. He is lost ________ composing a song.
그는 노래를 작곡하는 데 몰두하고 있다.

※ 이 페이지의 단어들은 필요 시 참고하는 분야별 단어입니다. 학습자의 수준과 진도에 맞게 활용하십시오.

theory	이론	density	밀도
observation	관찰	volume	부피, 권, 음량
solution	해결, 용해, 용액	power	전력, 강대국, 힘
outcome	결과	application	지원, 적용, 응용 프로그램
artificial	인공적인	improve	개선하다
acid	산, 산성	compute	계산하다
chemical	화학 물질	generate	발생시키다
tube	관(管)	filter	걸러내다, 여과 장치

[Definition Quiz]

1. the amount of space something takes up. ______

2. to produce or create something. ______

3. a substance made by or used in chemistry. ______

4. to make something better. ______

5. a long pipe that things can pass through. ______

6. to find an answer by calculating. ______

7. the result of an action or event. ______

8. how heavy something is for its size. ______

9. the use of something for a purpose. ______

10. the answer to a problem. ______

11. to remove unwanted parts by passing through. ______

12. made by humans, not natural. ______

13. a sour-tasting substance in some chemicals.

14. energy or electricity used to do work. ______

15. an idea that explains why something happens. ______

16. watching something carefully to learn about it. ______

---

1. 어떤 것이 차지하는 공간의 양 2. 무언가를 만들어내거나 생산하다 3. 화학에서 만들어지거나 사용되는 물질 4. 무언가를 더 좋게 만들다 5. 무언가가 통과할 수 있는 긴 관 6. 계산을 통해 답을 찾다 7. 어떤 행동이나 사건의 결과 8. 크기에 비해 얼마나 무거운지 9. 목적을 위해 무언가를 사용하는 것 10. 문제에 대한 답 11. 통과시키면서 불필요한 부분을 제거하다 12. 자연이 아닌, 사람이 만든 13. 어떤 화학 물질에 있는 신맛 나는 물질 14. 일을 하는 데 쓰이는 에너지나 전기 15. 왜 어떤 일이 일어나는지를 설명하는 생각 16. 배우기 위해 무언가를 주의 깊게 지켜보기

1.volume 2.generate 3.chemical 4.improve 5.tube 6.compute 7.outcome 8.density 9.application 10.solution 11.filter 12.artificial 13.acid 14.power 15.theory 16.observation

---

◀ 3-1. Science & Technology p76   Categories p549   4. Agriculture p100 ▶

DAY

08

[진단 테스트]

※ 실력을 진단하고 점검하는 연결형 문제입니다. 문제에 표시하지 마시고, 전용 오답 노트를 활용하여 집중 관리 하십시오. 본 단어장의 모든 문제는 반복 학습용입니다.

1. refer	①여기저기, 대략	1. support	①거래, 직업
2. stick	②소화하다, 요약하다	2. stream	②인류, 인간애
3. surf	③참조하다, 언급하다	3. lot	③흐름, 시냇물
4. digest	④특정한, 구체적인	4. trade	④지지하다, 지원하다
5. around	⑤찌르다, 붙이다	5. ruin	⑤밝은, 뛰어난
6. specific	⑥지능, 정보	6. humanity	⑥찾다, 애쓰다
7. accident	⑦검색하다, 파도타기 하다	7. brilliant	⑦십자가, 가로지르다
8. intelligence	⑧지능, 지식인	8. cross	⑧운명, 장소
9. intellect	⑨신호, 서명하다	9. seek	⑨고속의, 표현하다
10. sign	⑩사고, 우연	10. express	⑩폐허, 망치다

1.③ 2.⑤ 3.⑦ 4.⑦ 5.① 6.④ 7.⑩ 8.⑥
9.⑧ 10.⑨

1.④ 2.③ 3.⑧ 4.① 5.⑩ 6.② 7.⑤ 8.⑦
9.⑥ 10.⑨

1. wonder	①구멍을 뚫다, 훈련	1. bound	①이사하다, 활
2. bond	②법령, 연기하다	2. due	②유대 관계, 묶다
3. command	③놀라다, 궁금히 여기다	3. industry	③예정인, ~ 때문에
4. drill	④이음매, 합동의	4. economy	④공공의, 대중의
5. dismiss	⑤유대 관계, 결합하다	5. bow	⑤절약, 경제
6. joint	⑥해고하다, 묵살하다	6. mine	⑥광산, 채굴하다
7. right	⑦괴롭히다, 신경 쓰다	7. court	⑦근면, 산업
8. bother	⑧명령하다, 조망하다	8. public	⑧법원, 경기장
9. extend	⑨연장하다, 뻗다	9. pose	⑨제기하다, 자세
10. act	⑩올바른, 권리	10. tie	⑩껑충껑충 뛰다, ~와 경계를 이루다

1.③ 2.⑤ 3.⑧ 4.① 5.⑥ 6.④ 7.⑩ 8.⑦
9.⑨ 10.②

1.⑩ 2.③ 3.⑦ 4.⑤ 5.① 6.⑥ 7.⑧ 8.④
9.⑨ 10.②

0281 ★★☆

refer

[rifə́ːr]

ⓥ**참조하다, 언급하다** (refer to)

He referred to the instructions for assembling the computer.
그는 컴퓨터 조립에 대한 지침서를 참고하였다.

The doctor referred to the symptom as a mental disorder.
의사는 그 증상을 정신 질환이라고 언급하였다.

0282 ★☆☆

stick

[stik]

ⓥ**찌르다, 붙이다,** 고수하다 (stick to) (stick-stuck-stuck) ⓝ막대

The nurse stuck the needle into my arm.
간호사가 바늘을 내 팔에 찔렀다.

He stuck a bill and a note on the billboard.
그는 전단지와 쪽지를 게시판에 붙였다.

***sticky** ⓐ끈끈한

0283 ★☆☆

surf

[səːrf]

ⓥ**검색하다, 파도타다**

He acquired scarce articles after surfing the Internet.
그는 인터넷 검색 후에 희귀한 물품들을 획득하였다.

The boy skillfully surfed the huge waves.
소년은 엄청난 파도에서 숙련되게 파도타기 하였다.

0284 ★☆☆

digest

[didʒést]

ⓥ**소화하다, 요약하다** ⓝ요약

Whole grains are harder to digest than the processed ones.
통곡물은 가공 처리된 곡물보다 소화하기 더 어렵다.

He digested the lessons of his failure.
그는 자신의 실패 교훈을 요약하였다.

0285 ★☆☆

around

[əráund]

ⓐⓓ**여기저기, 대략** ⓟ~ 주위에

Many figures jumped around after their team's triumph.
많은 사람이 자기들 팀의 승리 후에 이리저리 펄쩍 뛰었다.

I keep around 50 plants and will collect 50 more species.
나는 약 50가지의 식물을 키우고 있고, 50종을 더 수집할 것이다.

Check				
☐ refer	☐ stick	☐ surf	☐ digest	☐ around

0286 ★★★

specific

[spisífik]

@**특정한, 구체적인**

The chairman didn't support any specific candidate.
회장은 어떠한 특정한 후보도 지지하지 않았다.

More specific instructions are helpful for children.
더 구체적인 지시가 아이들에게 도움이 된다.

0287 ★★☆

accident

[ǽksidənt]

ⓝ**사고, 우연**

It is no accident that the clever boys live in the wealthy town.
영리한 소년들이 부촌에 사는 것은 우연이 아니다.

*accidental @우연한 *by accident 우연히 (by chance)

0288 ★★☆

intelligence

[intélədʒəns]

ⓝ**지능** (학습 능력), **정보** (첩보)

Apart from his intelligence, he is industrious.
그의 지능과는 별개로 그는 근면하다.

The intelligence report warned of the enemy invasion.
정보 보고서는 적의 침공을 경고하였다.

*intelligent @영리한 *Central Intelligence Agency 중앙정보기관

0289 ★★☆

intellect

[íntəlèkt]

ⓝ**지능** (사고력, 판단력), **지식인**, 지적 능력, 지성인

Temperament, not intellect, is more important for investors.
지능이 아니라 본성이 투자자에게는 더 중요하다.

A great intellect gave a lecture in the auditorium.
위대한 지식인이 강당에서 강연하였다.

*intellectual @지적인

0290 ★☆☆

sign

[sain]

ⓝ**신호** (정보 제공), 안내 표시, 징후 ⓥ**서명하다**

Numerous neon signs flash at night.
수많은 네온 안내판이 밤에 번쩍인다.

*signature ⓝ서명 (공식 서명), 특색, 고유성

Check				
☐ specific	☐ accident	☐ intelligence	☐ intellect	☐ sign

0291 ★☆☆

support

[səpɔ́ːrt]

ⓥ**지지하다, 지원하다,** 부양하다 ⓝ지지, 지원

The poll shows that the majority support the governor.
여론 조사는 대다수가 주지사를 지지한다는 것을 보여준다.

We are grateful to the charity for supporting the poor.
우리는 가난한 사람들을 후원해 준 것에 대하여 자선 단체에 감사드린다.

0292 ★☆☆

stream

[striːm]

ⓝ**흐름, 시냇물**

A stream of fury turned into frustration.
분노의 흐름이 좌절로 바뀌었다.

Shallow streams don't flood their banks.
얕은 시냇물들은 둑을 범람하지 않는다.

0293 ★★☆

lot

[lɑt]

ⓝ**운명, 장소** (부지, 터)

Many emigrants improved their lot in an unfamiliar land.
많은 이민자가 낯선 땅에서 자신들의 운명을 개선하였다.

Someone dumped toxic waste in an empty lot.
누군가가 유독성 폐기물을 공터에 쏟아부었다.

***parking lot** 주차장 ***a lot of** 많은 (lots of)

0294 ★☆☆

trade

[treid]

ⓝ**거래, 직업,** 교역

The agent is involved in the arms trade.
그 중개상은 무기 거래에 관여하고 있다.

He takes pride in his trade as a carpenter.
그는 목수로서 자신의 직업에 자부심을 가진다.

0295 ★★☆

ruin

[rúːin]

ⓝ**폐허,** 파멸 ⓥ**망치다**

The cook's constant neglect ruined his reputation.
그 요리사의 계속적 태만은 자신의 평판을 망쳤다.

The repeated flooding left the local farmers in ruins.
반복적인 홍수가 지역 농가를 폐허 상태로 만들어 놓았다.

Check				
☐ support	☐ stream	☐ lot	☐ trade	☐ ruin

0296 ★☆☆

humanity

[hju:mǽnəti]

ⓝ**인류, 인간애**

His brave exploration contributed to all humanity.
그의 용감한 탐험이 전 인류에 공헌하였다.

The hero's sacrifice and humanity moved the audience.
주인공의 희생과 인간애가 관객을 감동시켰다.

***humane** ⓐ인간적인, 자비로운

0297 ★☆☆

brilliant

[bríljənt]

ⓐ**(매우) 밝은, 뛰어난,** 영리한

The surface of the lake reflected the brilliant moonlight.
그 호수의 표면이 밝은 달빛을 반사하였다.

He devised a brilliant solution to the complex problem.
그는 복잡한 문제에 대한 뛰어난 해결책을 고안하였다.

0298 ★☆☆

cross

[krɔːs]

ⓝ**십자가** ⓥ**가로지르다**

The priest asserts that the figure died on the wooden cross.
성직자는 그 인물이 나무 십자가 위에서 죽었다고 주장한다.

Demonstrators were required not to cross the police line.
시위자들은 경찰 통제선을 넘지 말라고 요구되었다.

0299 ★★☆

seek

[siːk]

ⓥ**찾다, 애쓰다 (seek to),** 추구하다 (seek-sought-sought)

He is seeking cooperation on his assignment.
그는 자신의 과제에 대한 협조를 구하고 있다.

He seeks to escape extreme poverty.
그는 극심한 가난을 탈피하려고 애쓴다.

0300 ★☆☆

express

[iksprés]

ⓐ**급행의** ⓥ**표현하다** ⓝ급행편

He made an express recovery from the knee operation.
그는 무릎 수술로부터 빠르게 회복하였다.

She kept calm, not expressing her views during the discussion.
그녀는 토론하는 동안 자신의 견해를 표현하지 않고 조용하게 있었다.

***expression** ⓝ표현, 표정

Check

☐ humanity	☐ brilliant	☐ cross	☐ seek	☐ express

0301 ★★☆

wonder
[wʌ́ndər]

ⓥ**놀라다, 궁금히 여기다** ⓝ경이, 불가사의

I wondered at his outstanding achievements.
나는 그의 뛰어난 업적에 놀랐다.

The astronomers wonder about the origin of the solar system.
천문학자들은 태양계의 기원을 궁금히 여긴다.

0302 ★☆☆

bond
[band]

ⓝ**유대 관계**, 접착제 ⓥ**결합하다**

The exploration strengthened the bonds between them.
탐험이 그들 간의 유대 관계를 강화하였다.

I bonded two materials with glue.
나는 접착제로 두 물질을 결합하였다.

0303 ★★☆

command
[kəmǽnd]

ⓥ**명령하다, 조망하다,** 내려다보다 ⓝ명령, 지휘

He commanded the crew to observe the regulations.
그는 대원들에게 규정을 준수하라고 명령하였다.

The observatory on the cliff commands a spectacular view.
절벽 위에 있는 전망대는 장엄한 광경을 내려다본다.

***commander** ⓝ사령관

0304 ★☆☆

drill
[dril]

ⓥ**구멍을 뚫다** ⓝ**훈련**, 연습

Many water or oil wells were drilled in the desert.
많은 우물 또는 유정(油井)이 사막에 뚫어졌다.

They conducted military drills in the disputed waters.
그들은 분쟁 해역에서 군사 훈련을 실행하였다.

0305 ★★☆

dismiss
[dismís]

ⓥ**해고하다, 묵살하다**

He was unfairly dismissed from his post.
그는 자신의 직위로부터 불공정하게 해고되었다.

They revised the act, dismissing others' objections.
그들은 다른 사람들의 반대를 묵살하고, 법령을 개정하였다.

***dismissal** ⓝ해고 ***layoff** ⓝ해고 (일시적)

Check

□ wonder	□ bond	□ command	□ drill	□ dismiss

0306 ★☆☆

joint
[dʒɔint]

ⓝ이음매, 관절 ⓐ합동의

The accident permanently damaged his knee joint.
사고는 그의 무릎 관절을 영구적으로 손상하였다.

The two ministers issued a joint statement.
두 장관은 합동 성명을 발표하였다.

0307 ★☆☆

right
[rait]

ⓐ올바른, 오른쪽 ⓝ권리 ⓐⓓ바르게

His right judgment enabled us to remain stable.
그의 올바른 판단이 우리가 안정을 유지하는 것을 가능케 하였다.

Voting is the exercise of a civil right.
투표는 시민권의 행사이다.

0308 ★★☆

bother
[bάðər]

ⓥ괴롭히다, 신경 쓰다, 성가시게 하다

The director's puzzling instruction bothered his staff.
책임자의 당황스러운 지시가 직원들을 괴롭혔다.

The aggressive president didn't bother with minor affairs.
적극적인 사장은 사소한 업무에 신경 쓰지 않았다.

*bothersome ⓐ성가신 *bother to 애써 ~하다

0309 ★★☆

extend
[iksténd]

ⓥ연장하다, 뻗다, 확대하다

They extended the import restriction of beef.
그들은 소고기 수입 제한을 연장하였다.

He expended his sympathy to the wounded.
그는 부상자들에게 동정심을 표하였다.

*extension ⓝ연장, 확대 *extensive ⓐ광범위한

0310 ★☆☆

act
[ækt]

ⓝ법령 ⓥ연기(演技)하다, 행동하다

The act prohibits the exclusion of certain minorities.
그 법령은 특정한 소수자의 배제를 금지한다.

*actor ⓝ배우 *actress ⓝ여배우 *action ⓝ연기, 행동

*bill ⓝ지폐, 청구서, 법안, 전단지, 벽보

Check

□ joint	□ right	□ bother	□ extend	□ act

0311 ★☆☆

bound
[baund]

ⓥ**껑충껑충 뛰다, ~와 경계를 이루다** (be bounded by) ⓐ~로 향하는

The dog approached me while bounding around.
강아지가 이리저리 뛰면서 나에게 다가왔다.

The city is bounded by a dense forest on one side.
도시는 한쪽으로는 빽빽한 삼림에 의해 경계가 이루어져 있다.

*bounds ⓝ경계, 범위 *rebound ⓥ되튀어 나오다
*bind ⓥ묶다 (bind-bound-bound)

0312 ★★☆

due
[djuː]

ⓐ**예정인, ~ 때문에** (due to)

The widow is due to inherit a large fortune.
미망인은 많은 재산을 상속할 예정이다.

The policy was abandoned due to a lack of budget.
그 정책은 예산 부족 때문에 포기되었다.

*due to + V ~할 예정인 *due to + N ~ 때문에

0313 ★★★

industry
[índəstri]

ⓝ**근면, 산업**

He demonstrated great industry in performing his duty.
그는 자신의 임무를 수행하는데 대단한 근면성을 보여주었다.

*industrious ⓐ근면한

0314 ★★★

economy
[ikɑ́nəmi]

ⓝ**절약, 경제**

Diligence and economy contributed to his current wealth.
근면과 절약이 그의 현재 부에 기여하였다.

*economical ⓐ절약하는, 경제적인 *economic ⓐ경제의

0315 ★☆☆

bow
[bau]

ⓥ**(허리 숙여) 인사하다** ⓝ**활**[bou]

The servant bowed low to his master.
하인은 주인에게 낮게 허리 굽혀 인사하였다.

The bows were the principal weapons in ancient times.
활은 고대의 주요한 무기였다.

*arrow ⓝ화살

Check

□ bound	□ due	□ industry	□ economy	□ bow

0316 ★☆☆

mine
[main]

ⓝ**광산**, 나의 것, 지뢰 ⓥ**채굴하다**

The meadow was polluted by a coal mine.
초원은 석탄 광산에 의하여 오염되었다.

Many laborers were recruited into the mining industry.
많은 노동자가 광업에 채용되었다.

***miner** ⓝ광부

0317 ★★☆

court
[kɔːrt]

ⓝ**법원, 경기장** (울타리 있는 경기장, 코트), 궁전 (거처 개념), 안뜰

The thief was put on trial in court.
그 도둑은 법원에서 재판에 넘겨졌다.

***palace** ⓝ궁전 (건축물 개념)

0318 ★☆☆

public
[pʌ́blik]

ⓐ**공공의, 대중의** ⓝ일반인, 대중

The experts advocate enlarging public facilities.
전문가들은 공공시설을 확장하는 것을 옹호한다.

The museum is open to the public.
박물관은 대중에게 개방되어 있다.

***public relations** 홍보 활동

0319 ★☆☆

pose
[pouz]

ⓥ**제기하다**, 초래하다, 자세를 취하다 ⓝ**자세** (연출 자세)

Pollution poses an immediate threat to our existence.
오염은 우리의 존재에 즉각적인 위협을 초래한다.

The director adjusted the actor's awkward pose.
연출자는 배우의 어색한 자세를 조정하였다.

***posture** ⓝ자세 (일상적 자세)

0320 ★☆☆

tie
[tai]

ⓝ**유대 관계** ⓥ**묶다**

The factory has close ties with a financial institution.
그 공장은 금융 기관과 긴밀한 유대 관계를 맺고 있다.

The robber tied the clerk to a post.
강도가 직원을 기둥에 묶었다.

Check

□ mine	□ court	□ public	□ pose	□ tie

※ 정답 표시하지 마시고, 전용 오답 노트를 활용하여 집중 관리 하십시오. 모든 문제는 반복 학습용입니다.

1. refer	ⓥ______ ______		1. support	ⓥ______ ______
2. stick	ⓥ______ ______		2. stream	ⓝ______ ______
3. surf	ⓥ______ ______		3. lot	ⓝ______ ______
4. digest	ⓥ______ ______		4. trade	ⓝ______ ______
5. around	ⓐⓓ______ ______		5. ruin	ⓝ______ ⓥ______
6. specific	ⓐ______ ______		6. humanity	ⓝ______ ______
7. accident	ⓝ______ ______		7. brilliant	ⓐ______ ______
8. intelligence	ⓝ______ ______		8. cross	ⓝ______ ⓥ______
9. intellect	ⓝ______ ______		9. seek	ⓥ______ ______
10. sign	ⓝ______ ⓥ______		10. express	ⓐ______ ⓥ______

1.참조하다, 언급하다 2.찌르다, 붙이다 3.검색하다, 파도타기 하다 4.소화하다, 요약하다
5.여기저기, 대략 6.특정한, 구체적인 7.사고, 우연 8.지능, 정보 9.지능, 지식인 10.신호, 서명하다

1.지지하다, 지원하다 2.흐름, 시냇물 3.운명, 장소 4.거래, 직업 5.폐허, 망치다 6.인류, 인간애
7.밝은, 뛰어난 8.십자가, 가로지르다 9.찾다, 애쓰다 10.고속의, 표현하다

1. wonder	ⓥ______ ______		1. bound	ⓥ______ ______
2. bond	ⓝ______ ⓥ______		2. due	ⓐ______ ______
3. command	ⓥ______ ______		3. industry	ⓝ______ ______
4. drill	ⓥ______ ⓝ______		4. economy	ⓝ______ ______
5. dismiss	ⓥ______ ______		5. bow	ⓥ______ ⓝ______
6. joint	ⓝ______ ⓐ______		6. mine	ⓝ______ ⓥ______
7. right	ⓐ______ ⓝ______		7. court	ⓝ______ ______
8. bother	ⓥ______ ______		8. public	ⓐ______ ______
9. extend	ⓥ______ ______		9. pose	ⓥ______ ⓝ______
10. act	ⓝ______ ⓥ______		10. tie	ⓝ______ ⓥ______

1.놀라다, 궁금히 여기다 2.유대 관계, 결합하다 3.명령하다, 조망하다 4.구멍을 뚫다, 훈련
5.해고하다, 묵살하다 6.이음매, 합동의 7.올바른, 권리 8.괴롭히다, 신경 쓰다 9.연장하다, 뻗다
10.법령, 연기하다

1.껑충껑충 뛰다, ~와 경계를 이루다 2.예정인, ~ 때문에 3.근면, 산업 4.절약, 경제 5.인사하다, 활
6.광산, 채굴하다 7.법원, 경기장 8.공공의, 대중의 9.제기하다, 자세 10.유대 관계, 묶다

PHRASE

be obliged to ~하지 않을 수 없다, ~해야만 한다 (be bound/compelled/forced to)
be occupied in ~에 종사하다 (be engaged in)
be poor at ~에 서툴다 *be good at ~에 능숙하다
be supposed to ~할 예정이다, ~해야만 한다
be sure of 확신하다 (S be sure of S는 ~을 확신하다)
be sure to 틀림없이 할 것이다 (S be sure to S는 틀림없이 ~할 것이다)
be tired of 싫증 나다 (be sick of)
be tired with/from 피곤하다
be up to ~에 달려있다 *up to ~까지
be used to ~에 익숙하다 (be accustomed to, accustom oneself to) *be used to V ~하기 위하여 사용되다 *used to V ~하곤 했다
be willing to 기꺼이 ~하다 *be unwilling to ~하기 꺼리다
bear in mind 명심하다 (keep in mind)

1. Residents are obliged ________ pay utility bills.
주민들은 공과금을 납부해야만 한다.

2. Most graduates hope to be occupied ________ stable jobs.
대부분 졸업생은 안정적 직업에 종사하기를 희망한다.

3. I am ________ at speaking English.
나는 영어를 말하는 것에 서툴다.

4. The train is ________ to arrive in 5 minutes.
열차가 5분 후에 노삭살 예정이다.

5. I am sure ________ his innocence.
나는 그의 결백함을 확신한다.

6. The murderer is sure ________ be arrested.
살인자는 틀림없이 체포될 것이다.

7. I am tired ________ doing the same work every day.
나는 매일 같은 일을 하는 것에 싫증 난다.

8. The consultant is tired ________ dealing with a lot of complaints.
상담원은 많은 불평을 처리하느라 피곤하다.

9. The final choice is ________ to you.
최종 선택은 너에게 달려있다.

10. He is used ________ getting up early.
그는 일찍 일어나는 것에 익숙하다.

11. He is ________ to donate some money for the poor.
그는 가난한 사람들에게 약간의 돈을 기꺼이 기부한다.

12. Please bear in ________ that success requires efforts.
성공은 노력을 요구한다는 것을 명심하여라.

※ 이 페이지의 단어들은 필요 시 참고하는 분야별 단어입니다. 학습자의 수준과 진도에 맞게 활용하십시오.

agriculture	농업	herd	떼
crop	농작물	seed	씨앗
grain	곡물	sow	씨 뿌리다
harvest	수확, 수확하다	fertilizer	비료
reap	수확하다, 획득하다	soil	토양
dairy	낙농장	barn	헛간
livestock	가축	plow	쟁기, 쟁기질 하다
flock	떼	cultivate	경작하다

[Definition Quiz]

1. a building on a farm for animals or crops. _______

2. the seeds of plants like rice, wheat, or corn. _______

3. a group of large animals like cows or deer. _______

4. to plant seeds in the ground. _______

5. the time or act of gathering crops. _______

6. to prepare land and grow plants on it. _______

7. a farm that produces milk and milk products. _______

8. a small part of a plant used to grow a new one. _______

9. a substance added to soil to help plants grow. _______

10. farm animals like cows, pigs, or sheep. _______

11. the top layer of earth where plants grow. _______

12. a plant grown on a farm for food or sale. _______

13. to cut and collect crops. _______

14. a farm tool used to turn over soil. _______

15. a group of birds or sheep. _______

16. the work of growing crops and raising animals. _______

1. 농장에서 동물이나 농작물을 위한 건물 **2.** 쌀, 밀, 옥수수 같은 식물의 씨앗 **3.** 소나 사슴처럼 큰 동물들의 무리 **4.** 씨앗을 땅에 심다 **5.** 농작물을 거두는 때나 행위 **6.** 땅을 준비해 식물을 재배하다 **7.** 우유와 유제품을 생산하는 농장 **8.** 새로운 식물을 기르기 위한 식물의 작은 부분 **9.** 식물이 잘 자라도록 흙에 더하는 물질 **10.** 소, 돼지, 양 같은 가축 **11.** 식물이 자라는 지구의 윗부분 **12.** 음식이나 판매를 위해 농장에서 재배하는 식물 **13.** 농작물을 베어 거두다 **14.** 흙을 뒤엎는 데 쓰는 농기구 **15.** 새나 양의 무리 **16.** 농작물을 재배하고 가축을 기르는 일

1.barn **2.**grain **3.**herd **4.**sow **5.**harvest **6.**cultivate **7.**dairy **8.**seed **9.**fertilizer **10.**livestock **11.**soil **12.**crop **13.**reap **14.**plow **15.**flock **16.**agriculture

◀ 3-2. Science & Technology p88　　Categories p549　　5-1. Nature & Creature p120 ▶

DAY
09

DAY 09

[진단 테스트]

※ 실력을 진단하고 점검하는 연결형 문제입니다. 문제에 표시하지 마시고, 전용 오답 노트를 활용하여 집중 관리 하십시오. 본 단어장의 모든 문제는 반복 학습용입니다.

1. matter	①시대, 나이, 노화하다
2. age	②동반, 회사
3. palm	③재판관, 판단하다
4. receipt	④오히려, 다소
5. classic	⑤영수증, 수령
6. company	⑥중요하다, 물질, 문제
7. beat	⑦야자수, 손바닥
8. rather	⑧대기, 분위기
9. atmosphere	⑨치다, 이기다, 박동
10. judge	⑩최고의, 전형적인

1.⑥　2.①　3.⑦　4.⑤　5.⑩　6.②　7.⑨　8.④
9.⑧　10.③

1. stress	①연료, 부추기다
2. chief	②미세한, 벌금
3. serve	③강조하다, 압박감
4. fuel	④조수, 추세
5. tide	⑤별개의, 분리하다
6. calm	⑥섬기다, 제공하다
7. practical	⑦주요한, 우두머리
8. fine	⑧모집하다, 신입 사원
9. separate	⑨실용적인, 실제의
10. recruit	⑩차분한, 진정시키다

1.③　2.⑦　3.⑥　4.①　5.④　6.⑩　7.⑨　8.②
9.⑤　10.⑧

1. peer	①모이다, 모으다
2. gather	②영리한, 밝은
3. volume	③동료, 응시하다
4. substance	④수축하다, 계약
5. contract	⑤문학, 문헌
6. literature	⑥양, 권, 음량
7. fire	⑦필수적인, 본질적인
8. recall	⑧회상하다, 소환하다
9. essential	⑨물질, 본질
10. bright	⑩해고하다, 불

1.③　2.①　3.⑥　4.⑨　5.④　6.⑤　7.⑩　8.⑧
9.⑦　10.②

1. form	①작고한, 늦은
2. keen	②양식, 형성하다
3. space	③사냥감, 경기
4. run	④마차, 감독
5. late	⑤운영하다, 달리다
6. nature	⑥예리한, 열정적인
7. mind	⑦성질, 자연
8. coach	⑧공간, 우주
9. game	⑨작품, 일, 작동하다
10. work	⑩꺼리다, 마음

1.②　2.⑥　3.⑧　4.⑤　5.①　6.⑦　7.⑩　8.④
9.③　10.⑨

0321 ★★★

matter
[mǽtər]

ⓥ중요하다 ⓝ물질, 문제, 일

What matters is the will to overcome hardship.
중요한 것은 고난을 극복하려는 의지이다.

The soil rich in organic matter is appropriate for the crops.
유기 물질이 풍부한 토양은 작물에 적합하다.

0322 ★★☆

age
[eidʒ]

ⓝ시대, 나이, 오랜 세월 ⓥ노화하다

The space age dawned in the twentieth century.
우주 시대는 20세기에 시작되었다.

Frequent exposure to the sun caused my skin to age.
태양에 빈번한 노출이 내 피부를 노화하도록 초래하였다.

0323 ★☆☆

palm
[pɑːm]

ⓝ야자수, 손바닥

The laborer rests in the shade of a palm tree.
노동자는 야자수 그늘에서 휴식을 취하고 있다.

The infant held a pebble in his palm.
그 유아는 자기의 손바닥에 자갈을 쥐었다.

0324 ★☆☆

receipt
[risíːt]

ⓝ영수증, 수령, 수취

I keep every receipt as proof of purchase.
나는 모든 영수증을 구매의 증거로서 보관한다.

Your reservation will be completed on receipt of a deposit.
귀하의 예약은 예치금을 수령 하자마자 완료될 것입니다.

***reception** ⓝ연회, 접수처

0325 ★★☆

classic
[klǽsik]

ⓐ최고의, 전형적인, 일류의 ⓝ명작

The novel is evaluated as one of the classic works.
그 소설은 최고의 작품 중 하나로 평가된다.

The patient displayed the classic symptoms of depression.
그 환자는 전형적인 우울증 증상을 보여주었다.

***classical** ⓐ고전적인, 오랜 전통의

Check

□ matter	□ age	□ palm	□ receipt	□ classic

0326 ★★☆

company
[kʌ́mpəni]

ⓝ**동반, 회사,** 동반자, 동석자

I am grateful for your company on the trip.
나는 여행 중 너의 동반에 감사하다.

0327 ★☆☆

beat
[biːt]

ⓥ**치다, 이기다** (beat-beat-beaten) ⓝ**박동,** 박자

He beat his opponent at the final match.
그는 결승전에서 상대를 이겼다.

My heart rate was 80 beats a minute.
나의 심장 속도는 분당 80 박동이었다.

0328 ★☆☆

rather
[rǽðər]

ⓐⓓ**오히려, 다소,** 꽤

He emphasizes accuracy rather than efficiency.
그는 효율성보다는 정확성을 강조한다.

I am rather surprised that the suspect committed suicide.
나는 그 혐의자가 자살을 범하였다는 것에 꽤 놀란 상태이다.

0329 ★★☆

atmosphere
[ǽtməsfìər]

ⓝ**대기, 분위기**

Moisture in the atmosphere changed into dew at night.
대기 속에 수분이 밤에 이슬로 변하였다.

The ceremony was held in a casual atmosphere.
그 의식은 격식을 차리지 않는 분위기에서 진행되었다.

0330 ★★☆

judge
[dʒʌdʒ]

ⓝ**재판관,** 심판 ⓥ**판단하다**

The judge concluded that the accused was innocent.
재판관은 피고가 결백하다고 결론 내렸다.

0331 ★☆☆

stress
[stres]

ⓥ**강조하다** ⓝ**압박감**

He stresses that the unjust elements must be excluded.
그는 정당하지 못한 요소들은 배제되어야 한다고 강조한다.

Check

□ company	□ beat	□ rather	□ atmosphere	□ judge
□ stress				

0332 ★☆☆

chief
[tʃiːf]

ⓐ**주요한**, 제1의 ⓝ**우두머리**

A parent's chief role is to raise children properly.
부모의 주요한 역할은 자식을 올바르게 양육하는 것이다.

The police chief declared war against violent crime.
경찰서장은 난폭한 범죄와의 전쟁을 선언하였다.

0333 ★☆☆

serve
[səːrv]

ⓥ**섬기다, 제공하다**, 시중들다

The clerk faithfully served the long-term client.
직원은 장기 고객들을 충실하게 섬겼다.

Refreshments were served after the presentation.
발표 후에 다과가 제공되었다.

***serve as** ~로서 역할 하다

0334 ★★☆

fuel
[fjúːəl]

ⓝ**연료** ⓥ**부추기다**, 악화시키다

Fuels to generate electricity are still abundant.
전기를 생산하기 위한 연료는 여전히 풍부하다.

His offensive remarks fueled the fierce quarrel.
그의 불쾌감을 주는 언급이 격한 논쟁을 부추겼다.

0335 ★★☆

tide
[taid]

ⓝ**조수, 추세**, 흐름

Weather center anticipates high tide at dawn.
기상청은 새벽의 높은 조수를 예상한다.

The authorities are anxious about the rising tide of crime.
당국은 증가하는 범죄의 추세를 걱정한다.

0336 ★☆☆

calm
[kɑːm]

ⓐ**차분한**, 고요한 ⓥ**진정시키다** ⓝ평온, 고요

The treatment calms nerves, and relieves pain.
그 치료는 신경을 진정시키고 통증을 완화한다.

I kept calm and ignored their insult.
나는 차분함을 유지하며 그들의 모욕을 무시하였다.

Check

□ chief	□ serve	□ fuel	□ tide	□ calm

0337 ★★☆

practical
[prǽktikəl]

ⓐ실용적인, 실제의

They adopted a practical policy to utilize the resources.
그들은 자원을 활용하기 위한 실용적인 정책을 채택하였다.

The applicant has practical, not theoretical, experience.
그 지원자는 이론적 경험이 아닌 실제의 경험을 지니고 있다.

*practice ⓥ실행하다 ⓝ관행, 연습

0338 ★★☆

fine
[fain]

ⓐ미세한, 훌륭한 ⓝ벌금 ⓥ벌금을 부과하다

Fine dust can damage the precise instruments.
미세한 먼지는 정밀 기구들을 손상할 수 있다.

The judge ordered him to pay a fine for violating the rule.
재판관은 그에게 규칙 위반에 대한 벌금을 납부할 것을 명하였다.

0339 ★☆☆

separate
[sépərèit]

ⓐ별개의 ⓥ분리하다

The refugees were accommodated in separate chambers.
난민들은 별도의 방으로 수용되었다.

The magnet separated iron from the garbage.
자석이 쓰레기로부터 철을 분리하였다.

0340 ★☆☆

recruit
[rikrúːt]

ⓥ모집하다 ⓝ신입 사원, 신병

The company recruited several competent applicants.
그 회사는 여러 유능한 지원자들을 모집하였다.

New recruits have to undergo an adaptation process.
신입 사원들은 적응 과정을 겪어야 한다.

0341 ★★☆

peer
[piər]

ⓝ동료, 또래 ⓥ응시하다

He suffered isolation and ridicule among his peers.
그는 동료들 사이에서 고립과 조롱을 겪었다.

He peered at the notice posted on the bulletin board.
그는 게시판에 부착된 공고문을 응시하였다.

*peel ⓝ껍질 ⓥ껍질 벗기다

Check

☐ practical	☐ fine	☐ separate	☐ recruit	☐ peer

0342 ★☆☆

gather
[gǽðər]

ⓥ **모이다, 모으다**

Scores of immigrants gathered outside the embassy.
수십 명의 이민자들이 대사관 밖에 모였다.

They gathered sufficient signatures to submit their demand.
그들은 요구 사항을 제출하기 위하여 충분한 서명을 모았다.

0343 ★☆☆

volume
[vάljuːm]

ⓝ **양, (책) 권, 음량**, 부피

The farmers piled a large volume of crops in the yard.
농부는 마당에 많은 양의 작물을 쌓았다.

I completed the second volume of his biography.
나는 그의 전기 두 번째 권을 완성하였다.

0344 ★★★

substance
[sʌ́bstəns]

ⓝ **물질, 본질**, 실체

Oxygen is one of the basic elements of a substance.
산소는 물질의 기본적인 요소 중 하나이다.

The substance of my argument is that capitalism is superior.
내 주장의 본질은 자본주의가 우월하다는 것이다.

0345 ★★☆

contract
[kάntrækt]

ⓥ **수축하다**, 계약하다, (병에) 걸리다 ⓝ **계약**

His muscles contracted as he frequently skipped exercise.
그가 빈번하게 운동을 거르면서 그의 근육이 수축하였다.

They terminated my contract without prior notice.
그들은 사전 통지 없이 나의 계약을 종료시켰다.

0346 ★★☆

literature
[lítərətʃər]

ⓝ **문학, 문헌**

The novel is considered a classic work of modern literature.
그 소설은 현대문학의 최고 작품으로 여겨진다.

I found the reliable literature on investment.
나는 투자에 대한 신뢰할 만한 문헌을 발견하였다.

0347 ★☆☆

fire
[faiər]

ⓥ **해고하다** ⓝ **불**

The company seeks to fire the chief operator.
그 회사는 수석 운영자를 해고하려고 애쓴다.

Check

□ gather	□ volume	□ substance	□ contract	□ literature
□ fire				

0348 ★★☆
recall
[rikɔ́ːl]

ⓥ**회상하다, 소환하다,** 회수하다 ⓝ회상, 소환, 회수

I sometimes **recall** misery and tragedy of the past.
나는 가끔 과거의 비참과 비극을 회상한다.

The defective merchandise was **recalled** promptly.
결함 있는 상품은 신속하게 회수되었다.

0349 ★★☆
essential
[isénʃəl]

ⓐ**필수적인, 본질적인**

The power station is closed for **essential** maintenance.
발전소가 필수 유지 보수를 위하여 폐쇄되었다.

***essence** ⓝ본질

0350 ★☆☆
bright
[brait]

ⓐ**영리한, 밝은**

He frequently presents **bright** and wise ideas.
그는 종종 영리하고 현명한 아이디어를 제시한다.

0351 ★☆☆
form
[fɔːrm]

ⓝ**양식,** 형태 ⓥ**형성하다**

Application **forms** are available at the admission office.
지원서 양식은 입학처에서 받을 수 있다.

They **formed** a new committee to address the issue.
그들은 그 쟁점을 다루기 위해 새로운 위원회를 구성하였다.

0352 ★☆☆
keen
[kiːn]

ⓐ**예리한, 열정적인,** 열망하는

He showed **keen** interest in the various articles on exhibition.
그는 전시된 다양한 물품들에 예리한 관심을 보여주었다.

He is **keen** to utilize his discovery commercially.
그는 자신의 발견을 상업적으로 활용하기를 열망한다.

0353 ★☆☆
space
[speis]

ⓝ**공간, 우주**

The **space** is large enough to display priceless treasures.
그 공간은 값비싼 보물들을 전시하기에 충분히 넓다.

The **space** scientists will launch the exploration mission.
우주과학자들은 탐사 임무를 시작할 것이다.

Check				
☐ recall	☐ essential	☐ bright	☐ form	☐ keen
☐ space				

0354 ★★☆
run
[rʌn]

ⓥ**운영하다, 달리다**

The immigrant runs a grocery store in the suburbs.
그 이민자는 교외에서 식료품점을 운영한다.

0355 ★☆☆
late
[leit]

ⓐ**작고한**, 고(故), **늦은** ⓐⓓ**늦게**

The late physician promised to donate his organs.
작고하신 의사는 장기를 기증하기로 약속하였다.

***lately** ⓐⓓ최근에

0356 ★★☆
nature
[néitʃər]

ⓝ**성질, 자연**, 본성

The nature of the crime is too terrible to forgive the criminal.
범죄의 성질이 너무나 끔찍해서 범죄자를 용서할 수 없다.

0357 ★★☆
mind
[maind]

ⓥ**꺼리다** ⓝ**마음**, 정신

I don't mind working in a low-wage job.
나는 저임금 직장에서 일하는 것을 꺼리지 않는다.

0358 ★☆☆
coach
[koutʃ]

ⓝ**마차, 감독**, 코치

I was delighted to ride a horse-drawn coach.
나는 말이 끄는 마차를 타서 기뻤다.

0359 ★☆☆
game
[geim]

ⓝ**(동물) 사냥감, 경기**

The tribes ate the meat of the game they had hunted.
그 부족은 자신들이 사냥한 사냥감의 고기를 먹었다.

0360 ★☆☆
work
[wəːrk]

ⓝ**작품, 일** ⓥ**작동하다**, 일하다

The judges evaluated the participants' works fairly.
심사위원들은 참가자들의 작품을 공정하게 평가하였다.

I can't figure out how the device works.
나는 그 장치가 어떻게 작동하는지 이해할 수 없다.

Check

□ run	□ late	□ nature	□ mind	□ coach
□ game	□ work			

REVIEW

※ 정답 표시하지 마시고, 전용 오답 노트를 활용하여 집중 관리 하십시오. 모든 문제는 반복 학습용입니다.

1. matter ⓥ______ ⓝ______ ______
2. age ⓝ______ ______ ⓥ______
3. palm ⓝ______ ______
4. receipt ⓝ______ ______
5. classic ⓐ______ ______
6. company ⓝ______ ______
7. beat ⓥ______ ______ ⓝ______
8. rather (ad)______ ______
9. atmosphere ⓝ______ ______
10. judge ⓝ______ ⓥ______

1. stress ⓥ______ ⓝ______
2. chief ⓐ______ ⓝ______
3. serve ⓥ______ ______
4. fuel ⓝ______ ⓥ______
5. tide ⓝ______ ______
6. calm ⓐ______ ⓥ______
7. practical ⓐ______ ______
8. fine ⓐ______ ⓝ______
9. separate ⓐ______ ⓥ______
10. recruit ⓥ______ ⓝ______

1.중요하다, 물질, 문제 **2.**시대, 나이, 노화하다 **3.**야자수, 손바닥 **4.**영수증, 수령 **5.**최고의, 전형적인 **6.**동반, 회사 **7.**치다. 이기다, 박동 **8.**오히려, 다소 **9.**대기, 분위기 **10.**재판관, 판단하다

1.강조하다, 압박감 **2.**주요한, 우두머리 **3.**섬기다, 제공하다 **4.**연료, 부추기다 **5.**조수, 추세 **6.**차분한, 진정시키다 **7.**실용적인, 실제의 **8.**미세한, 벌금 **9.**별개의, 분리하다 **10.**모집하다, 신입 사원

1. peer ⓝ______ ⓥ______
2. gather ⓥ______ ______
3. volume ⓝ______ ______ ______
4. substance ⓝ______ ______
5. contract ⓥ______ ⓝ______
6. literature ⓝ______ ______
7. fire ⓥ______ ⓝ______
8. recall ⓥ______ ______
9. essential ⓐ______ ______
10. bright ⓐ______ ______

1. form ⓝ______ ⓥ______
2. keen ⓐ______ ______
3. space ⓝ______ ______
4. run ⓥ______ ______
5. late ⓐ______ (ad)______
6. nature ⓝ______ ______
7. mind ⓥ______ ⓝ______
8. coach ⓝ______ ______
9. game ⓝ______ ______
10. work ⓝ______ ______ ⓥ______

1.동료, 응시하다 **2.**모이다, 모으다 **3.**양, 권, 음량 **4.**물질, 본질 **5.**수축하다, 계약 **6.**문학, 문헌 **7.**해고하다, 불 **8.**회상하다, 소환하다 **9.**필수적인, 본질적인 **10.**영리한, 밝은

1.양식, 형성하다 **2.**예리한, 열정적인 **3.**공간, 우주 **4.**운영하다, 달리다 **5.**작고한, 늦게 **6.**성질, 자연 **7.**꺼리다, 마음 **8.**마차, 감독 **9.**사냥감, 경기 **10.**작품, 일, 작동하다

PHRASE

before long 곧 (soon)
behave oneself 바르게 행동하다
behind the times 시대에 뒤떨어진, 구식의 (out of date) *behind time 시간에 늦은 (late)
belong to ~에 속하다, ~의 것이다
beside oneself 제정신이 아닌 (insane)
between ourselves 우리끼리 얘기인데 (between you and me)
beyond description 묘사할 수 없는
beyond question 틀림없는 (out of question)
break down 고장나다, 부수다
break in 침입하다, 끼어들다
break into ~에 침입하다
break out 발생하다 (come about, take place, come to pass, happen)

1. He will get back before ________.
   그는 곧 돌아올 것이다.

2. You have to behave ________ in the table.
   너는 식탁에서 예의 바르게 행동해야 한다.

3. Your ideas are ________ the times in many respects.
   너의 생각은 많은 면에서 시대에 뒤떨어진다.

4. The car ________ to my relative.
   그 차는 나의 친척 차이다.

5. He was ________ himself with rage,
   그는 분노로 제정신이 아니었다.

6. ________ ourselves, he hates his senior.
   우리끼리 얘긴데, 그는 자기 상사를 증오한다.

7. His rudeness was ________ description.
   그의 무례함은 말로 표현할 수 없을 정도였다.

8. His success is beyond ________.
   그의 성공은 틀림없다.

9. The washing machine broke ________ yesterday.
   세탁기가 어제 고장 났다.

10. Someone broke ________ through the window.
    누군가가 창문을 통하여 침입하였다.

11. Someone broke ________ my house at night.
    누군가가 밤에 내 집에 침입하였다.

12. A fire broke ________ in my neighbor.
    화재가 내 이웃에서 발생하였다.

DAY
10

DAY 10

[진단 테스트]

※ 실력을 진단하고 점검하는 연결형 문제입니다. 문제에 표시하지 마시고, 전용 오답 노트를 활용하여 집중 관리 하십시오. 본 단어장의 모든 문제는 반복 학습용입니다.

1. medium	①파업, 치다
2. last	②건네주다, 손
3. hold	③매개체, 중간
4. puzzle	④당황하게 하다, 수수께끼
5. meet	⑤지속되다, 마지막
6. strike	⑥예약하다, 책
7. hand	⑦형편없는, 가난한
8. poor	⑧주장하다, 개최하다, 잡다
9. universal	⑨전 세계적인, 보편적인
10. book	⑩충족시키다, 만나다

1.③ 2.⑤ 3.⑧ 4.④ 5.⑩ 6.① 7.② 8.⑦
9.⑨ 10.⑥

1. diet	①삼키다, 제비
2. power	②단계, 무대
3. fix	③계승하다, 성공하다
4. organ	④음식, 식이 요법
5. succeed	⑤전력, 강대국, 힘
6. uniform	⑥장기, 오르간
7. balance	⑦수리하다, 고정하다
8. swallow	⑧새로운, 소설
9. novel	⑨저울, 잔액, 균형
10. stage	⑩획일적인, 제복

1.④ 2.⑤ 3.⑦ 4.⑥ 5.③ 6.⑩ 7.⑨ 8.①
9.⑧ 10.②

1. head	①여시, 방
2. move	②통치하다, 규칙
3. touch	③감동시키다, 움직이다
4. monitor	④언어, 혀
5. area	⑤주시 관찰하다, 화면 장치
6. long	⑥갈망하다, 긴
7. room	⑦감동시키다, 접촉하다
8. rule	⑧향하다, 머리
9. tongue	⑨분야, 지역
10. place	⑩놓다, 장소

1.⑧ 2.③ 3.⑦ 4.⑤ 5.⑨ 6.⑥ 7.① 8.②
9.④ 10.⑩

1. miss	①낙인찍다, 꼬리표
2. bank	②피하다, 돕다
3. just	③그리워하다, 놓치다
4. label	④수용하다, 집
5. help	⑤둑, 은행
6. earth	⑥20, 점수
7. cost	⑦정당한, 단지
8. house	⑧땅, 지구
9. pretty	⑨꽤, 예쁜
10. score	⑩앗아가다, 비용

1.③ 2.⑤ 3.⑦ 4.① 5.② 6.⑧ 7.⑩ 8.④
9.⑨ 10.⑥

0361 ★★☆

medium

[míːdiəm]

ⓝ**매개체, 중간**, 매체 ⓐ중간의

A book is a medium connecting the author and the audience.
책은 작가와 독자를 연결하는 매개체이다.

***media** ⓝ언론 매체, 매개체 (medium의 복수형)

0362 ★★☆

last

[læst]

ⓥ**지속되다** ⓐ**마지막**, 최신의 ⓐⓓ마지막으로

The inner solidity lasts longer than the momentary attraction.
내면의 견고함은 순간적인 매력보다 오래 지속된다.

***lasting** ⓐ지속적인

0363 ★☆☆

hold

[hould]

ⓥ**주장하다** (hold that), **개최하다, 잡다**

The philosopher holds that people are basically selfish.
그 철학자는 사람은 기본적으로 이기적이라고 주장한다.

***hold a party** 파티를 개최하다

0364 ★☆☆

puzzle

[pʌ́zl]

ⓥ**당황하게 하다**, 이해할 수 없게 하다 ⓝ**수수께끼**

He was puzzled by my reactions to his remarks.
그는 자신의 발언에 대한 나의 반응에 당황하였다.

0365 ★★☆

meet

[miːt]

ⓥ**충족시키다, 만나다**

Every precise instrument must meet the prescribed standard.
모든 정밀 기구는 규정된 기준을 충족해야 한다.

0366 ★☆☆

strike

[straik]

ⓝ**파업**, 타격 ⓥ**치다**

Citizens complained about the public transportation strike.
시민들은 대중교통 파업에 대해 불평하였다.

0367 ★☆☆

hand

[hænd]

ⓥ**건네주다** ⓝ**손**

The clerk handed over the receipt to the customer.
점원은 고객에게 영수증을 건네주었다.

Check

☐ medium	☐ last	☐ hold	☐ puzzle	☐ meet
☐ strike	☐ hand			

0368 ★☆☆

poor
[puər]

@형편없는, 가난한

The poor chair can cause back injuries.
형편없는 의자는 너의 등 부상을 초래할 수 있다.

*poverty ⓝ가난

0369 ★★☆

universal
[jùːnəvə́ːrsəl]

@전 세계적인, 보편적인

English is referred to as a universal language.
영어는 전 세계적인 언어로서 언급된다.

0370 ★☆☆

book
[buk]

ⓥ예약하다 ⓝ책

We booked accommodation before departure.
우리는 출발 전에 숙소를 예약하였다.

0371 ★☆☆

diet
[dáiət]

ⓝ음식, 식이 요법, 식단

I enjoy a natural diet that includes vegetables and grains.
나는 채소와 곡물을 포함하는 자연식품을 즐긴다.

*dietary @음식의 *dietary fiber 식이 섬유

0372 ★☆☆

power
[páuər]

ⓝ전력(電力), 강대국, 힘

Solar energy can generate power.
태양 에너지는 전력을 생산할 수 있다.

0373 ★★☆

fix
[fiks]

ⓥ수리하다, 고정하다

The instructor perceived my mistakes and fixed them.
강사는 내 실수를 인지하고 수정해 주었다.

0374 ★☆☆

organ
[ɔ́ːrgən]

ⓝ장기(臟器), 오르간

He is an expert in the field of complicated artificial organs.
그는 복잡한 인공 장기 분야의 전문가이다.

*organism ⓝ유기체

Check				
□ poor	□ universal	□ book	□ diet	□ power
□ fix	□ organ			

0375 ★★☆

succeed
[səksíːd]

ⓥ계승하다, 성공하다

He succeeded his father as the company's representative.
그는 회사의 대표로 아버지를 계승하였다.

*successive ⓐ연속적인 *successful ⓐ성공적인

0376 ★★☆

uniform
[júːnəfɔ̀ːrm]

ⓐ획일적인, 균일한 ⓝ제복

The planet appeared to maintain a uniform temperature.
그 행성은 균일한 온도를 유지하는 것처럼 보였다.

0377 ★☆☆

balance
[bǽləns]

ⓝ저울, 잔액, 균형

He weighed the jewel in the balance.
그는 저울에 보석의 무게를 쟀다.

*scale ⓥ벗겨내다 ⓝ저울, 규모 *balance sheet 대차대조표

0378 ★☆☆

swallow
[swάlou]

ⓥ삼키다 ⓝ제비

It was difficult to swallow food owing to a swollen throat.
부어오른 목 때문에 음식을 삼키기 힘들었다.

0379 ★★★

novel
[nάvəl]

ⓐ새로운, 참신한 ⓝ소설

He presented a novel idea to raise funds.
그는 기금을 모으기 위하여 새로운 아이디어를 제시하였다.

*novelty ⓝ새로움, 참신함

0380 ★☆☆

stage
[steidʒ]

ⓝ단계, 무대

The power plant is in the initial stage of construction.
발전소는 건설 초기 단계에 있다.

0381 ★☆☆

head
[hed]

ⓥ향하다 ⓝ머리

The vehicles loaded with weapons headed for a battlefield.
무기를 실은 차량이 전쟁터로 향하였다.

Check

□ succeed	□ uniform	□ balance	□ swallow	□ novel
□ stage	□ head			

0382 ★★☆

move

[muːv]

ⓥ감동시키다, 움직이다

An article by a devoted volunteer moved the audience.
헌신적인 자원봉사자가 쓴 기사가 독자를 감동시켰다.

0383 ★★☆

touch

[tʌtʃ]

ⓥ감동시키다, 접촉하다

Her spirit of sacrifice touched her peers.
그녀의 희생정신은 동료들을 감동시켰다.

0384 ★☆☆

monitor

[mɑ́nitər]

ⓥ주시 관찰하다 ⓝ화면 장치

The patient's condition was thoroughly monitored by nurses.
환자의 상태는 간호사에 의하여 철저하게 관찰되었다.

***monitoring** ⓝ주시 관찰, 모니터링

0385 ★☆☆

area

[ɛ́əriə]

ⓝ분야, 지역

The areas affected by the incident include journalism.
그 사건으로 영향받은 분야는 언론을 포함한다.

0386 ★★★

long

[lɔːŋ]

ⓥ갈망하다 ⓐ긴 ⓐ길게

She longs to work for the local company.
그녀는 지역 회사에 근무하기를 갈망한다.

0387 ★★☆

room

[ruːm]

ⓝ여지, 방, 공간

There is no room for further discount on the car.
그 차에 대한 추가 할인 여지가 없다.

0388 ★★☆

rule

[ruːl]

ⓥ통치하다 ⓝ규칙

The empire conquered and ruled over the territory.
그 제국은 영토를 정복하고 통치하였다.

***ruler** ⓝ통치자, 자

Check				
☐ move	☐ touch	☐ monitor	☐ area	☐ long
☐ room	☐ rule			

0389 ★☆☆

tongue

[tʌŋ]

ⓝ언어, 혀

My native tongue is frequently spoken by foreigners.
내 모국어가 외국인들에 의해 종종 말하여진다.

0390 ★★☆

place

[pleis]

ⓥ놓다, 배치하다 ⓝ장소

They placed the artificial flowers on the grave.
그들은 무덤에 인조 꽃을 놓았다.

*placement test 배치 고사

0391 ★☆☆

miss

[mis]

ⓥ그리워하다, 놓치다

He still misses the adventure of his exploration.
그는 여전히 자신의 탐험에서의 모험을 그리워한다.

*missing ⓐ사라진, 실종된

0392 ★☆☆

bank

[bæŋk]

ⓝ둑, 은행

He climbed out of the cold stream onto the bank.
그는 차가운 시냇물 밖으로 나와 둑 위로 올라갔다.

0393 ★★★

just

[dʒʌst]

ⓐ정당한, 공정한 ⓐ단지

Religion forced me to fight the unjust social systems.
종교는 내가 정당하지 않은 사회 제도와 싸우도록 강요하였다.

*justice ⓝ정의

0394 ★☆☆

label

[léibəl]

ⓥ낙인찍다 ⓝ꼬리표

He was labeled a coward after submitting to the opponent.
그는 상대에게 항복한 후에 겁쟁이로 낙인찍혔다.

Check

□ tongue	□ place	□ miss	□ bank	□ just
□ label				

0395 ★★☆

help
[help]

ⓥ피하다, 돕다

I can't help seeking the solution to the conflict.
나는 갈등에 대한 해결책을 찾지 않을 수 없다.

***cannot help ~ing** ~하지 않을 수 없다

0396 ★☆☆

earth
[əːrθ]

ⓝ땅, 지구, 흙

The earth from the mine contains rare resources.
광산의 흙은 희귀한 자원을 포함하고 있다.

***earthly** ⓐ세속적인, 지구의

0397 ★★☆

cost
[kɔːst]

ⓥ앗아가다, 비용이 들다 (cost-cost-cost) ⓝ비용

The delayed shipment cost the company additional costs.
지연된 선적은 그 회사에서 추가 비용을 앗아갔다.

***costly** ⓐ비싼, 대가가 큰

0398 ★☆☆

house
[haus]

ⓥ수용하다 ⓝ집

The dormitory will house the exchange students from abroad.
기숙사는 해외에서 온 교환 학생들을 수용힐 깃이다.

0399 ★☆☆

pretty
[príti]

ⓐⓓ꽤 ⓐ예쁜

The fog was pretty thick and interfered with the pilot's vision.
안개가 매우 짙어서 조종사의 시야를 방해하였다.

0400 ★☆☆

score
[skɔːr]

ⓝ20, 점수

We encountered scores of creatures in the wildlife reserve.
우리는 야생 동물 보호 구역에서 수십 마리의 동물들을 마주쳤다.

***scores** ⓝ수십

Check				
□ help	□ earth	□ cost	□ house	□ pretty
□ score				

※ 정답 표시하지 마시고, 전용 오답 노트를 활용하여 집중 관리 하십시오. 모든 문제는 반복 학습용입니다.

1. medium	ⓝ______ ______	1. diet	ⓝ______ ______
2. last	ⓥ______ ⓐ______	2. power	ⓝ______ ______ ______
3. hold	ⓥ______ ______ ______	3. fix	ⓥ______ ______
4. puzzle	ⓥ______ ⓝ______	4. organ	ⓝ______ ______
5. meet	ⓥ______ ______	5. succeed	ⓥ______ ______
6. strike	ⓝ______ ⓥ______	6. uniform	ⓐ______ ⓝ______
7. hand	ⓥ______ ⓝ______	7. balance	ⓝ______ ______ ______
8. poor	ⓐ______ ______	8. swallow	ⓥ______ ⓝ______
9. universal	ⓐ______ ______	9. novel	ⓐ______ ⓝ______
10. book	ⓥ______ ⓝ______	10. stage	ⓝ______ ______

1.매개체, 중간 2.지속되다, 마지막 3.주장하다, 개최하다, 잡다 4.당황하게 하다, 수수께끼 5.충족시키다, 만나다 6.파업, 치다 7.건네주다, 손 8.형편없는, 가난한 9.전 세계적인, 보편적인 10.예약하다, 책

1.음식, 식이 요법 2.전력, 강대국, 힘 3.수리하다, 고정하다 4.장기, 오르간 5.계승하다, 성공하다 6.획일적인, 제복 7.저울, 잔액, 균형 8.삼키다, 제비 9.새로운, 소설 10.단계, 무대

1. head	ⓥ______ ⓝ______	1. miss	ⓥ______ ______
2. move	ⓥ______ ______	2. bank	ⓝ______ ______
3. touch	ⓥ______ ______	3. just	ⓐ______ ⓐ𝖽______
4. monitor	ⓥ______ ⓝ______	4. label	ⓥ______ ⓝ______
5. area	ⓝ______ ______	5. help	ⓥ______ ______
6. long	ⓥ______ ⓐ______	6. earth	ⓝ______ ______
7. room	ⓝ______ ______	7. cost	ⓥ______ ⓝ______
8. rule	ⓥ______ ⓝ______	8. house	ⓥ______ ______
9. tongue	ⓝ______ ______	9. pretty	ⓐ𝖽______ ⓐ______
10. place	ⓥ______ ⓝ______	10. score	ⓝ______ ______

1.향하다, 머리 2.감동시키다, 움직이다 3.감동시키다, 접촉하다 4.주시 관찰하다, 화면 장치 5.분야, 지역 6.갈망하다, 긴 7.여지, 방 8.통치하다, 규칙 9.언어, 혀 10.놓다, 장소

1.그리워하다, 놓치다 2.둑, 은행 3.정당한, 단지 4.낙인찍다, 꼬리표 5.피하다, 돕다 6.땅, 지구 7.앗아가다, 비용 8.수용하다, 집 9.꽤, 예쁜 10.20, 점수

bring ~ to an end ~을 끝내다 (put an end to ~) *come to an end 끝나다
bring about 초래하다 (give rise to, lead to, result in, cause)
bring up 양육하다 (raise), 교육시키다
burst into 갑자기 ~하다
but for 만약 ~가 없다면
by accident 우연히 (by chance, accidentally)
by all means 반드시 (at all costs, at any cost/price)
by degrees 점진적으로 (gradually)
by means of ~에 의하여
by nature 선천적으로, 본래 (naturally, innately) *in nature 사실상
by no means 결코 ~ 아닌 (in no way, never)
by oneself 혼자, 홀로 *for oneself 혼자, 혼자 힘으로 *of oneself 저절로 *in spite of oneself 자신도 모르게

1. Both countries agreed to ________ the war to an end.
   양국은 전쟁을 끝내기로 합의하였다.

2. The industrial revolution brought ________ remarkable economic growth.
   산업 혁명은 주목할 만한 경제 성장을 초래하였다.

3. He brings ________ his children to be honest.
   그는 자기 자녀들을 정직하도록 키운다.

4. He ________ into laughter at my joke.
   그는 나의 농담에 웃음을 터뜨렸다.

5. But ________ your encouragement, I would have abandoned the challenge.
   너의 격려가 없었다면, 나는 도전을 포기하였을 것이다.

6. I encountered my friend on the subway ________ accident.
   나는 우연히 지하철에서 친구를 만났다.

7. We must find the solution by all ________.
   우리는 반드시 해결책을 찾아야 한다.

8. He adapted to his job by ________.
   그는 점진적으로 자기 직장에 적응하였다.

9. They transport the goods by ________ of a cargo plane.
   그들은 화물 비행기로 상품을 운송하였다.

10. He is kind by ________.
    그는 선천적으로 친절하다.

11. He is by no ________ an expertise.
    그는 결코 전문가가 아니다.

12. He usually eats ________ himself.
    그는 대개 혼자 식사한다.

※ 이 페이지의 단어들은 필요 시 참고하는 분야별 단어입니다. 학습자의 수준과 진도에 맞게 활용하십시오.

creature	생물, 동물	prey	먹이
meadow	초원	wildlife	야생 동물
pasture	초원	insect	곤충
forest	숲	mammal	포유류
plant	식물, 공장, 심다	volcano	화산
endangered	멸종 위기에 처한	ash	재
extinction	멸종	pollution	오염
species	종	erupt	분출하다, 폭발하다

[Definition Quiz]

1. a small animal with six legs and usually wings. ______

2. land covered with grass where animals graze. ______

3. a living thing, especially an animal. ______

4. a living thing that grows in soil and makes its own food. ______

5. to suddenly release ash, gas, or other material from a volcano. ______

6. an animal that gives birth to live young and feeds them milk. ______

7. animals and plants living in nature. ______

8. the death of all members of a species. ______

9. an animal hunted and eaten by another animal. ______

10. a group of similar living things. ______

11. a field of grass and wildflowers. ______

12. harm to the environment by waste or chemicals. ______

13. the soft gray powder left after something burns. ______

14. at risk of disappearing forever. ______

15. a mountain that can send out melted rock, gas, and ash. ______

16. a large area full of trees. ______

---

1. 다리가 여섯 개이고 보통 날개가 있는 작은 동물 **2.** 동물이 풀을 뜯어 먹는 풀로 덮인 땅 **3.** 특히 동물을 가리키는 살아 있는 것 **4.** 흙에서 자라며 스스로 먹이를 만드는 살아 있는 것 **5.** 화산이 갑자기 재, 가스, 다른 물질을 분출하다 **6.** 새끼를 낳고 젖을 먹이는 동물 **7.** 자연 속에서 사는 동물과 식물 **8.** 한 종의 모든 개체가 죽는 것 **9.** 다른 동물에게 잡아먹히는 동물 **10.** 비슷한 살아 있는 것들의 집단 **11.** 풀과 야생화가 있는 들판 **12.** 쓰레기나 화학 물질로 인한 환경 피해 **13.** 무언가가 타고 남은 부드러운 회색 가루 **14.** 영원히 사라질 위험에 처한 **15.** 녹은 바위, 가스, 재를 내뿜을 수 있는 산 **16.** 나무가 가득한 넓은 지역

1.insect **2.**pasture **3.**creature **4.**plant **5.**erupt **6.**mammal **7.**wildlife **8.**extinction
9.prey **10.**species **11.**meadow **12.**pollution **13.**ash **14.**endangered **15.**volcano
16.forest

◀ 4. Agriculture p100　　　Categories p549　　　5-2. Nature & Creature p130 ▶

DAY
11

[진단 테스트]

> ※ 실력을 진단하고 점검하는 연결형 문제입니다. 문제에 표시하지 마시고, 전용 오답 노트를 활용하여 집중 관리 하십시오. 본 단어장의 모든 문제는 반복 학습용입니다.

1. minute	①목적, 끝	1. manner	①순, 그물
2. picture	②건네주다, 통과하다	2. fashion	②교훈, 수업
3. gift	③인종, 경주	3. foreign	③헤어지다, 부분
4. pass	④묘사하다, 그림	4. badly	④낯선, 외국의
5. tire	⑤재능, 선물	5. part	⑤방식, 예절
6. end	⑥미세한, 분	6. face	⑥직면하다, 얼굴
7. even	⑦피곤하게 하다, 고무바퀴	7. lesson	⑦몹시, 나쁘게
8. close	⑧가까운, 닫다	8. net	⑧방식, 유행
9. tear	⑨균등한, 심지어	9. field	⑨분야, 들판
10. race	⑩찢다, 눈물	10. ground	⑩근거, 땅

1.⑥ 2.④ 3.⑤ 4.② 5.⑦ 6.① 7.⑨ 8.⑧ 9.⑩ 10.③

1.⑤ 2.⑧ 3.④ 4.⑦ 5.③ 6.⑥ 7.② 8.① 9.⑨ 10.⑩

1. filter	①우연, 기회	1. absent	①독창적인, 본래의
2. cover	②금고, 안전한	2. taste	②~을 지나서, 과거
3. chance	③시중들다, 기다리다	3. employ	③획득하다, 이기다
4. things	④걸러내다, 여과 장치	4. band	④고용하다, 채택하다
5. quality	⑤다루다, 덮개	5. past	⑤무리, 띠
6. land	⑥특성, 품질	6. win	⑥멍한, 결석한
7. safe	⑦감다, 바람	7. chemical	⑦앉히다, 좌석
8. wind	⑧공익시설, 역	8. original	⑧화학 물질, 화학의
9. station	⑨여러 가지, 물건들	9. seat	⑨취향, 맛
10. wait	⑩착륙하다, 육지	10. example	⑩본보기, 예

1.④ 2.⑤ 3.① 4.⑨ 5.⑥ 6.⑩ 7.② 8.⑦ 9.⑧ 10.③

1.⑥ 2.⑨ 3.④ 4.⑤ 5.② 6.③ 7.⑧ 8.① 9.⑦ 10.⑩

0401 ★★☆

minute
[mainjúːt]

ⓐ미세한 ⓝ분[mínit]
A **minute** amount of the toxic substance is fatal.
그 유독성 물질의 미세한 양도 치명적이다.

0402 ★★☆

picture
[píktʃər]

ⓥ묘사하다 ⓝ그림, 사진
She **pictured** the man as being fairly aggressive.
그녀는 그 남자를 꽤 적극적이라고 묘사하였다.

0403 ★★☆

gift
[gift]

ⓝ재능, 선물
He has an amazing **gift** for poetry.
그는 시에 대한 놀라운 재능을 지니고 있다.

0404 ★☆☆

pass
[pæs]

ⓥ건네주다, 통과하다 ⓝ승차권, 통행권
The priest **passed** the holy book to the believer.
성직자는 신자에게 성서를 건네주었다.

***passage** ⓝ통로, 통과, 단락

0405 ★☆☆

tire
[taiər]

ⓥ피곤하게 하다 ⓝ고무바퀴
His **tiring** job forced him to resign from his post.
그의 피곤한 업무가 그의 직책으로부터 사임하도록 만들었다.

0406 ★☆☆

end
[end]

ⓝ목적, 끝 ⓥ끝나다, 마치다
The young tried to accomplish their ultimate **ends**.
젊은이들은 자기들의 궁극적인 목적을 성취하기 위하여 노력하였다.

0407 ★★☆

even
[íːvən]

ⓐ균등한, 평평한, 짝수의 ⓐⓓ심지어
The refugees demanded the **even** distribution of supplies.
난민들은 물자의 균등한 분배를 요구하였다.

***odd** ⓐ이상한, 홀수의

Check				
☐ minute	☐ picture	☐ gift	☐ pass	☐ tire
☐ end	☐ even			

0408 ★☆☆

close

[klouz]

ⓐ가까운, 긴밀한 ⓥ닫다 ⓐ가까이

The peers close to him supported his argument.
그에게 가까운 동료들은 그의 주장을 지지하였다.

***closely** ⓐ긴밀하게, 밀접하게

0409 ★☆☆

tear

[tɛər]

ⓥ찢다 (tear-tore-torn) ⓝ눈물[tiər]

They consider it impolite to tear gift-wrapping paper.
그들은 선물 포장지를 찢는 것을 예의에 어긋난다고 여긴다.

0410 ★☆☆

race

[reis]

ⓝ인종, 경주

Every race has its inherited culture and traditions.
모든 인종은 물려받은 문화와 전통을 지니고 있다.

***racial** ⓐ인종의 ***racism** ⓝ인종 차별

0411 ★★☆

manner

[mǽnər]

ⓝ방식, 예절 (manners)

Your loan application will be processed in the normal manner.
너의 대출 신청은 통상적인 방식으로 처리될 것이다.

0412 ★★☆

fashion

[fǽʃən]

ⓝ방식, 유행

The elections were conducted in an orderly fashion.
투표는 질서 있는 방식으로 진행되었다.

0413 ★☆☆

foreign

[fɔ́(:)rin]

ⓐ낯선, 외국의

The technical terms in the article are foreign to me.
그 기사에 있는 기술 용어들은 나에게 낯설다.

0414 ★★☆

badly

[bǽdli]

ⓐ몹시, 나쁘게

He badly wants to extend the lease contract.
그는 임대 계약 연장하기를 몹시 원한다.

Check				
☐ close	☐ tear	☐ race	☐ manner	☐ fashion
☐ foreign	☐ badly			

0415 ★★☆

part
[pɑ:rt]

ⓥ**헤어지다**, 나누다 ⓝ**부분**, 부품

The couple parted by mutual consent.
그 커플은 상호 합의하여 헤어졌다.

*partition ⓝ칸막이

0416 ★☆☆

face
[feis]

ⓥ**직면하다** ⓝ**얼굴**

Too strict a rule will face fierce resistance.
너무 엄격한 규칙은 격렬한 저항에 직면할 것이다.

0417 ★☆☆

lesson
[lésn]

ⓝ**교훈, 수업**

Your devotion will be a precious lesson to us.
귀하의 헌신은 우리에게 소중한 교훈이 될 것입니다.

0418 ★☆☆

net
[net]

ⓐ**순(純)** ⓝ**그물**

Net profit decreased due to interest expenses.
순이익은 이자 비용 때문에 감소하였다.

0419 ★☆☆

field
[fi:ld]

ⓝ**분야, 들판**

The scholar is an outstanding authority in this field.
그 학자는 이 분야에 뛰어난 권위자이다.

0420 ★★☆

ground
[graund]

ⓝ**근거, 땅** ⓥ**근거를 두다**

The secretary resigned on the grounds of hospital admission.
비서는 병원 입원을 근거로 사임하였다.

*grind ⓥ갈다 *groundless ⓐ근거 없는

0421 ★☆☆

filter
[fíltər]

ⓥ**걸러내다** ⓝ**여과 장치**

The device can filter out fine particles.
그 장치는 미세한 입자들을 걸러낼 수 있다.

Check

□ part	□ face	□ lesson	□ net	□ field
□ ground	□ filter			

0422 ★★☆

cover
[kʌvər]

ⓥ다루다 ⓝ덮개

The article in the paper covered the distress of immigrants.
그 신문의 기사는 이민자들의 고통을 다루었다.

*coverage ⓝ보도, (취급/적용) 범위

0423 ★★☆

chance
[tʃæns]

ⓝ우연, 기회

It was pure chance that I encountered her on the subway.
내가 지하철에서 그녀를 마주친 것은 순전한 우연이었다.

*by chance 우연히 (by accident)

0424 ★☆☆

things
[θiŋz]

ⓝ여러 가지, 물건들, 상황, 일들

Things began to change as the regime changed.
정권이 바뀌면서 여러 가지가 바뀌기 시작했다.

0425 ★☆☆

quality
[kwάləti]

ⓝ특성, 품질

Encouragement and patience are qualities of a good parent.
격려와 인내심은 훌륭한 부모의 특성이다.

0426 ★☆☆

land
[lænd]

ⓥ착륙하다 ⓝ육지

The space shuttle landed on the smooth surface.
우주 왕복선은 매끄러운 표면에 착륙하였다.

0427 ★☆☆

safe
[seif]

ⓝ금고 ⓐ안전한

The costly jewels are deposited in the safe.
값비싼 보석들이 금고에 예치되어 있다.

0428 ★☆☆

wind
[waɪnd]

ⓥ감다, 굽이치다 (wind-wound-wound) ⓝ바람[wind]

The glacier flows, winding through the valley, toward the sea.
빙하는 계곡을 따라 굽이치며 바다를 향해 흐른다.

*wound ⓥ부상을 입히다 ⓝ부상

Check

□ cover	□ chance	□ things	□ quality	□ land
□ safe	□ wind			

0429 ★★☆

station

[stéiʃən]

ⓝ**공익시설, 역,** 방송국, 사업소, 주둔지
The nuclear power station generates cheap electricity.
원자력 발전소는 저렴한 전기를 생산한다.

0430 ★☆☆

wait

[weit]

ⓥ**시중들다 (wait on), 기다리다**
The chief nurse waited on the celebrity.
수석 간호사는 유명 인사에게 시중들었다.

0431 ★☆☆

absent

[ǽbsənt]

ⓐ**멍한, 결석한**
He, absent-minded, stared at the ceiling.
그는 멍한 채로 천장을 응시하였다.

***absence** ⓝ결석, 부재

0432 ★★☆

taste

[teist]

ⓝ**취향, 맛** ⓥ맛보다
He concentrated on objective facts, excluding personal taste.
그는 개인적인 취향을 배제하고 객관적인 사실에 집중하였다.

0433 ★★☆

employ

[emplɔ́i]

ⓥ**고용하다, 채택하다**
They employed the reliable method to increase accuracy.
그들은 정확성을 높이기 위해 신뢰할 만한 방법을 채택하였다.

***employment** ⓝ고용

0434 ★☆☆

band

[bænd]

ⓝ**무리, 띠,** 때, 악단
A band of military forces surrounded the enemy.
한 무리의 군대가 적을 포위하였다.

***bandage** ⓝ붕대

Check				
☐ station	☐ wait	☐ absent	☐ taste	☐ employ
☐ band				

0435 ★☆☆

past

[pæst]

ⓟ~을 지나서 ⓝ과거

The thief crept past the security guard and escaped.
도둑은 기어서 보안 경비원을 지나 도망쳤다.

0436 ★☆☆

win

[win]

ⓥ획득하다, 이기다

Her winning the grand prize surprised the attendants.
그녀가 대상을 획득한 것은 참석자들을 놀라게 하였다.

0437 ★☆☆

chemical

[kémikəl]

ⓝ화학 물질 ⓐ화학의

The chemical can pose a critical threat to cattle.
그 화학 물질은 가축에게 치명적인 위협을 제기할 수 있다.

chemistry ⓝ화학

0438 ★★☆

original

[ərídʒənəl]

ⓐ독창적인, 본래의

His original suggestion impressed the committee members.
그의 독창적인 제안은 위원회 구성원들에게 감명을 주었다.

originality ⓝ독창성

0439 ★☆☆

seat

[siːt]

ⓥ앉히다 ⓝ좌석

The infant was seated on his father's lap.
유아는 아빠의 무릎에 앉았다.

0440 ★☆☆

example

[igzǽmpəl]

ⓝ본보기, 예

His devotion was a precious example to all of us.
그의 헌신은 우리 모두에게 소중한 본보기가 되었다.

Check				
☐ past	☐ win	☐ chemical	☐ original	☐ seat
☐ example				

REVIEW

1. minute	ⓐ______ ⓝ______	1. manner	ⓝ______ ______
2. picture	ⓥ______ ⓝ______	2. fashion	ⓝ______ ______
3. gift	ⓝ______ ______	3. foreign	ⓐ______ ______
4. pass	ⓥ______	4. badly	ⓐⓓ______
5. tire	ⓥ______ ⓝ______	5. part	ⓥ______ ⓝ______
6. end	ⓝ______	6. face	ⓥ______ ⓝ______
7. even	ⓐ______ ⓐⓓ______	7. lesson	ⓝ______
8. close	ⓐ______ ⓥ______	8. net	ⓐ______ ⓝ______
9. tear	ⓥ______ ⓝ______	9. field	ⓝ______ ______
10. race	ⓝ______ ______	10. ground	ⓝ______ ______

1.미세한, 분 2.묘사하다, 그림 3.재능, 선물 4.건네주다, 통과하다 5.피곤하게 하다, 고무바퀴 6.목적, 끝 7.균등한, 심지어 8.가까운, 닫다 9.찢다, 눈물 10.인종, 경주

1.방식, 예절 2.방식, 유행 3.낯선, 외국의 4.몹시, 나쁘게 5.헤어지다, 부분 6.직면하다, 얼굴 7.교훈, 수업 8.순, 그물 9.분야, 들판 10.근거, 땅

1. filter	ⓥ______ ⓝ______	1. absent	ⓐ______ ______
2. cover	ⓥ______ ⓝ______	2. taste	ⓝ______ ______
3. chance	ⓝ______ ______	3. employ	ⓥ______
4. things	ⓝ______ ______	4. band	ⓝ______ ______
5. quality	ⓝ______ ______	5. past	ⓟ______ ⓝ______
6. land	ⓥ______ ⓝ______	6. win	ⓥ______ ______
7. safe	ⓝ______ ⓐ______	7. chemical	ⓝ______ ⓐ______
8. wind	ⓥ______ ⓝ______	8. original	ⓐ______ ______
9. station	ⓝ______ ______	9. seat	ⓥ______ ⓝ______
10. wait	ⓥ______ ______	10. example	ⓝ______ ______

1.걸러내다, 여과 장치 2.다루다, 덮개 3.우연, 기회 4.여러 가지, 물건들 5.특성, 품질 6.착륙하다, 육지 7.금고, 안전한 8.감다, 바람 9.공익시설, 역 10.시중들다, 기다리다

1.멍한, 결석한 2.취향, 맛 3.고용하다, 채택하다 4.무리, 띠 5.~을 지나서, 과거 6.획득하다, 이기다 7.화학 물질, 화학의 8.독창적인, 본래의 9.앉히다, 좌석 10.본보기, 예

PHRASE

by the way 그런데, 그건 그렇고

by turns 교대로 (one after the other) *in turn 그다음에는, 차례로

by virtue of ~의 덕분으로, ~의 힘으로 (in virtue of)

by way of ~에 의하여, ~을 경유하여 (via)

call at 장소 방문하다 *call on 사람 방문하다

call down 꾸짖다 (scold)

call for 요청하다, 요구하다 (ask/inquire for)

call off 취소하다 (cancel)

call up 전화하다 (ring up)

care about 신경 쓰다

care for 돌보다, 좋아하다

carry on 계속하다, 지속하다

---

1. By the _______, when will you buy a meal for me?
그런데, 언제 나에게 밥을 살 거니?

2. We drive by _______, during the long trip.
우리는 장거리 여행 중에 교대로 운전한다.

3. He got the job by _______ of his excellent grades.
그는 뛰어난 성적 덕분에 직장을 얻었다.

4. He presented his idea by _______ of an example.
그는 예시를 통하여 지기 생각을 발표하였다.

5. He sometimes calls _______ my office.
그는 가끔 내 사무실을 방문한다.

6. The teacher called _______ the mischievous student.
선생님은 징난이 심한 학생을 꾸짖었다.

7. The laborers called _______ higher wages.
근로자들은 더 높은 임금을 요구하였다.

8. They called _______ the match due to heavy rain.
그들은 폭우 때문에 시합을 취소하였다.

9. I call _______ my parents every day to check on them.
나는 부모님 안부를 확인하기 위하여 매일 전화한다.

10. My grandfather always cares _______ our family.
할아버지는 항상 우리 집안을 신경 쓰신다.

11. He cares _______ his sick father in hospital.
그는 입원하신 아픈 아버지를 돌본다.

12. The children carried _______ playing despite heavy rain.
아이들은 폭우에도 불구하고 계속 놀았다.

※ 이 페이지의 단어들은 필요 시 참고하는 분야별 단어입니다. 학습자의 수준과 진도에 맞게 활용하십시오.

iceberg	빙산	branch	나뭇가지, 지점
glacier	빙하	habitat	거주지, 서식지
horizon	수평선, 지평선	diversity	다양성
cliff	절벽	evolution	진화
valley	계곡	rare	드문, 희귀한
canyon	협곡	scarce	희귀한, 부족한
bank	둑	adapt	적응하다, 개조하다, 각색하다
landscape	풍경	migrate	이주하다

[Definition Quiz]

1. a deep, narrow valley with steep sides. _______

2. not common. _______

3. a large, slow-moving mass of ice. _______

4. to change to fit new conditions. _______

5. a low area between hills or mountains. _______

6. the line where the sky seems to meet the land or sea. _______

7. a variety of different kinds. _______

8. to move from one place to another seasonally. _______

9. the natural home of a plant or animal. _______

10. the way a large area of land looks. _______

11. a steep, high rock face. _______

12. hard to find because there is little of it. _______

13. a large piece of ice floating in the sea. _______

14. the side of a river or stream. _______

15. a part of a tree that grows from the trunk. _______

16. the slow change of living things over time. _______

---

1. 가파른 옆면을 가진 깊고 좁은 계곡 **2.** 흔하지 않은 **3.** 천천히 움직이는 큰 얼음 덩어리 **4.** 새로운 환경에 맞게 변하다 **5.** 언덕이나 산 사이의 낮은 지역 **6.** 하늘과 땅이나 바다가 만나는 것처럼 보이는 선 **7.** 다양한 종류의 모임 **8.** 계절에 따라 한 곳에서 다른 곳으로 이동하다 **9.** 식물이나 동물의 자연 서식지 **10.** 넓은 땅의 생김새 **11.** 가파르고 높은 바위 벽 **12.** 양이 적어 찾기 힘든 **13.** 바다에 떠 있는 큰 얼음 덩어리 **14.** 강이나 시냇가의 가장자리 **15.** 나무 기둥에서 자라는 부분 **16.** 오랜 시간에 걸친 생물의 느린 변화

1.canyon **2.**rare **3.**glacier **4.**adapt **5.**valley **6.**horizon **7.**diversity **8.**migrate **9.**habitat **10.**landscape **11.**cliff **12.**scarce **13.**iceberg **14.**bank **15.**branch **16.**evolution

---

◀ 5-1. Nature & Creature p120   Categories p549   6. Jobs p140 ▶

DAY
12

[진단 테스트]

※ 실력을 진단하고 점검하는 연결형 문제입니다. 문제에 표시하지 마시고, 전용 오답 노트를 활용하여 집중 관리 하십시오. 본 단어장의 모든 문제는 반복 학습용입니다.

1. local	①대략적인
2. disturb	②적당한, 온화한
3. rescue	③그 지역의
4. permanent	④방해하다
5. estimate	⑤성분
6. estimated	⑥처벌하다
7. moderate	⑦추정하다
8. ingredient	⑧영원한
9. punish	⑨구조하다
10. everlasting	⑩영원한

1.③ 2.④ 3.⑨ 4.⑩ 5.⑦ 6.① 7.② 8.⑤
9.⑥ 10.⑧

1. numerous	①마주치다
2. stir	②할당하다
3. consistent	③수많은
4. encounter	④과제, 할당
5. evaluate	⑤일관성 있는
6. adequate	⑥자산
7. asset	⑦주목할 만한
8. assign	⑧휘젓다
9. assignment	⑨평가하다
10. remarkable	⑩적절한

1.③ 2.⑧ 3.⑤ 4.① 5.⑨ 6.⑩ 7.⑥ 8.②
9.④ 10.⑦

1. outstanding	①편견
2. profound	②노출하다
3. bias	③절망
4. prejudice	④뛰어난
5. merely	⑤외치다
6. despair	⑥심오한
7. desperate	⑦편견
8. embrace	⑧포옹하다
9. exclaim	⑨필사적인
10. expose	⑩단지

1.④ 2.⑥ 3.① 4.⑦ 5.⑩ 6.③ 7.⑨ 8.⑧
9.⑤ 10.②

1. phenomenon	①대략적인
2. collapse	②피로
3. shrink	③움츠리다
4. panic	④공포, 공황
5. riot	⑤보상하다
6. expire	⑥붕괴하다
7. compensate	⑦동의하다
8. approximate	⑧현상
9. consent	⑨만기가 되다
10. fatigue	⑩폭동

1.⑧ 2.⑥ 3.③ 4.④ 5.⑩ 6.⑨ 7.⑤ 8.①
9.⑦ 10.②

0441 ★★★
local
[lóukəl]

ⓐ**그 지역의**, 해당 지역의
Our local shops offer discount benefits to residents.
우리 지역 상점들은 주민들에게 할인 혜택을 제공한다.

0442 ★★☆
disturb
[distə́:rb]

ⓥ**방해하다**
Their conversation disturbed my concentration.
그들의 대화는 나의 집중을 방해하였다.

***disturbance** ⓝ방해, 소란

0443 ★★☆
rescue
[réskju:]

ⓥ**구조하다** ⓝ구조
The exhausted climbers were rescued near the cliff.
기진맥진한 등반가들이 절벽 근처에서 구조되었다.

0444 ★★☆
permanent
[pə́:rmənənt]

ⓐ**영원한**
The disease may cause permanent blindness.
그 질병은 영구적인 실명을 초래할지도 모른다.

0445 ★★☆
estimate
[éstəmèit]

ⓥ**추정하다** ⓝ추정
The authorities estimate that crimes are decreasing.
당국은 범죄가 감소하고 있다고 추정한다.

***overestimate** ⓥ과대평가하다 ***underestimate** ⓥ과소평가하다

0446 ★★☆
estimated
[éstəmèitid]

ⓐ**대략적인**
An estimated 100 people attended the presentation.
약 100명이 발표회에 참석하였다.

0447 ★★★
moderate
[mɑ́dərət]

ⓐ**적당한, 온화한**, 온건한
The moderate exercise stimulates the appetite.
적당한 운동은 식욕을 자극한다.

Check

□ local	□ disturb	□ rescue	□ permanent	□ estimate
□ estimated	□ moderate			

0448 ★★☆

ingredient
[iŋgríːdiənt]

ⓝ**성분,** 재료, 요소

Passion is a vital **ingredient** in achieving one's objective.
열정은 사람의 목표를 성취하는 데 중대한 요소이다.

0449 ★★☆

punish
[pʌ́niʃ]

ⓥ**처벌하다**

Most criminals are **punished** with a fine or imprisonment.
대부분 범죄자는 벌금 또는 징역형으로 처벌받는다.

***punishment** ⓝ처벌

0450 ★★☆

everlasting
[èvərlǽstiŋ]

ⓐ**영원한**

Both parties agreed to establish **everlasting** cooperation.
양 당사자들은 영원한 협력을 맺기로 합의하였다.

0451 ★★☆

numerous
[njúːmərəs]

ⓐ**수많은**

Numerous contributions amounted to a considerable sum.
수많은 기부금은 상당한 금액이 되었다.

0452 ★★☆

stir
[stəːr]

ⓥ**휘젓다,** 움직이게 하다

The ingredients must be **stirred** to prevent sticking.
그 재료들은 붙는 것을 막기 위하여 휘저어져야 한다.

0453 ★★☆

consistent
[kənsístənt]

ⓐ**일관성 있는**

His attitude is invariably **consistent** and reliable.
그의 태도는 항상 일관성 있고 신뢰할 만하다.

***consistency** ⓝ일관성

0454 ★★☆

encounter
[enkáuntər]

ⓥ**마주치다,** 우연히 만나다 ⓝ마주침

The government **encountered** resistance to the tax increase.
정부는 세금 인상에 대한 저항을 마주쳤다.

Check

□ ingredient	□ punish	□ everlasting	□ numerous	□ stir
□ consistent	□ encounter			

0455 ★★☆

evaluate
[ivǽljuèit]

ⓥ**평가하다**

All the applicants were evaluated fairly.
모든 지원자는 공정하게 평가되었다.

0456 ★★☆

adequate
[ǽdikwət]

ⓐ**적절한, 충분한**

The clothes provide adequate protection against the cold.
옷은 추위에 대한 적절한 보호를 제공한다.

*adequacy ⓝ적절, 충분

0457 ★★☆

asset
[ǽset]

ⓝ**자산**

The capability of persuading others is a priceless asset.
다른 사람들을 설득하는 능력은 매우 귀중한 자산이다.

*assess ⓥ평가하다 *access ⓥ접근하다, 접속하다 ⓝ접근, 접속

0458 ★★☆

assign
[əsáin]

ⓥ**할당하다**

The competent judge was assigned to the court case.
유능한 재판관이 법원 소송 사건에 배정되었다.

0459 ★★☆

assignment
[əsáinmənt]

ⓝ**과제, 할당**

He struggled with the tough assignment on pollution.
그는 오염에 관한 힘든 과제와 씨름하였다.

0460 ★★☆

remarkable
[rimάːrkəbəl]

ⓐ**주목할 만한**

The wounded soldier showed remarkable endurance.
부상당한 병사는 주목할 만한 인내심을 보여주었다.

0461 ★★☆

outstanding
[àutstǽndiŋ]

ⓐ**뛰어난, 두드러진**

The audience applauded his outstanding performance.
관객은 그의 뛰어난 연기에 박수갈채를 보냈다.

Check

□ evaluate	□ adequate	□ asset	□ assign	□ assignment
□ remarkable	□ outstanding			

0462 ★★☆

profound

[prəfáund]

ⓐ심오한

Mankind has a profound antipathy toward nuclear weapons.
인류는 핵무기에 대한 심오한 반감을 가지고 있다.

0463 ★★☆

bias

[báiəs]

ⓝ편견

The supervisor evaluated our performance without bias.
감독관은 편견 없이 우리의 성과를 평가하였다.

***biased** ⓐ편파적인 ***unbiased** ⓐ공정한

0464 ★★☆

prejudice

[prédʒədis]

ⓝ편견

Ethnic minorities often face prejudice and suspicion.
인종적 소수자들은 종종 편견과 의심에 직면한다.

***prejudiced** ⓐ편파적인 ***unprejudiced** ⓐ공정한

0465 ★☆☆

merely

[míərli]

ⓐd단지

His excuse merely reinforced my hatred toward him.
그의 변명은 단지 그에 대한 나의 증오를 강화하였다.

0466 ★★☆

despair

[dispέər]

ⓝ절망

The poem communicates the poet's despair and frustration.
그 시는 시인의 절망과 좌절을 전달한다.

0467 ★★☆

desperate

[déspərit]

ⓐ필사적인, 극심한

They made a desperate attempt to rescue a child.
그들은 아이를 구조하기 위하여 필사적인 시도를 하였다.

0468 ★★☆

embrace

[embréis]

ⓥ포옹하다, 포용하다, 수용하다 ⓝ포옹, 수용

Our culture embraces various aspects of other societies.
우리 문화는 다른 사회의 다양한 면을 포용한다.

Check				
☐ profound	☐ bias	☐ prejudice	☐ merely	☐ despair
☐ desperate	☐ embrace			

0469 ★☆☆

exclaim
[ikskléim]

ⓥ **외치다**

Children exclaimed in delight upon receipt of presents.
아이들은 선물을 받자마자 기뻐서 외쳤다.

0470 ★★☆

expose
[ikspóuz]

ⓥ **노출하다**, 폭로하다

Iron exposed to damp air or moisture will rust.
습기 있는 공기나 수분에 노출된 철은 녹 쓸기 마련이다.

***exposure** ⓝ노출

0471 ★★☆

phenomenon
[finάmənàn]

ⓝ **현상**

Flood and tides are natural phenomena.
홍수와 조수는 자연 현상들이다.

***phenomena** ⓝ현상 (phenomenon의 복수형)

0472 ★★☆

collapse
[kəlǽps]

ⓥ **붕괴하다** ⓝ붕괴

The building collapsed due to the explosion.
건물은 폭발로 인해 붕괴하였다.

0473 ★★☆

shrink
[ʃriŋk]

ⓥ **움츠리다**, 줄어들다 (shrink-shrank-shrunk/shrunken)

The company predicts its domestic market share will shrink.
그 회사는 자사의 국내 시장 점유율이 줄어들 것이라고 예상한다.

***shrinkage** ⓝ수축

0474 ★☆☆

panic
[pǽnik]

ⓝ **공포, 공황**, 당황

The passengers' fears gradually turned into panic.
승객들의 두려움이 점점 공포로 변하였다.

Check

□ exclaim	□ expose	□ phenomenon	□ collapse	□ shrink
□ panic				

0475 ★☆☆
riot
[ráiət]

ⓝ폭동 ⓥ폭동을 일으키다

The riot is a symptom of political instability.
폭동은 정치적 불안정의 징후이다.

0476 ★★☆
expire
[ikspáiər]

ⓥ만기가 되다, 유효기간이 끝나다

The mechanic retired after his contract expired.
기계공은 계약이 만료된 후에 퇴직하였다.

*expiry ⓝ만기, 만료 *expiry date 유효기간, 만기 날짜

0477 ★★☆
compensate
[kɑ́mpənsèit]

ⓥ보상하다

The fund compensated the victims for their losses.
기금은 피해자들에게 손실을 보상하였다.

0478 ★★☆
approximate
[əprɑ́ksəmèit]

ⓐ대략적인 ⓥ근사치에 도달하다

They estimated the approximate cost of the construction.
그들은 건설의 대략적인 비용을 추정하였다.

*approximately ⓐⓓ대략 *approximation ⓝ근사

0479 ★★☆
consent
[kənsént]

ⓥ동의하다 ⓝ동의

The landlord didn't consent to our destroying his property.
주인은 우리가 그의 재산을 파괴하는 것에 동의하지 않았다.

0480 ★☆☆
fatigue
[fətíːg]

ⓝ피로

The applicants became exhausted from strain and fatigue.
지원자들은 긴장과 피로로 기진맥진하게 되었다.

*weary ⓐ피로한, 지친

Check

□ riot	□ expire	□ compensate	□ approximate	□ consent
□ fatigue				

※ 정답 표시하지 마시고, 전용 오답 노트를 활용하여 집중 관리 하십시오. 모든 문제는 반복 학습용입니다.

1. local ⓐ______	1. numerous ⓐ______
2. disturb ⓥ______	2. stir ⓥ______
3. rescue ⓥ______	3. consistent ⓐ______
4. permanent ⓐ______	4. encounter ⓥ______
5. estimate ⓥ______	5. evaluate ⓥ______
6. estimated ⓐ______	6. adequate ⓐ______
7. moderate ⓐ______ ______	7. asset ⓝ______
8. ingredient ⓝ______	8. assign ⓥ______
9. punish ⓥ______	9. assignment ⓝ______ ______
10. everlasting ⓐ______	10. remarkable ⓐ______

1.그 지역의 2.방해하다 3.구조하다 4.영원한 5.추정하다 6.대략적인 7.적당한, 온화한 8.성분 9.처벌하다 10.영원한

1.수많은 2.휘젓다 3.일관성 있는 4.마주치다 5.평가하다 6.적절한 7.자산 8.할당하다 9.과제, 할당 10.주목할 만한

1. outstanding ⓐ______	1. phenomenon ⓝ______
2. profound ⓐ______	2. collapse ⓥ______
3. bias ⓝ______	3. shrink ⓥ______
4. prejudice ⓝ______	4. panic ⓝ______ ______
5. merely ⓐⓓ______	5. riot ⓝ______
6. despair ⓝ______	6. expire ⓥ______
7. desperate ⓐ______	7. compensate ⓥ______
8. embrace ⓥ______	8. approximate ⓐ______
9. exclaim ⓥ______	9. consent ⓥ______
10. expose ⓥ______	10. fatigue ⓝ______

1.뛰어난 2.심오한 3.편견 4.편견 5.단지 6.절망 7.필사적인 8.포옹하다 9.외치다 10.노출하다

1.현상 2.붕괴하다 3.움츠리다 4.공포, 공황 5.폭동 6.만기가 되다 7.보상하다 8.대략적인 9.동의하다 10.피로

carry out 수행하다 (perform)
catch sight of 보다, 목격하다 *lose sight of 시야에서 놓치다
catch up with 따라잡다 (overtake)
chance to 우연히 ~하다 (happen to)
come about 발생하다 (break out, take place, come to pass, happen)
come across 우연히 만나다 (run across, meet by accident/chance, chance/happen to meet, encounter)
come by 획득하다 (obtain), 방문하다
come near to ~ing ~할 뻔하다
come to V ~하게 되다 (get to V) *learn to V ~할 수 있게 되다
come true 실현되다
come up with 고안하다, 생각해내다
compared to/with ~와 비교하여 (in comparison with)

1. The chemist carried _______ a delicate experiment.
   화학자는 세심한 실험을 수행하였다.

2. I caught _______ of my friend in the crowd.
   나는 군중 속에서 친구를 발견하였다.

3. I study hard to catch _______ with my friend.
   나는 친구를 따라잡기 위하여 열심히 공부한다.

4. I _______ to see a rare plant in the forest.
   나는 숲에서 우연히 희귀한 식물을 보았다.

5. The accident came _______ owing to his carelessness.
   사고는 그의 부주의함 때문에 발생하였다.

6. I came _______ my former teacher abroad.
   나는 해외에서 예전 선생님을 우연히 만났다.

7. He came _______ an interesting book at a secondhand store.
   그는 중고 서점에서 흥미로운 책을 획득하였다.

8. I came _______ _______ falling over a stone.
   나는 돌에 걸려 넘어질 뻔하였다.

9. I came _______ understand his viewpoint.
   나는 그의 관점을 이해하게 되었다.

10. His dream of winning the championship came _______.
    우승하고자 하는 그의 꿈이 이루어졌다.

11. He _______ up with a brilliant solution.
    그는 뛰어난 해결책을 생각해냈다.

12. _______ to last year, profits have decreased slightly.
    작년과 비교하여, 이익이 약간 감소하였다.

※ 이 페이지의 단어들은 필요 시 참고하는 분야별 단어입니다. 학습자의 수준과 진도에 맞게 활용하십시오.

profession	직업	resume	재개하다, 이력서
vocation	직업	promote	추진하다, 승진시키다
labor	노동	employ	고용하다
wage	임금	hire	고용하다
clerk	직원, 점원	fire	해고하다
secretary	비서	dismiss	해고하다
chef	요리사	resign	사임하다, 사직하다
colleague	동료	retire	은퇴하다

[Definition Quiz]

1. a person's chosen work or career. ________

2. to give a job to someone. ________

3. to quit a job voluntarily. ________

4. a person who does office work. ________

5. to stop working after reaching a certain age. ________

6. a summary of your work experience and skills. ________

7. to officially remove someone from a job. ________

8. a person who works with you. ________

9. work, especially physical work. ________

10. to hire someone to work. ________

11. money paid for work done. ________

12. a type of job that requires special education or training. ________

13. a person who cooks professionally. ________

14. to make someone leave their job. ________

15. a person who helps with office tasks and communication. ________

16. to give someone a higher position at work. ________

---

1. 사람이 선택한 직업이나 경력 **2.** 누군가에게 일을 주다 **3.** 자발적으로 직장을 그만두다 **4.** 사무 일을 하는 사람 **5.** 일정한 나이에 도달해 일을 그만두다 **6.** 자신의 경력과 기술을 요약한 것 **7.** 공식적으로 누군가를 직장에서 해고하다 **8.** 함께 일하는 사람 **9.** 특히 육체적인 일 **10.** 누군가를 고용하다 **11.** 일한 대가로 지급되는 돈 **12.** 특별한 교육이나 훈련이 필요한 직업 **13.** 전문적으로 요리하는 사람 **14.** 누군가를 직장에서 내보내다 **15.** 사무 작업과 의사소통을 돕는 사람 **16.** 직장에서 더 높은 자리로 올리다

1.vocation **2.**hire **3.**resign **4.**clerk **5.**retire **6.**resume **7.**dismiss **8.**colleague **9.**labor **10.**employ **11.**wage **12.**profession **13.**chef **14.**fire **15.**secretary **16.**promote

---

◀ 5-2. Nature & Creature p130　　　Categories p549　｜7-1. Economy & Consumption p150 ▶

DAY
13

DAY 13

[진단 테스트]

※ 실력을 진단하고 점검하는 연결형 문제입니다. 문제에 표시하지 마시고, 전용 오답 노트를 활용하여 집중 관리 하십시오. 본 단어장의 모든 문제는 반복 학습용입니다.

1. dignity	①단호한
2. exotic	②이국적인
3. circumstance	③거주자
4. supervise	④감독하다
5. scold	⑤결단력 있는
6. contrast	⑥위엄
7. resolute	⑦대조
8. decisive	⑧꾸짖다
9. inhabit	⑨~에 거주하다
10. inhabitant	⑩상황

1.⑥ 2.② 3.⑩ 4.① 5.⑧ 6.⑦ 7.① 8.⑤
9.⑨ 10.③

1. register	①헌신하다
2. enroll	②윤곽
3. deed	③등록하다
4. indeed	④개입하다
5. outline	⑤행위
6. invade	⑥등록하다
7. devote	⑦정말로
8. dedicate	⑧침입하다
9. interfere	⑨헌신하다
10. privilege	⑩특권

1.③ 2.⑥ 3.⑤ 4.⑦ 5.② 6.⑧ 7.① 8.⑨
9.④ 10.⑩

1. grind	①에의
2. undergo	②갈다
3. undertake	③높이다
4. acquire	④조각하다
5. carve	⑤붙잡다
6. clinic	⑥겪다
7. primitive	⑦진료소
8. boost	⑧떠맡다
9. courtesy	⑨원시적인
10. seize	⑩획득하다

1.② 2.⑥ 3.⑧ 4.⑩ 5.④ 6.⑦ 7.⑨ 8.③
9.① 10.⑤

1. shortcut	①유독성의
2. context	②유산
3. toxic	③규정, 규제
4. inherit	④역겹게 하다
5. inheritance	⑤지름길
6. disgust	⑥통제하다
7. herb	⑦약초
8. millionaire	⑧상속하다
9. regulate	⑨백만장자
10. regulation	⑩문맥

1.⑤ 2.⑩ 3.① 4.⑧ 5.② 6.④ 7.⑦ 8.⑨
9.⑥ 10.③

0481 ★★☆

dignity
[dígnəti]

ⓝ**위엄**, 품위

He overcame the hardship with dignity and courage.
그는 위엄과 용기로 고난을 극복하였다.

*****dignified** ⓐ위엄있는

0482 ★★★

exotic
[igzɑ́tik]

ⓐ**이국적인**, 외래의

Exotic plants are abundant in the garden.
이국적인 식물들이 정원에 풍부하다.

0483 ★★☆

circumstance
[sə́ːrkəmstæ̀n]

ⓝ**상황**, 환경

The therapy is available only in specific circumstances.
그 치료법은 오직 특정한 상황에서만 이용할 수 있다.

0484 ★★☆

supervise
[súːpərvàiz]

ⓥ**감독하다**

The representative supervised the whole process.
대표는 전체 과정을 감독하였다.

0485 ★★☆

scold
[skould]

ⓥ**꾸짖다**

The merciless chief scolded the innocent servant.
무자비한 우두머리는 결백한 하인을 꾸짖었다.

0486 ★★☆

contrast
[kɑ́ntræst]

ⓝ**대조** ⓥ대조를 이루다

There exists an obvious contrast between their cultures.
그들의 문화 사이에 명백한 대조가 존재한다.

*****contradict** ⓥ반박하다, 모순되다, 부정하다

0487 ★★☆

resolute
[rézəlùːt]

ⓐ**단호한**

They perceived him as a decisive and resolute director.
그들은 그를 결단력 있고 단호한 책임자로 인지하였다.

*****resolve** ⓥ결의하다, 해결하다, 결심하다

Check				
☐ dignity	☐ exotic	☐ circumtance	☐ supervise	☐ scold
☐ contrast	☐ resolute			

0488 ★☆☆
decisive
[disáisiv]

ⓐ**결단력 있는,** 결정적인

The decisive senior is in charge of our department.
결단력 있는 상사가 우리 부서를 담당한다.

0489 ★★★
inhabit
[inhǽbit]

ⓥ**~에 거주하다,** ~에 서식하다

Several species of fish inhabit the shallow waters.
여러 물고기 종이 얕은 물에서 서식한다.

***habitat** ⓝ거주지, 서식지

0490 ★★☆
inhabitant
[inhǽbətənt]

ⓝ**거주자**

The local inhabitants were admitted without an entrance fee.
지역 거주자들은 입장료 없이 입장되었다.

0491 ★★☆
register
[rédʒəstər]

ⓥ**등록하다** (주로 심사 후, 교육 및 각종 기관/프로그램에 등록) ⓝ**등록부**

Illegal immigrants have no right to register their property.
불법 이민자는 자신들의 재산을 등록할 권리가 없다.

***registration** ⓝ등록

0492 ★★☆
enroll
[enróul]

ⓥ**등록하다** (주로 교육/강좌 프로그램에 등록)

College graduates can enroll in the master's degree course.
대학 졸업생은 석사 학위 과정에 등록할 수 있다.

***enrollment** ⓝ등록

0493 ★★☆
deed
[diːd]

ⓝ**행위**

His words and deeds represent his attractive personality.
그의 말과 행동은 그의 매력적인 개성을 나타낸다.

0494 ★★☆
indeed
[indíːd]

ⓐⓓ**정말로**

Completing a marathon is indeed a considerable achievement.
마라톤을 완주하는 것은 정말로 상당한 성취이다.

Check

☐ decisive	☐ inhabit	☐ inhabitant	☐ register	☐ enroll
☐ deed	☐ indeed			

0495 ★★☆

outline
[áutlàin]

ⓝ**윤곽**, 개요 ⓥ윤곽을 나타내다, 개요를 서술하다
The governor announced a rough outline of urban planning.
주지사는 도시 계획의 대략적인 개요를 발표하였다.

0496 ★★☆

invade
[invéid]

ⓥ**침입하다**, 침공하다
Illegal hunters frequently invade the wildlife reserve.
불법 사냥꾼들이 빈번하게 야생 동물 보호 구역을 침입한다.

0497 ★★★

devote
[divóut]

ⓥ**헌신하다**, 바치다
The government devoted itself to crime prevention.
정부는 범죄 예방에 전념하였다.

0498 ★★★

dedicate
[dédikèit]

ⓥ**헌신하다**, 바치다
I dedicate my autobiography to you with gratitude.
저는 감사의 마음을 담아 당신에게 자서전을 바칩니다.

0499 ★★☆

interfere
[ìntərfíər]

ⓥ**개입하다**, 방해하다 (interfere with)
An emotional disorder interfered with his concentration.
정서적 질환이 그의 집중력을 방해하였다.

***interference** ⓝ방해

0500 ★★☆

privilege
[prívəlidʒ]

ⓝ**특권**
Every diplomat has diplomatic privileges.
모든 외교관은 외교 특권을 가진다.

***privileged** ⓐ특권을 가진

0501 ★☆☆

grind
[graind]

ⓥ**갈다** (grind-ground-ground)
The cook divided the ground cheese evenly into quarters.
요리사는 갈아진 치즈를 넷으로 균등하게 나누었다.

***ground** ⓝ근거, 땅 ⓥ근거를 두다

Check				
☐ outline	☐ invade	☐ devote	☐ delicate	☐ interfere
☐ previlege	☐ grind			

0502 ★★☆

undergo

[ʌ̀ndərgóu]

ⓥ**겪다** (undergo-underwent-undergone)

The ancient temple underwent extensive repair.
고대의 신전은 광범위한 보수를 거쳤다.

0503 ★★☆

undertake

[ʌ̀ndərtéik]

ⓥ**떠맡다**, 착수하다 (undertake-undertook-undertaken)

The subjects refused to undertake such a risky venture.
실험 대상자들은 그러한 위험스러운 모험을 떠맡기를 거부하였다.

0504 ★★☆

acquire

[əkwáiər]

ⓥ**획득하다**

If you conceal ignorance, you won't acquire knowledge.
무지를 숨긴다면, 지식을 얻지 못할 것이다.

***acquired** ⓐ후천적인, 획득된 ***acquisition** ⓝ획득

0505 ★☆☆

carve

[kɑːrv]

ⓥ**조각하다** (디자인, 문자 등 작품)

The workman carved the statue out of marble.
일꾼은 대리석으로 조각상을 새겼다.

***carving** ⓝ조각품 ***inscribe** ⓥ새기다 (기호, 문자 등 기록)

0506 ★★☆

courtesy

[kɔ́ːrtəsi]

ⓝ**예의**, 공손

Virtue and courtesy are the qualities of respectable people.
미덕과 예의는 존경받는 사람들의 특성이다.

***courteous** ⓐ예의 바른

0507 ★★☆

primitive

[prímətiv]

ⓐ**원시적인**, 원시 시대의

The primitive tools were made of stone and bone.
원시 도구들은 돌과 뼈로 만들어졌다.

0508 ★★☆

boost

[buːst]

ⓥ**높이다**, 증대하다, 북돋다

The low interest rate boosted domestic consumption.
낮은 이자율이 국내 소비를 증대시켰다.

Check				
☐ undergo	☐ undertake	☐ acquire	☐ carve	☐ courtesy
☐ primitive	☐ boost			

0509 ★☆☆

clinic
[klínik]

ⓝ**진료소**, 전문 진료소

The clinic specializes in the treatment of panic disorder.
그 진료소는 공황 장애 치료를 전문으로 한다.

0510 ★★☆

seize
[siːz]

ⓥ**붙잡다**

His boldness enabled him to seize the initiative.
그의 대담성이 그가 주도권을 잡는 것을 가능하게 하였다.

0511 ★☆☆

shortcut
[ʃɔ́ːrtkʌt]

ⓝ**지름길**

There are no shortcuts to obtaining the expertise.
전문 지식을 얻는 데 지름길은 없다.

0512 ★★☆

context
[kɑ́ntekst]

ⓝ**문맥**, 상황

The meaning of 'crazy' varies depending on its context.
crazy의 의미는 문맥에 따라 다르다.

0513 ★★☆

toxic
[tɑ́ksik]

ⓐ**유독성의**

The chimney released toxic pollutants into the atmosphere.
굴뚝이 대기 중으로 유독성 오염 물질을 내보냈다.

0514 ★★☆

inherit
[inhérit]

ⓥ**상속하다**, 물려받다

We inherit our physical characteristics from our parents.
우리는 부모님으로부터 신체적 특징을 물려받는다.

*inheritor ⓝ상속인 *heir ⓝ상속인

Check

□ clinic	□ seize	□ shortcut	□ context	□ toxic
□ inherit				

0515 ★★☆

inheritance
[inhéritəns]

ⓝ**유산** (재산, 특성, 소질 등), 상속

The property donated to charities is free of inheritance tax.
자선 단체에 기부된 재산은 상속세가 없다.

***heritage** ⓝ유산 (전통, 가치, 문화 등)

0516 ★★☆

disgust
[disgʌ́st]

ⓥ**역겹게 하다** ⓝ혐오

His habitual sniffing disgusted other attendants.
그의 습관적 킁킁거림은 다른 참석자들을 역겹게 하였다.

0517 ★☆☆

herb
[həːrb]

ⓝ**약초**

This plant is used to make the herbal medicine.
이 식물은 약초 약을 만들기 위하여 사용된다.

***herbal** ⓐ약초의 ***hub** ⓝ중심지

0518 ★☆☆

millionaire
[mìljənέər]

ⓝ**백만장자**

The volunteer will inherit the property of the millionaire.
그 자원봉사자는 백만장자의 재산을 상속할 것이다.

0519 ★★☆

regulate
[régjəlèit]

ⓥ**통제하다**

The agency has the authority to regulate industrial pollution.
그 기관은 산업 오염을 통제할 권한을 가지고 있다.

0520 ★★☆

regulation
[règjəléiʃən]

ⓝ**규정, 규제**

Anyone who violates traffic regulations will be punished.
교통 규정을 위반하는 사람은 누구든지 처벌받을 것이다.

Check

□ inheritance	□ disgust	□ herb	□ millionaire	□ regulate
□ regulation				

REVIEW

※ 정답 표시하지 마시고, 전용 오답 노트를 활용하여 집중 관리 하십시오. 모든 문제는 반복 학습용입니다.

1. dignity ⓝ______	1. register ⓥ______
2. exotic ⓐ______	2. enroll ⓥ______
3. circumstance ⓝ______	3. deed ⓝ______
4. supervise ⓥ______	4. indeed ⓐⓓ______
5. scold ⓥ______	5. outline ⓝ______
6. contrast ⓝ______	6. invade ⓥ______
7. resolute ⓐ______	7. devote ⓥ______
8. decisive ⓐ______	8. dedicate ⓥ______
9. inhabit ⓥ______	9. interfere ⓥ______
10. inhabitant ⓝ______	10. privilege ⓝ______

1.위엄 2.이국적인 3.상황 4.감독하다 5.꾸짖다 6.대조 7.단호한 8.결단력 있는 9.~에 거주하다 10.거주자

1.등록하다 2.등록하다 3.행위 4.정말로 5.윤곽 6.침입하다 7.헌신하다 8.헌신하다 9.개입하다 10.특권

1. grind ⓥ______	1. shortcut ⓝ______
2. undergo ⓥ______	2. context ⓝ______
3. undertake ⓥ______	3. toxic ⓐ______
4. acquire ⓥ______	4. inherit ⓥ______
5. carve ⓥ______	5. inheritance ⓝ______
6. clinic ⓝ______	6. disgust ⓥ______
7. primitive ⓐ______	7. herb ⓝ______
8. boost ⓥ______	8. millionaire ⓝ______
9. courtesy ⓝ______	9. regulate ⓥ______
10. seize ⓥ______	10. regulation ⓝ______ ______

1.갈다 2.겪다 3.떠맡다 4.획득하다 5.조각하다 6.진료소 7.원시적인 8.높이다 9.예의 10.붙잡다

1.지름길 2.문맥 3.유독성의 4.상속하다 5.유산 6.역겹게 하다 7.약초 8.백만장자 9.통제하다 10.규정, 규제

PHRASE

consist in ~에 놓여 있다 (lie in)

consist of ~로 구성되다 (be composed of, be made up of, comprise)

cope with 대처하다

correspond to ~에 일치하다

correspond with 서신 왕래 하다

count for much 매우 중요하다 (be of much consequence/importance)

count for nothing 중요하지 않다 *count for little 거의 중요하지 않다

count on 의존하다 (depend/lean/rely/rest on)

cut in 끼어들다 (interfere with)

deal in 거래하다 (trade)

deal with 다루다, 처리하다 (address, treat)

depend on 의존하다 (count/lean/rely/rest on)

1. True happiness consists ________ contentment.
진정한 행복은 만족에 있다.

2. The book consists ________ 9 chapters.
그 책은 아홉 단원으로 구성되어 있다.

3. The company tries to cope ________ financial difficulties.
회사는 재정적 어려움에 대처하려고 노력한다.

4. His words don't correspond ________ his actions.
그의 말은 그의 행동과 일치하지 않는다

5. I still correspond ________ my childhood friend.
나는 여전히 어린 시절 친구와 서신 왕래한다.

6. Honesty ________ for much in a good relationship.
정직함은 좋은 관계에서 매우 중요하다.

7. Without efforts, talent counts for ________.
노력이 없다면 재능은 중요하지 않다.

8. You can always count ________ me.
너는 언제나 나에게 의존할 수 있다.

9. He kept ________ in on our conversation.
그는 우리의 대화에 계속 끼어들었다.

10. The company deals ________ imported cars.
그 회사는 수입 자동차를 거래한다.

11. He is busy dealing ________ customer complaints.
그는 소비자 불평을 처리하느라 바쁘다.

12. The poor family depends ________ government assistance.
가난한 가족은 정부 지원에 의존한다.

※ 이 페이지의 단어들은 필요 시 참고하는 분야별 단어입니다. 학습자의 수준과 진도에 맞게 활용하십시오.

consumption	소비	bill	지폐, 청구서, 법안
consumer	소비자	check	수표, 계산서, 점검하다, 저지하다
customer	고객	budget	예산
investment	투자	account	계좌, 설명
profit	이익	income	수입
wealth	부	debt	빚
poverty	빈곤	loan	대출
unemployment	실업	interest	이익, 이자, 흥미롭게 하다

[Definition Quiz]

1. money borrowed that must be paid back. ________
2. money earned from work or investments. ________
3. a person who buys something. ________
4. the state of having very little money. ________
5. extra money paid for borrowing money. ________
6. a written order to pay money from a bank account. ________
7. a record of money kept by a bank or business. ________
8. paper money. ________
9. a person who buys or uses goods or services. ________
10. money put into something to make more money. ________
11. a plan for how to spend money. ________
12. the state of not having a job. ________
13. money owed to someone else. ________
14. the act of buying or using goods or services. ________
15. having a lot of money or valuable things. ________
16. the money earned after costs are paid. ________

1. 반드시 갚아야 하는 빌린 돈 2. 일이나 투자로 번 돈 3. 무언가를 사는 사람 4. 매우 적은 돈을 가진 상태 5. 돈을 빌린 대가로 더 내는 추가 돈 6. 은행 계좌에서 돈을 지급하라는 서면 명령 7. 은행이나 회사가 관리하는 돈 기록 8. 종이 돈 9. 상품이나 서비스를 사거나 사용하는 사람 10. 더 많은 돈을 만들기 위해 투자한 돈 11. 돈을 어떻게 쓸지 계획한 것 12. 직업이 없는 상태 13. 다른 사람에게 빚진 돈 14. 상품이나 서비스를 사거나 사용하는 행위 15. 많은 돈이나 귀중한 것을 가진 상태 16. 비용을 지불한 후에 남는 수익

1.loan 2.income 3.customer 4.poverty 5.interest 6.check 7.account 8.bill
9.consumer 10.investment 11.budget 12.unemployment 13.debt 14.consumption
15.wealth 16.profit

DAY
14

DAY 14

[진단 테스트]

※ 실력을 진단하고 점검하는 연결형 문제입니다. 문제에 표시하지 마시고, 전용 오답 노트를 활용하여 집중 관리 하십시오. 본 단어장의 모든 문제는 반복 학습용입니다.

1. rage	①분노한
2. fury	②실험실
3. furious	③분노
4. congress	④분해하다
5. classify	⑤예치하다
6. deposit	⑥기숙사
7. laboratory	⑦분노
8. dormitory	⑧의회
9. auditorium	⑨분류하다
10. disassemble	⑩강당

1.③ 2.⑦ 3.① 4.⑧ 5.⑨ 6.⑤ 7.② 8.⑥
9.⑩ 10.④

1. federal	①후원하다
2. sponsor	②엄청난
3. launch	③개시하다
4. enormous	④모욕하다
5. huge	⑤연방의
6. vast	⑥수용하다
7. insult	⑦엄청난
8. accommodate	⑧상징
9. erupt	⑨분출하다
10. icon	⑩엄청난

1.⑤ 2.① 3.③ 4.② 5.⑦ 6.⑩ 7.④ 8.⑥
9.⑨ 10.⑧

1. terminal	①외국의, 생소한
2. terminate	②종식하다
3. define	③참가자
4. definition	④종말의
5. output	⑤산출
6. random	⑥정의하다
7. alien	⑦참가하다
8. participate	⑧정의
9. participant	⑨임의의
10. spoil	⑩망치다

1.④ 2.② 3.⑥ 4.⑧ 5.⑤ 6.⑨ 7.① 8.⑦
9.③ 10.⑩

1. donate	①삭제하다
2. impact	②틀에 박힌
3. insert	③삽입하다
4. delete	④기부하다
5. infect	⑤감염시키다
6. surround	⑥영향, 충격
7. surroundings	⑦결합하다
8. barrier	⑧둘러싸다
9. routine	⑨환경
10. combine	⑩장벽

1.④ 2.⑥ 3.③ 4.① 5.⑤ 6.⑧ 7.⑨ 8.⑩
9.② 10.⑦

0521 ★★☆

rage

[reidʒ]

ⓝ**분노**

His insulting remarks threw me into a rage.
그의 모욕적인 언급이 나를 분노로 몰아넣었다.

0522 ★★☆

fury

[fjúəri]

ⓝ**분노**

He scolded me in a fury for my incomplete presentation.
그는 나의 불완전한 발표 때문에 분노하여 나를 꾸짖었다.

0523 ★★☆

furious

[fjúəriəs]

ⓐ**분노한**, 격렬한

He was absolutely furious at having been deceived.
그는 속임 당한 것에 대해 완전히 분노하였다.

0524 ★☆☆

congress

[káŋgris]

ⓝ**의회**, 국회

Congress passed a tax reform bill.
의회는 세금 개혁 법안을 통과시켰다.

***Congress** (미국), **Parliament** (영국), **National Assembly** (한국)

0525 ★★☆

classify

[klǽsəfài]

ⓥ**분류하다**

The scholars classified the unique substance as a toxic one.
학자들은 그 독특한 물질을 유독한 것으로 분류하였다.

***classification** ⓝ분류

0526 ★★☆

deposit

[dipázit]

ⓥ**예치하다**, 두다 ⓝ예치, 예치금, 보증금

I deposited my valuables in the hotel safe.
나는 귀중품을 호텔 금고에 맡겼다.

***withdraw** ⓥ철수하다, 철회하다, 인출하다

0527 ★★☆

laboratory

[lǽbərətɔ̀ːri]

ⓝ**실험실** (lab)

The experiment was performed in a laboratory.
실험은 실험실에서 수행되었다.

Check				
☐ rage	☐ fury	☐ furious	☐ congress	☐ classify
☐ deposit	☐ laboratory			

0528 ★☆☆

dormitory

[dɔ́ːrmətɔ̀ːri]

ⓝ 기숙사 (dorm)

The refugees were temporarily accommodated in a dormitory.
난민들은 임시로 기숙사에 수용되었다.

0529 ★☆☆

auditorium

[ɔ̀ːditɔ́ːriəm]

ⓝ 강당

His success story moved the audience in the auditorium.
그의 성공담은 강당에 있는 청중을 감동시켰다.

0530 ★★☆

disassemble

[dìsəsémbəl]

ⓥ 분해하다, 해체하다

The device can be assembled and disassembled manually.
그 장치는 수동으로 조립하고 분해할 수 있다.

*assemble ⓥ조립하다, 모이다

0531 ★☆☆

federal

[fédərəl]

ⓐ 연방의, 연합의

The federal agency coordinates several governmental policies.
연방 기관은 여러 정부의 정책들을 조율한다.

*federal government 연방 정부

0532 ★☆☆

sponsor

[spάnsər]

ⓥ 후원하다 ⓝ후원자

The millionaire signed up to sponsor the charity.
백만장자는 자선 단체를 후원하기로 서명하였다.

0533 ★★☆

launch

[lɔːntʃ]

ⓥ 개시하다, 출시하다, (우주선 등) 발사하다, (선박) 진수(進水)시키다

The developing country launched a space exploration program.
개발도상국이 우주 탐험 과정을 시작하였다.

*launching ⓝ개시, 출시, 발사, 진수(進水)

0534 ★★☆

enormous

[inɔ́ːrməs]

ⓐ 엄청난

He bears the burden of an enormous debt.
그는 엄청난 빚의 부담을 지니고 있다.

Check				
☐ dormitory	☐ auditorium	☐ disassemble	☐ federal	☐ sponsor
☐ launch	☐ enormous			

0535 ★★☆
huge
[hjuːdʒ]

ⓐ**엄청난**

The building was destroyed by a **huge** explosion.
그 건물이 엄청난 폭발로 파괴되었다.

0536 ★★☆
vast
[væst]

ⓐ**엄청난**, 광대한

He inherited a **vast** fortune from his father.
그는 아버지로부터 엄청난 재산을 상속하였다.

0537 ★★☆
insult
[ínsʌlt]

ⓥ**모욕하다** ⓝ모욕

He **insulted** me by ignoring my suggestion.
그는 내 제안을 무시함으로써 나를 모욕하였다.

0538 ★★☆
accommodate
[əkámədèit]

ⓥ**수용하다**

Our exclusive culture is unwilling to **accommodate** diversity.
우리의 배타적인 문화는 다양성을 수용하기를 꺼린다.

***accommodation** ⓝ숙박 시설

0539 ★★☆
erupt
[irʌ́pt]

ⓥ**분출하다**, 폭발하다

The regional conflict might **erupt** into a violent clash.
지역적인 갈등이 폭력적인 충돌로 폭발할 수 있다.

***eruption** ⓝ분출, 폭발

0540 ★☆☆
icon
[áikɑn]

ⓝ**상징**, 표상, 그림 문자

The devoted patriot became an **icon** of the era.
헌신적인 애국자는 시대의 상징이 되었다.

0541 ★★☆
terminal
[tə́ːrmənəl]

ⓐ**종말의** ⓝ종점

He is pessimistic about the treatment of his **terminal** cancer.
그는 자신의 말기 암 치료에 비관적이다.

Check

☐ huge	☐ vast	☐ insult	☐ accommodate	☐ erupt
☐ icon	☐ terminal			

0542 ★★☆

terminate
[tə́ːrmənèit]

ⓥ**종식하다**, 종료하다

I received a formal notice to **terminate** the lease.
나는 임대 계약을 종료한다는 공식적인 통지를 받았다.

0543 ★★☆

define
[difáin]

ⓥ**정의하다**, 규정하다

Occupation can **define** one's social status.
직업은 사람의 사회적 지위를 정의할 수 있다.

***definite** ⓐ명백한, 명확한

0544 ★★☆

definition
[dèfəníʃən]

ⓝ**정의(定義)**, 의미

There is considerable dispute over the **definition** of poverty.
가난의 정의에 대한 상당한 논쟁이 있다.

0545 ★★☆

output
[áutpùt]

ⓝ**산출**, 생산, 생산량

They increased the **output** of goods to meet demand.
그들은 수요를 충족시키기 위해 상품의 생산량을 증가시켰다.

0546 ★★☆

random
[rǽndəm]

ⓐ**임의의**, 무작위의 ⓝ임의, 무작위

A **random** sample of players underwent a drug test.
무작위 표본 선수 한 명이 약물 검사를 받았다.

0547 ★★★

alien
[éiljən]

ⓐ**외국의, 생소한** ⓝ외국인, 외계인

Those principles are **alien** to our culture.
그러한 원칙들은 우리 문화에 생소하다.

***alienate** ⓥ소외시키다, 멀리하다

0548 ★★☆

participate
[pɑːrtísəpèit]

ⓥ**참가하다**

The manufacturer and consumers **participated** in the survey.
제조업체와 소비자들이 조사에 참여하였다.

Check

□ terminate	□ define	□ definition	□ output	□ random
□ alien	□ participate			

0549 ★★☆
participant
[pɑːrtísəpənt]

ⓝ**참가자**

The participant argued that the competition was unfair.
참가자는 경쟁이 불공정하다고 주장하였다.

0550 ★★☆
spoil
[spɔil]

ⓥ**망치다**

The spots on the sleeve spoiled the costume.
소매의 얼룩이 의상을 망쳤다.

*spoiled ⓐ망쳐진, 버릇없는

0551 ★★☆
donate
[dóuneit]

ⓥ**기부하다**

He confirmed his organ donation in his will.
그는 자신의 유언장에 장기 기증을 확인하였다.

*donation ⓝ기부, 기증품 *donor ⓝ기부자

0552 ★★☆
impact
[ímpækt]

ⓝ**영향, 충격** ⓥ영향을 주다, 충격을 주다

The potential impact of power generation is under analysis.
전력 생산의 잠재적 영향은 분석 중이다.

0553 ★★☆
insert
[insə́ːrt]

ⓥ**삽입하다,** 끼워 넣다

They inserted a tube into his mouth for him to breathe.
그들은 그가 호흡할 수 있도록 그의 입에 관을 삽입하였다.

0554 ★★☆
delete
[dilíːt]

ⓥ**삭제하다**

I deleted the file by dragging it into the trash folder.
나는 그 파일을 휴지통 폴더로 끌어서 삭제하였다.

Check

□ participant	□ spoil	□ donate	□ impact	□ insert
□ delete				

0555 ★★☆

infect
[infékt]

ⓥ감염시키다

The unpredictable virus can **infect** the infant.
예측 불가능한 바이러스가 유아를 감염시킬 수 있다.

***infection** ⓝ전염 ***infectious** ⓐ전염성의

0556 ★★☆

surround
[səráund]

ⓥ둘러싸다

Scores of maple trees **surround** the lodge.
수십 그루의 단풍나무가 오두막을 둘러싸고 있다.

0557 ★★☆

surroundings
[sə'raʊndɪŋz]

ⓝ환경, 주위

The immigrants adapted to the unfamiliar **surroundings**.
이민자들은 낯선 환경에 적응하였다.

0558 ★★☆

barrier
[bǽriər]

ⓝ장벽

The vehicle crashed into the **barrier** in flames.
차량이 화염에 휩싸여 장벽으로 충돌하였다.

0559 ★☆☆

routine
[ruːtíːn]

ⓐ틀에 박힌, 일상적인 ⓝ일상

He performs **routine** maintenance on the equipment.
그는 장비에 대한 일상적인 유지 보수를 수행한다.

***route** ⓝ경로, 노선

0560 ★★☆

combine
[kəmbáin]

ⓥ결합하다

Hydrogen and oxygen **combine** to form water.
수소와 산소가 결합하여 물을 형성한다.

***combination** ⓝ결합, 조합

Check

☐ infect	☐ surround	☐ surroundings	☐ barrier	☐ routine
☐ combine				

※ 정답 표시하지 마시고, 전용 오답 노트를 활용하여 집중 관리 하십시오. 모든 문제는 반복 학습용입니다.

1. rage	ⓝ______	1. federal	ⓐ______
2. fury	ⓝ______	2. sponsor	ⓥ______
3. furious	ⓐ______	3. launch	ⓥ______
4. congress	ⓝ______	4. enormous	ⓐ______
5. classify	ⓥ______	5. huge	ⓐ______
6. deposit	ⓥ______	6. vast	ⓐ______
7. laboratory	ⓝ______	7. insult	ⓥ______
8. dormitory	ⓝ______	8. accommodate	ⓥ______
9. auditorium	ⓝ______	9. erupt	ⓥ______
10. disassemble	ⓥ______	10. icon	ⓝ______

1.분노 2.분노 3.분노한 4.의회 5.분류하다 6.예치하다 7.실험실 8.기숙사 9.강당 10.분해하다

1.연방의 2.후원하다 3.개시하다 4.엄청난 5.엄청난 6.엄청난 7.모욕하다 8.수용하다 9.분출하다 10.상징

1. terminal	ⓐ______	1. donate	ⓥ______
2. terminate	ⓥ______	2. impact	ⓝ______ ______
3. define	ⓥ______	3. insert	ⓥ______
4. definition	ⓝ______	4. delete	ⓥ______
5. output	ⓝ______	5. infect	ⓥ______
6. random	ⓐ______	6. surround	ⓥ______
7. alien	ⓐ______ ______	7. surroundings	ⓝ______
8. participate	ⓥ______	8. barrier	ⓝ______
9. participant	ⓝ______	9. routine	ⓐ______
10. spoil	ⓥ______	10. combine	ⓥ______

1.종말의 2.종식하다 3.정의하다 4.정의 5.산출 6.임의의 7.외국의, 생소한 8.참가하다 9.참가자 10.망치다

1.기부하다 2.영향, 충격 3.삽입하다 4.삭제하다 5.감염시키다 6.둘러싸다 7.환경 8.장벽 9.틀에 박힌 10.결합하다

※ 정답 표시하지 마시고, 전용 오답 노트를 활용하여 집중 관리 하십시오. 모든 문제는 반복 학습용입니다.

depending on ~에 따라
deprive A of B A에게서 B를 강탈하다, 빼앗다 (rob A of B)
devote oneself to ~에 몰두하다 (apply/dedicate/give oneself to, absorb/lose oneself in, be applied/devoted/dedicated/given to, be absorbed/lost in)
dispense with ~ 없이 지내다 (do without)
dispose of 처분하다 (throw away)
distinguish A from B A와 B를 구별하다 (discriminate/discern/know/tell A from B)
do ~ good ~에게 이익이 되다
do ~ harm ~에게 해가 되다
do ~ justice 공평하게 평가하다 (judge fairly)
do away with 제거하다 (get rid of, abolish, eliminate, remove)
do well to ~하는 편이 낫다 (may as well, had better)
do without ~ 없이 지내다 (dispense with)

1. The schedule will be adjusted _________ on the weather.
일정은 날씨에 따라 조정될 것이다.

2. Lack of sleep deprives you _________ health.
수면 부족은 너에게서 건강을 빼앗아 간다.

3. He devotes himself _________ finding a job.
그는 일자리 찾는 것에 몰두하고 있다.

4. He dispenses _________ excessive consumption.
그는 과도한 소비 없이 지낸다.

5. We have to dispose _________ the trash properly.
우리는 쓰레기를 적절히 처분해야 한다.

6. He sometimes distinguishes facts _________ fictions.
그는 가끔 사실과 허구를 구별하지 못한다.

7. Regular exercise will do your body _________.
규칙적인 운동이 네 몸에 이로울 것이다.

8. Too much stress can do you _________.
너무 많은 스트레스는 너에게 해로울 수 있다.

9. The painting doesn't do _________ to her beauty.
그 그림은 그녀의 아름다움을 제대로 평가하지 못한다.

10. We need to do _________ with the outdated rules.
우리는 시대에 뒤떨어진 규칙을 제거할 필요가 있다.

11. You would do _________ to invest in the competitive company.
너는 경쟁력 있는 회사에 투자하는 편이 낫다.

12. I can't to do _________ my smartphone.
나는 스마트폰 없이 지낼 수 없다.

※ 이 페이지의 단어들은 필요 시 참고하는 분야별 단어입니다. 학습자의 수준과 진도에 맞게 활용하십시오.

commerce	상업	customs	세관
commercial	상업적인, 상업 광고	grocer	식료품상
stock	재고, 주식, 채우다	demand	수요, 요구하다
expense	비용	supply	물자, 공급하다
receipt	영수증, 수령	company	동반, 회사
refund	환불	contract	수축하다, 계약
fund	기금	store	저장하다, 상점
fair	공정한, 박람회	deliver	배달하다

[Definition Quiz]

1. money given back after a return. ________

2. the place where goods and people are checked at borders. ________

3. a place where goods are sold. ________

4. a written agreement between people or businesses. ________

5. the activity of buying and selling goods. ________

6. the amount of goods available to buy. ________

7. a business that sells goods or services. ________

8. to bring goods to a person or place. ________

9. related to business or making money. ________

10. the amount of goods people want to buy. ________

11. money spent on something. ________

12. a paper showing something was paid for. ________

13. an event where goods are shown and sold. ________

14. money saved for a special purpose. ________

15. goods kept for sale or shares in a company. ________

16. a person who sells food and small household items. ________

---

1. 반품 후에 돌려주는 돈 **2.** 국경에서 물건과 사람을 검사하는 장소 **3.** 물건을 파는 장소 **4.** 사람이나 회사 사이의 서면 계약 **5.** 물건을 사고파는 활동 **6.** 구매할 수 있는 물건의 양 **7.** 물건이나 서비스를 파는 사업체 **8.** 물건을 사람이나 장소로 가져다주다 **9.** 사업이나 돈 버는 것과 관련된 **10.** 사람들이 사기를 원하는 물건의 양 **11.** 무언가에 쓴 돈 **12.** 지불했다는 증명서 **13.** 물건을 보여주고 파는 행사 **14.** 특별한 목적을 위해 모은 돈 **15.** 판매를 위해 보관된 물건이나 회사 주식 **16.** 음식과 작은 가정용품을 파는 사람

1.refund **2.**customs **3.**store **4.**contract **5.**commerce **6.**supply **7.**company **8.**deliver **9.**commercial **10.**demand **11.**expense **12.**receipt **13.**fair **14.**fund **15.**stock **16.**grocer

◀ 7-1. Economy & Consumption p150 | Categories p549 | 8. Politics p180 ▶

DAY
15

DAY 15

[진단 테스트]

※ 실력을 진단하고 점검하는 연결형 문제입니다. 문제에 표시하지 마시고, 전용 오답 노트를 활용하여 집중 관리 하십시오. 본 단어장의 모든 문제는 반복 학습용입니다.

1. abandon	①배반하다	1. capture	①당황하게 하다
2. betray	②포기하다	2. offensive	②저장
3. arrogant	③태만히 하다	3. imply	③사로잡다
4. coordinate	④대안	4. mature	④성숙한
5. diverse	⑤거만한	5. insight	⑤불쾌하게 하는
6. neglect	⑥금융	6. storage	⑥제한하다
7. finance	⑦생기를 불어넣다	7. restrict	⑦자세
8. instinct	⑧조율하다	8. embarrass	⑧중립적인
9. alternative	⑨본능	9. posture	⑨통찰력
10. animate	⑩다양한	10. neutral	⑩암시하다

1.② 2.① 3.⑤ 4.⑧ 5.⑩ 6.③ 7.⑥ 8.⑨ 9.④ 10.⑦

1.③ 2.⑤ 3.⑩ 4.④ 5.⑨ 6.② 7.⑥ 8.① 9.⑦ 10.⑧

1. occupy	①추정	1. ancestor	①간히 ~하다
2. extinct	②멈추다	2. forefather	②조상
3. assumption	③복종하다	3. descendant	③영토
4. terrify	④단조로운	4. dare	④수정하다
5. indication	⑤순종하는	5. region	⑤후손
6. monotonous	⑥차지하다	6. territory	⑥조상
7. obey	⑦풍부한	7. messy	⑦수정하다
8. obedient	⑧멸종된	8. modify	⑧수정하다
9. cease	⑨겁먹게 하다	9. amend	⑨엉망인
10. abundant	⑩지표	10. revise	⑩지역

1.⑥ 2.⑧ 3.① 4.⑨ 5.⑩ 6.④ 7.③ 8.⑤ 9.② 10.⑦

1.② 2.⑥ 3.⑤ 4.① 5.⑩ 6.③ 7.⑨ 8.④ 9.⑦ 10.⑧

0561 ★★☆
abandon
[əbǽndən]

ⓥ**포기하다**

The migrants rarely abandon the religion they follow.
이주자들은 자기들이 따르는 종교를 거의 포기하지 않는다.

***abandonment** ⓝ포기

0562 ★★☆
betray
[bitréi]

ⓥ**배반하다**, 누설하다

The soldier who had betrayed his troops was arrested.
자기 부대를 배반한 병사는 체포되었다.

***betrayal** ⓝ배반 ***betrayer** ⓝ배반자

0563 ★★☆
arrogant
[ǽrəgənt]

ⓐ**거만한**

The arrogant man is never generous or considerate.
거만한 사람은 결코 관대하거나 사려 깊지 않다.

***arrogance** ⓝ거만

0564 ★★☆
coordinate
[kouɔ́ːrdənit]

ⓥ**조율하다**, (조화롭게) 조정하다

The director was appointed to coordinate several affairs.
그 책임자는 여러 업무를 조율하라고 임명되었다.

***coordination** ⓝ조율, 조정 ***coordinator** ⓝ조정자

0565 ★★☆
diverse
[divə́ːrs]

ⓐ**다양한**

The region is an ethnically and culturally diverse society.
그 지역은 인종적으로나 문화적으로 다양한 사회이다.

***diversity** ⓝ다양성

0566 ★★☆
neglect
[niglékt]

ⓥ**태만히 하다**, 방치하다 ⓝ태만, 방치

He accused the laborers of neglecting their duties.
그는 노동자들이 임무를 태만하게 하였다고 비난하였다.

***negligent** ⓐ태만한

Check

□ abandon	□ betray	□ arrogant	□ coordinate	□ diverse
□ neglect				

0567 ★★☆

finance

[fináns]

ⓝ**금융**, 재정

The finance director resigned from his post.
금융 책임자는 자신의 직위에서 사임하였다.

*financial ⓐ금융의, 재정적인

0568 ★★☆

instinct

[ínstiŋkt]

ⓝ**본능**

The starving orphan stirred my maternal instinct.
굶주리는 고아가 나의 모성 본능을 휘저어 놓았다.

*instinctive ⓐ본능적인

0569 ★★☆

alternative

[ɔːltə́ːrnətiv]

ⓝ**대안** ⓐ대체하는

Alternative energy policies contributed to reducing pollution.
대체 에너지 정책은 오염을 줄이는 데 기여하였다.

*alternate ⓥ번갈아 행하다 *alternately ⓐⓓ번갈아

0570 ★☆☆

animate

[ǽnəmèit]

ⓥ**생기를 불어넣다** ⓐ생기 있는

His lecture on despair and vision animated the struggling folk.
절망과 꿈에 대한 그의 강연은 고군분투하는 사람들에게 생기를 불어넣었다.

*animation ⓝ생기, 활기, 만화 영화

0571 ★★☆

capture

[kǽptʃər]

ⓥ**사로잡다**, 포착하다 ⓝ포획, 포착

The exhibition captured the diversity of urban life.
그 전시는 도시 생활의 다양성을 담았다.

*captive ⓐ사로잡힌 ⓝ포로

0572 ★☆☆

offensive

[əfénsiv]

ⓐ**불쾌하게 하는**, 공격적인

His remarks and attitude were offensive to the participants.
그의 언급과 태도는 참가자들에게 불쾌감을 주었다.

*offend ⓥ불쾌하게 하다, 위반하다

Check

□ finance	□ instinct	□ alternative	□ animate	□ capture
□ offensive				

0573 ★★★
imply
[implái]

ⓥ암시하다

The survey implies that an enormous investment is inevitable.
그 조사는 엄청난 투자가 불가피함을 암시한다.

*implication ⓝ암시, 함축

0574 ★★☆
mature
[mətjúər]

ⓐ성숙한 ⓥ성숙해지다

The clerk treated a rude customer with a mature attitude.
직원은 무례한 고객을 성숙한 태도로 대하였다.

*maturity ⓝ성숙 *premature ⓐ조숙한 *immature ⓐ미숙한

0575 ★★☆
insight
[ínsàit]

ⓝ통찰력

The philosopher gained an insight into human nature.
철학자는 인간 본성에 대한 통찰력을 터득하였다.

*sight ⓝ시야, 시력, 광경

0576 ★★☆
storage
[stɔ́ːridʒ]

ⓝ저장

The collected data have been in storage for decades.
수집된 자료는 수십 년 동안 저장되어 있다.

*store ⓥ저장하다 ⓝ상점

0577 ★★☆
restrict
[ristríkt]

ⓥ제한하다

The barriers restrict public access to the facilities.
장벽들이 시설에 대한 대중의 접근을 제한한다.

*restriction ⓝ제한, 규제

0578 ★★★
embarrass
[imbǽrəs]

ⓥ당황하게 하다, 난처하게 하다

She was embarrassed as a stranger pursued her.
그녀는 낯선 사람이 그녀를 뒤쫓아서 당황하였다.

*embarrassed ⓐ당황한 *embarrassing ⓐ당황하게 만드는

Check

□ imply	□ mature	□ insight	□ storage	□ restrict
□ embarrass				

(0364) ★☆☆

puzzle
[pʌ́zl]

ⓥ**당황하게 하다,** 이해할 수 없게 하다 ⓝ**수수께끼**

He was puzzled by my reactions to his remarks.
그는 자신의 발언에 대한 나의 반응에 당황하였다.

(0319) ★☆☆

pose
[pouz]

ⓥ**제기하다,** 초래하다, 자세를 취하다 ⓝ**자세** (연출 자세)

Pollution poses an immediate threat to our existence.
오염은 우리의 존재에 즉각적인 위협을 초래한다.

The director adjusted the actor's awkward pose.
연출자는 배우의 어색한 자세를 조정하였다.

0579 ★★☆

posture
[pɑ́stʃər]

ⓝ**자세** (일상적 자세)

The young sat in a respectful posture.
젊은이들은 존경심을 표하는 자세로 앉았다.

0580 ★★☆

neutral
[njú:trəl]

ⓐ**중립적인**

The refugees were accommodated in the neutral territory.
난민들은 중립 지역에 수용되었다.

*neutralize ⓥ중립화하다

0581 ★★☆

occupy
[ɑ́kjəpài]

ⓥ**차지하다**

His troops attempted to occupy the enemy's territory.
그의 군대는 적의 영토를 차지하려고 시도하였다.

*occupant ⓝ점유자, 사용자 *occupation ⓝ직업, 점유

0582 ★★☆

extinct
[ikstíŋkt]

ⓐ**멸종된**

Certain tribes became extinct due to infectious diseases.
어떤 부족들은 전염병 때문에 멸종되었다.

*extinction ⓝ멸종, 소멸 *endangered ⓐ멸종 위기에 처한

Check

□ puzzle	□ pose	□ posture	□ neutral	□ occupy
□ extinct				

0583 ★★☆

assumption
[əsʌ́mpʃən]

ⓝ**추정**, 가정

The frustrating assumption broke his routine.
좌절스러운 추정이 그의 일상을 깨뜨렸다.

***assume** ⓥ추정하다, 떠맡다, 가정하다

0584 ★★☆

terrify
[térəfài]

ⓥ**겁먹게 하다**

People were terrified by the terrible scene.
사람들은 끔찍한 장면에 겁먹었다.

***terrible** ⓐ끔찍한 ***terror** ⓝ공포 행위

0585 ★★☆

indication
[ìndɪ́keɪʃən]

ⓝ**지표**, 표시

The president's popularity is an indication of public support.
대통령의 인기는 대중적 지지를 나타내는 지표이다.

***indicate** ⓥ가리키다, 나타내다

0586 ★★☆

monotonous
[mənɑ́tənəs]

ⓐ**단조로운**

He is engaged in a monotonous assembly job.
그는 단조로운 조립 업무에 종사한다.

***monotony** ⓝ단조로움

0587 ★★☆

obey
[oubéi]

ⓥ**복종하다**, 순응하다

The first duty of a soldier is to obey commands.
군인의 첫 번째 임무는 명령에 복종하는 것이다.

***disobey** ⓥ불복하다

0588 ★★☆

obedient
[oubíːdiənt]

ⓐ**순종하는**

The new recruits are absolutely obedient to their seniors.
신입 사원들은 자기들의 상사에게 절대적으로 순종한다.

***obedience** ⓝ복종, 순종

Check

☐ assumption	☐ terrify	☐ indication	☐ monotonous	☐ obey
☐ obedient				

0589 ★★☆

cease
[siːs]

ⓥ멈추다 ⓝ중지

The company **ceased** operations for lack of capital.
그 회사는 자본 부족으로 운영을 멈추었다.

***ceasefire** ⓝ휴전(休戰)

0590 ★★☆

abundant
[əbʌndənt]

ⓐ풍부한

The police collected **abundant** proof of his guilt.
경찰은 그의 유죄에 대한 풍부한 증거를 수집하였다.

***abundance** ⓝ풍부, 풍요 ***abound** ⓥ풍부하다

0591 ★★☆

ancestor
[ǽnsestər]

ⓝ조상

The portraits of their **ancestors** hang on the wall.
그들의 조상들의 초상화가 벽에 걸려 있다.

0592 ★★☆

forefather
[fɔ́ːrfɑ̀ːðər]

ⓝ조상

Our **forefathers** left behind a precious cultural heritage.
우리의 조상들은 소중한 문화유산을 남겼다.

***forerunner** ⓝ선구자

0593 ★★☆

descendant
[dɪsendənt]

ⓝ후손

The **descendants** of the author preserved his manuscripts.
작가의 후손들은 그의 원고를 보존하였다.

***descend** ⓥ내려가다

0594 ★★☆

dare
[dɛər]

ⓥ감히 ~하다

He **dare** not commit an unforgivable sin.
그는 용서받지 못할 죄를 감히 저지르지 않는다.

***daring** ⓐ대담한

Check				
☐ cease	☐ abundant	☐ ancestor	☐ forefather	☐ descendant
☐ dare				

0595 ★★☆

region

[ríːdʒən]

ⓝ**지역**

The region is wealthy thanks to its abundant resources.
그 지역은 풍부한 자원 덕분에 부유하다.

***regional** ⓐ지역의

0596 ★★☆

territory

[térətɔ̀ːri]

ⓝ**영토**, 영역

They blocked the passage through the occupied territory.
그들은 점령된 영토를 통과하는 통로를 차단하였다.

***territorial** ⓐ영토의

0597 ★★☆

messy

[mési]

ⓐ**엉망인**, 혼란스러운

A woman with messy hair wanders around the cemetery.
엉망인 머리를 한 여자가 공동묘지를 돌아다닌다.

***mess** ⓝ엉망

0598 ★★☆

modify

[mɑ́dəfài]

ⓥ**수정하다**

The reform modified the whole structure of society.
개혁은 사회의 전체 구조를 고쳐 놓았다.

***modification** ⓝ수정

0599 ★★☆

amend

[əménd]

ⓥ**수정하다**

We amended a few terms in the contract.
우리는 계약서에 몇 가지 조항들을 수정하였다.

***amendment** ⓝ수정

0600 ★★☆

revise

[riváiz]

ⓥ**수정하다**, 개정하다

The publisher urged me to revise my opinion.
출판사는 나의 의견을 수정하라고 재촉하였다.

***revision** ⓝ수정, 개정

Check

☐ region	☐ territory	☐ messy	☐ modify	☐ amend
☐ revise				

※ 정답 표시하지 마시고, 전용 오답 노트를 활용하여 집중 관리 하십시오. 모든 문제는 반복 학습용입니다.

1. abandon	ⓥ______		**1.** capture	ⓥ______
2. betray	ⓥ______		**2.** offensive	ⓐ______
3. arrogant	ⓐ______		**3.** imply	ⓥ______
4. coordinate	ⓥ______		**4.** mature	ⓐ______
5. diverse	ⓐ______		**5.** insight	ⓝ______
6. neglect	ⓥ______		**6.** storage	ⓝ______
7. finance	ⓝ______		**7.** restrict	ⓥ______
8. instinct	ⓝ______		**8.** embarrass	ⓥ______
9. alternative	ⓝ______		**9.** posture	ⓝ______
10. animate	ⓥ______		**10.** neutral	ⓐ______

1.포기하다 **2.**배반하다 **3.**거만한 **4.**조율하다 **5.**다양한 **6.**태만히 하다 **7.**금융 **8.**본능 **9.**대안 **10.**생기를 불어넣다

1.사로잡다 **2.**불쾌하게 하는 **3.**암시하다 **4.**성숙한 **5.**통찰력 **6.**저장 **7.**제한하다 **8.**당황하게 하다 **9.**자세 **10.**중립적인

1. occupy	ⓥ______		**1.** ancestor	ⓝ______
2. extinct	ⓐ______		**2.** forefather	ⓝ______
3. assumption	ⓝ______		**3.** descendant	ⓝ______
4. terrify	ⓥ______		**4.** dare	ⓥ
5. indication	ⓝ______		**5.** region	ⓝ______
6. monotonous	ⓐ______		**6.** territory	ⓝ______
7. obey	ⓥ______		**7.** messy	ⓐ______
8. obedient	ⓐ______		**8.** modify	ⓥ______
9. cease	ⓥ______		**9.** amend	ⓥ______
10. abundant	ⓐ______		**10.** revise	ⓥ______

1.차지하다 **2.**멸종된 **3.**추정 **4.**겁먹게 하다 **5.**지표 **6.**단조로운 **7.**복종하다 **8.**순종하는 **9.**멈추다 **10.**풍부한

1.조상 **2.**조상 **3.**후손 **4.**감히 ~하다 **5.**지역 **6.**영토 **7.**엉망인 **8.**수정하다 **9.**수정하다 **10.**수정하다

PHRASE

drop in at 장소 들르다
drop in on 사람 들르다
due to N ~ 때문에 (owing to, on account of)
due to V ~ 예정인
dwell on/upon 숙고하다 (reflect on/upon, ponder on/upon, think over)
earn a living 생계를 꾸리다 (make/get a living)
engage oneself in ~에 관여하다 (be engaged in)
enter into 시작하다 (begin)
ever since 그 이후 내내 (from then till now)
fall a victim to ~의 희생이 되다 (become a victim of)
fall back on 의존하다 (count/depend/lean/rely/rest on)
fall short of ~에 미달하다

1. I dropped in _________ the bookstore on my way home.
   나는 집에 오다가 서점에 들렀다.

2. My friend dropped in _________ me without notice.
   내 친구가 통지 없이 나에게 들렀다.

3. They canceled the game _________ to heavy rain.
   그들은 폭우 때문에 경기를 취소하였다.

4. The plane is _________ to depart in an hour.
   비행기는 한 시간 후에 출발할 예정이다.

5. He tends to dwell _________ his past mistakes.
   그는 과거 실수를 깊이 생각하는 경향이 있다.

6. the artist struggled to _________ a living.
   예술가는 생계를 꾸리느라 애썼다.

7. He engages _________ in politics.
   그는 자원봉사 활동에 관여하고 있다.

8. The parties entered _________ peace talks.
   당사자들은 평화 회담을 시작하였다.

9. I moved to this city 5 years ago and have lived here _________ since.
   나는 5년 전 이 도시로 이사 왔고, 그 후 내내 여기서 살고 있다.

10. A lot of soldiers fell _________ to war.
    많은 병사가 전쟁의 희생자가 되었다.

11. His company has to fall back _________ bank loans.
    그의 회사는 은행 대출에 의존해야 한다.

12. The donation fell _________ of the required amount.
    기부금은 요구되는 금액에 미달하였다.

DAY
16

DAY 16

[진단 테스트]

※ 실력을 진단하고 점검하는 연결형 문제입니다. 문제에 표시하지 마시고, 전용 오답 노트를 활용하여 집중 관리 하십시오. 본 단어장의 모든 문제는 반복 학습용입니다.

1. ripe	①능력
2. ripen	②익은
3. cultivate	③강렬한
4. navigate	④익다
5. capacity	⑤경작하다
6. intense	⑥과다
7. exceed	⑦운항하다
8. excess	⑧설득하다
9. persuade	⑨초과하다
10. scare	⑩겁먹게 하다

1.② 2.④ 3.⑤ 4.⑦ 5.① 6.③ 7.⑨ 8.⑥
9.⑧ 10.⑩

1. pursue	①추구하다
2. pursuit	②처방하다
3. initial	③처방
4. initiative	④주도권
5. usage	⑤용법
6. idiom	⑥추구
7. tolerate	⑦견디다
8. endure	⑧처음의
9. prescribe	⑨관용어구
10. prescription	⑩참다

1.① 2.⑥ 3.⑧ 4.④ 5.⑤ 6.⑨ 7.⑩ 8.⑦
9.② 10.③

1. beast	①드문
2. layer	②겹
3. temporary	③짐승
4. reinforce	④강화하다
5. hardly	⑤거의 ~ 아니다
6. scarcely	⑥거의 ~ 아니다
7. rarely	⑦좀처럼 ~ 안 하다
8. seldom	⑧거의 ~ 아니다
9. scarce	⑨임시의
10. rare	⑩희귀한, 부족한

1.③ 2.② 3.⑨ 4.④ 5.⑤ 6.⑥ 7.⑧ 8.⑦
9.⑩ 10.①

1. loan	①긴장
2. interrupt	②정복하다
3. tension	③대출
4. tame	④환상, 착각
5. illusion	⑤중단하다
6. distinguish	⑥정복
7. conquer	⑦길들이다
8. conquest	⑧방해하다
9. quit	⑨소중히 간직하다
10. cherish	⑩구별하다

1.③ 2.⑧ 3.① 4.⑦ 5.④ 6.⑩ 7.② 8.⑥
9.⑤ 10.⑨

0601 ★★☆

ripe

[raip]

ⓐ**익은**

I stored ripe fruits in the refrigerator.
나는 익은 과일들을 냉장고에 보관하였다.

0602 ★★☆

ripen

[ráipən]

ⓥ**익다**, 익게 하다

The farmer tried every means to ripen the crops rapidly.
농부는 작물을 빨리 익히기 위하여 모든 수단을 시도하였다.

0603 ★★☆

cultivate

[kʌ́ltəvèit]

ⓥ**경작하다**, 키우다

You must cultivate and cherish noble character.
너는 고귀한 성품을 키워 소중히 간직해야 한다.

***cultivated** ⓐ교양 있는, 경작된

0604 ★★☆

navigate

[nǽvəgèit]

ⓥ**운항하다**, 길을 찾다

Early explorers navigated entirely by the stars at night.
초기 탐험가들은 야간에 전적으로 별을 보며 길을 찾았다.

***navigation** ⓝ운항, 항해

0605 ★★☆

capacity

[kəpǽsəti]

ⓝ**능력**, 수용 능력

The human body has an amazing capacity to repair itself.
인체는 스스로 치료할 수 있는 놀라운 능력을 지니고 있다.

0606 ★★☆

intense

[inténs]

ⓐ**강렬한**, 격렬한

Her promotion raised intense jealousy among her colleagues.
그녀의 승진은 동료들 사이에 강한 질투심을 불러일으켰다.

***intensive** ⓐ집중적인 ***intensify** ⓥ심화하다, 강화하다

0607 ★★☆

exceed

[iksíːd]

ⓥ**초과하다**, 능가하다

The authority of the clergy exceeds that of the politicians.
성직자의 권위는 정치인의 권위를 능가한다.

Check

□ ripe	□ ripen	□ cultivate	□ navigate	□ capacity
□ intense	□ exceed			

0608 ★★☆

excess

[iksés]

ⓝ과다, 초과 ⓐ과다한 (excessive)

The substance was boiled to evaporate the excess liquid.
그 물질은 과다한 액체를 증발시키기 위하여 끓여졌다.

0609 ★★☆

persuade

[pəːrswéid]

ⓥ설득하다

They were persuaded to support the gradual reform.
그들은 점진적인 개혁을 지지하라고 설득되었다.

*persuasion ⓝ설득 *persuasive ⓐ설득력 있는 *dissuade ⓥ단념시키다

0610 ★★☆

scare

[skɛər]

ⓥ겁먹게 하다 ⓝ공포감

The accused man scared me with verbal threats.
피고발자는 구두상의 위협으로 나를 겁먹게 하였다.

*scared ⓐ겁먹은 *scary ⓐ무서운, 겁먹게 하는

0611 ★★☆

pursue

[pərsúː]

ⓥ추구하다, 추격하다

He is desperate to pursue his own business.
그는 자신의 사업을 추구하는 데 필사적이다.

0612 ★★☆

pursuit

[pərsúːt]

ⓝ추구, 추격

They adopted violence in pursuit of their ends.
그들은 자기들의 목적을 추구하면서 폭력을 택하였다.

0613 ★★☆

initial

[iníʃəl]

ⓐ처음의

His initial reaction to my suggestion was pessimistic.
나의 제안에 대한 그의 첫 반응은 비관적이었다.

*initiate ⓥ시작하다, 개시하다

0614 ★☆☆

initiative

[iníʃiətiv]

ⓝ주도권, 솔선

Each party intended to take the initiative in the debate.
각 당사자는 토론에서 주도권을 잡으려고 의도하였다.

Check

□ excess	□ persuade	□ scare	□ pursue	□ pursuit
□ initial	□ initiative			

0615 ★☆☆

usage
[júːsidʒ]

ⓝ**용법**, 사용

The precise instrument doesn't endure rough usage.
그 정밀 기구는 거친 사용을 견디지 못한다.

0616 ★☆☆

idiom
[ídiəm]

ⓝ**관용어구**

The authors tend to avoid subtle idioms.
작가들은 미묘한 관용구를 피하는 경향이 있다.

0617 ★★☆

tolerate
[tάlərèit]

ⓥ**참다**, 용인하다

The president declared he would not tolerate foreign invasion.
대통령은 외국의 침입을 참지 않겠다고 선언하였다.

***tolerable** ⓐ참을 만한 ***tolerant** ⓐ관대한

0618 ★★☆

endure
[endjúər]

ⓥ**견디다**, 참다

The immigrants had to endure racial prejudice.
이민자들은 인종적 편견을 견뎌야 했다.

***endurance** ⓝ인내, 지구력 ***enduring** ⓐ지속적인

0619 ★★☆

prescribe
[priskráib]

ⓥ**처방하다**, 규정하다

He prescribes a herbal remedy for specific illnesses.
그는 특정 질병에 대하여 약초 치료를 처방한다.

***prescriptive** ⓐ규정하는, 지시하는

0620 ★★☆

prescription
[priskrípʃən]

ⓝ**처방**

You can't secure the rare medicine without a prescription.
너는 처방전 없이 희귀한 약을 확보할 수 없다.

0621 ★☆☆

beast
[biːst]

ⓝ**짐승**, 짐승 같은 자

The beast in the tale is a legendary creature.
그 이야기 속 짐승은 전설적인 동물이다.

Check

□ usage	□ idiom	□ tolerate	□ endure	□ prescribe
□ prescription	□ beast			

0622 ★★☆

layer

[léiər]

ⓝ**겹, 층**

The burger consists of several layers of cheese and meat.
버거는 여러 층의 치즈와 고기로 구성되어 있다.

*ozone layer 오존층

0623 ★★☆

temporary

[témpərèri]

ⓐ**임시의, 일시적인**

A permanent job is more stable than a temporary one.
정규직이 임시직보다 더 안정적이다.

*permanent ⓐ영원한

0624 ★★☆

reinforce

[rìːinfɔ́ːrs]

ⓥ**강화하다**

The commander reinforced the troops at the border.
사령관은 국경에 군대를 강화하였다.

*reinforcement ⓝ강화

0625 ★★☆

hardly

[hάːrdli]

ⓐ**거의 ~ 아니다**

People hardly ever confess their immoral sins.
사람들은 자신의 부도덕한 죄를 거의 고백하지 않는다.

0626 ★★☆

scarcely

[skέərsli]

ⓐ**거의 ~ 아니다**

There is scarcely any evidence to support his claim.
그의 주장을 뒷받침할 증거는 거의 없다.

0627 ★★☆

rarely

[rέərli]

ⓐ**거의 ~ 아니다**

I have rarely seen him so animated.
나는 그가 그렇게 생기 넘치는 것을 거의 본 적이 없다.

0628 ★★☆

seldom

[séldəm]

ⓐ**좀처럼 ~ 안 하다**

I seldom found anyone who admitted his arrogance.
나는 자신의 거만함을 인정하는 사람을 좀처럼 못 보았다.

Check

□ layer	□ temporary	□ reinforce	□ hardly	□ scarcely
□ rarely	□ seldom			

0629 ★★☆

scarce

[skέərs]

ⓐ**희귀한, 부족한**

There is fierce competition to secure the scarce resources.
희귀한 자원을 확보하기 위한 격심한 경쟁이 있다.

***scarcity** ⓝ희소성, 부족

0630 ★★☆

rare

[rεər]

ⓐ**드문**, 희귀한

We appreciated the rare treasures exhibited in the museum.
우리는 박물관에 전시된 희귀한 보물을 감상하였다.

0631 ★★☆

loan

[loun]

ⓝ**대출**

The emergency loan saved the manufacturer.
긴급 대출이 제조업체를 구하였다.

0632 ★★☆

interrupt

[ìntərʌ́pt]

ⓥ**방해하다**, 중단시키다

I concealed my emotion when interrupted by a visitor.
나는 방문객에 의해 방해받았을 때 내 감정을 숨겼다.

***interruption** ⓝ방해, 중단

0633 ★☆☆

tension

[ténʃən]

ⓝ**긴장**

Nail biting is often a subconscious reaction to tension.
손톱을 깨무는 것은 흔히 긴장에 대한 잠재 의식적인 반응이다.

***tense** ⓐ긴장한

0634 ★★☆

tame

[teim]

ⓥ**길들이다** ⓐ길들여진

Certain marine creatures can be tamed to some extent.
어떤 해양 동물들은 어느 정도 길들여 질 수 있다.

Check

□ scarce	□ rare	□ loan	□ interrupt	□ tension
□ tame				

0635 ★★☆

illusion

[ilúːʒən]

ⓝ환상, 착각

Their marriage ended in illusion and deceit.
그들의 결혼은 환상과 속임으로 끝났다.

0636 ★★★

distinguish

[distíŋgwiʃ]

ⓥ구별하다

He hardly distinguishes reality from illusion.
그는 현실과 환상을 거의 구별하지 못한다.

***distinguished** ⓐ뛰어난, 저명한

0637 ★★☆

conquer

[kάŋkər]

ⓥ정복하다, 극복하다

He conquered ignorance and greed.
그는 무지와 탐욕을 극복하였다.

***conqueror** ⓝ정복자

0638 ★★☆

conquest

[kάŋkwest]

ⓝ정복

His strong will led to the conquest of cancer.
그의 강한 의지가 암 정복으로 이어졌다.

0639 ★★☆

quit

[kwit]

ⓥ중단하다, 그만두다 (quit-quit-quit)

He quit the job as he inherited a considerable fortune.
그는 상당한 재산을 상속하여 일을 그만두었다.

0640 ★★☆

cherish

[tʃériʃ]

ⓥ소중히 간직하다

The descendants cherish the heritage their ancestors left.
후손들은 조상이 남겨 놓은 유산을 소중히 간직한다.

Check

☐ illusion	☐ distinguish	☐ conquer	☐ conquest	☐ quit
☐ cherish				

※ 정답 표시하지 마시고, 전용 오답 노트를 활용하여 집중 관리 하십시오. 모든 문제는 반복 학습용입니다.

1. ripe	ⓐ______		1. pursue	ⓥ______
2. ripen	ⓥ______		2. pursuit	ⓝ______
3. cultivate	ⓥ______		3. initial	ⓐ______
4. navigate	ⓥ______		4. initiative	ⓝ______
5. capacity	ⓝ______		5. usage	ⓝ______
6. intense	ⓐ______		6. idiom	ⓝ______
7. exceed	ⓥ______		7. tolerate	ⓥ______
8. excess	ⓝ______		8. endure	ⓥ______
9. persuade	ⓥ______		9. prescribe	ⓥ______
10. scare	ⓥ______		10. prescription	ⓝ______

1.익은 2.익다 3.경작하다 4.운항하다 5.능력 6.강렬한 7.초과하다 8.과다 9.설득하다 10.겁먹게 하다

1.추구하다 2.추구 3.처음의 4.주도권 5.용법 6.관용어구 7.참다 8.견디다 9.처방하다 10.처방

1. beast	ⓝ______		1. loan	ⓝ______
2. layer	ⓝ______		2. interrupt	ⓥ______
3. temporary	ⓐ______		3. tension	ⓝ______
4. reinforce	ⓥ______		4. tame	ⓥ______
5. hardly	ⓐⓓ______		5. illusion	ⓝ______ ______
6. scarcely	ⓐⓓ______		6. distinguish	ⓥ______
7. rarely	ⓐⓓ______		7. conquer	ⓥ______
8. seldom	ⓐⓓ______		8. conquest	ⓝ______
9. scarce	ⓐ______ ______		9. quit	ⓥ______
10. rare	ⓐ______		10. cherish	ⓥ______

1.짐승 2.겹 3.임시의 4.강화하다 5.거의 ~ 아니다 6.거의 ~ 아니다 7.거의 ~ 아니다 8.좀처럼 ~ 안 하다 9.희귀한, 부족한 10.드문

1.대출 2.방해하다 3.긴장 4.길들이다 5.환상, 착각 6.구별하다 7.정복하다 8.정복 9.중단하다 10.소중히 간직하다

PHRASE

far from 결코 ~ 아닌 (not at all, never)

feel at home 편히 느끼다 (feel comfortable)

feel like ~ing ~하고 싶은 심정이다 (be inclined to V)

figure out 이해하다 (make out, make sense of)

fill in 작성하다 (빈칸/각 부분 완성 개념, 전체 작성 개념 (주로 영국식))

fill out 작성하다 (전체 작성 개념)

find fault with 흠잡다 (criticize)

for a while 잠시 동안 (for a time) *in a while 잠시 후에

for ages 오랫동안 (for years, for a long time)

for fear (that) S should ~하지 않도록, ~할까 봐 두려워서 (lest S should)

for good 영원히 (forever, permanently)

for instance 예를 들면 (for example)

---

1. His explanation is ________ from the truth.
   그의 설명은 결코 사실이 아니다.

2. I feel at ________ in my new job.
   나는 새 직장에서 편하게 느낀다.

3. I feel like ________ something spicy.
   나는 매콤한 것을 먹고 싶은 심정이다.

4. I couldn't figure ________ the puzzle.
   나는 퀴즈를 이해할 수 없었다

5. Please fill ________ your personal details.
   당신의 개인 세부 정보를 작성하시오.

6. Please fill ________ the application form.
   지원서를 작성하시오.

7. The guest found ________ with the meal.
   손님은 음식을 흠잡았다.

8. I took a break for a ________.
   나는 잠시 동안 휴식을 취하였다.

9. I haven't visited my hometown for ________.
   나는 오랫동안 고향을 방문하지 못하였다.

10. I left early for ________ that he ________ miss the plane.
    나는 비행기를 놓치지 않도록 일찍 출발하였다.

11. He decided to leave his country for ________.
    그는 영원히 자기 나라를 떠나기로 결정하였다.

12. She loves fruits. For ________, she eats an apple every morning.
    그녀는 과일을 매우 좋아한다. 예를 들면, 그녀는 매일 아침에 사과를 먹는다.

※ 이 페이지의 단어들은 필요 시 참고하는 분야별 단어입니다. 학습자의 수준과 진도에 맞게 활용하십시오.

minister	장관, 성직자	communism	공산주의
governor	주지사	policy	정책
govern	통치하다	capitalism	자본주의
authority	권한, 당국, 권위	congress	의회
majority	다수	debate	논쟁
minority	소수	reform	개혁
civil	시민의, 공손한	protest	항의하다
candidate	후보자	demonstrate	입증하다, 시위하다

[Definition Quiz]

1. to show strong disagreement publicly. _______

2. a person running for a job or position. _______

3. a system where businesses are owned by private people for profit. _______

4. to take part in a public protest or show. _______

5. the leader of a state or region. _______

6. a change made to improve something. _______

7. the power to make decisions and enforce rules. _______

8. less than half of a group. _______

9. related to citizens and their rights. _______

10. a formal discussion with different opinions. _______

11. a group of people who make laws for a country. _______

12. a government official in charge of a department. _______

13. a plan or course of action by a government or organization. _______

14. more than half of a group. _______

15. a system where property is controlled by the community. _______

16. to control and make decisions for a country or area. _______

---

1. 공개적으로 강한 반대를 나타내다 **2.** 직책이나 자리를 얻기 위해 출마한 사람 **3.** 이익을 위해 개인이 소유하는 사업체 시스템 **4.** 공개 시위나 행사에 참여하다 **5.** 주나 지역의 지도자 **6.** 무언가를 개선하기 위해 만든 변화 **7.** 결정을 내리고 규칙을 시행하는 권력 **8.** 집단의 절반보다 적은 수 **9.** 시민과 그 권리와 관련된 **10.** 다양한 의견이 오가는 공식적인 토론 **11.** 국가의 법을 만드는 사람들 집단 **12.** 부서를 맡은 정부 관리 **13.** 정부나 조직이 세운 계획이나 행동 방향 **14.** 집단의 절반보다 많은 수 **15.** 재산을 공동체가 관리하는 시스템 **16.** 국가나 지역을 통치하고 결정하다

1.protest **2.**candidate **3.**capitalism **4.**demonstrate **5.**governor **6.**reform **7.**authority **8.**minority **9.**civil **10.**debate **11.**congress **12.**minister **13.**policy **14.**majority **15.**communism **16.**govern

◀ 7-2. Economy & Consumption p160 | Categories p549 | 9-1. Education p190 ▶

DAY
17

DAY 17

[진단 테스트]

※ 실력을 진단하고 점검하는 연결형 문제입니다. 문제에 표시하지 마시고, 전용 오답 노트를 활용하여 집중 관리 하십시오. 본 단어장의 모든 문제는 반복 학습용입니다.

1. omit	①아마
2. fault	②결점
3. defect	③가능성
4. probable	④가능성
5. probability	⑤가능성 있는
6. probably	⑥생략하다
7. possibly	⑦가능성 있는
8. likely	⑧결점
9. likelihood	⑨생계
10. livelihood	⑩아마

1.⑥ 2.② 3.⑧ 4.⑦ 5.③ 6.① 7.⑩ 8.⑤
9.④ 10.⑨

1. amaze	①놀라게 하다
2. astonish	②방식
3. frighten	③섭취
4. surprise	④복잡한
5. mode	⑤오도하는
6. misleading	⑥헛간
7. core	⑦놀라게 하다
8. intake	⑧핵심
9. complicated	⑨놀라게 하다
10. barn	⑩놀라게 하다

1.① 2.⑦ 3.⑨ 4.⑩ 5.② 6.⑤ 7.⑧ 8.③
9.④ 10.⑥

1. dispute	①논쟁
2. debate	②독립
3. quarrel	③논쟁
4. argument	④논쟁, 주장
5. oppose	⑤논쟁
6. opposite	⑥의존
7. opponent	⑦반대하다
8. dependence	⑧괴물
9. independence	⑨적
10. monster	⑩정반대의

1.③ 2.⑤ 3.① 4.④ 5.⑦ 6.⑩ 7.⑨ 8.⑥
9.② 10.⑧

1. ghost	①알쿠올 중독자
2. booth	②유령
3. foul	③전시하다
4. snap	④딱 부러뜨리다
5. dull	⑤전시하다
6. alcoholic	⑥선언하다
7. display	⑦칸막이
8. exhibit	⑧불안한
9. uneasy	⑨더러운
10. declare	⑩칙칙한

1.② 2.⑦ 3.⑨ 4.④ 5.⑩ 6.① 7.③ 8.⑤
9.⑧ 10.⑥

0641 ★★☆

omit
[oumít]

ⓥ**생략하다**
The host omitted the insignificant procedure.
사회자는 중요하지 않은 절차를 생략하였다.

***omission** ⓝ생략

0642 ★☆☆

fault
[fɔːlt]

ⓝ**결점**, 잘못
The machine stopped working due to mechanical faults.
그 기계는 기계적 결함 때문에 작동을 멈췄다.

0643 ★★☆

defect
[difékt]

ⓝ**결점**, 결함
He strove to overcome his inherited defect.
그는 자기의 유전적 결함을 극복하려고 애썼다.

***defective** ⓐ결점 있는

0644 ★☆☆

probable
[prɑ́bəbəl]

ⓐ**가능성 있는**
A disaster is expected as a probable outcome.
재난은 가능성 있는 결과로 예상된다.

0645 ★☆☆

probability
[prɑ̀bəbíləti]

ⓝ**가능성**, 확률
The probability of winning the scholarship was very low.
장학금을 받을 가능성은 매우 낮았다.

0646 ★★☆

probably
[prɑ́bəbli]

ⓐ**아마**
The creatures probably survived the volcanic eruptions.
그 동물들은 아마도 화산 분출 후에도 생존하였다.

0647 ★★☆

possibly
[pɑ́səbəli]

ⓐ**아마**, 혹시라도
The fierce storm will possibly approach the coast soon.
맹렬한 폭풍우가 아마도 곧 해안에 접근할 것이다.

Check

□ omit	□ fault	□ defect	□ probable	□ probability
□ probably	□ possibly			

0648 ★★★

likely

[láikli]

ⓐ**가능성 있는**

He was selected as the likely candidate for the post.
그는 그 직위에 가능성 있는 후보자로 선발되었다.

0649 ★★★

likelihood

[láiklihùd]

ⓝ**가능성**

The electronic device reduces the likelihood of car crashes.
그 전자 장치는 자동차 충돌 가능성을 줄여 준다.

0650 ★☆☆

livelihood

[láivlihùd]

ⓝ**생계**

Dairy farming is a means of their livelihood.
낙농업은 그들의 생계 수단이다.

0651 ★★☆

amaze

[əméiz]

ⓥ**놀라게 하다** (긍정적 놀라움)

The competitor demonstrated his amazing feat.
경쟁자는 놀라운 묘기를 보여주었다.

***amazing** ⓐ놀라운

0652 ★★☆

astonish

[əstániʃ]

ⓥ**놀라게 하다** (일반적 아닌 상황)

The magician rarely failed to astonish the audience.
마술사는 관객을 놀라게 하는 데 거의 실패하지 않았다.

0653 ★☆☆

frighten

[fráitn]

ⓥ**놀라게 하다** (공포), 두려워하게 하다

Their intention is to frighten the public into obedience.
그들의 의도는 대중을 놀라게 하여 복종하도록 하는 것이다.

***fright** ⓝ공포

0654 ★☆☆

surprise

[sərpráiz]

ⓥ**놀라게 하다**

The children hid to surprise their parents.
아이들은 부모님을 놀라게 하려고 숨었다.

Check

□ likely	□ likelihood	□ livelihood	□ amaze	□ astonish
□ frighten	□ surprise			

0655 ★☆☆

mode
[moud]

ⓝ**방식**, 유행

His mode of expression offended his opponent.
그의 표현 방식은 상대방을 불쾌하게 하였다.

0656 ★☆☆

misleading
[mislíːdiŋ]

ⓐ**오도하는**, 오해하게 하는

He made a misleading statement to confuse people.
그는 사람들을 혼동시키려고 오도하는 발표문을 만들었다.

0657 ★★☆

core
[kɔːr]

ⓝ**핵심**

The agency concentrated on a few core tasks.
그 기관은 몇 가지 핵심 과제에 집중하였다.

0658 ★☆☆

intake
[inteik]

ⓝ**섭취**

The diets are inadequate for proper nutritional intake.
그 식품들은 적절한 영양분 섭취에 불충분하다.

(0137) ★★☆

complex
[kəmpléks]

ⓐ**복잡한** ⓝ**복합 단지, 강박 관념**

The debaters were given a complex subject.
토론자들은 복잡한 주제가 주어졌다.

***complexity** ⓝ복잡성

0659 ★★☆

complicated
[kάmplikèitid]

ⓐ**복잡한**

The classification of creatures is rather complicated.
생물의 분류는 다소 복잡하다.

***complicate** ⓥ복잡하게 만들다

0660 ★☆☆

barn
[bɑːrn]

ⓝ**헛간**

The cows are feeding on hay in the barn.
소들이 헛간에서 건초를 먹고 있다.

Check

□ mode	□ misleading	□ core	□ intake	□ complex
□ complicated	□ barn			

0661 ★★☆

dispute
[dispjúːt]

ⓝ논쟁 (이해(利害)관계 충돌), 분쟁 ⓥ논쟁하다, 반박하다

They settled the border **dispute** by diplomatic means.
그들은 외교적 수단으로 국경 분쟁을 해결하였다.

0662 ★★☆

debate
[dibéit]

ⓝ논쟁 (각자 견해 제시), 토론 ⓥ논쟁하다, 토론하다

The fierce **debate** worsened into an exchange of insults.
격렬한 논쟁은 모욕을 주고받는 상황으로 악화되었다.

0663 ★★☆

quarrel
[kwɔ́ːrəl]

ⓝ논쟁 (감정 다툼), 언쟁 ⓥ다투다

I unwillingly got involved in their **quarrel**.
나는 그들의 논쟁에 꺼림직하게 개입하였다.

0664 ★★☆

argument
[άːrgjəmənt]

ⓝ논쟁 (의견 불일치), 주장

I remained neutral in their tense **argument**.
나는 그들의 긴장된 논쟁에서 중립을 유지하였다.

The student presented a logical **argument**.
학생은 논리적인 주장을 제시하였다.

***argue** ⓥ논쟁하다, 주장하다

0665 ★★☆

oppose
[əpóuz]

ⓥ반대하다

The factory **opposed** the strict measures to remove pollutants.
공장은 오염 물질 제거를 위한 엄격한 조치에 반대하였다.

***opposition** ⓝ반대

0666 ★★☆

opposite
[άpəzit]

ⓐ정반대의

Both parties reached the **opposite** conclusions.
양 당사자는 정반대의 결론에 도달하였다.

0667 ★★☆

opponent
[əpóunənt]

ⓝ적, 반대자, 상대

He attempted to remove his political **opponent**.
그는 자신의 정적을 제거하려고 시도하였다.

Check				
□ dispute	□ debate	□ quarrel	□ argument	□ oppose
□ opposite	□ opponent			

0668 ★★☆

dependence
[dipéndəns]

ⓝ**의존**

They maintain close ties based on a mutual dependence.
그들은 상호 의존에 기반하여 긴밀한 유대 관계를 유지한다.

***dependent** ⓐ의존하는

0669 ★★☆

independence
[ìndipéndəns]

ⓝ**독립**

Kenya achieved independence from British colonial rule.
케냐는 영국의 식민지 통치로부터 독립을 성취하였다.

***independent** ⓐ독립적인

0670 ★☆☆

monster
[mɑ́nstər]

ⓝ**괴물**, 괴물 같은 사람

She argues that the monster be put in prison.
그녀는 그 괴물 같은 사람이 투옥되어야 한다고 주장한다.

0671 ★☆☆

ghost
[goust]

ⓝ**유령**

She asserts that a ghost appeared in her chamber.
그녀는 유령이 자기 방에 나타났었다고 주장한다.

0672 ★☆☆

booth
[buːθ]

ⓝ**칸막이** (각종 행사/활동 등을 위해 나누어진 작은 공간), 전시 공간, 투표소

They exhibited their merchandise on a corner booth.
그들은 모퉁이 칸막이에서 상품을 전시하였다.

***compartment** ⓝ칸막이 (특정 용도에 맞게 설계 구획된 공간), 기차 객실

0673 ★☆☆

foul
[faul]

ⓐ**더러운**, 상한

The foul odor spoiled the feast.
더러운 냄새가 잔치를 망쳤다.

0674 ★☆☆

snap
[snæp]

ⓥ**딱 부러뜨리다**, 딱 부러지다, 딱 소리 나다

The storm snapped the branch off the tree.
폭풍이 나뭇가지를 딱 부러뜨렸다.

Check

□ dependence	□ independence	□ monster	□ ghost	□ booth
□ foul	□ snap			

0675 ★★☆

dull

[dʌl]

ⓐ**칙칙한**, 둔한, 지루한

Their presentation was boring and dull.

그들의 발표는 지루하고 칙칙하였다.

0676 ★☆☆

alcoholic

[æ̀lkəhɔ́(:)li]

ⓝ**알코올 중독자** ⓐ알코올이 들어있는

The alcoholic was arrested for breaking a sign.

알코올 중독자는 안내판을 파손하여 체포되었다.

0677 ★★☆

display

[displéi]

ⓥ**전시하다** (잘 보이도록 하는 개념), 진열하다 ⓝ표시

The museum displayed the collected antiques.

박물관은 수집된 골동품들을 전시하였다.

0678 ★★☆

exhibit

[igzíbit]

ⓥ**전시하다** (공개하는 개념), 전람하다 ⓝ전시품

The celebrated painter exhibited his works in the gallery.

유명한 화가는 화랑에서 자신의 작품들을 전시하였다.

***exhibition** ⓝ전시, 전시회

0679 ★★☆

uneasy

[ʌníːzi]

ⓐ**불안한**, 불편한

She looked uneasy when asked awkward questions.

그녀는 어색한 질문을 받았을 때 불안해 보였다.

***easy** ⓐ편안한, 쉬운

0680 ★★☆

declare

[dikléər]

ⓥ**선언하다**, 표명하다, (세관에) 신고하다

The accused man declared himself innocent.

피고는 자신이 무죄라고 선언하였다.

***declaration** ⓝ선언, 세관 신고

Check				
□ dull	□ alcholic	□ display	□ exhibit	□ uneasy
□ declare				

※ 정답 표시하지 마시고, 전용 오답 노트를 활용하여 집중 관리 하십시오. 모든 문제는 반복 학습용입니다.

1. omit ⓥ_______   **1.** amaze ⓥ_______
2. fault ⓝ_______   **2.** astonish ⓥ_______
3. defect ⓝ_______   **3.** frighten ⓥ_______
4. probable ⓐ_______   **4.** surprise ⓥ_______
5. probability ⓝ_______   **5.** mode ⓝ_______
6. probably ⓐ_______   **6.** misleading ⓐ_______
7. possibly ⓐ_______   **7.** core ⓝ_______
8. likely ⓐ_______   **8.** intake ⓝ_______
9. likelihood ⓝ_______   **9.** complicated ⓐ_______
10. livelihood ⓝ_______   **10.** barn ⓝ_______

1.생략하다 **2.**결점 **3.**결점 **4.**가능성 있는 **5.**가능성 **6.**아마 **7.**아마 **8.**가능성 있는 **9.**가능성 **10.**생계

1.놀라게 하다 **2.**놀라게 하다 **3.**놀라게 하다 **4.**놀라게 하다 **5.**방식 **6.**오도하는 **7.**핵심 **8.**섭취 **9.**복잡한 **10.**헛간

1. dispute ⓝ_______   **1.** ghost ⓝ_______
2. debate ⓝ_______   **2.** booth ⓝ_______
3. quarrel ⓝ_______   **3.** foul ⓐ_______
4. argument ⓝ_______ _______   **4.** snap ⓥ_______
5. oppose ⓥ_______   **5.** dull ⓐ_______
6. opposite ⓐ_______   **6.** alcoholic ⓝ_______
7. opponent ⓝ_______   **7.** display ⓥ_______
8. dependence ⓝ_______   **8.** exhibit ⓥ_______
9. independence ⓝ_______   **9.** uneasy ⓐ_______
10. monster ⓝ_______   **10.** declare ⓥ_______

1.논쟁 **2.**논쟁 **3.**논쟁 **4.**논쟁, 주장 **5.**반대하다 **6.**정반대의 **7.**적 **8.**의존 **9.**독립 **10.**괴물

1.유령 **2.**칸막이 **3.**더러운 **4.**딱 부러뜨리다 **5.**칙칙한 **6.**알코올 중독자 **7.**전시하다 **8.**전시하다 **9.**불안한 **10.**선언하다

PHRASE

for lack of ~이 부족하여 (for want of)
for life 평생 동안
for my part 나로서는 (as for me)
for nothing 공짜로, 헛되이
for one thing 첫째는
for one's age 나이에 비해 (considering one's age)
for oneself 혼자, 혼자 힘으로 *by oneself 혼자, 홀로 *of oneself 저절로 *in spite of oneself 자신도 모르게
for the most part 대개 (mostly)
for the purpose of ~할 목적으로 (with a view to ~ing, in order to V, so as to V)
for the sake of ~을 위하여 (for ~'s sake)
for the time being 당분간 (for the present)
for want of ~이 부족하여 (in want of, for lack of)

1. The applicant was rejected for ________ of experience.
지원자는 경험 부족으로 거절당했다.

2. You have to care for the pet for ________.
너는 평생 동안 애완동물을 돌봐야 한다.

3. For my ________, I have no problem with the decision.
나로서는, 그 결정에 아무 문제가 없다.

4. I got the bike ________ nothing.
나는 공짜로 자전거를 얻었다.

5. I don't like the restaurant. For one ________, the service is awful.
나는 그 식당을 좋아하지 않는다. 첫째로는, 서비스가 끔찍하다.

6. He looks fit ________ his age.
그는 나이에 비해 건강해 보인다.

7. He fixed the roof ________ himself.
그는 혼자 힘으로 지붕을 수리하였다.

8. For the most ________, people here are kind.
대개 이곳 사람들은 친절하다.

9. You must wear a helmet for the ________ of safety.
나는 안전을 위하여 헬멧을 착용해야 한다.

10. They stopped arguing for the ________ of peace.
그들은 평화를 위하여 논쟁을 멈췄다.

11. I have to stay here for the time ________.
나는 당분간 여기에 머물러야 한다.

12. His business closed down for ________ of funds.
그의 사업체는 자금이 부족하여 문을 닫았다.

※ 이 페이지의 단어들은 필요 시 참고하는 분야별 단어입니다. 학습자의 수준과 진도에 맞게 활용하십시오.

principal	교장, 주요한	assignment	과제, 할당
professor	교수	performance	수행, 성과
scholarship	장학금	motivation	동기 유발, 동기 부여
semester	학기	admission	입장, 입학
session	학기, 회기	grade	등급, 학년
regulation	규정	diploma	졸업장
evaluation	평가	degree	정도, 학위
participation	참가	graduate	졸업생, 졸업하다

[Definition Quiz]

1. a score or level of achievement. _______

2. the reason for doing something. _______

3. a title earned after completing college studies. _______

4. a task or homework given to students. _______

5. a certificate showing completion of school. _______

6. the process of judging or grading. _______

7. half of an academic year. _______

8. how well someone does a task. _______

9. a person who has finished school. _______

10. the head of a school. _______

11. taking part in an activity. _______

12. a period of time for a class or meeting. _______

13. the process of entering a school. _______

14. money given to help pay for school. _______

15. a teacher at a college or university. _______

16. a rule or law. _______

---

1. 성적이나 성취 수준 **2.** 무언가를 하는 이유 **3.** 대학 공부를 마치고 얻는 학위 **4.** 학생들에게 주어진 과제나 숙제 **5.** 학교 졸업을 증명하는 증서 **6.** 평가하거나 점수를 매기는 과정 **7.** 학년의 절반 기간 **8.** 누군가가 과제를 얼마나 잘 수행하는지 **9.** 학교를 마친 사람 **10.** 학교의 책임자 **11.** 활동에 참여하는 것 **12.** 수업이나 모임의 시간 단위 **13.** 학교에 입학하는 과정 **14.** 학교 비용을 돕기 위해 주는 돈 **15.** 대학에서 가르치는 선생님 **16.** 규칙이나 법칙

1.grade **2.**motivation **3.**degree **4.**assignment **5.**diploma **6.**evaluation **7.**semester **8.**performance **9.**graduate **10.**principal **11.**participation **12.**session **13.**admission **14.**scholarship **15.**professor **16.**regulation

---

◀ 8. Politics p180   Categories p549   9-2. Education p210 ▶

DAY
18

DAY 18

[진단 테스트]

※ 실력을 진단하고 점검하는 연결형 문제입니다. 문제에 표시하지 마시고, 전용 오답 노트를 활용하여 집중 관리 하십시오. 본 단어장의 모든 문제는 반복 학습용입니다.

1. pollute	①숨기다
2. frank	②보통의
3. rely	③의존하다
4. reliable	④숨기다
5. normal	⑤오염시키다
6. ordinary	⑥신뢰할 만한
7. nuclear	⑦도둑
8. conceal	⑧보통의
9. hide	⑨솔직한
10. thief	⑩핵의

1.⑤ 2.⑨ 3.③ 4.⑥ 5.② 6.⑧ 7.⑩ 8.①
9.④ 10.⑦

1. resemble	①부분, 몫
2. reputation	②평판
3. labor	③혼란
4. forest	④닮다
5. favor	⑤각도
6. chaos	⑥노동
7. shortage	⑦삼림
8. angle	⑧부족
9. proportion	⑨호의
10. portion	⑩비율

1.④ 2.② 3.⑥ 4.⑦ 5.⑨ 6.③ 7.⑧ 8.⑤
9.⑩ 10.①

1. statue	①조각 작품
2. sculpture	②매혹하다
3. decay	③조각상
4. expand	④감사하는
5. analyze	⑤분석하다
6. structure	⑥매혹하다
7. grateful	⑦썩다
8. dense	⑧밀집한
9. attract	⑨팽창하다
10. charm	⑩구조

1.③ 2.① 3.⑦ 4.⑨ 5.⑤ 6.⑩ 7.④ 8.⑧
9.② 10.⑥

1. worsen	①대체하다
2. recover	②회복하다
3. restore	③극지방의
4. polar	④재난
5. urgent	⑤고아
6. disaster	⑥복구하다
7. replace	⑦대체하다
8. substitute	⑧악화시키다
9. orphan	⑨긴급한
10. overvalue	⑩과대평가하다

1.⑧ 2.② 3.⑥ 4.③ 5.⑨ 6.④ 7.① 8.⑦
9.⑤ 10.⑩

0681 ★★☆
pollute
[pəlúːt]

ⓥ오염시키다

The use of fertilizers that pollute water is banned.
물을 오염시키는 비료의 사용은 금지된다.

*pollution ⓝ오염, 공해 *pollutant ⓝ오염 물질

0682 ★★☆
frank
[fræŋk]

ⓐ솔직한

He admitted his faults with a frank attitude.
그는 솔직한 태도로 자신의 잘못을 인정하였다.

*frankly speaking 솔직히 말하자면

0683 ★★☆
rely
[rilái]

ⓥ의존하다

Astronauts rely on specially prepared food during missions.
우주 비행사들은 임무 중에 특별하게 준비된 음식에 의존한다.

*reliance ⓝ의존

0684 ★★☆
reliable
[riláiəbəl]

ⓐ신뢰할 만한

Accurately analyzed data are reliable indicators.
정확하게 분석된 자료는 신뢰할 만한 지표이다.

*reliability ⓝ신뢰성

0685 ★★☆
normal
[nɔ́ːrməl]

ⓐ보통의, 정상의

Eliminating criminal elements is not a normal task.
범죄 요소를 제거하는 것은 보통의 과제가 아니다.

*abnormal ⓐ정상이 아닌 *norm ⓝ규범, 표준, 기준

0686 ★★☆
ordinary
[ɔ́ːrdənèri]

ⓐ보통의, 평범한

The river shrank into an ordinary stream.
강은 평범한 시냇물로 줄어들었다.

*extraordinary ⓐ보통이 아닌, 대단한

Check

☐ pollute	☐ frank	☐ rely	☐ reliable	☐ normal
☐ ordinary				

common
[kάmən]

ⓐ**보통의, 공통의**

This bird differs from the common one in its feathers.
이 새는 깃털이 보통의 새와 다르다.

They assembled to pursue their common interests.
그들은 공통의 이익을 추구하기 위해 모였다.

*uncommon ⓐ보통이 아닌, 특이한

0687 ★☆☆

nuclear
[njúːkliər]

ⓐ**핵의**

It is unjust to apply the rule to the nuclear power station.
그 규칙을 원자력 발전소에 적용하는 것은 부당하다.

*nuclear power plant 원자력 발전소

0688 ★★☆

conceal
[kənsíːl]

ⓥ**숨기다**

He concealed his identity to escape the police.
그는 경찰을 피하려고 자신의 신분을 숨겼다.

*concealment ⓝ숨김, 은폐

0689 ★★☆

hide
[haid]

ⓥ**숨기다**, 숨다 (hide-hid-hidden)

He didn't bother to hide his ambition.
그는 자신의 야망을 숨기려 애쓰지 않았다.

*hidden ⓐ숨겨진

0690 ★☆☆

thief
[θiːf]

ⓝ**도둑** (사람)

A thief stole wallets and valuables in the gym.
도둑이 체육관에서 지갑과 귀중품을 훔쳤다.

*theft ⓝ도둑질, 절도

0691 ★☆☆

resemble
[rizémbəl]

ⓥ**닮다**

He resembles his father in both appearance and temperament.
그는 외모와 본성 모두 자신의 아버지를 닮았다.

*resemblance ⓝ닮음, 유사함

Check

□ common	□ nuclear	□ conceal	□ hide	□ thief
□ resemble				

0692 ★★☆

reputation

[rèpjətéiʃən]

ⓝ평판(評判) (repute)

He acquired a bad reputation for deceit.
그는 기만으로 인하여 나쁜 평판을 얻었다.

*good reputation 좋은 평판 *bad reputation 나쁜 평판

0693 ★☆☆

labor

[léibər]

ⓝ노동

Some minors provided local factories with manual labor.
몇몇 미성년자들이 지역 공장에 육체노동을 제공하였다.

*laborer ⓝ노동자

0694 ★☆☆

forest

[fɔ́(:)rist]

ⓝ삼림

A steep track wound through dense forest.
가파른 길이 울창한 숲을 통과하여 휘어졌다.

*deforest ⓥ(삼림) 벌채하다

0695 ★☆☆

favor

[féivər]

ⓝ호의

I am obliged to return your favor.
나는 너의 호의에 보답해야만 한다.

*favorable ⓐ호의적인

0696 ★★☆

chaos

[kéiɑs]

ⓝ혼란, 혼돈

Order was restored from chaos on the street.
거리의 혼란으로부터 질서가 회복되었다.

*chaotic ⓐ혼란스러운

0697 ★☆☆

shortage

[ʃɔ́ːrtidʒ]

ⓝ부족

Domestic industries faced a severe shortage of fuel.
국내 산업은 심한 연료 부족에 직면하였다.

*surplus ⓝ잉여, 흑자

Check

□ reputation	□ labor	□ forest	□ favor	□ chaos
□ shortage				

0698 ★☆☆

angle
[ǽŋgl]

ⓝ**각도**

The plane descended at a steep angle.
비행기가 가파른 각도로 하강하였다.

0699 ★★☆

proportion
[prəpɔ́ːrʃən]

ⓝ**비율** (전체 중 일부가 차지하는 비율)

A large proportion of freight was transported by train.
대부분 화물은 열차로 운송되었다.

(0113) ★★★

rate
[reit]

ⓝ**비율** (발생률, 변화율, 수수료율 등), **속도**, 요금 ⓥ**평가하다**

The annual rate of interest reached double figures.
연간 이자율이 두 자릿수에 도달하였다.

The experts rated the grain as superior in its nutrition.
전문가들은 그 곡식을 영양에 있어서 우수하다고 평가하였다.

*rating ⓝ평점, 등급 *ratio ⓝ비율 (쌍방 비교)

0700 ★★☆

portion
[pɔ́ːrʃən]

ⓝ**부분, 몫**

A large portion of donations was given to the destroyed area.
기증품의 많은 부분은 파괴된 지역으로 전달되었다.

0701 ★★☆

statue
[stǽtʃuː]

ⓝ**조각상**

He watched a pigeon on the marble statue.
그는 대리석 조각상 위에 있는 비둘기를 바라보았다.

*status ⓝ상태, 지위

0702 ★★☆

sculpture
[skʌ́lptʃər]

ⓝ**조각 작품**, 조각

The museum completed the acquisition of the sculpture.
박물관은 조각 작품의 취득을 완료하였다.

*sculptor ⓝ조각가

Check				
☐ angle	☐ proportion	☐ rate	☐ portion	☐ statue
☐ sculpture				

0703 ★★☆

decay
[dikéi]

ⓥ썩다 ⓝ부패

My permanent tooth started to decay.
나의 영구 치아가 썩기 시작했다.

*decayed tooth 충치

0704 ★★☆

expand
[ikspǽnd]

ⓥ팽창하다, 확장하다

Substances have a tendency to expand if heated.
물질은 가열되면 팽창하는 경향이 있다.

*expend ⓥ소비하다 *expansion ⓝ팽창, 확장 *expansive ⓐ광범위한

0705 ★★☆

analyze
[ǽnəlàiz]

ⓥ분석하다

The organization periodically analyzes our financial status.
그 기관은 정기적으로 우리의 재정 상태를 분석한다.

*analysis ⓝ분석 *analyst ⓝ분석가

0706 ★★☆

structure
[strʌ́ktʃər]

ⓝ구조, 구조물

The geologist researched the structure of the rock.
지질학자는 암반의 구조를 연구하였다.

*structural ⓐ구조적인

0707 ★★☆

grateful
[gréitfəl]

ⓐ감사하는

We are infinitely grateful for your prompt cooperation.
우리는 너의 신속한 협력에 무한히 감사한다.

*gratitude ⓝ감사

0708 ★★☆

dense
[dens]

ⓐ밀집한

A blanket of dense mist stretched across the horizon.
두꺼운 덮개 같은 짙은 안개가 수평선을 가로질러 펼쳐졌다.

*density ⓝ밀도

Check				
□ decay	□ expand	□ analyze	□ structure	□ grateful
□ dense				

0709 ★★☆

attract
[ətrǽkt]

ⓥ**매혹하다**, (마음 등을) 끌다

The nutrient program **attracts** female customers.
그 영양 프로그램은 여성 고객들을 매혹한다.

***attractive** ⓐ매력적인

0710 ★★☆

charm
[tʃɑːrm]

ⓥ**매혹하다**, 매력을 갖다 ⓝ매력

The sailor's tales of adventure **charmed** the children.
선원들의 모험 이야기는 아이들을 매혹하였다.

***charming** ⓐ매력적인

0711 ★☆☆

worsen
[wə́ːrsən]

ⓥ**악화시키다**, 악화되다

His injury was **worsened** by excessive exercise.
그의 부상은 과도한 운동으로 악화되었다.

***better** ⓥ개선하다

0712 ★★☆

recover
[rikʌ́vər]

ⓥ**회복하다**, 되찾다

The patient has an intense will to **recover** from the operation.
그 환자는 수술로부터 회복하려는 강한 의지를 지니고 있다.

***recovery** ⓝ회복

0713 ★★☆

restore
[ristɔ́ːr]

ⓥ**복구하다**, 복원하다, 원상태로 돌리다

The countries **restored** diplomatic relations.
그 나라들은 외교 관계를 복원하였다.

***restoration** ⓝ복구, 복원

0714 ★★☆

polar
[póulər]

ⓐ**극지방의**, 정반대의

The geologist explored the Antarctic, a **polar** region.
지질학자는 극지방인 남극을 탐사하였다.

***pole** ⓝ극, 막대

Check				
□ attract	□ charm	□ worsen	□ recover	□ restore
□ polar				

0715 ★☆☆

urgent
[ə́ːrdʒənt]

ⓐ**긴급한**

The domestic difficulties demand an urgent solution.
가정의 어려움은 긴급한 해결책을 요구한다.

*__urge__ ⓥ재촉하다 ⓝ충동

0716 ★★☆

disaster
[dizǽstər]

ⓝ**재난**, 참사

They didn't figure out the extent of the disaster.
그들은 재난의 정도를 파악하지 못하였다.

*__disastrous__ ⓐ처참한

0717 ★★★

replace
[ripléis]

ⓥ**대체하다**

They replaced the assembly line with the improved one.
그들은 조립 공정을 개선된 공정으로 대체하였다.

*__replace A with B__ A를 B로 대체하다

0718 ★★★

substitute
[sʌ́bstitjùːt]

ⓥ**대체하다** ⓝ대체품, 대체 인력, 후보 선수

The teacher substituted a simple word for the complex term.
선생님은 복잡한 용어를 단순한 단어로 대체하였다.

*__substitute A for B__ B를 A로 대체하다

0719 ★☆☆

orphan
[ɔ́ːrfən]

ⓝ**고아**

The widow adopted the orphan from an orphanage.
미망인은 보육원에서 고아를 입양하였다.

*__orphanage__ ⓝ고아원, 보육원

0720 ★☆☆

overvalue
[əʊvə'vælju]

ⓥ**과대평가하다**

The economist is inclined to overvalue the venture's prospects.
경제학자는 모험 기업의 전망을 과대평가하는 경향이 있다.

*__undervalue__ ⓥ과소평가하다

Check				
☐ urgent	☐ disaster	☐ replace	☐ substitute	☐ orphan
☐ overvalue				

REVIEW

※ 정답 표시하지 마시고, 전용 오답 노트를 활용하여 집중 관리 하십시오. 모든 문제는 반복 학습용입니다.

1. pollute	ⓥ______	1. resemble	ⓥ______
2. frank	ⓐ______	2. reputation	ⓝ______
3. rely	ⓥ______	3. labor	ⓝ______
4. reliable	ⓐ______	4. forest	ⓝ______
5. normal	ⓐ______	5. favor	ⓝ______
6. ordinary	ⓐ______	6. chaos	ⓝ______
7. nuclear	ⓐ______	7. shortage	ⓝ______
8. conceal	ⓥ______	8. angle	ⓝ______
9. hide	ⓥ______	9. proportion	ⓝ______
10. thief	ⓝ______	10. portion	ⓝ______ ______

1.오염시키다 2.솔직한 3.의존하다 4.신뢰할 만한 5.보통의 6.보통의 7.핵의 8.숨기다 9.숨기다 10.도둑

1.닮다 2.평판 3.노동 4.삼림 5.호의 6.혼란 7.부족 8.각도 9.비율 10.부분, 몫

1. statue	ⓝ______	1. worsen	ⓥ______
2. sculpture	ⓝ______	2. recover	ⓥ______
3. decay	ⓥ______	3. restore	ⓥ______
4. expand	ⓥ______	4. polar	ⓐ______
5. analyze	ⓥ______	5. urgent	ⓐ______
6. structure	ⓝ______	6. disaster	ⓝ______
7. grateful	ⓐ______	7. replace	ⓥ______
8. dense	ⓐ______	8. substitute	ⓥ______
9. attract	ⓥ______	9. orphan	ⓝ______
10. charm	ⓥ______	10. overvalue	ⓥ______

1.조각상 2.조각 작품 3.썩다 4.팽창하다 5.분석하다 6.구조 7.감사하는 8.밀집한 9.매혹하다 10.매혹하다

1.악화시키다 2.회복하다 3.복구하다 4.극지방의 5.긴급한 6.재난 7.대체하다 8.대체하다 9.고아 10.과대평가하다

※ 정답 표시하지 마시고, 전용 오답 노트를 활용하여 집중 관리 하십시오. 모든 문제는 반복 학습용입니다.

---

free from ~이 없는 (탈피 개념)

free of ~이 없는 (미포함 개념)

from a distance 멀리서 (at a distance)

from hand to mouth 하루 벌어 하루 먹고 사는

from time to time 가끔 (now and then/again, once in a while, at times, on occasion, occasionally)

get along 살아가다, 진행되다

get better 좋아지다 (become better) *get worse 악화되다 (become worse)

get in the way 방해되다 (be in the way) *get in one's way ~에게 방해가 되다

get in touch with 접촉하다, 연락하다 (keep in touch with)

get off 내리다

get on 타다 *get in 타다 (안으로 들어가는 개념)

get one's own way 마음대로 하다 (have one's own way)

---

1. He is free _________ anxiety.
그는 걱정이 없다.

2. The product is free _________ harmful chemicals.
그 제품은 해로운 화학 물질이 없다.

3. I watched the actor from a _________.
나는 멀리서 배우를 보았다.

4. Many people here live from _________ to _________.
이곳에 많은 사람들이 하루 벌어 하루 먹고 산다.

5. We gather together from _________ to _________.
우리는 가끔 함께 모인다.

6. He gets along well _________ himself.
그는 혼자서 잘 살아간다.

7. Things will get _________ soon.
여러 가지가 곧 좋아질 거야.

8. The noise got _________ the way of my study.
소음이 나의 공부에 방해가 되었다.

9. You can get _________ touch with me anytime.
너는 언제나 나에게 연락할 수 있어.

10. I have to get _________ the bus at the next stop.
나는 다음 정류장에서 버스를 내려야 한다.

11. I got _________ the train just before it left.
나는 열차가 떠나기 직전에 탔다.

12. She always gets her own _________.
그녀는 항상 자기 마음대로 한다.

DAY
19

DAY 19

[진단 테스트]

※ 실력을 진단하고 점검하는 연결형 문제입니다. 문제에 표시하지 마시고, 전용 오답 노트를 활용하여 집중 관리 하십시오. 본 단어장의 모든 문제는 반복 학습용입니다.

1. livestock	①초원
2. drug	②가축
3. pop	③찰싹 치다
4. hop	④펑 터지다
5. funeral	⑤요리사
6. utilize	⑥약
7. awkward	⑦초원
8. goodwill	⑧깡충 뛰다
9. chef	⑨장례식
10. slap	⑩호의

1.② 2.⑥ 3.④ 4.⑧ 5.⑨ 6.① 7⑦ 8.⑩
9.⑤ 10.③

1. holy	①신원/실체 확인
2. meadow	②턱
3. pasture	③성스러운
4. magnet	④확인하다
5. chin	⑤어색한
6. jaw	⑥신원/실체
7. cheek	⑦활용하다
8. identify	⑧턱
9. identification	⑨뺨
10. identity	⑩자석

1.③ 2.⑦ 3.⑤ 4.⑩ 5.② 6.⑧ 7.⑨ 8.④
9.① 10.⑥

1. document	①직물
2. portable	②옷감
3. magnificent	③장관
4. spectacular	④옷
5. spectacle	⑤장엄한
6. fiber	⑥문서
7. fabric	⑦휴대용
8. cloth	⑧옷
9. clothes	⑨섬유
10. clothing	⑩장엄한

1.⑥ 2.⑦ 3.⑤ 4.⑩ 5.③ 6.⑨ 7.① 8.②
9.④ 10.⑧

1. garment	①벽장
2. costume	②옷
3. starve	③전선
4. closet	④의상
5. narrate	⑤보호하다
6. wire	⑥정밀한
7. protect	⑦서술하다
8. experiment	⑧굶주리다
9. range	⑨범위
10. precise	⑩실험

1.② 2.④ 3.⑧ 4.① 5.⑦ 6.③ 7.⑤ 8.⑩
9.⑨ 10.⑥

0721 ★★☆

livestock ⓝ가축
[láivstɑk]
The rapidly rising flood drowned scores of livestock.
빠르게 불어나는 홍수가 수십 마리의 가축을 익사시켰다.

0722 ★★☆

drug ⓝ약, 마약
[drʌg]
The drug can cause side effects if overused.
그 약은 과도하게 사용되면 부작용을 초래할 수 있다.

*drugstore ⓝ약국 (pharmacy)

0723 ★☆☆

pop ⓥ펑 터지다, 갑자기 나타나다 ⓝ대중음악 (pop music)
[pɑp]
Corn and grains pop at a high temperature.
옥수수와 곡물들은 높은 온도에서 펑 하고 터진다.

0724 ★☆☆

hop ⓥ깡충 뛰다
[hɑp]
The rabbit hopped, and the turtle crawled up.
토끼는 깡충 뛰었고, 거북이는 기어 올라갔다.

*grasshopper ⓝ메뚜기

0725 ★☆☆

funeral ⓝ장례식, 장례 절차
[fjúːnərəl]
Funeral process varies from religion to religion.
장례 절차는 종교마다 다르다.

0726 ★★☆

utilize ⓥ활용하다
[júːtəlàiz]
The carpenter utilized timbers to assemble the drawers.
목수는 서랍을 조립하기 위해 목재를 활용하였다.

0727 ★★☆

awkward ⓐ어색한
[ɔ́ːkwərd]
His impulsive suggestion made the situation awkward.
그의 충동적인 제안이 상황을 어색하게 만들었다.

Check

□ livestock	□ drug	□ pop	□ hop	□ funeral
□ utilize	□ awkward			

0728 ★☆☆

goodwill

[gúdwíl]

ⓝ**호의, 친선**

The goodwill missions eased the tension on the border.
친선 사절단은 국경의 긴장을 완화하였다.

0729 ★☆☆

chef

[ʃef]

ⓝ**요리사**

The chief chef poured a secret spice into his soup.
주방장은 수프에 비밀 양념을 부었다.

0730 ★☆☆

slap

[slæp]

ⓥ**찰싹 치다**

He slapped the mosquito with his palm.
그는 손바닥으로 모기를 찰싹 쳤다.

0731 ★★☆

holy

[hóuli]

ⓐ**성스러운**

The priest sprayed holy water over my head.
성직자는 성수를 내 머리 위에 뿌렸다.

0732 ★★☆

meadow

[médou]

ⓝ**초원** (주로 자연 목초지)

The farmer harvested hay in the meadow.
농부는 초원에서 건초를 수확하였다.

0733 ★★☆

pasture

[pǽstʃər]

ⓝ**초원** (주로 방목 관리 목초지)

The cattle are grazing in the pasture.
소들이 초원에서 풀을 뜯어먹고 있다.

0734 ★☆☆

magnet

[mǽgnit]

ⓝ**자석**

The device can move atoms around using a magnet.
그 장치는 자석을 이용하여 원자를 여기저기로 이동시킬 수 있다.

Check

☐ goodwill	☐ chef	☐ slap	☐ holy	☐ meadow
☐ pasture	☐ magnet			

0735 ★☆☆

chin
[tʃin]

ⓝ턱

His chin was entirely covered by his beard.
그의 턱은 턱수염으로 완전히 가려져 있었다.

0736 ★☆☆

jaw
[dʒɔː]

ⓝ턱, 턱뼈

The muscles under my jaw feel stiff.
나의 턱 아래의 근육이 뻣뻣하게 느껴진다.

0737 ★☆☆

cheek
[tʃiːk]

ⓝ뺨

Her cheeks turned red at her colleagues' praise.
그녀의 뺨이 동료들의 칭찬에 붉어졌다.

0738 ★★☆

identify
[aidéntəfài]

ⓥ(신원 등을) 확인하다, 동일시하다

The native doctor can identify various medicinal herbs.
원주민 의사는 다양한 약초를 확인할 수 있다.

0739 ★★☆

identification
[aidèntəfikéiʃən]

ⓝ신원/실체 확인, 신분증, 동일시

Fingerprinting is a common means of identification.
지문 인식은 보편적인 신분 확인 수단이다.

0740 ★★★

identity
[aidéntəti]

ⓝ신원/실체, 정체성, 동일성

The investigator obtained a clue to the murderer's identity.
수사관은 살인자의 신원에 대한 단서를 얻었다.

*identical ⓐ동일한

0741 ★☆☆

document
[dɑ́kjəmənt]

ⓝ문서, 서류 ⓥ문서로 기록하다, 문서로 입증하다

The intelligence agency released the secret document.
정보기관은 기밀 문서를 공개하였다.

*documentary ⓝ기록물, 기록 영화/프로그램
*documentation ⓝ문서 작성, 공식 문서

Check				
☐ chin	☐ jaw	☐ cheek	☐ identify	☐ identification
☐ identity	☐ document			

0742 ★★☆

portable
[pɔ́:rtəbəl]

ⓐ휴대용의

The portable device enabled a blind man to navigate his way.
휴대용 장치는 시각 장애인이 길을 찾아가도록 가능케 하였다.

0743 ★★☆

magnificent
[mægnífəsənt]

ⓐ장엄한

The statue is a magnificent structure.
그 조각상은 장엄한 구조물이다.

***magnificence** ⓝ장엄

0744 ★★☆

spectacular
[spektǽkjələr]

ⓐ장엄한

The exhibition started with a spectacular ceremony.
전시회는 장엄한 의식과 함께 시작되었다.

0745 ★★☆

spectacle
[spéktəkəl]

ⓝ장관(壯觀), 안경 (spectacles)

We watched the spectacle of a spacecraft launching.
우리는 우주선 발사의 장관을 보았다.

0746 ★☆☆

fiber
[fáibər]

ⓝ섬유, 섬유 소재, 식이 섬유 (dietary fiber)

Eating cereals gives you plenty of fiber in your diet.
곡물을 섭취하는 것이 식품에 있는 풍부한 섬유를 너에게 제공한다.

0747 ★★☆

fabric
[fǽbrik]

ⓝ직물, 천

The sewing machine needle continuously pierced the fabric.
재봉틀 바늘은 계속 천을 뚫었다.

0748 ★☆☆

cloth
[klɔ(:)θ]

ⓝ옷감, 천

That cloth mask shields the wearer from external pollutants.
그 천 마스크는 착용자를 외부의 오염 물질로부터 보호한다.

***cloths** ⓝ옷감들, 천들

Check

□ portable	□ magnificent	□ spectacular	□ spectacle	□ fiber
□ fabric	□ cloth			

0749 ★☆☆

clothes
[klouðz]

ⓝ**옷** (몸에 걸치는 것 낱개)

Secondhand clothes were distributed among the refugees.
중고 옷이 난민들 사이에 분배되었다.

0750 ★☆☆

clothing
[klóuðiŋ]

ⓝ**옷** (몸에 걸치는 것 총칭), 의류

Laboratory workers wore protective clothing.
실험실 근무자들은 보호복을 착용하였다.

0751 ★★☆

garment
[gɑ́ːrmənt]

ⓝ**옷** (상업적 표현 낱개)

She folded each garment and placed it in the suitcase.
그녀는 각 옷을 접어서 여행 가방에 넣었다.

0752 ★★☆

costume
[kɑ́stjuːm]

ⓝ**의상** (고유/전통 의상, 분장 의상)

The host wearing a clown costume amused the guests.
광대 의상을 착용한 주최자가 손님들을 즐겁게 하였다.

0753 ★★☆

starve
[stɑːrv]

ⓥ**굶주리다**, 굶기다

The enemy threatened to starve people into submission.
적이 사람들을 굶겨 항복시키겠다고 위협하였다.

***starvation** ⓝ굶주림, 기아

0754 ★☆☆

closet
[klɑ́zit]

ⓝ**벽장**, 저장 공간

There is no room for the baggage in the closet.
벽장에 짐을 넣을 공간이 없다.

***water closet** 화장실 ***broom closet** 청소 도구 벽장

Check				
☐ clothes	☐ clothing	☐ garment	☐ costume	☐ starve
☐ closet				

0755 ★☆☆

narrate

[nǽréit]

ⓥ**서술하다,** 이야기 진행하다

The author narrated his adventure tour.
작가는 자신의 모험 여행을 이야기했다.

***narration** ⓝ서술, 이야기 진행 ***narrative** ⓝ(소설) 서술, 스토리텔링

0756 ★☆☆

wire

[waiər]

ⓝ**전선,** 철사

The prisoner escaped by crawling under the wire fence.
죄수는 철망 울타리 아래로 기어서 탈출하였다.

***wireless** ⓐ무선의

0757 ★★☆

protect

[prətékt]

ⓥ**보호하다**

My prime concern is to protect my property.
나의 최고 관심사는 내 재산을 보호하는 것이다.

***protective** ⓐ보호하는

0758 ★★☆

experiment

[ikspérəmənt]

ⓝ**실험** ⓥ실험하다

I couldn't predict the ultimate outcome of the experiment.
나는 그 실험의 궁극적인 결과를 예측할 수 없었다.

***experimental** ⓐ실험의

0759 ★★☆

range

[reindʒ]

ⓝ**범위** ⓥ범위를 이루다

The portable device attracted a vast range of customers.
그 휴대용 장치는 광범위한 고객을 매혹하였다.

***mountain range** 산맥

0760 ★★☆

precise

[prisáis]

ⓐ**정밀한,** 정확한

At the precise moment, the power went out.
바로 그 정확한 순간에 정전이 되었다.

***precision** ⓝ정밀

Check				
☐ narrate	☐ wire	☐ protect	☐ experiment	☐ range
☐ precise				

REVIEW

1. livestock	ⓝ_______	1. holy	ⓐ_______
2. drug	ⓝ_______	2. meadow	ⓝ_______
3. pop	ⓥ_______	3. pasture	ⓝ_______
4. hop	ⓥ_______	4. magnet	ⓝ_______
5. funeral	ⓝ_______	5. chin	ⓝ_______
6. utilize	ⓥ_______	6. jaw	ⓝ_______
7. awkward	ⓐ_______	7. cheek	ⓝ_______
8. goodwill	ⓝ_______	8. identify	ⓥ_______
9. chef	ⓝ_______	9. identification	ⓝ_______
10. slap	ⓥ_______	10. identity	ⓝ_______

1.가축 2.약 3.펑 터지다 4.깡충 뛰다 5.장례식 6.활용하다 7.어색한 8.호의 9.요리사 10.찰싹 치다

1.성스러운 2.초원 3.초원 4.자석 5.턱 6.턱 7.뺨 8.확인하다 9.신원/실체 확인 10.신원/실체

1. document	ⓝ_______	1. garment	ⓝ_______
2. portable	ⓐ_______	2. costume	ⓝ_______
3. magnificent	ⓐ_______	3. starve	ⓥ_______
4. spectacular	ⓐ_______	4. closet	ⓝ_______
5. spectacle	ⓝ_______	5. narrate	ⓥ_______
6. fiber	ⓝ_______	6. wire	ⓝ_______
7. fabric	ⓝ_______	7. protect	ⓥ_______
8. cloth	ⓝ_______	8. experiment	ⓝ_______
9. clothes	ⓝ_______	9. range	ⓝ_______
10. clothing	ⓝ_______	10. precise	ⓐ_______

1.문서 2.휴대용 3.장엄한 4.장엄한 5.장관 6.섬유 7.직물 8.옷감 9.옷 10.옷

1.옷 2.의상 3.굶주리다 4.벽장 5.서술하다 6.전선 7.보호하다 8.실험 9.범위 10.정밀한

PHRASE

get over 극복하다 (tide over, overcome)
get rid of 제거하다 (do away with, abolish, eliminate, remove)
get the better of ~을 이기다 (have the better of, get/have the best of)
get the worst of ~에서 지다 (have the worst of)
get through 끝내다, 통과하다
get to ~에 도착하다, 도달하다 (reach) *get to V ~하게 되다 (come to V)
get well 회복하다 (recover)
give birth to 낳다, 생겨나게 하다
give in 굴복하다, 제출하다
give oneself to ~에 몰두하다 (apply/devote/dedicate oneself to, absorb/lose oneself in, be applied/devoted/dedicated/given to, be absorbed/lost in)
give rise to 초래하다 (bring about, lead to, result in, cause)
give up 포기하다 (abandon)

1. I got _________ my fear of speaking in public.
   나는 대중 앞에서 말하는 두려움을 극복하였다.

2. I should get _________ of bad habits.
   나는 나쁜 습관을 없애야 한다.

3. He got the _________ of his opponent in the match.
   그는 시합에서 상대방을 이겼다.

4. He got the _________ of the argument.
   그는 논쟁에서 졌다.

5. I have to get _________ my homework today.
   나는 오늘 숙제를 끝내야 한다.

6. We got _________ the destination in time.
   우리는 제시간에 목적지에 도차하였다.

7. He is getting _________ after his operation.
   그는 수술 후에 회복하는 중이다.

8. The revolution gave _________ to a democracy.
   그 혁명은 민주주의를 탄생시켰다.

9. He finally gave _________ to pressure.
   그는 마침내 압력에 굴복하였다.

10. He gave _________ to publishing science fiction novels.
    그는 공상 과학 소설을 출판하는 것에 몰두하였다.

11. His partial remarks gave _________ to conflicts.
    그의 편파적인 언급이 갈등을 초래하였다.

12. They gave _________ the exploration.
    그들은 탐험을 포기하였다.

※ 이 페이지의 단어들은 필요 시 참고하는 분야별 단어입니다. 학습자의 수준과 진도에 맞게 활용하십시오.

bachelor	학사	attendance	출석
master	석사, 주인, 숙달하다	instruction	지시, 교육
major	주요한, 전공	presentation	제시, 발표
optional	선택적인	lecture	강연
applicant	지원자	stationery	문구류
application	지원, 적용, 응용 프로그램	counsel	조언하다, 상담하다
lesson	교훈, 수업	enroll	등록하다
subject	실험 대상, 주제, 과목	register	등록하다, 등록부

[Definition Quiz]

1. to sign up for a course or school. _______

2. teaching or directions given. _______

3. showing or explaining something to others. _______

4. an advanced college degree after a bachelor's. _______

5. a person who applies for a job or school. _______

6. a unit of teaching or learning. _______

7. to officially join a school or class. _______

8. the topic studied or experimented on. _______

9. not required; you can choose to do it or not. _______

10. materials used for writing or office work. _______

11. a college degree usually earned in four years. _______

12. to give advice or help. _______

13. being present at a class or event. _______

14. the main subject studied in college. _______

15. a formal request or form for something. _______

16. a talk given to teach or inform an audience about a subject. _______

---

1. 수업이나 학교에 등록하다 **2.** 가르침이나 지시 **3.** 다른 사람에게 무언가를 보여주거나 설명하는 것 **4.** 학사 학위 이후의 고급 대학 학위 **5.** 일자리나 학교에 지원하는 사람 **6.** 가르침이나 학습의 단위 **7.** 공식적으로 학교나 수업에 들어가다 **8.** 공부하거나 실험하는 주제 **9.** 필수가 아닌, 해도 되고 안 해도 되는 **10.** 글쓰기나 사무용으로 쓰는 자료 **11.** 보통 4년 동안 취득하는 대학 학위 **12.** 조언이나 도움을 주다 **13.** 수업이나 행사에 참석하는 것 **14.** 대학에서 주로 공부하는 과목 **15.** 무언가를 요청하는 공식 서류나 양식 **16.** 어떤 주제에 대해 청중에게 가르치거나 알리기 위해 하는 말

1.register **2.**instruction **3.**presentation **4.**master **5.**applicant **6.**lesson **7.**enroll **8.**subject **9.**optional **10.**stationery **11.**bachelor **12.**counsel **13.**attendance **14.**major **15.**application **16.**lecture

---

◀ 9-1. Education p190 | Categories p549 | 10-1. Law p220 ▶

DAY
20

DAY 20

[진단 테스트]

※ 실력을 진단하고 점검하는 연결형 문제입니다. 문제에 표시하지 마시고, 전용 오답 노트를 활용하여 집중 관리 하십시오. 본 단어장의 모든 문제는 반복 학습용입니다.

1. reduce	①낮잠
2. subtract	②전신
3. indifferent	③줄이다
4. fake	④미망인
5. telegram	⑤감하다
6. submarine	⑥무관심한
7. nap	⑦공화국
8. widow	⑧잠수함
9. dairy	⑨낙농장
10. republic	⑩가짜

1.③ 2.⑤ 3.⑥ 4.⑩ 5.② 6.⑧ 7.① 8.④ 9.⑨ 10.⑦

1. talkative	①장애
2. handicap	②은퇴하다
3. blend	③부정하다
4. deny	④직업
5. retire	⑤말이 많은
6. ridicule	⑥직업
7. ridiculous	⑦섞다
8. vocation	⑧우스꽝스러운
9. profession	⑨전문적인
10. professional	⑩비웃다

1.⑤ 2.① 3.⑦ 4.③ 5.② 6.⑩ 7.⑧ 8.④ 9.⑥ 10.⑨

1. professor	①찬양하다
2. install	②면도하다
3. wheat	③교수
4. admire	④개성
5. memorize	⑤얻다
6. theory	⑥암기하다
7. gain	⑦밀
8. relax	⑧설치하다
9. shave	⑨이론
10. personality	⑩완화하다, 긴장을 풀다

1.③ 2.⑧ 3.⑦ 4.① 5.⑥ 6.⑨ 7.⑤ 8.⑩ 9.② 10.④

1. celebrate	①부드럽게 하다
2. evil	②승무원
3. select	③축하하다
4. welfare	④복지
5. soften	⑤악
6. overall	⑥전체적인
7. eager	⑦선택하다
8. cancer	⑧갈망하는
9. steward	⑨암
10. stitch	⑩바느질하다

1.③ 2.⑤ 3.⑦ 4.④ 5.① 6.⑥ 7.⑧ 8.⑨ 9.② 10.⑩

0761 ★★☆

reduce
[ridjúːs]

ⓥ**줄이다**, 감소하다

The artificial bank reduces the probability of flooding.
인공 제방은 홍수 가능성을 줄여 준다.

***reduction** ⓝ감소

0762 ★★☆

subtract
[səbtrǽkt]

ⓥ**감하다**, 빼다

He learned to add and subtract in kindergarten.
그는 유치원에서 더하기와 빼기를 배웠다.

***subtraction** ⓝ공제, 뺄셈

0763 ★★★

indifferent
[indífərənt]

ⓐ**무관심한**

He is indifferent to our blame for his arrogance.
그는 거만함에 대한 우리의 비난에 무관심하다.

0764 ★☆☆

fake
[feik]

ⓝ**가짜** ⓐ가짜의 ⓥ속이다, 위조하다

The expert distinguished genuine antiques from fake ones.
전문가는 진짜 골동품과 가짜 골동품을 구별하였다.

0765 ★☆☆

telegram
[téləgræm]

ⓝ**전신**, 전보

The telegram was a primary means of urgent communications.
전보는 긴급한 의사소통의 주요 수단이었다.

0766 ★☆☆

submarine
[sʌ́bməriːn]

ⓝ**잠수함**

The submarine undertook its missions underwater.
잠수함은 물 아래에서 임무에 착수하였다.

0767 ★☆☆

nap
[næp]

ⓝ**낮잠**

My preferred option after lunch is to take a brief nap.
점심 식사 후 내가 선호하는 선택은 짧은 낮잠을 자는 것이다.

Check

□ reduce	□ subtract	□ indifferent	□ fake	□ telegram
□ submarine	□ nap			

0768 ★☆☆

widow

[wídou]

ⓝ**미망인**, 과부

The state law allows the property tax reduction for widows.
주 법은 미망인을 위한 재산세 감면을 허용한다.

***widower** ⓝ홀아비

0769 ★★☆

dairy

[dɛ́əri]

ⓝ**낙농장**, 유제품

The patient was instructed to reduce dairy products.
환자는 유제품을 줄이라고 지시받았다.

0770 ★☆☆

republic

[ripʌ́blik]

ⓝ**공화국**

A republic is governed by elected representatives.
공화국은 선출된 대표들에 의해 통치된다.

0771 ★☆☆

talkative

[tɔ́ːkətiv]

ⓐ**말이 많은**, 수다스러운

The lecturer seemed inherently talkative and sociable.
강연자는 선천적으로 말하기 좋아하고 사교적인 것 같았다.

0772 ★☆☆

handicap

[hǽndikæ̀p]

ⓝ**장애**, 악조건

His race is not a handicap but an advantage in this region.
그의 인종은 이 지역에서는 장애가 아니라 이점이다.

0773 ★★☆

blend

[blend]

ⓥ**섞다** ⓝ혼합

She blended flour and other ingredients.
그녀는 밀가루와 다른 재료들을 섞었다.

0774 ★★☆

deny

[dinái]

ⓥ**부정하다**, 거부하다

He swiftly denied his involvement in the affair.
그는 그 업무에 대한 자신의 개입을 재빠르게 부정하였다.

***denial** ⓝ부정

Check

□ widow	□ dairy	□ republic	□ talkative	□ handicap
□ blend	□ deny			

0775 ★★☆

retire
[ritáiər]

ⓥ**은퇴하다**, 물러나다

Once employees retire, they cease to be union members.
종업원들이 은퇴하면, 노동조합원 자격을 잃는다.

***retirement** ⓝ은퇴 ***retiree** ⓝ은퇴자

0776 ★★☆

ridicule
[rídikjùːl]

ⓥ**비웃다** ⓝ조롱

You must avoid insulting or ridiculing others.
너는 다른 사람을 모욕하거나 조롱하는 것을 피해야 한다.

0777 ★★☆

ridiculous
[ridíkjələs]

ⓐ**우스꽝스러운**, 터무니없는

He attributed his failure to the ridiculous presentation.
그는 자신의 실패를 우스꽝스러운 발표 탓으로 돌렸다.

0778 ★★☆

vocation
[voukéiʃən]

ⓝ**직업**, 천직

He resolved to abandon the religious vocation.
그는 종교적인 직업을 포기하기로 결심하였다.

(0240) ★★☆

occupation
[àkjəpéiʃən]

ⓝ**직업, 점유**

The refugees were classified according to their occupations.
난민들은 그들의 직업에 따라 분류되었다.

***occupy** ⓥ차지하다

0779 ★★☆

profession
[prəféʃən]

ⓝ**직업**, 전문직

His son longs to enter the legal profession.
그의 아들은 법률 직업으로 입문하기를 갈망한다.

0780 ★☆☆

professional
[prəféʃənəl]

ⓐ**전문적인** ⓝ전문가

The professional qualification is required for the position.
전문 자격이 그 직책에 요구된다.

Check

□ retire	□ ridicule	□ ridiculous	□ vocation	□ occupation
□ profession	□ professional			

0781 ★☆☆

professor
[prəfésər]

ⓝ교수

The **professor** is an authority in the field of marine biology.
그 교수는 해양 생물학 분야의 권위자이다.

0782 ★★☆

install
[instɔ́ːl]

ⓥ설치하다

They **installed** an automatic extinguisher.
그들은 자동 소화기를 설치하였다.

***installation** ⓝ설치 ***installment** ⓝ할부금

0783 ★☆☆

wheat
[hwiːt]

ⓝ밀

The new species of **wheat** resists pests.
새로운 밀 품종은 해충을 견뎌낸다.

0784 ★★☆

admire
[ædmáiər]

ⓥ찬양하다, 존경하다, 감탄하다

People **admired** the majestic scenery of the canyon.
사람들은 협곡의 장엄한 경관에 감탄하였다.

***admiration** ⓝ찬양, 감탄

0785 ★☆☆

memorize
[méməràiz]

ⓥ암기하다, 기억하다

You must **memorize** the material you have learned.
너는 배운 자료를 암기해야 한다.

0786 ★★☆

theory
[θíːəri]

ⓝ이론

Most religious groups deny the **theory** of evolution.
대부분 종교 집단은 진화론을 부정한다.

0787 ★★☆

gain
[gein]

ⓥ얻다 ⓝ이득, 소득

He **gained** admission to the restricted hall.
그는 재한된 강당에 입장을 허가받았다.

Check				
☐ professor	☐ install	☐ wheat	☐ admire	☐ memorize
☐ theory	☐ gain			

0788 ★☆☆

relax

[riláeks]

ⓥ**완화하다, 긴장을 풀다**

The measures relaxed the tension between the countries.
그 조치는 국가들 간의 긴장을 완화하였다.

*relaxed ⓐ느긋한, 편안편

0789 ★☆☆

shave

[ʃeiv]

ⓥ**면도하다**

The man in jail didn't shave his beard and mustache.
감옥에 있는 그 남자는 턱수염과 콧수염을 면도하지 않았다.

0790 ★☆☆

personality

[pàːrsənǽləti]

ⓝ**개성**, 성격

Your clothes are a reflection of your personality.
너의 옷은 네 개성을 반영하는 것이다.

0791 ★★☆

celebrate

[séləbrèit]

ⓥ**축하하다**

His close peers assembled to celebrate his release.
그의 가까운 동료들이 그의 석방을 축하하기 위해 모였다.

*celebrity ⓝ명성, 유명 인사 *celebrated ⓐ유명한

0792 ★★☆

evil

[íːvəl]

ⓝ**악** ⓐ악한

Poverty is the evil that we have to defeat.
빈곤은 우리가 물리쳐야 하는 악이다.

0793 ★★☆

select

[silékt]

ⓥ**선택하다**

I selected the subjects of the experiment from various fields.
나는 다양한 분야로부터 그 실험의 대상자들을 선택하였다.

0794 ★☆☆

welfare

[wélfɛər]

ⓝ**복지**

Her fundamental concern is the welfare of her children.
그녀의 기본적 관심사는 자기 자식들의 복지이다.

Check

□ relax	□ shave	□ personality	□ celebrate	□ evil
□ select	□ welfare			

0795 ★☆☆
soften
[sɔ́(ː)fən]

ⓥ**부드럽게 하다**

His excuse didn't soften the blame for his rude behavior.
그의 변명은 무례한 행동에 대한 비난을 누그러뜨리지 못했다.

***harden** ⓥ단단하게 하다

0796 ★☆☆
overall
[óuvərɔ̀ːl]

ⓐ**전체적인**

He is responsible for overall strategy as chairman.
그는 회장으로서 전체적인 전략을 책임진다.

0797 ★★☆
eager
[íːgər]

ⓐ**갈망하는**

The company is eager to attract foreign capital.
그 회사는 외국 자본 유치하기를 갈망한다.

0798 ★☆☆
cancer
[kǽnsər]

ⓝ**암**

The singer stopped the performance due to his cancer.
가수는 암 때문에 공연을 중단하였다.

0799 ★☆☆
steward
[stjúːərd]

ⓝ**승무원**, 관리인

He achieved his goal of becoming a steward.
그는 승무원이 되는 목표를 성취하였다.

***stewardess** ⓝ여승무원

0800 ★☆☆
stitch
[stitʃ]

ⓥ**바느질하다** ⓝ바늘땀

She stitched the torn edge of the blanket.
그녀는 담요의 찢어진 가장자리를 바느질하였다.

Check

□ soften	□ overall	□ eager	□ cancer	□ steward
□ stitch				

REVIEW

1. reduce ⓥ______	1. talkative ⓐ______
2. subtract ⓥ______	2. handicap ⓝ______
3. indifferent ⓐ______	3. blend ⓥ______
4. fake ⓝ______	4. deny ⓥ______
5. telegram ⓝ______	5. retire ⓥ______
6. submarine ⓝ______	6. ridicule ⓥ______
7. nap ⓝ______	7. ridiculous ⓐ______
8. widow ⓝ______	8. vocation ⓝ______
9. dairy ⓝ______	9. profession ⓝ______
10. republic ⓝ______	10. professional ⓐ______

1.줄이다 2.감하다 3.무관심한 4.가짜 5.전신 6.잠수함 7.낮잠 8.미망인 9.낙농장 10.공화국

1.말이 많은 2.장애 3.섞다 4.부정하다 5.은퇴하다 6.비웃다 7.우스꽝스러운 8.직업 9.직업 10.전문적인

1. professor ⓝ______	1. celebrate ⓥ______
2. install ⓥ______	2. evil ⓝ______
3. wheat ⓝ______	3. select ⓥ______
4. admire ⓥ______	4. welfare ⓝ______
5. memorize ⓥ______	5. soften ⓥ______
6. theory ⓝ______	6. overall ⓐ______
7. gain ⓥ______	7. eager ⓐ______
8. relax ⓥ______ ______	8. cancer ⓝ______
9. shave ⓥ______	9. steward ⓝ______
10. personality ⓝ______	10. stitch ⓥ______

1.교수 2.설치하다 3.밀 4.찬양하다 5.암기하다 6.이론 7.얻다 8.완화하다, 긴장을 풀다 9.면도하다 10.개성

1.축하하다 2.악 3.선택하다 4.복지 5.부드럽게 하다 6.전체적인 7.갈망하는 8.암 9.승무원 10.바느질하다

PHRASE

give way 양보하다, 물러서다
go ahead 계속하다, 전진하다
go on ~ing 계속하다 (keep on ~ing, keep ~ing)
go over 검토하다, 반복하다
go through 겪다, 조사하다
good for nothing 아무 소용없는
granting that 비록 ~지만 (granted that, though)
hand down 물려주다
hand in 제출하다 (submit)
hand out 나누어주다
hand over 넘겨주다
happen to 우연히 ~하다 (chance to)

1. My car gave _________ to the bus.
내 차는 버스에 길을 양보하였다.

2. You may go _________ after getting approval.
너는 승인 받은 후에 계속해도 된다.

3. He went on running _________ an hour.
그는 한 시간 동안 달리기를 계속하였다.

4. I went _________ the report once again.
나는 한 번 더 보고서를 검토하였다.

5. I went _________ an awkward atmosphere.
나는 어색한 분위기를 겪었다.

6. The broken notebook is good for _________.
고장 난 노트북은 아무 소용 없다.

7. _________ that he is rich, he doesn't feel happy.
비록 그는 부자이지만, 행복하게 느끼지 않는다.

8. My father handed _________ the business to me.
나의 부모님은 나에게 사업을 물려주셨다.

9. You have to hand _________ the report tomorrow.
너는 내일 보고서를 제출해야 한다.

10. The teacher handed _________ the exam sheets.
선생님은 시험지를 나누어주었다.

11. The president handed _________ his company to his relative.
사장은 자기 회사를 친척에게 넘겨주었다.

12. I _________ to find a rare book at the bookstore.
나는 우연히 서점에서 희귀한 서적을 발견하였다.

※ 이 페이지의 단어들은 필요 시 참고하는 분야별 단어입니다. 학습자의 수준과 진도에 맞게 활용하십시오.

legal	법률적인	innocence	무죄
illegal	불법적인	witness	증인, 목격하다
bill	지폐, 청구서, 법안	evidence	증거
fine	미세한, 벌금	proof	증거
defendant	피고	criminal	범죄자
crime	범죄	victim	희생자
jail	감옥	theft	도둑질
guilt	유죄	robbery	강도짓

[Definition Quiz]

1. a person who breaks the law. _______

2. money you must pay as a punishment. _______

3. the state of not being guilty. _______

4. the act of stealing by force or threat. _______

5. the act of stealing something. _______

6. the state of having done something wrong. _______

7. a person accused in a court. _______

8. an act against the law. _______

9. a place where criminals are kept. _______

10. a person who sees an event happen. _______

11. allowed by law. _______

12. a person hurt by a crime or accident. _______

13. something that shows something is true. _______

14. not allowed by law. _______

15. a written plan for a new law. _______

16. facts or objects that help prove something. _______

1. 법을 어기는 사람 **2.** 벌로 내야 하는 돈 **3.** 무죄인 상태 **4.** 힘이나 위협으로 훔치는 행위 **5.** 무언가를 훔치는 행위 **6.** 잘못을 저지른 상태 **7.** 법정에서 고발된 사람 **8.** 법을 어기는 행위 **9.** 범죄자를 가두는 장소 **10.** 사건이 일어나는 것을 본 사람 **11.** 법에 의해 허용된 **12.** 범죄나 사고로 피해를 입은 사람 **13.** 어떤 것이 사실임을 보여주는 것 **14.** 법에 의해 허용되지 않은 **15.** 새 법안을 위한 서면 계획 **16.** 무언가를 증명하는 데 도움이 되는 사실이나 물건

1.criminal **2.**fine **3.**innocence **4.**robbery **5.**theft **6.**guilt **7.**defendant **8.**crime **9.**jail **10.**witness **11.**legal **12.**victim **13.**proof **14.**illegal **15.**bill **16.**evidence

◀ 9-2. Education p210   Categories p549   10-2. Law p230 ▶

DAY
21

DAY 21

[진단 테스트]

※ 실력을 진단하고 점검하는 연결형 문제입니다. 문제에 표시하지 마시고, 전용 오답 노트를 활용하여 집중 관리 하십시오. 본 단어장의 모든 문제는 반복 학습용입니다.

1. budget	①입장	1. severe	①발톱
2. vacuum	②예산	2. convenient	②틈
3. fiery	③내면화하다	3. claw	③증상
4. scent	④맨몸의	4. symptom	④증거
5. medical	⑤얇은 조각	5. premium	⑤진짜의
6. entry	⑥진공	6. genuine	⑥심한
7. bare	⑦불같은	7. crack	⑦확인하다
8. slice	⑧냄새	8. confirm	⑧편리한
9. internalize	⑨향기	9. evidence	⑨증거
10. odor	⑩의학의	10. proof	⑩고급의

1.② 2.⑥ 3.⑦ 4.⑨ 5.⑩ 6.① 7.④ 8.⑤
9.③ 10.⑧

1.⑥ 2.⑧ 3.① 4.③ 5.⑩ 6.⑤ 7.② 8.⑦
9.④ 10.⑨

1. handy	①디발	1. inject	①의사소통하다
2. bundle	②갈증	2. marble	②살
3. bunch	③전망	3. alike	③주입하다
4. stroll	④필요로 하다	4. emergency	④대리석
5. vessel	⑤간편한	5. communicate	⑤문구류
6. thirst	⑥다발	6. progress	⑥대규모
7. compete	⑦경쟁하다	7. delight	⑦기쁘게 하다
8. necessitate	⑧거닐다	8. flesh	⑧진보하다
9. exact	⑨선박	9. bulk	⑨비슷한
10. prospect	⑩정확한	10. stationery	⑩비상

1.⑤ 2.① 3.⑥ 4.⑧ 5.⑨ 6.② 7.⑦ 8.④
9.⑩ 10.③

1.③ 2.④ 3.⑨ 4.⑩ 5.① 6.⑧ 7.⑦ 8.②
9.⑥ 10.⑤

DAY 21

0801 ★☆☆

budget
[bʌ́dʒit]

ⓝ**예산**

The organization secured a large annual budget.
그 단체는 많은 연간 예산을 확보하였다.

0802 ★☆☆

vacuum
[vǽkjuəm]

ⓝ**진공**, 공백, 진공청소기 (vacuum cleaner)

The vacuum cleaner can remove dust particles.
진공청소기는 먼지 입자를 제거할 수 있다.

0803 ★★☆

fiery
[fáiəri]

ⓐ**불같은**, 열띤

His fiery temper puzzled his employees.
그의 불같은 성격은 종업원들을 당황하게 하였다.

0804 ★★☆

scent
[sent]

ⓝ**향기**

The scent of flowers is a kind of magnet to bees.
꽃의 향기는 벌에게 일종의 자석이다.

0805 ★☆☆

medical
[médikəl]

ⓐ**의학의**, 의료의

He obtained a medical qualification.
그는 의료 자격증을 취득하였다.

***medicine** ⓝ약, 의학

0806 ★☆☆

entry
[éntri]

ⓝ**입장**, 출전자, 출품작

The gravel path prevented the entry of wheelchairs.
자갈길은 휠체어의 입장을 방해하였다.

0807 ★☆☆

bare
[bɛər]

ⓐ**맨몸의**, 노출된

The participants ran on the mud in bare feet.
참가자들은 맨발로 진흙 위를 달렸다.

***barely** ⓐ가까스로, 거의 ~ 아니다

Check

□ budget	□ vacuum	□ fiery	□ scent	□ medical
□ entry	□ bare			

0808 ★☆☆

slice
[slais]

ⓝ**얇은 조각**, 부분 ⓥ얇게 썰다

The cook roasted thin slices of meat in a pan.
요리사는 팬에 얇은 고기 조각들을 구웠다.

0809 ★☆☆

internalize
[intə́ːrnəlàiz]

ⓥ**내면화하다**

A reserved person tends to internalize his anxiety or despair.
내성적인 사람은 자신의 걱정 또는 절망을 내면화하는 경향이 있다.

0810 ★☆☆

odor
[óudər]

ⓝ**냄새**, 악취

The liquid has a distinct odor of damp earth.
그 액체는 축축한 흙의 뚜렷한 냄새를 지니고 있다.

0811 ★★☆

severe
[sivíər]

ⓐ**심한**

Such a cruel deed deserves severe punishment.
그런 잔인한 행위는 심한 처벌을 받아 마땅하다.

*severity ⓝ가혹

0812 ★★☆

convenient
[kənvíːnjənt]

ⓐ**편리한**

The laboratory is equipped with convenient instruments.
그 실험실은 편리한 기구들로 갖추어져 있다.

*convenience ⓝ편리 *convenience store 편의점

0813 ★☆☆

claw
[klɔː]

ⓝ**발톱**

The predatory species picked its prey with its claws.
포식 종은 발톱으로 먹이를 잡았다.

0814 ★★☆

symptom
[símptəm]

ⓝ**증상**, 징후

The demonstration is a symptom of social instability.
그 시위는 사회적 불안정의 징후이다.

Check

□ slice	□ internalize	□ odor	□ severe	□ convenient
□ claw	□ symptom			

0815 ★☆☆

premium
[príːmiəm]

ⓐ**고급의**

Expensive products don't always mean premium quality.
비싼 제품이 항상 고급 품질을 의미하지는 않는다.

0816 ★★★

genuine
[dʒénjuin]

ⓐ**진짜의**, 진실한

I can distinguish genuine leather from artificial leather.
나는 진짜 가죽과 인조 가죽을 구별할 수 있다.

0817 ★☆☆

crack
[kræk]

ⓝ**틈**, 균열 ⓥ갈라지다

I noticed a fine crack in the ceiling.
나는 천장에서 미세한 틈을 알게 되었다.

0818 ★★☆

confirm
[kənfə́ːrm]

ⓥ**확인하다**, 확정하다

The official refused either to confirm or deny the article.
그 관리는 기사를 확인하거나 부정하기를 거부하였다.

0819 ★★☆

evidence
[évidəns]

ⓝ**증거** (수집한 증거)

The police obtained clear evidence of his guilt.
경찰은 그의 유죄에 대한 명확한 증거를 확보하였다.

***evident** ⓐ명확한

0820 ★★☆

proof
[pruːf]

ⓝ**증거** (확실한 증거), 증거물

The visitors presented the proof of their identity.
방문객들은 자신들의 신분증을 제시하였다.

***prove** ⓥ판명되다, 입증하다

0821 ★★☆

handy
[hǽndi]

ⓐ**간편한**, 가까이 있는

A variety of handy tools are displayed on the shelf.
다양한 간편 도구들이 선반에 전시되어 있다.

Check

□ premium	□ genuine	□ crack	□ confirm	□ evidence
□ proof	□ handy			

0822 ★★☆

bundle
[bʌ́ndl]

ⓝ**다발**, 꾸러미

The farmer dragged a bundle of branches.
농부는 한 다발의 나뭇가지를 끌었다.

0823 ★☆☆

bunch
[bʌntʃ]

ⓝ**다발**, 송이

Many bunches of ripe bananas were unloaded from the truck.
많은 송이의 익은 바나나가 트럭에서 내려졌다.

0824 ★★☆

stroll
[stroul]

ⓥ**거닐다** ⓝ산책

He strolled along the river bank near his dairy farm.
그는 자신의 낙농장 근처의 강둑을 따라 거닐었다.

0825 ★★☆

vessel
[vésəl]

ⓝ**선박**, 용기, 혈관 (blood vessel)

The vessel carried the freight through the canal.
그 선박은 운하를 통과하여 화물을 운반하였다.

0826 ★★☆

thirst
[θəːrst]

ⓝ**갈증**

Thirst is a physical state that is hard to endure.
갈증은 견디기 힘든 신체적 상태이다.

***thirsty** ⓐ목마른

0827 ★★☆

compete
[kəmpíːt]

ⓥ**경쟁하다**

They can't compete with our domestic firms.
그들은 우리의 국내 기업들과 경쟁할 수 없다.

***competitive** ⓐ경쟁적인, 경쟁력 있는 ***competition** ⓝ경쟁, 대회

0828 ★★☆

necessitate
[nisésətèit]

ⓥ**필요로 하다**

The task necessitates an examination of diverse materials.
그 과제는 다양한 자료에 대한 조사를 필요로 한다.

Check				
☐ bundle	☐ bunch	☐ stroll	☐ vessel	☐ thirst
☐ compete	☐ necessitate			

0829 ★★☆

exact
[igzǽkt]

ⓐ정확한

They are unwilling to release the exact losses.
그들은 정확한 손실을 공개하기 꺼린다.

0830 ★★☆

prospect
[prɑ́spekt]

ⓝ전망, 예상

He is delighted at the prospect of an abundant harvest.
그는 풍부한 수확의 전망에 기뻐한다.

*prospective ⓐ유망한, 가망이 있는

0831 ★★☆

inject
[indʒékt]

ⓥ주입하다, 주사하다

The drug was injected into the muscle.
약물이 근육에 주입되었다.

*injector ⓝ주입기, 주사기

0832 ★☆☆

marble
[mɑ́ːrbəl]

ⓝ대리석

The statue was carved out of marble.
조각상은 대리석으로 조각되었다.

*marvel ⓥ놀라다, 감탄하다 ⓝ놀라운 일

0833 ★★☆

alike
[əláik]

ⓐ비슷한 ⓐⓓ비슷하게, 똑같이

The depression troubled the employers and employees alike.
불경기는 고용주와 피고용인들을 똑같이 괴롭혔다.

0834 ★☆☆

emergency
[imə́ːrdʒənsi]

ⓝ비상, 긴급

Emergency aid is needed to save the starving children.
굶주리는 아이들을 구하기 위해 긴급 원조가 필요하다.

*emergence ⓝ출현

Check				
☐ exact	☐ prospect	☐ inject	☐ marble	☐ alike
☐ emergency				

0835 ★★☆

communicate
[kəmjúːnəkèit]

ⓥ**의사소통하다,** 전달하다

The technology enabled people to communicate online.
그 기술은 사람들이 온라인으로 의사소통하는 것을 가능케 하였다.

0836 ★★☆

progress
[prɑ́gres]

ⓥ**진보하다,** 나아가다 ⓝ진보

He gradually progressed in the acquisition of skills.
그는 기술 습득에 점진적으로 진보하였다.

*progressive @진보적인, 점진적인

0837 ★☆☆

delight
[diláit]

ⓥ**기쁘게 하다**

Her recipe delighted people present at the harvest feast.
그녀의 요리법은 수확 축제에 참석한 사람들을 기쁘게 하였다.

0838 ★★☆

flesh
[fleʃ]

ⓝ**살,** 과육

She peeled the apple and chopped the flesh evenly.
그녀는 사과 껍질을 벗기고, 과육을 균등하게 잘랐다.

0839 ★★☆

bulk
[bʌlk]

ⓝ**대규모,** 대부분

The bulk of the population concentrates in urban areas.
대규모의 인구가 도시 지역에 집중되어 있다.

*bulky @부피가 큰

0840 ★☆☆

stationery
[stéiʃənèri]

ⓝ**문구류**

The distributor was accused of supplying inferior stationery.
유통업자는 열등한 문구류를 공급하여 고발되었다.

*stationary @정지한, 움직이지 않는

Check				
☐ communicate	☐ progress	☐ delight	☐ flesh	☐ bulk
☐ stationery				

REVIEW

1. budget	ⓝ______	1. severe	ⓐ______
2. vacuum	ⓝ______	2. convenient	ⓐ______
3. fiery	ⓐ______	3. claw	ⓝ______
4. scent	ⓝ______	4. symptom	ⓝ______
5. medical	ⓐ______	5. premium	ⓐ______
6. entry	ⓝ______	6. genuine	ⓐ______
7. bare	ⓐ______	7. crack	ⓝ______
8. slice	ⓝ______	8. confirm	ⓥ______
9. internalize	ⓥ______	9. evidence	ⓝ______
10. odor	ⓝ______	10. proof	ⓝ______

1.예산 2.진공 3.불같은 4.향기 5.의학의 6.입장 7.맨몸의 8.얇은 조각 9.내면화하다 10.냄새

1.심한 2.편리한 3.발톱 4.증상 5.고급의 6.진짜의 7.틈 8.확인하다 9.증거 10.증거

1. handy	ⓐ______	1. inject	ⓥ______
2. bundle	ⓝ______	2. marble	ⓝ______
3. bunch	ⓝ______	3. alike	ⓐ______
4. stroll	ⓥ______	4. emergency	ⓝ______
5. vessel	ⓝ______	5. communicate	ⓥ______
6. thirst	ⓝ______	6. progress	ⓥ______
7. compete	ⓥ______	7. delight	ⓥ______
8. necessitate	ⓥ______	8. flesh	ⓝ______
9. exact	ⓐ______	9. bulk	ⓝ______
10. prospect	ⓝ______	10. stationery	ⓝ______

1.간편한 2.다발 3.다발 4.거닐다 5.선박 6.갈증 7.경쟁하다 8.필요로 하다 9.정확한 10.전망

1.주입하다 2.대리석 3.비슷한 4.비상 5.의사소통하다 6.진보하다 7.기쁘게 하다 8.살 9.대규모 10.문구류

have ~ in common ~을 공통으로 지니다, ~에 공통점이 있다
have an ear for ~에 대한 조예가 깊다 (소리 분야)
have an effect on 영향을 주다 (have an impact on, affect)
have an eye for ~에 대한 안목이 있다 (미적 감각 등)
have an idea of 알다 (be aware of)
have difficulty (in) ~ing ~하는 데 어려움을 겪다 (have a hard time ~ing)
have done with 끝내다
have nothing to do with ~와 관계가 없다 *have little to do with ~와 관계가 거의 없다
*have something/much/a lot to do with ~와 약간/많은 관계가 있다.
have to do with ~와 관계가 있다
help oneself to ~을 마음껏 먹다, ~을 마음대로/멋대로 사용하다
hit on/upon 생각이 떠오르다 (사람 hit on/upon 생각, 생각 occur to 사람), 우연히 발견하다
hold good 유효하다 (remain valid)

1. They have many things in _________.
   그들은 많은 공통점을 갖고 있다.

2. She has a great _______ for musical instruments.
   그녀는 악기에 대한 조예가 깊다.

3. Smoking has a negative _______ on health.
   흡연은 건강에 부정적인 영향을 준다.

4. She has an _______ for valuable paintings.
   그녀는 가치 있는 그림에 대한 안목이 있다

5. I have an _______ of how to go there.
   나는 어떻게 그곳에 가는지 알고 있다.

6. He has _______ in adjusting to the new job.
   그는 새로운 직장에 적응하느라 어려움을 겪고 있다

7. I have done _______ my homework.
   나는 숙제를 끝냈다.

8. The accident has nothing to _______ _______ me.
   그 사고는 나와 관계가 없다.

9. The theory has to _______ _______ psychology.
   그 이론은 심리학과 관계가 있다.

10. He helped _______ to my phone without permission.
    그는 허락 없이 내 전화기를 맘대로 사용하였다.

11. I hit _______ a brilliant idea on my way home.
    나는 집에 오는 도중에 훌륭한 생각이 떠올랐다.

12. The contract still holds _______.
    계약서는 여전히 유효하다.

※ 이 페이지의 단어들은 필요 시 참고하는 분야별 단어입니다. 학습자의 수준과 진도에 맞게 활용하십시오.

court	법원, 경기장	murder	살인하다
case	소송 사건, 경우	confess	고백하다, 자백하다
suit	옷, 소송 (lawsuit)	accuse	고발하다, 비난하다
trial	시도, 재판	observe	관찰하다, 준수하다
sentence	선고하다, 문장	investigate	조사하다
appeal	호소하다, 매력을 끌다, 항소	arrest	체포하다
imprison	투옥하다	suspect	의심하다, 혐의자
violate	위반하다	punish	처벌하다

[Definition Quiz]

1. to officially give a punishment in court. _______

2. a person thought to have done something wrong. _______

3. to put someone in jail. _______

4. to try to find out the truth. _______

5. to say someone did something wrong. _______

6. to take someone to jail by law. _______

7. to make someone suffer for breaking a rule or law _______

8. to ask a higher court to change a decision. _______

9. to admit to doing something wrong. _______

10. to kill someone on purpose. _______

11. a formal examination of evidence in court. _______

12. the place where legal cases are heard. _______

13. a legal action taken against someone. _______

14. a legal matter brought to court. _______

15. to break a law or rule. _______

16. to follow a law or rule. _______

---

1. 법정에서 공식적으로 처벌을 내리다 **2.** 잘못한 것으로 생각되는 사람 **3.** 누군가를 감옥에 넣다 **4.** 진실을 알아내려고 하다 **5.** 누군가가 잘못했다고 말하다 **6.** 법에 따라 누군가를 감옥에 데려가다 **7.** 규칙이나 법을 어긴 것에 대해 고통을 주다 **8.** 상급 법원에 판결 변경을 요청하다 **9.** 잘못한 것을 인정하다 **10.** 누군가를 고의로 죽이다 **11.** 법정에서 증거를 공식적으로 조사하는 것 **12.** 법적 사건이 심리되는 장소 **13.** 누군가에 대한 법적 조치 **14.** 법정에 제기된 법적 문제 **15.** 법이나 규칙을 어기다 **16.** 법이나 규칙을 따르다

1.sentence **2.**suspect **3.**imprison **4.**investigate **5.**accuse **6.**arrest **7.**punish **8.**appeal **9.**confess **10.**murder **11.**trial **12.**court **13.**suit **14.**case **15.**violate **16.**observe

---

◀ 10-1. Law p220   Categories p549   11. Environment p240 ▶

DAY
22

DAY 22

[진단 테스트]

※ 실력을 진단하고 점검하는 연결형 문제입니다. 문제에 표시하지 마시고, 전용 오답 노트를 활용하여 집중 관리 하십시오. 본 단어장의 모든 문제는 반복 학습용입니다.

1. motive	①동기 유발하다
2. motivate	②안타까움
3. scrap	③약간의
4. faint	④소비하다
5. slight	⑤동기
6. liberty	⑥이상한
7. odd	⑦보완
8. spend	⑧자유
9. complement	⑨조각
10. pity	⑩희미한

1.⑤ 2.① 3.⑨ 4.⑩ 5.③ 6.⑧ 7.⑥ 8.④
9.⑦ 10.②

1. surface	①변경하다
2. author	②양념이 강한
3. punch	③표면
4. alter	④다양성
5. spice	⑤작가
6. spicy	⑥양념
7. worth	⑦구멍을 뚫다
8. various	⑧다양한
9. variety	⑨가치
10. distance	⑩거리

1.③ 2.⑤ 3.⑦ 4.① 5.⑥ 6.② 7.⑨ 8.⑧
9.④ 10.⑩

1. diameter	①직원
2. traffic	②회전하다
3. mental	③천재
4. pile	④지름
5. disappear	⑤명예
6. clerk	⑥희미해지다
7. spin	⑦사라지다
8. honor	⑧정신적인
9. genius	⑨교통, 통행량
10. fade	⑩더미

1.④ 2.⑨ 3.⑧ 4.⑩ 5.⑦ 6.① 7.② 8.⑤
9.③ 10.⑥

1. community	①비교하다
2. frustrate	②좌절시키다
3. beg	③획득하다
4. security	④고난
5. compare	⑤공동체
6. hardship	⑥흐르다
7. option	⑦봉투
8. obtain	⑧안전
9. flow	⑨간청하다
10. envelope	⑩선택

1.⑤ 2.② 3.⑨ 4.⑧ 5.① 6.④ 7.⑩ 8.③
9.⑥ 10.⑦

0841 ★★☆
motive
[móutiv]

ⓝ동기

His motive for the crime was jealousy.
그의 범죄에 대한 동기는 질투심이었다.

0842 ★★☆
motivate
[móutəvèit]

ⓥ동기 유발하다

The ability to motivate others is a priceless asset.
다른 사람들을 동기 유발할 수 있는 능력은 매우 값비싼 자산이다.

*motivation ⓝ동기 유발, 동기 부여

0843 ★☆☆
scrap
[skræp]

ⓝ조각 (종이, 옷감, 고철 등), 고물 ⓥ폐기하다

A magnet can separate out scrap metal from the rubbish.
자석은 쓰레기에서 고철 금속을 분리할 수 있다.

0844 ★★☆
faint
[feint]

ⓐ희미한, 약한 ⓝ실신 ⓥ실신하다

The creditor, with a faint smile, asked me to pay my debt.
그 채권자는 옅은 미소를 지으며 내게 빚을 갚으라고 요청하였다.

0845 ★★☆
slight
[slait]

ⓐ약간의, 갸냘픈

The slight cough is probably the initial sign of a cold.
약간의 기침은 아마도 감기의 초기 증상이다.

0846 ★☆☆
liberty
[líbərti]

ⓝ자유 (신분/정치/사회적 자유)

Many crimes are committed in the name of liberty.
많은 범죄가 자유의 이름으로 범하여진다.

*liberal ⓐ자유로운 *freedom ⓝ자유 (일상적 자유)

0847 ★★☆
odd
[ɑd]

ⓐ이상한, 홀수의

His odd behavior made people embarrassed.
그의 이상한 행동이 사람들을 당황하게 하였다.

*even ⓐ균등한, 짝수의

Check

□ motive	□ motivate	□ scrap	□ faint	□ slight
□ liberty	□ odd			

0848 ★★☆

spend
[spend]

ⓥ소비하다 (spend-spent-spent)

He spent an entire week seeking rare herbs.
그는 희귀한 약초를 찾아서 꼬박 1주일을 보냈다.

0849 ★★☆

complement
[kάmpləmənt]

ⓝ보완, 보충 ⓥ보완하다

The two suggestions adequately complement each other.
두 제안은 서로를 적절하게 보완한다.

***compliment** ⓝ칭찬 ⓥ칭찬하다

0850 ★☆☆

pity
[píti]

ⓝ안타까움

It is a pity that he suffered from a rare disorder.
그가 희귀한 질환으로 고생한 것은 안타까운 일이다.

***pitiful** ⓐ안타까운

0851 ★★☆

surface
[sə́ːrfɪs]

ⓝ표면 ⓥ표면에 나타나다

The signs of serious chaos emerged on the surface.
심각한 혼란의 징후들이 표면으로 나타났다.

0852 ★★☆

author
[ɔ́ːθər]

ⓝ작가, 저자

The author described the incident in his autobiography.
작가는 자신의 자서전에 그 사건을 묘사하였다.

0853 ★☆☆

punch
[pʌntʃ]

ⓥ구멍을 뚫다, 치다

I punched the leathers and bound them.
나는 가죽들에 구멍 뚫고 그것들을 묶었다.

0854 ★★☆

alter
[ɔ́ːltər]

ⓥ변경하다

Drugs can alter our perception of reality.
마약은 현실에 대한 우리의 인식을 바꿀 수 있다.

***alteration** ⓝ변경

Check

□ spend	□ complement	□ pity	□ surface	□ author
□ punch	□ alter			

0855 ★☆☆

spice
[spais]

ⓝ**양념**, 향신료

She flavors food with mild spices.
그녀는 부드러운 양념으로 음식 맛을 낸다.

0856 ★☆☆

spicy
[spáisi]

ⓐ**양념이 강한**, 매운

This sort of spicy dish was typical among the primitive tribes.
이런 종류의 매운 요리는 원시 부족들 사이에 일반적이었다.

0857 ★☆☆

worth
[wəːrθ]

ⓝ**가치**

We must preserve our cultural heritage of great worth.
우리는 큰 가치가 있는 문화유산을 보존해야 한다.

***worthy** ⓐ가치 있는

0858 ★☆☆

various
[vέəriəs]

ⓐ**다양한**

The gallery hosts various exhibitions.
그 화랑은 다양한 전시회를 개최한다.

***vary** ⓥ변하다, 다양하다

0859 ★★☆

variety
[vəráiəti]

ⓝ**다양성**

The diet contains a variety of nutrients.
그 식품은 다양한 영양분을 포함하고 있다.

0860 ★☆☆

distance
[dístəns]

ⓝ**거리**, 간격

Sound waves travel long distances.
소리의 파장은 장거리를 이동한다.

***distant** ⓐ먼

0861 ★☆☆

diameter
[daiǽmitər]

ⓝ**지름**, 직경

The steel tube has an internal diameter of 1 foot.
그 철관은 내부 지름이 1피트이다.

Check

☐ spice	☐ spicy	☐ worth	☐ various	☐ variety
☐ distance	☐ diameter			

0862 ★★☆

traffic

[trǽfik]

ⓝ교통, 통행량

The bicycles sometimes interfere with traffic.
자전거는 가끔 교통을 방해한다.

0863 ★★☆

mental

[méntl]

ⓐ정신적인

The severe mental competition can offend the competitors.
심한 정신적 경쟁은 경쟁자들을 불쾌하게 만들 수 있다.

***mentality** ⓝ정신력

0864 ★★☆

pile

[pail]

ⓝ더미 ⓥ쌓다

A pile of unsorted documents is on the floor.
분류되지 않은 문서 더미가 바닥에 있다.

0865 ★★☆

disappear

[dìsəpíər]

ⓥ사라지다

The close bonds between them disappeared after the quarrel.
그들 사이의 긴밀한 유대 관계는 언쟁 후에 사라졌다.

***appear** ⓥ나타나다, ~처럼 보이다

0866 ★☆☆

clerk

[kləːrk]

ⓝ직원, 점원

The clerk got exhausted after sorting through the stock.
직원은 재고품을 분류한 후에 기진맥진하게 되었다.

0867 ★☆☆

spin

[spin]

ⓥ회전하다, 돌리다, 방적하다 (spin-spun-spun)

The wheels spun rapidly in the mud.
바퀴가 진흙 속에서 빠르게 회전하였다.

0868 ★★☆

honor

[ɑ́nər]

ⓝ명예, 경의

It is a great honor to be appointed as his secretary.
그의 비서로 임명되는 것은 큰 명예이다.

***honorable** ⓐ명예로운 ***dishonor** ⓝ불명예

Check

□ traffic	□ mental	□ pile	□ disappear	□ clerk
□ spin	□ honor			

0869 ★☆☆

genius
[dʒíːnjəs]

ⓝ**천재**, 천재성

Genius is an infinite capacity for taking pains.
천재성은 고통을 감수할 수 있는 무한한 능력이다.

0870 ★★☆

fade
[feid]

ⓥ**희미해지다**, 사라져 가다

Hope for the settlement of the dispute began to fade.
분쟁 해결에 대한 희망이 사라지기 시작하였다.

0871 ★★☆

community
[kəmjúːnəti]

ⓝ**공동체**, 지역 사회

What matters is being loyal to the community.
중요한 것은 지역 사회에 충성을 다하는 것이다.

0872 ★★☆

frustrate
[frʌ́streit]

ⓥ**좌절시키다**

Bad weather frustrated their plan to launch the spacecraft.
나쁜 날씨가 그들의 우주선 발사 계획을 좌절시켰다.

0873 ★★☆

beg
[beg]

ⓥ**간청하다**

She is too proud to beg forgiveness.
그녀는 너무나 자존심이 강해서 용서를 간청하지 않는다.

0874 ★★☆

security
[sikjúəriti]

ⓝ**안전**, 보안

He revealed secrets about the security agency.
그는 보안 기관에 대한 비밀을 폭로하였다.

***secure** ⓐ안전한 ⓥ확보하다, 안전하게 하다 ***security check** 보안 검색

Check				
☐ genius	☐ fade	☐ community	☐ frustrate	☐ beg
☐ security				

compare
[kəmpέər]

ⓥ비교하다

The physicist compared the properties of those substances.
물리학자는 그 물질들의 특성을 비교하였다.

comparison ⓝ비교

hardship
[hάːrdʃìp]

ⓝ고난

They are suffering financial hardship because of high interest.
그들은 높은 이자 때문에 재정적 고난을 겪고 있다.

option
[άpʃən]

ⓝ선택, 선택사항

They abandoned the nuclear power option.
그들은 원자력 발전 선택을 포기하였다.

opt ⓥ선택하다 **optional** ⓐ선택적인

obtain
[əbtéin]

ⓥ획득하다

The local authorities helped obtain temporary accommodation.
지역 당국은 임시 숙소를 확보하는 데 도움을 주었다.

flow
[flou]

ⓥ흐르다 ⓝ흐름

The explosion broke down the barrier to let water flow out.
폭발은 물이 흘러 나가도록 장벽을 무너뜨렸다.

envelope
[énvəlòup]

ⓝ봉투

He stuck a stamp on the sealed envelope.
그는 봉인된 봉투에 우표를 붙였다.

Check

□ compare	□ hardship	□ option	□ obtain	□ flow
□ envelope				

※ 정답 표시하지 마시고, 전용 오답 노트를 활용하여 집중 관리 하십시오. 모든 문제는 반복 학습용입니다.

1. motive	ⓝ______		1. surface	ⓝ______
2. motivate	ⓥ______		2. author	ⓝ______
3. scrap	ⓝ______		3. punch	ⓥ______
4. faint	ⓐ______		4. alter	ⓥ______
5. slight	ⓐ______		5. spice	ⓝ______
6. liberty	ⓝ______		6. spicy	ⓐ______
7. odd	ⓐ______		7. worth	ⓝ______
8. spend	ⓥ______		8. various	ⓐ______
9. complement	ⓝ______		9. variety	ⓝ______
10. pity	ⓝ______		10. distance	ⓝ______

1.동기 2.동기 유발하다 3.조각 4.희미한 5.약간의 6.자유 7.이상한 8.소비하다 9.보완 10.안타까움

1.표면 2.작가 3.구멍을 뚫다 4.변경하다 5.양념 6.양념이 강한 7.가치 8.다양한 9.다양성 10.거리

1. diameter	ⓝ______		1. community	ⓝ______
2. traffic	ⓝ______ ______		2. frustrate	ⓥ______
3. mental	ⓐ______		3. beg	ⓥ______
4. pile	ⓝ______		4. security	ⓝ______
5. disappear	ⓥ______		5. compare	ⓥ______
6. clerk	ⓝ______		6. hardship	ⓝ______
7. spin	ⓥ______		7. option	ⓝ______
8. honor	ⓝ______		8. obtain	ⓥ______
9. genius	ⓝ______		9. flow	ⓥ______
10. fade	ⓥ______		10. envelope	ⓝ______

1.지름 2.교통, 통행량 3.정신적인 4.더미 5.사라지다 6.직원 7.회전하다 8.명예 9.천재 10.희미해지다

1.공동체 2.좌절시키다 3.간청하다 4.안전 5.비교하다 6.고난 7.선택 8.획득하다 9.흐르다 10.봉투

hold on 잠깐 기다리다 *hold on to ~을 잡다
ill at ease 불안한 (uneasy)
in a degree 어느 정도 (to a degree, in a measure, to some extent)
in a measure 어느 정도 (in/to a degree, to some extent)
in a sense 어떤 면에서 (in a way)
in a while 잠시 후에 *for a while 잠시 동안
in accordance with ~에 따라 (according to)
in addition 게다가 (what is more furthermore, moreover, ⑲ besides)
in addition to ~에 더하여 (㉔ besides)
in advance 미리 (beforehand)
in behalf of ~을 위하여 *on behalf of ~을 대신하여, 대표하여
in brief 요약하자면 (to be brief, to sum up, in short, briefly)

1. _______ on a second!
잠깐만 기다려.

2. He looked ill at _______ at the formal party.
그는 격식을 차리는 파티에서 불안해 보였다.

3. Your advice was helpful in a _______.
너의 조언이 어느 정도 도움이 되었다.

4. My success was, in a _______, due to luck.
나의 성공은 어느 정도 운 때문이었다.

5. In a _______, he is responsible for the conflict.
어떤 면에서 그는 갈등에 대한 책임이 있다.

6. I have to leave for the airport in a _______.
나는 잠시 후에 공항으로 출발해야 한다.

7. I adjusted the equipment in _______ with the manual.
나는 지침서에 따라 기계를 조정하였다.

8. The book is easy to read. In _______, it contains useful information.
그 책은 읽기 쉽다. 게다가, 그 책은 유용한 정보를 포함하고 있다.

9. In _______ to English, he can speak French.
영어에 더하여 그는 불어를 말할 수 있다.

10. Please let me know in _______ if you can't join.
만약 합류할 수 없으면 나에게 미리 알려줘.

11. We raised money in _______ of the poor.
우리는 가난한 사람들을 위하여 돈을 모금하였다.

12. In _______, the negotiations were unsuccessful.
요약하자면, 협상은 실패하였다.

※ 이 페이지의 단어들은 필요 시 참고하는 분야별 단어입니다. 학습자의 수준과 진도에 맞게 활용하십시오.

environment	환경	conservation	보존
pollution	오염	resource	자원
pollutant	오염 물질	greenhouse	온실
fuel	연료	diverse	다양한
carbon	탄소	trash	쓰레기
acid	산성의	litter	쓰레기, 아무데나 버리다
ozone layer	오존층	purify	정화하다
extinction	멸종	restore	복구하다

[Definition Quiz]

1. a part of the atmosphere that protects Earth from harmful sun rays. _______

2. to bring something back to its original state. _______

3. having a sour taste or quality. _______

4. something that makes air, water, or land dirty. _______

5. a chemical element found in all living things and fuels. _______

6. waste material or things no longer needed. _______

7. the natural world around us. _______

8. the protection of nature and resources. _______

9. to make something clean or pure. _______

10. a glass building for growing plants. _______

11. something burned to produce energy. _______

12. waste left on the ground. _______

13. something we use from nature. _______

14. harm to nature by waste or chemicals. _______

15. the death of all members of a species. _______

16. having many different kinds. _______

---

1. 해로운 태양 광선을 지구로부터 보호하는 대기의 일부 **2.** 무언가를 원래 상태로 되돌리다 **3.** 신맛이 나거나 신맛 성질을 가진 **4.** 공기, 물, 땅을 더럽히는 것 **5.** 모든 생명체와 연료에 존재하는 화학 원소 **6.** 더 이상 필요 없는 쓰레기 물질 **7.** 우리 주변의 자연 세계 **8.** 자연과 자원을 보호하는 것 **9.** 무언가를 깨끗하거나 순수하게 만들다 **10.** 식물을 키우는 유리 건물 **11.** 에너지를 만들기 위해 태우는 것 **12.** 땅 위에 남겨진 쓰레기 **13.** 자연에서 얻는 것 **14.** 쓰레기나 화학 물질로 인한 자연의 피해 **15.** 한 종의 모든 개체가 죽는 것 **16.** 다양한 종류가 많은

1.ozone layer **2.**restore **3.**acid **4.**pollutant **5.**carbon **6.**trash **7.**environment **8.**conservation **9.**purify **10.**greenhouse **11.**fuel **12.**litter **13.**resource **14.**pollution **15.**extinction **16.**diverse

---

◀ 10-2. Law p230   Categories p549   12-1. Hospital p260 ▶

DAY
23

DAY 23

[진단 테스트]

※ 실력을 진단하고 점검하는 연결형 문제입니다. 문제에 표시하지 마시고, 전용 오답 노트를 활용하여 집중 관리 하십시오. 본 단어장의 모든 문제는 반복 학습용입니다.

1. vain	①열정적인
2. coward	②영감을 주다
3. passion	③넓은
4. passionate	④헛된
5. illustrate	⑤겁쟁이
6. hospitality	⑥나타내다, 예시하다
7. inspire	⑦피 흘리다
8. consequence	⑧환대
9. bleed	⑨열정
10. spacious	⑩결과

1.④ 2.⑤ 3.⑨ 4.① 5.⑥ 6.⑧ 7.⑦ 8.⑩
9.⑦ 10.③

1. thorn	①흩어지다
2. scatter	②확신하는
3. emerge	③피할 수 없는
4. overcome	④중대한
5. vital	⑤나타나다
6. momentous	⑥중대한
7. essence	⑦본질
8. inevitable	⑧가시
9. confident	⑨극복하다
10. typical	⑩전형적인

1.⑧ 2.① 3.⑤ 4.⑨ 5.④ 6.⑥ 7.⑦ 8.③
9.② 10.⑩

1. maintenance	①우울하게 하다
2. landlord	②유지, 보수
3. stable	③강조하다
4. expense	④안정된
5. depress	⑤연기하다
6. pure	⑥비용
7. postpone	⑦불평하다
8. victim	⑧희생자
9. emphasize	⑨지주
10. complain	⑩순수한

1.② 2.⑨ 3.④ 4.⑥ 5.① 6.⑩ 7.⑤ 8.⑧
9.③ 10.⑦

1. achieve	①성취하다
2. accomplish	②빠른
3. fulfill	③대표
4. resist	④부
5. representative	⑤성취하다
6. flat	⑥빠른
7. rapid	⑦주제
8. swift	⑧평평한
9. wealth	⑨성취하다
10. theme	⑩저항하다

1.① 2.⑤ 3.⑨ 4.⑩ 5.③ 6.⑧ 7.② 8.⑥
9.④ 10.⑦

0881 ★★☆

vain
[vein]

@ **헛된**, 허영심 강한

He sought the source of his unease, but in vain.
그는 불안의 근원을 찾으려 했지만 헛되었다.

*vanity ⓝ허영심, 헛됨 *vein ⓝ정맥, 핏줄

0882 ★☆☆

coward
[káuərd]

ⓝ **겁쟁이**

Only despair could inspire courage in the coward.
오직 절망만이 겁쟁이에게 용기를 불어넣을 수 있었다.

*cowardice ⓝ겁, 비겁 *cowardly @비겁한

0883 ★★☆

passion
[pǽʃən]

ⓝ **열정**

You must coordinate two extremes, passion and reason.
너는 두 극단적인 열정과 이성을 조율해야 한다.

*compassion ⓝ동정심

0884 ★★☆

passionate
[pǽʃənit]

@ **열정적인**

The candidate possesses a passionate and positive nature.
후보자는 열정적이고 긍정적인 본성을 지니고 있다.

*compassionate @동정적인

0885 ★★☆

illustrate
[íləstrèit]

ⓥ **나타내다, 예시하다**, 삽화를 넣다

The pictures illustrate typical examples of ancient fossils.
그 사진들은 고대 화석의 전형적인 예를 보여준다.

*illustration ⓝ예시, 삽화

0886 ★★★

hospitality
[hὰspitǽləti]

ⓝ **환대**, 호의

The local people showed their hospitality to our party.
그 지역 사람들은 우리 일행에게 환대를 보여주었다.

*hospitable @환대하는, 호의적인 *hostility ⓝ적대감

Check				
☐ vain	☐ coward	☐ passion	☐ passionate	☐ illustrate
☐ hospitality				

0887 ★★★

inspire
[inspáiər]

ⓥ**영감을 주다,** 고무하다

His lecture inspired me to challenge the gender bias.
그의 강연은 내가 성별 편견에 도전하도록 영감을 주었다.

***inspiration** ⓝ영감

0888 ★★☆

consequence
[kάnsikwèns]

ⓝ**결과,** 중요성

Pollution had the consequence of endangering the species.
오염은 그 종을 멸종 위기에 빠뜨리는 결과를 초래하였다.

***consequent** ⓐ결과적인 ***of no consequence** 중요하지 않은

0889 ★☆☆

bleed
[bliːd]

ⓥ**피 흘리다** (bleed-bled-bled)

The area bitten by an insect began to bleed.
곤충에게 물린 부위가 피를 흘리기 시작하였다.

***breed** ⓥ양육하다, 번식하다, 야기하다 ⓝ품종

0890 ★★☆

spacious
[spéiʃəs]

ⓐ**넓은**

The spacious accommodation was decorated in warm shades.
넓은 숙소는 따뜻한 색조로 장식되었다.

***spatial** ⓐ공간의

0891 ★☆☆

thorn
[θɔːrn]

ⓝ**가시**

An optimist sees the roses while a pessimist sees the thorns.
낙관주의자는 장미꽃을 바라보고, 비관주의자는 가시를 본다.

***throne** ⓝ왕좌, 왕위

0892 ★★☆

scatter
[skǽtər]

ⓥ**흩어지다,** 흩어지게 하다, 뿌리다

The thunder made the crowd scatter in all directions.
천둥은 군중을 모든 방향으로 흩어지도록 만들었다.

***shatter** ⓥ부수다, 산산조각 내다

Check

□ inspire	□ consequence	□ bleed	□ spacious	□ thorn
□ scatter				

0893 ★★☆

emerge
[imə́ːrdʒ]

ⓥ**나타나다**, 출현하다

The solid evidence emerged during the investigation.
확고한 증거가 수사 중에 나타났다.

*****emergence** ⓝ출현

0894 ★★☆

overcome
[òuvərkʌ́m]

ⓥ**극복하다** (overcome-overcame-overcome)

He struggles to overcome severe hardship.
그는 심한 고난을 극복하려고 애쓴다.

0895 ★★★

vital
[váitl]

ⓐ**중대한**, 필수적인, 활력있는

Industry and economy are vital elements of wealth.
근면과 검소는 부의 중대한 요소들이다.

*****vitality** ⓝ활력

(0071) ★★★

significant
[signífikənt]

ⓐ**중대한, 상당한**

Global warming is described as a significant disaster.
지구 온난화는 중대한 재앙으로 묘사된다.

*****significance** ⓝ중요성

0896 ★★★

momentous
[mouméntəs]

ⓐ**중대한**

I participated in the fairly momentous occasion.
나는 꽤 중요한 행사에 참석하였다.

*****momentary** ⓐ순간적인, 일시적인

(0349) ★★☆

essential
[isénʃəl]

ⓐ**필수적인, 본질적인**

The power station is closed for essential maintenance.
발전소가 필수 유지 보수를 위하여 폐쇄되었다.

0897 ★★☆

essence
[ésəns]

ⓝ**본질**

The essence of democracy is freedom and equality.
민주주의의 본질은 자유와 평등이다.

Check

□ emerge	□ overcome	□ vital	□ significant	□ momentous
□ essential	□ essence			

0898 ★★☆

inevitable
[inévitəbəl]

ⓐ피할 수 없는, 필연적인

War is an inevitable consequence of human nature.
전쟁은 인간 본성의 피할 수 없는 결과이다.

*inevitability ⓝ불가피

0899 ★★☆

confident
[kάnfidənt]

ⓐ확신하는

He is confident that the evidence will prove his innocence.
그는 증거가 자신의 결백함을 입증할 것이라고 확신한다.

*confidence ⓝ확신

0900 ★★★

typical
[típikəl]

ⓐ전형적인

The physician asked me to describe my typical symptoms.
의사는 나에게 전형적인 증상을 설명하라고 요구하였다.

*atypical ⓐ이례적인

0901 ★★★

maintenance
[méintənəns]

ⓝ유지, 보수

Annual maintenance costs of the bridge exceeded the budget.
다리의 연간 유지 보수 비용이 예산을 초과하였다.

*maintain ⓥ유지하다, 주장하다

0902 ★☆☆

landlord
[lǽndlɔ̀ːrd]

ⓝ지주(地主), 집주인

The landlord threatened to terminate the rental contract.
집주인은 임대 계약을 종료하겠다고 위협하였다.

*lord ⓝ군주, 귀족

0903 ★★☆

stable
[stéibl]

ⓐ안정된 ⓝ마구간

The wounded soldier is in a stable condition.
부상당한 병사는 안정된 상태에 있다.

*stability ⓝ안정

Check

□ inevitable	□ confident	□ typical	□ maintenance	□ landlord
□ stable				

0904 ★★☆

expense
[ikspéns]

ⓝ비용

Excellent lease facilities require considerable expense.
훌륭한 임대 시설은 상당한 비용이 필요하다.

*expensive ⓐ비싼 *expenditure ⓝ지출

0905 ★★☆

depress
[diprés]

ⓥ우울하게 하다, 침체시키다

The constant failures depressed the scientist.
계속적 실패가 과학자를 침울하게 만들었다.

*depression ⓝ우울, 불경기

0906 ★★☆

pure
[pjuər]

ⓐ순수한, 순전한

His excuse seems to be a pure invention.
그의 변명은 순전한 꾸밈처럼 보였다.

*purity ⓝ순수 *purely ⓐⓓ순전히 *purify ⓥ정화하다

0907 ★★☆

postpone
[poustpóun]

ⓥ연기하다

The available alternative is to postpone your departure.
활용 가능한 대안은 너의 출발을 연기하는 것이다.

*postponement ⓝ연기

0908 ★★☆

victim
[víktim]

ⓝ희생자, 피해자

They launched an aid program for the victims.
그들은 희생자들을 위한 지원 계획에 착수하였다.

*victimize ⓥ희생시키다

0909 ★★☆

emphasize
[émfəsàiz]

ⓥ강조하다

The manufacturer emphasized the excellent ingredients.
제조업체는 우수한 성분을 강조하였다.

*emphasis ⓝ강조

Check

□ expense	□ depress	□ pure	□ postpone	□ victim
□ emphasize				

0910 ★★☆

complain
[kəmpléin]

ⓥ**불평하다**

Customers complained that the product was defective.
고객들은 제품에 결함 있다고 불평하였다.

*complaint ⓝ불평

0911 ★★☆

achieve
[ətʃíːv]

ⓥ**성취하다**

They resolved to achieve certain objectives.
그들은 특정 목표들을 성취하기로 결심하였다.

*achievement ⓝ성취, 업적

0912 ★★☆

accomplish
[əkάmpliʃ]

ⓥ**성취하다**

The boy accomplished the brilliant feat.
소년은 뛰어난 묘기를 성취하였다.

*accomplishment ⓝ성취, 업적

0913 ★★☆

fulfill
[fulfíl]

ⓥ**성취하다,** 이행하다

He regretted bitterly not fulfilling his objectives.
그는 자신의 목표를 성취하지 못한 것을 몹시 후회하였다.

*fulfillment ⓝ성취, 이행

0914 ★★☆

resist
[rizíst]

ⓥ**저항하다,** 견디다

The suspect desperately resisted being arrested.
그 혐의자는 체포당하는 것에 필사적으로 저항하였다.

*resistance ⓝ저항 *resistant ⓐ저항하는 ⓝ저항자

0915 ★★☆

representative ⓝ**대표,** 대표자 ⓐ대표하는
[rèprizéntətiv]

The union representatives demanded higher wages.
노동조합 대표들은 더 높은 임금을 요구하였다.

*represent ⓥ대표하다, 나타내다 *representation ⓝ대표 활동, 묘사

Check				
□ complain	□ achieve	□ accomplish	□ fulfill	□ resist
□ representative				

0916 ★★☆

flat

[flæt]

@평평한

The soldiers lay flat on the ground.
병사들은 바닥에 납작 엎드렸다.

***flat tire** 펑크 난 타이어

0917 ★★☆

rapid

[rǽpid]

@빠른 (시간, 속도 개념)

The value of the dollar rose at a rapid rate.
달러의 가치가 빠른 속도로 상승하였다.

0918 ★★☆

swift

[swift]

@빠른 (실행, 반응 개념)

The captain navigated the vessel through the swift currents.
선장은 급류를 따라 선박을 운항하였다.

(0280) ★★☆

prompt

[prɑmpt]

@신속한 (지체 없는) ⓥ촉진하다

I appreciate your prompt settlement of the debt.
나는 너의 신속한 빚 해결을 감사하게 생각한다.

Even mild violence can prompt an enormous tragedy.
심지어 가벼운 폭력도 엄청난 비극을 촉진할 수 있다.

0919 ★☆☆

wealth

[welθ]

ⓝ부

His exceptional industry led him to wealth.
그의 뛰어난 근면이 그를 부로 이끌었다.

***wealthy** @부유한

0920 ★☆☆

theme

[θiːm]

ⓝ주제

We exchanged various opinions on common themes.
우리는 공통된 주제들에 관하여 다양한 의견을 교환하였다.

Check

□ flat	□ rapid	□ swift	□ prompt	□ wealth
□ theme				

REVIEW

※ 정답 표시하지 마시고, 전용 오답 노트를 활용하여 집중 관리 하십시오. 모든 문제는 반복 학습용입니다.

1. vain	ⓐ______		**1.** thorn	ⓝ______
2. coward	ⓝ______		**2.** scatter	ⓥ______
3. passion	ⓝ______		**3.** emerge	ⓥ______
4. passionate	ⓐ______		**4.** overcome	ⓥ______
5. illustrate	ⓥ______ ______		**5.** vital	ⓐ______
6. hospitality	ⓝ______		**6.** momentous	ⓐ______
7. inspire	ⓥ______		**7.** essence	ⓝ______
8. consequence	ⓝ______		**8.** inevitable	ⓐ______
9. bleed	ⓥ______		**9.** confident	ⓐ______
10. spacious	ⓐ______		**10.** typical	ⓐ______

1.헛된 2.겁쟁이 3.열정 4.열정적인 5.나타내다, 예시하다 6.환대 7.영감을 주다 8.결과 9.피흘리다 10.넓은

1.가시 2.흩어지다 3.나타나다 4.극복하다 5.중대한 6.중대한 7.본질 8.피할 수 없는 9.확신하는 10.전형적인

1. maintenance	ⓝ______ ______		**1.** achieve	ⓥ______
2. landlord	ⓝ______		**2.** accomplish	ⓥ______
3. stable	ⓐ______		**3.** fulfill	ⓥ______
4. expense	ⓝ______		**4.** resist	ⓥ______
5. depress	ⓥ______		**5.** representative	ⓝ______
6. pure	ⓐ______		**6.** flat	ⓐ______
7. postpone	ⓥ______		**7.** rapid	ⓐ______
8. victim	ⓝ______		**8.** swift	ⓐ______
9. emphasize	ⓥ______		**9.** wealth	ⓝ______
10. complain	ⓥ______		**10.** theme	ⓝ______

1.유지, 보수 2.지주 3.안정된 4.비용 5.우울하게 하다 6.순수한 7.연기하다 8.희생자 9.강조하다 10.불평하다

1.성취하다 2.성취하다 3.성취하다 4.저항하다 5.대표 6.평평한 7.빠른 8.빠른 9.부 10.주제

PHRASE

in charge of ~을 책임지는, ~을 담당하는 (responsible for)

in company with ~와 동반하여

in comparison with ~와 비교하여 (compared to/with)

in connection with ~와 관련하여 (in/with reference to, in/with relation to)

in consequence of ~의 결과로서 (as a result of)

in consideration of ~을 고려하여

in effect 사실상 (in fact, as a matter of fact)

in favor of ~에 찬성하여, ~을 위하여

in force 실시 중인, 유효한

in honor of ~에 경의를 표하여 (in one's honor)

in itself 그 자체로

in line with ~와 일치하여

1. He is in ________ of the sales department.
그는 영업부를 담당하고 있다.

2. She attended the party in ________ with an actor.
그녀는 배우와 동반하여 파티에 참석하였다.

3. The product is better in ________ with the previous one.
그 제품은 이전 제품과 비교하여 더 낫다.

4. He was arrested in ________ with the robbery.
그는 강도 사건과 관련하여 체포되었다.

5. The schedule was canceled in ________ of the flood.
홍수의 결과로, 일정이 취소되었다.

6. In ________ of his illness, we postponed the meeting.
그의 병을 고려하여, 우리는 모임을 연기하였다.

7. In ________, we had no other choice.
사실상 우리는 다른 선택의 여지가 없었다.

8. Most people are in ________ of the reform.
대부분 국민은 개혁을 지지한다.

9. The old regulations are still in ________.
오래된 규정이 여전히 시행 중이다.

10. The building was named in ________ of the donor.
건물은 기부자에게 경의를 표하여 명명되었다.

11. Wealth, in ________, doesn't guarantee happiness.
부는 그 자체로 행복을 보장하지 않는다.

12. The salary increase is in ________ with inflation.
급여 인상은 물가 상승과 일치한다.

DAY
24

DAY 24

[진단 테스트]

※ 실력을 진단하고 점검하는 연결형 문제입니다. 문제에 표시하지 마시고, 전용 오답 노트를 활용하여 집중 관리 하십시오. 본 단어장의 모든 문제는 반복 학습용입니다.

1. soil	①온도
2. temperature	②속담
3. souvenir	③계산하다
4. detail	④차량
5. proverb	⑤속담
6. saying	⑥기념품
7. vehicle	⑦노예
8. specialize	⑧전문으로 하다
9. slave	⑨세부 사항
10. calculate	⑩흙

1.⑩ 2.① 3.⑥ 4.⑨ 5.② 6.⑤ 7.④ 8.⑧
9.⑦ 10.③

1. deserve	①보라색
2. nearly	②반짝이다
3. excel	③우연히 듣다
4. overhear	④사생활
5. laundry	⑤거의
6. violet	⑥앞 무릎
7. privacy	⑦속하다
8. lap	⑧뛰어나다
9. glitter	⑨~ 받을 가치가 있다
10. belong	⑩세탁물

1.⑨ 2.⑤ 3.⑧ 4.③ 5.⑩ 6.① 7.④ 8.⑥
9.② 10.⑦

1. jewel	①번역하다
2. damage	②보석
3. sigh	③부딪치다
4. stimulate	④한숨
5. nod	⑤채권자
6. witty	⑥재치 있는
7. bump	⑦손상
8. debt	⑧끄덕이다
9. creditor	⑨빚
10. translate	⑩자극하다

1.② 2.⑦ 3.④ 4.⑩ 5.⑧ 6.⑥ 7.③ 8.⑨
9.⑤ 10.①

1. interpret	①터지다
2. merit	②담그다
3. disease	③이득, 혜택
4. native	④통역하다
5. burst	⑤토종의
6. attention	⑥기계
7. committee	⑦장점
8. dip	⑧위원회
9. benefit	⑨주의
10. machine	⑩병

1.④ 2.⑦ 3.⑩ 4.⑤ 5.① 6.⑨ 7.⑧ 8.②
9.③ 10.⑥

0921 ★★☆

soil
[sɔil]

ⓝ**흙,** 토양

The use of pesticides improved fertility of the soil.
살충제 사용이 토양의 비옥함을 개선하였다.

0922 ★☆☆

temperature
[témpərətʃər]

ⓝ**온도**

The rising temperature dried the forest.
상승하는 온도가 삼림을 건조시켰다.

***humidity** ⓝ습기, 습도

0923 ★☆☆

souvenir
[sùːvəníər]

ⓝ**기념품**

We browsed around souvenir shops.
우리는 기념품 가게들을 둘러보았다.

0924 ★☆☆

detail
[díːteil]

ⓝ**세부 사항**

They shared the details of the company's budget.
그들은 회사 예산의 세부 사항을 공유하였다.

***detailed** ⓐ세부적인

0925 ★☆☆

proverb
[prάvəːrb]

ⓝ**속담**

My favorite proverb is "You reap what you sow."
나의 가장 좋아하는 속담은 "뿌린 대로 거둔다"이다.

***maxim** ⓝ격언, 금언(金言)

0926 ★☆☆

saying
[séiiŋ]

ⓝ**속담**

The old saying, "Practice makes perfect," is appropriate for us.
오래된 속담, '연습이 완벽을 만든다'는 우리들에게 적합하다.

0927 ★★☆

vehicle
[víːikəl]

ⓝ**차량,** 운송 수단

He emerged from the wrecked vehicle without injury.
그는 파손된 차량으로부터 부상 없이 나타났다.

Check				
☐ soil	☐ temperature	☐ souvenir	☐ detail	☐ proverb
☐ saying	☐ vehicle			

0928 ★☆☆

specialize

[spéʃəlàiz]

ⓥ전문으로 하다

Many specialized institutes contribute to our society.
많은 전문 기관이 우리 사회에 공헌한다.

0929 ★☆☆

slave

[sleiv]

ⓝ노예

Many modern women are slaves to fashion trends.
많은 현대 여성은 유행 추세의 노예이다.

***slavery** ⓝ노예 신분, 노예 제도 ***enslave** ⓥ노예로 삼다

0930 ★★☆

calculate

[kǽlkjəlèit]

ⓥ계산하다

The instrument can calculate distances precisely.
그 기구는 거리를 정확하게 계산할 수 있다.

***calculator** ⓝ계산기

0931 ★★★

deserve

[dizə́ːrv]

ⓥ~ 받을 가치가 있다, ~ 받아 마땅하다

He deserves the utmost respect for his bravery.
그는 자신의 용기에 대하여 최고의 존경을 받을 만하다.

0932 ★★☆

nearly

[níərli]

๏거의

The descent of the mountain took nearly an hour.
그 산 내려오는 데 거의 1시간 걸렸다.

0933 ★★☆

excel

[iksél]

ⓥ뛰어나다, 능가하다

His lecture inspired me to excel in several aspects.
그의 강연은 내가 여러 면에서 뛰어나도록 영감을 주었다.

***excellent** ⓐ우수한

0934 ★☆☆

overhear

[òuvərhíər]

ⓥ우연히 듣다, 엿듣다

I overheard their argument over a huge debt.
나는 그들의 엄청난 빚에 대한 언쟁을 우연히 들었다.

Check

□ specialize	□ slave	□ calculate	□ deserve	□ nearly
□ excel	□ overhear			

0935 ★★☆

laundry

[lɔ́:ndri]

ⓝ**세탁물,** 세탁, 세탁소

The servant sorted a pile of laundry.

하인은 세탁물 더미를 분류하였다.

0936 ★☆☆

violet

[váiəlit]

ⓝ**보라색**

He painted the ceiling violet and purple.

그는 천장을 보라색과 자주색으로 칠하였다.

0937 ★☆☆

privacy

[práivəsi]

ⓝ**사생활**

The trial to collect one's health data is an invasion of privacy.

누군가의 건강 자료를 수집하려는 시도는 사생활 침해이다.

0938 ★☆☆

lap

[læp]

ⓝ**앞무릎**

Her hands trembled in her lap.

그녀의 손이 무릎 위에서 떨고 있었다.

0939 ★☆☆

glitter

[glítər]

ⓥ**반짝이다** ⓝ반짝임

The ceiling of the palace glittered with gold.

궁전의 천장이 금으로 반짝였다.

0940 ★★☆

belong

[bilɔ́(:)ŋ]

ⓥ**속하다**

Those teaching aids belong to the school's property.

그 교육 보조 도구는 학교 재산에 속한다.

***belong to** ~에 속하다 ***belonging** ⓝ소유물 (belongings), 소지품, 소속

0941 ★☆☆

jewel

[dʒú:əl]

ⓝ**보석**

The description of the jewel is enclosed in the case.

그 보석의 상세 설명은 상자 안에 동봉되어 있다.

***jewelry** ⓝ보석류

Check

☐ laundry	☐ violet	☐ privacy	☐ lap	☐ glitter
☐ belong	☐ jewel			

0942 ★☆☆

damage

[dǽmidʒ]

ⓝ손상 ⓥ피해를 입히다

The utensils were cautiously wrapped to avoid damage.
주방용품들은 손상을 피하도록 조심스럽게 감싸졌다.

0943 ★★☆

sigh

[sai]

ⓝ한숨 ⓥ한숨 쉬다

We breathed a sigh of relief after the rescue of the victim.
우리는 피해자 구조 후에 안도의 한숨을 내쉬었다.

0944 ★★☆

stimulate

[stímjəlèit]

ⓥ자극하다

Proper exercise stimulates our blood circulation.
적절한 운동은 우리의 혈액 순환을 자극한다.

***stimulus** ⓝ자극 ***stimuli** ⓝ자극 (stimulus의 복수형)

0945 ★★☆

nod

[nɑd]

ⓥ끄덕이다

He nodded repeatedly, admitting his errors.
그는 잘못을 인정하면서 반복해서 끄덕였다.

0946 ★☆☆

witty

[wíti]

ⓐ재치 있는

His presentation was witty enough to impress the judges.
그의 발표는 심사위원들을 감명시킬 정도로 매우 재치 있었다.

0947 ★☆☆

bump

[bʌmp]

ⓥ부딪치다

I don't glare at those who accidentally bump into me.
나는 우연히 나와 부딪친 사람들을 노려보지 않는다.

0948 ★★☆

debt

[det]

ⓝ빚

The high ratio of long-term debt worsens financial risk.
장기적인 부채의 높은 비율은 재정 위험을 악화시킨다.

***debtor** ⓝ채무자

Check				
☐ damage	☐ sigh	☐ stimulate	☐ nod	☐ witty
☐ bump	☐ debt			

0949 ★★☆

creditor
[krédɪtər]

ⓝ**채권자**

The creditor has a better memory than the debtor.
채권자는 채무자보다 더 좋은 기억력을 가지고 있다.

0950 ★★☆

translate
[trænsléit]

ⓥ**번역하다,** 변형하다

He translated the abstract concept logically.
그는 추상적인 개념을 논리적으로 번역하였다.

0951 ★★☆

interpret
[intə́ːrprit]

ⓥ**통역하다,** 이해하다, 판단하다

I interpreted his reaction as a refusal.
나는 그의 반응을 거절로 해석하였다.

***interpreter** ⓝ통역사

0952 ★★☆

merit
[mérit]

ⓝ**장점**

The committee referred to the merits of your suggestion.
위원회는 네 제안의 장점들을 언급하였다.

***demerit** ⓝ단점, 결점

0953 ★☆☆

disease
[dizíːz]

ⓝ**병**

He suffers from a rare disease affecting his organs.
그는 장기에 영향을 주는 희귀한 질병으로 고생한다.

0954 ★★☆

native
[néitiv]

ⓐ**토종의,** 출생지의 ⓝ토착민

The botanist is absorbed in researching native plants.
그 식물학자는 토종 식물을 연구하는 데 몰두하고 있다.

Check				
☐ creditor	☐ translate	☐ interpret	☐ merit	☐ disease
☐ native				

0955 ★★☆
burst
[bəːrst]

ⓥ**터지다,** 터뜨리다 (burst-burst-burst) ⓝ파열, 폭발

A mighty flame burst from a little spark.
강력한 불길이 작은 불꽃으로부터 터져 나왔다.

0956 ★★☆
attention
[əténʃən]

ⓝ**주의,** 주목

Her traditional costume drew my attention.
그녀의 전통 의상이 나의 주의를 끌었다.

***attend** ⓥ참석하다, 시중들다, 주의를 기울이다

0957 ★★☆
committee
[kəmíti]

ⓝ**위원회**

The committee resolved to dismiss the incompetent staff.
위원회는 무능한 직원을 해고하기로 결의하였다.

0958 ★★☆
dip
[dip]

ⓥ**담그다,** 내려가다

The baby dipped the toy into a bucket of water.
아기는 장난감을 물 양동이 속에 담갔다.

0959 ★★☆
benefit
[bénəfɪt]

ⓝ**이득, 혜택**

For maximum benefit, take the pill with every meal.
최대한 유익한 효과를 위해, 매 식사와 함께 알약을 복용하시오.

***beneficial** ⓐ유익한

0960 ★★☆
machine
[məʃíːn]

ⓝ**기계**

The machine accurately located the source of the sound.
그 기계는 소리 근원의 위치를 정확하게 찾아냈다.

***machinery** ⓝ기계류

Check				
☐ burst	☐ attention	☐ committee	☐ dip	☐ benefit
☐ machine				

REVIEW

1. soil	(n)______	1. deserve	(v)______
2. temperature	(n)______	2. nearly	(ad)______
3. souvenir	(n)______	3. excel	(v)______
4. detail	(n)______	4. overhear	(v)______
5. proverb	(n)______	5. laundry	(n)______
6. saying	(n)______	6. violet	(n)______
7. vehicle	(n)______	7. privacy	(n)______
8. specialize	(v)______	8. lap	(n)______
9. slave	(n)______	9. glitter	(v)______
10. calculate	(v)______	10. belong	(v)______

1.흙 2.온도 3.기념품 4.세부 사항 5.속담 6.속담 7.차량 8.전문으로 하다 9.노예 10.계산하다

1.~ 받을 가치가 있다 2.거의 3.뛰어나다 4.우연히 듣다 5.세탁물 6.보라색 7.사생활 8.앞무릎 9.반짝이다 10.속하다

1. jewel	(n)______	1. interpret	(v)______
2. damage	(n)______	2. merit	(n)______
3. sigh	(n)______	3. disease	(n)______
4. stimulate	(v)______	4. native	(a)______
5. nod	(v)______	5. burst	(v)______
6. witty	(a)______	6. attention	(n)______
7. bump	(v)______	7. committee	(n)______
8. debt	(n)______	8. dip	(v)______
9. creditor	(n)______	9. benefit	(n)______
10. translate	(v)______	10. machine	(n)______

1.보석 2.손상 3.한숨 4.자극하다 5.끄덕이다 6.재치 있는 7.부딪치다 8.빚 9.채권자 10.번역하다

1.통역하다 2.장점 3.병 4.토종의 5.터지다 6.주의 7.위원회 8.담그다 9.이득, 혜택 10.기계

PHRASE

in nature 사실상, 본질적으로 *by nature 선천적으로

in need 궁핍한

in nine cases out of ten 십중팔구

in no time 즉시 (at once, right away, immediately)

in no way 결코 ~ 아닌 (on no account, never)

in part 부분적으로 (partly)

in particular 특히 (particularly)

in person 직접, 개인적으로

in place of ~ 대신에 (in one's place)

in place 적절한 상태인, 제자리에 *out of place 부적절한 상태인, 제자리가 아닌

in practice 실제로, 사실상

in proportion to ~에 비례하여 (in proportion as 절)

1. The argument was political in ________.
   논쟁은 사실상 정치적이었다.

2. The charity supports people in ________.
   자선 단체는 궁핍한 사람들을 지원한다.

3. In nine cases ________ ________ ten, diligence leads to wealth.
   십중팔구, 근면은 부로 이어진다.

4. The genius solved the problem in no ________.
   천재는 그 문제를 즉시 해결하였다.

5. I am in no ________ responsible for his failure.
   나는 결코 그의 실패에 책임이 없다.

6. The project failed in ________ because of his negligence.
   과제는 부분적으로 그의 태만 때문에 실패하였다.

7. The subways are crowded, in ________ in rush hours.
   지하철은 붐비는데, 특히 통근 시간에 붐빈다.

8. I talked to him in ________ in his office.
   나는 그의 사무실에서 직접 그와 대화하였다.

9. The cook use honey in ________ of sugar.
   요리사는 설탕 대신 꿀을 사용한다.

10. Everything is ________ place for the event.
    모든 것이 행사를 위하여 적절한 상태이다.

11. His theory is perfect in theory, but in ________, has some flaws.
    그의 이론은 이론적으로는 완벽하지만, 실제로는 몇몇 결점이 있다.

12. The punishment is not always in ________ to the crime.
    처벌이 범죄와 반드시 비례하지는 않는다.

※ 이 페이지의 단어들은 필요 시 참고하는 분야별 단어입니다. 학습자의 수준과 진도에 맞게 활용하십시오.

physician	의사	injury	부상
medicine	약, 의학	wound	부상을 입히다, 부상
therapy	치료, 요법	recovery	회복
treat	치료하다, 취급하다, 대접하다	operation	수술
symptom	증상	checkup	검사, 검진
disease	질병	patient	참을성 있는, 환자
disorder	무질서, 질환	clinic	진료소
examine	조사하다, 진찰하다	drugstore	약국

[Definition Quiz]

1. a regular medical examination. ______
2. a store that sells medicine. ______
3. a person receiving medical care. ______
4. a sign of illness in the body. ______
5. to hurt someone physically. ______
6. a method of healing or treating illness. ______
7. a serious sickness. ______
8. the process of getting better after illness. ______
9. to care for someone to make them well. ______
10. a medical treatment done by cutting into the body. ______
11. a problem in the body or mind. ______
12. to check someone's body for illness. ______
13. a doctor who treats sick people. ______
14. harm done to the body. ______
15. a small place where doctors see patients. ______
16. a substance used to treat illness. ______

---

1. 정기적인 건강 검진 **2.** 약을 파는 가게 **3.** 치료를 받는 사람 **4.** 몸에 나타나는 병의 징후 **5.** 누군가를 신체적으로 다치게 하다 **6.** 병을 치료하거나 낫게 하는 방법 **7.** 심각한 질병 **8.** 병에서 회복하는 과정 **9.** 누군가를 돌봐서 건강하게 하다 **10.** 몸을 절개하는 의료 치료 **11.** 몸이나 마음의 문제 **12.** 병을 확인하기 위해 몸을 검사하다 **13.** 아픈 사람을 치료하는 의사 **14.** 몸에 입는 상처 **15.** 의사가 환자를 진료하는 작은 장소 **16.** 병을 치료하는 데 쓰이는 물질

1.checkup **2.**drugstore **3.**patient **4.**symptom **5.**wound **6.**therapy **7.**disease
8.recovery **9.**treat **10.**operation **11.**disorder **12.**examine **13.**physician **14.**injury
15.clinic **16.**medicine

◀ 11. Environment p240   Categories p549   12-2. Hospital p270 ▶

DAY
25

DAY 25

[진단 테스트]

※ 실력을 진단하고 점검하는 연결형 문제입니다. 문제에 표시하지 마시고, 전용 오답 노트를 활용하여 집중 관리 하십시오. 본 단어장의 모든 문제는 반복 학습용입니다.

1. household	①방해하다, 예방하다
2. wagon	②간행물
3. base	③항의하다
4. basis	④기초
5. basement	⑤가정
6. govern	⑥지하실
7. prevent	⑦발견하다
8. journal	⑧기초
9. discover	⑨마차
10. protest	⑩통치하다

1.⑤ 2.⑨ 3.① 4.⑧ 5.⑥ 6.⑩ 7.① 8.② 9.⑦ 10.③

1. enlarge	①투옥하다
2. jail	②제조하다
3. imprison	③공식적인, 공무원
4. lid	④충실한
5. official	⑤확대하다
6. consider	⑥감옥
7. manufacture	⑦신념
8. leftover	⑧생각하다
9. faith	⑨뚜껑
10. faithful	⑩잔여물

1.⑤ 2.⑥ 3.① 4.⑨ 5.③ 6.⑧ 7.② 8.⑩ 9.⑦ 10.④

1. ashamed	①파괴
2. bravery	②피하다
3. sheet	③부끄러운
4. department	④파괴하다
5. destroy	⑤얇은 판
6. destruction	⑥추적하다
7. chase	⑦피하다
8. path	⑧부서
9. avoid	⑨길
10. escape	⑩용기

1.③ 2.⑩ 3.⑤ 4.⑧ 5.④ 6.① 7.⑥ 8.⑨ 9.② 10.⑦

1. fairy	①후보자
2. dump	②건설하다
3. construct	③서랍
4. yell	④외치다
5. drawer	⑤희생
6. colony	⑥식민지, 집단 부락
7. sacrifice	⑦버리다
8. dizzy	⑧요정
9. candidate	⑨어지러운
10. favorite	⑩가장 좋아하는

1.⑧ 2.⑦ 3.② 4.④ 5.③ 6.⑥ 7.⑤ 8.⑨ 9.① 10.⑩

0961 ★☆☆

household
[háushòuld]

ⓝ**가정**, 가구(家口)
Many households struggle to settle their debts.
많은 가정이 빚을 해결하기 위하여 애쓴다.

0962 ★☆☆

wagon
[wǽgən]

ⓝ**마차**, 소형 트럭
The wagon trails are relatively flat.
마차 오솔길은 상대적으로 평탄하다.

0963 ★★☆

base
[beis]

ⓝ**기초** (토대) ⓥ근거를 두다
The base of the statue was made of solid marble.
조각상의 기초는 견고한 대리석으로 만들어졌다.

0964 ★★☆

basis
[béisis]

ⓝ**기초** (기준), 근거
We don't hire employees on the basis of race or gender.
우리는 인종이나 성별에 근거하여 직원을 고용하지 않는다.

0965 ★★☆

basement
[béismənt]

ⓝ**지하실**
The basement is suitable for storing wine.
지하실은 포도주를 저장하기에 적합하다.

0966 ★★☆

govern
[gʌ́vərn]

ⓥ**통치하다**, 지배하다
The general was fit to govern the colony.
그 장군은 식민지를 통치하기에 적합하였다.

*government ⓝ정부 *governor ⓝ통치자, 주지사
*governance ⓝ통치, 지배

0967 ★★★

prevent
[privént]

ⓥ**방해하다, 예방하다**
The task of the police is to prevent and detect crime.
경찰의 과제는 범죄를 예방하고 탐지하는 것이다.

Check

household	wagon	base	basis	basement
☐ household	☐ wagon	☐ base	☐ basis	☐ basement
☐ govern	☐ prevent			

journal

[dʒə́ːrnəl]

ⓝ(정기) **간행물**, 학술지

They publish the monthly journal of Psychology.
그들은 심리학 월간지를 발행한다.

*journalism ⓝ언론 *journalist ⓝ언론인

---

discover

[diskʌ́vər]

ⓥ**발견하다**

I discovered the factors harming a just society.
나는 정의로운 사회를 해치는 요소들을 발견하였다.

*discovery ⓝ발견

---

protest

[prətést]

ⓥ**항의하다** ⓝ항의, 시위

Huge crowds protested against the reform.
엄청난 군중들이 개혁에 반대하여 항의하였다.

---

enlarge

[enlɑ́ːrdʒ]

ⓥ**확대하다**

The company focused on enlarging its profit margins.
회사는 이윤 폭을 확대하는 것에 초점을 맞추었다.

*enlargement ⓝ확대

---

jail

[dʒeil]

ⓝ**감옥**

He is in jail for a violent crime.
그는 폭력 범죄로 수감 중이다.

---

imprison

[imprízən]

ⓥ**투옥하다**

The criminal was arrested and imprisoned.
그 범죄자는 체포되어 투옥되었다.

---

lid

[lid]

ⓝ**뚜껑**

The infant struggled to open the toilet lid.
유아는 변기 뚜껑을 열려고 애썼다.

Check

□ journal	□ discover	□ protest	□ enlarge	□ jail
□ imprison	□ lid			

0975 ★★☆

official
[əfíʃəl]

ⓐ공식적인 ⓝ공무원, 관리

He was recommended as an official candidate.
그는 공식적인 후보자로 추천되었다.

0976 ★★☆

consider
[kənsídər]

ⓥ생각하다, 고려하다

I consider it a privilege to be admitted to the exhibition.
나는 전시회에 입장 허가된 것을 특권이라고 생각한다.

*considerable ⓐ상당한 *considerate ⓐ사려 깊은

0977 ★★☆

manufacture
[mǽnjəfǽktʃər]

ⓥ제조하다 ⓝ제조

He devised a reliable method to manufacture the article.
그는 물품을 제조하기 위한 신뢰할 만한 방법을 고안하였다.

*manufacturer ⓝ제조업체

0978 ★☆☆

leftover
[leftóuvər]

ⓝ잔여물, 나머지

The pond contains the leftovers of the fertilizer.
연못은 비료의 잔여물을 포함하고 있다.

0979 ★★☆

faith
[feiθ]

ⓝ신념

The religion claims that it teaches genuine faith.
그 종교는 진정한 신념을 가르친다고 주장한다.

0980 ★★☆

faithful
[féiθfəl]

ⓐ충실한

What matters is being humble and faithful.
중요한 것은 겸손하고 충실한 것이다.

0981 ★★☆

ashamed
[əʃéimd]

ⓐ부끄러운

He is ashamed that he begged for forgiveness.
그는 용서를 간청한 것에 대해 부끄러워한다.

*shame ⓝ수치

Check				
□ official	□ consider	□ manufacture	□ leftover	□ faith
□ faithful	□ ashamed			

0982 ★★☆

bravery

[bréivəri]

ⓝ**용기,** 용감성

People admired his bravery in rescuing a drowning boy.
사람들은 물에 빠진 소년을 구조한 그의 용기를 찬양하였다.

***brave** ⓐ용감한

0983 ★★☆

sheet

[ʃiːt]

ⓝ**얇은 판,** 얇은 천, (종이, 금속 등) 한 장

The machine punched a row of holes in the metal sheet.
기계가 금속판에 일렬로 구멍을 뚫었다.

0984 ★★☆

department

[dipάːrtmənt]

ⓝ**부서,** (백화점의) 매장

The finance department reviewed my application for a loan.
금융 부서가 나의 대출 신청서를 검토하였다.

0985 ★★☆

destroy

[distrɔ́i]

ⓥ**파괴하다**

The species became extinct as we destroyed the environment.
그 종은 우리가 환경을 파괴해서 멸종되었다.

0986 ★★☆

destruction

[distrʌ́kʃən]

ⓝ**파괴**

He documents the destruction he observed during the war
그는 전쟁 중에 목격한 파괴를 문서로 기록한다.

0987 ★★☆

chase

[tʃeis]

ⓥ**추적하다** ⓝ추적, 추구

The police chased and arrested the suspect.
경찰은 혐의자를 추적하여 체포하였다.

***trace** ⓥ추적하다 ⓝ흔적, 소량

0988 ★★☆

path

[pæθ]

ⓝ**길**

The path to the peak is rocky and steep.
봉우리에 이르는 길은 바위가 많고 가파르다.

***track** ⓥ추적하다 ⓝ흔적, 길

Check				
☐ bravery	☐ sheet	☐ department	☐ destroy	☐ destruction
☐ chase	☐ path			

0989 ★★☆

avoid
[əvɔ́id]

ⓥ**피하다**

He is anxious to avoid a court case.
그는 법원 소송을 피하는 것을 갈망한다.

***avoidance** ⓝ회피, 모면

0990 ★★☆

escape
[iskéip]

ⓥ**피하다**, 탈출하다 ⓝ탈출

The criminal leaped over the fence and escaped.
범죄자는 담장을 뛰어넘어 탈출하였다.

0991 ★☆☆

fairy
[fέəri]

ⓝ**요정(妖精)**

Fables and fairy tales are parts of folklore.
우화와 요정 이야기들은 민속의 일부이다.

0992 ★★☆

dump
[dʌmp]

ⓥ**(무더기로) 버리다**, 내버리다

My brother dumped the stationery on the floor.
내 동생은 문구류를 바닥에 쏟아 버렸다.

0993 ★★☆

construct
[kənstrʌ́kt]

ⓥ**건설하다**, 구성하다

The political will is essential for constructing the space station.
정치적인 의지는 우주 정거장을 건설하는 데 필수적이다.

***constructive** ⓐ건설적인

0994 ★☆☆

yell
[jel]

ⓥ**외치다**

The modest instructor never yelled at the dull boys.
겸손한 강사는 둔한 소년들에게 결코 소리 지르지 않았다.

Check				
□ avoid	□ escape	□ fairy	□ dump	□ construct
□ yell				

0995 ★☆☆
drawer
[drɔ́ːər]

ⓝ서랍

He put his razor in a drawer after shaving.
그는 면도 후에 면도기를 서랍에 넣었다.

draw ⓥ당기다, 그리다

0996 ★★☆
colony
[kάləni]

ⓝ**식민지, 집단 부락,** 군락

The settlers established a colony in the territory.
정착자들은 그 영토에 식민지를 세웠다.

colonial ⓐ식민지의 ⓝ식민지 주민

0997 ★★☆
sacrifice
[sǽkrəfàis]

ⓝ**희생** ⓥ희생하다

Their sacrifice was recognized across the racial groups.
그들의 희생은 여러 인종 집단에서 인정되었다.

0998 ★☆☆
dizzy
[dízi]

ⓐ**어지러운**

The climber felt dizzy on the top of the mountain.
등반객은 산 정상에서 어지럽게 느꼈다.

0999 ★★☆
candidate
[kǽndidèit]

ⓝ**후보자**

The competent candidate was selected for the post.
유능한 후보자가 그 직책에 선발되었다.

1000 ★★☆
favorite
[féivərit]

ⓐ**가장 좋아하는,** 최애 ⓝ가장 좋아하는 것/사람

The portable computer is my favorite companion.
휴대용 컴퓨터는 나의 최애 동반자이다.

Check				
☐ drawer	☐ colony	☐ sacrifice	☐ dizzy	☐ candidate
☐ favorite				

REVIEW

※ 정답 표시하지 마시고, 전용 오답 노트를 활용하여 집중 관리 하십시오. 모든 문제는 반복 학습용입니다.

1. household	ⓝ______		1. enlarge	ⓥ______
2. wagon	ⓝ______		2. jail	ⓝ______
3. base	ⓝ______		3. imprison	ⓥ______
4. basis	ⓝ______		4. lid	ⓝ______
5. basement	ⓝ______		5. official	ⓐ______ ⓝ______
6. govern	ⓥ______		6. consider	ⓥ______
7. prevent	ⓥ______ ______		7. manufacture	ⓥ______
8. journal	ⓝ______		8. leftover	ⓝ______
9. discover	ⓥ______		9. faith	ⓝ______
10. protest	ⓥ______		10. faithful	ⓐ______

1.가정 2.마차 3.기초 4.기초 5.지하실 6.통치하다 7.방해하다, 예방하다 8.간행물 9.발견하다
10.항의하다

1.확대하다 2.감옥 3.투옥하다 4.뚜껑 5.공식적인, 공무원 6.생각하다 7.제조하다 8.잔여물
9.신념 10.충실한

1. ashamed	ⓐ______		1. fairy	ⓝ______
2. bravery	ⓝ______		2. dump	ⓥ______
3. sheet	ⓝ______		3. construct	ⓥ______
4. department	ⓝ______		4. yell	ⓥ______
5. destroy	ⓥ______		5. drawer	ⓝ______
6. destruction	ⓝ______		6. colony	ⓝ______ ______
7. chase	ⓥ______		7. sacrifice	ⓝ______
8. path	ⓝ______		8. dizzy	ⓐ______
9. avoid	ⓥ______		9. candidate	ⓝ______
10. escape	ⓥ______		10. favorite	ⓐ______

1.부끄러운 2.용기 3.얇은 판 4.부서 5.파괴하다 6.파괴 7.추적하다 8.길 9.피하다 10.피하다

1.요정 2.버리다 3.건설하다 4.외치다 5.서랍 6.식민지, 집단 부락 7.희생 8.어지러운 9.후보자
10.가장 좋아하는

※ 정답 표시하지 마시고, 전용 오답 노트를 활용하여 집중 관리 하십시오. 모든 문제는 반복 학습용입니다.

---

in pursuit of ~을 추구하여
in regard of/to ~에 관하여 (with regard/reference/respect to, concerning, regarding)
in response to ~에 응하여
in return for ~에 대한 보답으로
in shape 건강한 *out of shape 건강이 나쁜
in sight 보이는 *out of sight 안 보이는
in spite of ~에도 불구하고 (despite, for/with all, notwithstanding)
in spite of oneself 자신도 모르게 *by oneself 혼자, 홀로 *for oneself 혼자, 혼자 힘으로 *of oneself 저절로
in succession 연속으로 (successively)
in terms of ~의 면에서, ~의 관점에서 (in view of)
in the absence of ~이 없는 상태에서 (for lack of)
in the course of ~의 과정에 (in the process of)

---

1. He works hard in _______ of wealth.
그는 부를 추구하여 열심히 일한다.

2. I have some questions in _______ to your proposal.
나는 너의 제안과 관련하여 몇 가지 질문이 있다.

3. He sent an email in _______ to my inquiry.
그는 나의 문의에 응하여 이메일을 보냈다.

4. I gave him a gift in _______ for his kindness.
나는 그의 친절에 대한 보답으로 선물을 주었다.

5. I go swimming every day to stay in _______.
나는 건강을 유지하기 위하여 매일 수영하러 간다.

6. There was no island in _______.
눈에 보이는 섬이 없었다.

7. He helped me in _______ of being tired.
그는 피곤에도 불구하고 나를 도왔다.

8. He made a face in _______ of himself.
그는 자신도 모르게 인상을 찌푸렸다.

9. The team won 5 games in _______.
그 팀은 연속으로 5 경기 승리하였다.

10. In _______ of price, the product is competitive.
가격 면에서, 그 제품은 경쟁력 있다.

11. In the _______ of evidence, the case was dismissed.
증거가 없는 상태에서, 그 소송 사건은 기각되었다.

12. In the _______ of the meeting, I gained useful information.
회의 과정에 나는 유용한 정보를 얻었다.

※ 이 페이지의 단어들은 필요 시 참고하는 분야별 단어입니다. 학습자의 수준과 진도에 맞게 활용하십시오.

prescription	처방	prevention	예방
injection	주입, 주사	lung	폐
infection	전염	liver	간
dentist	치과 의사	stomach	복부, 위
scale	벗겨내다, 저울, 규모	throat	목, 목구멍
fatigue	피로	fatal	치명적인
fever	열	terminal	종말의, 종점
cancer	암	ache	아프다, 통증

[Definition Quiz]

1. the organ where food is digested. ________

2. when germs cause illness in the body. ________

3. a doctor's written order for medicine. ________

4. extreme tiredness. ________

5. a doctor who treats teeth. ________

6. causing death. ________

7. medicine put into the body with a needle. ________

8. at the end stage of life or disease. ________

9. a higher-than-normal body temperature. ________

10. to feel pain ________

11. a serious disease caused by abnormal cells. ________

12. the part of the neck inside the body. ________

13. to remove hard material from teeth. ________

14. the organ used for breathing. ________

15. the organ that cleans blood in the body. ________

16. the act of stopping something before it happens. ________

---

1. 음식이 소화되는 기관 **2.** 세균이 몸에 병을 일으키는 상태 **3.** 의사가 처방하는 약의 서면 명령 **4.** 극도의 피로 **5.** 치아를 치료하는 의사 **6.** 죽음을 일으키는 **7.** 주사기로 몸에 약을 넣는 것 **8.** 생명이나 병의 마지막 단계인 **9.** 정상보다 높은 체온 **10.** 고통을 느끼다 **11.** 비정상 세포가 일으키는 심각한 병 **12.** 몸 안 목의 일부 **13.** 치아에서 단단한 물질을 제거하다 **14.** 호흡에 사용되는 기관 **15.** 몸에서 피를 정화하는 기관 **16.** 일이 일어나기 전에 막는 행위

1.stomach **2.**infection **3.**prescription **4.**fatigue **5.**dentist **6.**fatal **7.**injection **8.**terminal **9.**fever **10.**ache **11.**cancer **12.**throat **13.**scale **14.**lung **15.**liver **16.**prevention

---

◀ 12-1. Hospital p260   Categories p549   13. Transportation p280 ▶

DAY
26

DAY 26

[진단 테스트]

> ※ 실력을 진단하고 점검하는 연결형 문제입니다. 문제에 표시하지 마시고, 전용 오답 노트를 활용하여 집중 관리 하십시오. 본 단어장의 모든 문제는 반복 학습용입니다.

1. bore	①확신시키다
2. boredom	②기꺼이 ~하는
3. willing	③합리적인
4. port	④재능
5. bury	⑤지루함
6. talent	⑥항구
7. pace	⑦지루하게 하다
8. assure	⑧정신
9. reasonable	⑨속도
10. spirit	⑩묻다

1.⑦ 2.⑤ 3.② 4.⑥ 5.⑩ 6.④ 7.⑨ 8.①
9.③ 10.⑧

1. kindergarten	①온화한
2. mild	②먼지
3. potential	③미묘한
4. suitable	④잠재적인
5. sword	⑤올리다
6. lift	⑥목적지
7. destination	⑦이익
8. dust	⑧검
9. profit	⑨유치원
10. subtle	⑩적합한

1.⑨ 2.① 3.④ 4.⑩ 5.⑧ 6.⑤ 7.⑥ 8.②
9.⑦ 10.③

1. impress	①깊은 인상을 주다
2. tribe	②연결하다
3. advance	③감정
4. yawn	④관점
5. connect	⑤진전시키다
6. pale	⑥관점
7. viewpoint	⑦지연시키다
8. standpoint	⑧부족
9. delay	⑨창백한
10. emotion	⑩하품

1.① 2.⑧ 3.⑤ 4.⑩ 5.② 6.⑨ 7.④ 8.⑥
9.⑦ 10.③

1. plow	①습한
2. moist	②습기
3. moisture	③허락하다
4. humid	④금지하다
5. humidity	⑤쟁기
6. massive	⑥습기
7. allow	⑦허가하다
8. permit	⑧금지하다
9. forbid	⑨습한
10. prohibit	⑩거대한

1.⑤ 2.① 3.② 4.⑨ 5.⑥ 6.⑩ 7.③ 8.⑦
9.④ 10.⑧

1001 ★★☆

bore
[bɔːr]

ⓥ지루하게 하다

He seemed faintly bored by the anticipated lecture.
그는 예상되는 강연에 약간 지루해 보였다.

*bored ⓐ지루해진 *boring ⓐ지루하게 하는

1002 ★★☆

boredom
[bɔ́ːrdəm]

ⓝ지루함

The article covers how to overcome fatigue and boredom.
그 기사는 피로와 지루함을 극복하는 방법을 다루고 있다.

1003 ★★☆

willing
[wíliŋ]

ⓐ기꺼이 ~하는

He is willing to face severe hardship.
그는 심한 고난을 기꺼이 마주한다.

*willingly ⓐ기꺼이 *unwilling ⓐ꺼리는

1004 ★☆☆

port
[pɔːrt]

ⓝ항구 (주로 교역항)

The merchandise was loaded onto the ship at the port.
상품은 항구에서 배에 실렸다.

(0021) ★★☆

harbor
[háːrbər]

ⓝ항구 (주로 안전 지형) ⓥ(생각/감정을) 품다, 숨겨 주다

The vessels in the harbor were safe during the storm.
항구에 있는 배들은 폭풍 속에서도 안전하였다.

They harbored a strong suspicion that he was guilty.
그들은 그가 유죄라는 강한 의심을 품었다.

1005 ★★☆

bury
[béri]

ⓥ묻다, 매장하다

The victim was buried in the cemetery.
희생자는 공동묘지에 묻혔다.

*burial ⓥ매장

Check

□ bore	□ boredom	□ willing	□ port	□ harbor
□ bury				

1006 ★★☆

talent
[tǽlənt]

ⓝ**재능**, 인재

The sculptor has a talent for marble sculpture.
그 조각가는 대리석 조각품에 대한 재능이 있다.

***talented** ⓐ재능 있는

1007 ★★☆

pace
[peis]

ⓝ**속도**

Our economy recovered from a depression at a rapid pace.
우리 경제는 빠른 속도로 불황으로부터 회복하였다.

1008 ★★★

assure
[əʃúər]

ⓥ**확신시키다**, 보장하다

I can assure you of the reliability of his remarks.
나는 그의 언급에 대한 신뢰성을 너에게 확신할 수 있다.

1009 ★★★

reasonable
[ríːzənəbəl]

ⓐ**합리적인**, 적정한

I have reasonable grounds for doubting his statement.
나는 그의 말을 의심할 합리적인 근거를 가지고 있다.

***reason** ⓥ추론하다 ⓝ이성, 이유

1010 ★★☆

spirit
[spírit]

ⓝ**정신**

His intention is contrary to the spirit of the bill.
그의 의도는 법안의 정신에 반하는 것이다.

***spiritual** ⓐ정신적인

1011 ★☆☆

kindergarten
[kíndərgɑ̀ːrtn]

ⓝ**유치원**

I will enroll my son for the next semester at kindergarten.
나는 다음 학기에 아들을 유치원에 등록할 것이다.

1012 ★★☆

mild
[maild]

ⓐ**온화한**

He has a mild personality and rarely loses his temper.
그는 온화한 성격을 가져서 거의 화를 내지 않는다.

Check				
☐ talent	☐ pace	☐ assure	☐ reasonable	☐ spirit
☐ kindergarten	☐ mind			

1013 ★★☆

potential
[pouténʃəl]

ⓐ잠재적인 ⓝ잠재력

I try to bring out their potential.
나는 그들의 잠재 능력을 끌어내려고 노력한다.

1014 ★★☆

suitable
[súːtəbəl]

ⓐ적합한

The dormitory is not a suitable place for the infected.
기숙사는 감염자들에게 적합한 장소가 아니다.

*suit ⓝ옷, 소송 (lawsuit), 정장 ⓥ적합하다, 어울리다

1015 ★☆☆

sword
[sɔːrd]

ⓝ검, 칼

The pen is mightier than the sword.
문은 무보다 강하다.

1016 ★★☆

lift
[lift]

ⓥ올리다

She lifted the box onto the shelf.
그녀는 상자를 선반 위로 올렸다.

1017 ★★☆

destination
[dèstənéiʃən]

ⓝ목적지

They eventually got to the intended destination.
그들은 결국 의도한 목적지에 도달하였다.

1018 ★★☆

dust
[dʌst]

ⓝ먼지

A thick layer of dust lay on the furniture.
두꺼운 먼지층이 가구 위에 쌓여있었다.

1019 ★★☆

profit
[prάfit]

ⓝ이익

The fundamental goal of business is the pursuit of profit.
사업의 근본적인 목표는 이윤 추구이다.

*profitable ⓐ이익이 되는

Check

□ potential	□ suitable	□ sword	□ lift	□ destination
□ dust	□ profit			

1020 ★★☆

subtle
[sʌ́tl]

ⓐ**미묘한**

His lecture consists of a subtle blend of logic and humor.
그의 강연은 논리와 유머의 미묘한 혼합으로 구성되었다.

1021 ★★☆

impress
[imprés]

ⓥ**감명을 주다**

The originality of his performance impressed the judges.
그의 공연 독창성은 심사위원들에게 감명을 주었다.

***impressive** ⓐ인상적인

1022 ★★☆

tribe
[traib]

ⓝ**부족**, 종족

He mentioned that each tribe had its own culture.
그는 각 부족이 자기들만의 문화를 지니고 있다고 언급하였다.

***tribal** ⓐ부족의, 종족의

1023 ★★☆

advance
[ædvǽns]

ⓥ**진전시키다**, 전진하다 ⓝ진전

The biologist advanced his theory of evolution.
생물학자는 자신의 진화 이론을 진전시켰다.

***in advance** 미리, 사전에

1024 ★☆☆

yawn
[jɔːn]

ⓝ**하품** ⓥ하품하다

He appeared with an audible yawn.
그는 들릴 정도로 하품하며 나타났다.

1025 ★★☆

connect
[kənékt]

ⓥ**연결하다**

The farmer connected the hose to the sprinkler.
농부는 호스를 물뿌리개에 연결하였다.

1026 ★★☆

pale
[peil]

ⓐ**창백한**

People tend to turn pale when scared.
사람들은 겁먹었을 때 창백해지는 경향이 있다.

Check

□ subtle	□ impress	□ tribe	□ advance	□ yawn
□ connect	□ pale			

1027 ★★☆
viewpoint
[vjúːpɔ̀int]

ⓝ**관점**, 시각

From a commercial viewpoint, the film is a complete success.
상업적인 관점에서 보면, 그 영화는 완전한 성공작이다.

1028 ★★☆
standpoint
[stǽndpɔ̀int]

ⓝ**관점**, 입장

His decision is correct, judging from an economic standpoint.
경제적 관점에서 판단하면, 그의 결정은 옳다.

1029 ★★☆
delay
[diléi]

ⓥ**지연시키다** ⓝ지연

The modified policy will delay the tax benefits.
수정된 정책은 세금 혜택을 지연시킬 것이다.

1030 ★★☆
emotion
[imóuʃən]

ⓝ**감정**

Psychologists say anger is a natural human emotion.
심리학자들은 분노가 자연스러운 인간 감정이라고 말한다.

1031 ★☆☆
plow
[plau]

ⓝ**쟁기** ⓥ쟁기질하다

The invention of the plow improved agricultural productivity.
쟁기의 발명은 농업 생산성을 개선하였다.

1032 ★★☆
moist
[mɔist]

ⓐ**습한**, 촉촉한

I watered the plant to keep the soil moist.
나는 흙을 촉촉하게 유지하기 위하여 식물에 물을 주었다.

1033 ★★☆
moisture
[mɔ́istʃər]

ⓝ**습기**, 수분

The roots send moisture and nutrients up to the stem.
뿌리는 줄기로 수분과 영양분을 보낸다.

*moisturize ⓥ촉촉하게 하다

Check

□ viewpoint	□ standpoint	□ delay	□ emotion	□ plow
□ moist	□ moisture			

humid
[hjúːmid]

ⓐ**습한**, 눅눅한

The athletes sweated a lot in humid tropical regions.
운동선수들은 습한 열대 지역에서 많은 땀을 흘렸다.

---

humidity
[hjuːmídəti]

ⓝ**습기**, 습도

Humidity means the amount of moisture in the air.
습도는 공기 중 수분의 양을 의미한다.

---

massive
[mǽsiv]

ⓐ**거대한**, 엄청난

The modified regulation had a massive effect on my factory.
수정된 규정은 나의 공장에 엄청난 영향을 주었다.

---

allow
[əláu]

ⓥ**허락하다**

They allowed me to present an opposing opinion.
그들은 내가 반대 의견을 제시하는 것을 허락하였다.

***allowance** ⓝ용돈, 허용량, 수당

---

permit
[pəːrmít]

ⓥ**허가하다** ⓝ허가증

Getting a work permit was an obstacle to overcome.
노동허가서를 받는 것은 극복해야 할 장애물이었다.

***permission** ⓝ허가

---

forbid
[fərbíd]

ⓥ**금지하다** (forbid-forbade-forbidden)

The religion forbade us from discussing evolution theory.
그 종교는 우리가 진화론을 논하는 것을 금지하였다.

---

prohibit
[prouhíbit]

ⓥ**금지하다**

New regulations prohibit the dumping of toxic waste.
새로운 규정은 유독성 폐기물을 쏟아 버리는 것을 금지한다.

Check

□ humid	□ humidity	□ massive	□ allow	□ permit
□ forbid	□ prohibit			

※ 정답 표시하지 마시고, 전용 오답 노트를 활용하여 집중 관리 하십시오. 모든 문제는 반복 학습용입니다.

1. bore ⓥ＿＿＿		1. kindergarten ⓝ＿＿＿	
2. boredom ⓝ＿＿＿		2. mild ⓐ＿＿＿	
3. willing ⓐ＿＿＿		3. potential ⓐ＿＿＿	
4. port ⓝ＿＿＿		4. suitable ⓐ＿＿＿	
5. bury ⓥ＿＿＿		5. sword ⓝ＿＿＿	
6. talent ⓝ＿＿＿		6. lift ⓥ＿＿＿	
7. pace ⓝ＿＿＿		7. destination ⓝ＿＿＿	
8. assure ⓥ＿＿＿		8. dust ⓝ＿＿＿	
9. reasonable ⓐ＿＿＿		9. profit ⓝ＿＿＿	
10. spirit ⓝ＿＿＿		10. subtle ⓐ＿＿＿	

1.지루하게 하다　2.지루함　3.기꺼이 ~하는　4.항구　5.묻다　6.재능　7.속도　8.확신시키다　9.합리적인　10.정신

1.유치원　2.온화한　3.잠재적인　4.적합한　5.검　6.올리다　7.목적지　8.먼지　9.이익　10.미묘한

1. impress ⓥ＿＿＿		1. plow ⓝ＿＿＿	
2. tribe ⓝ＿＿＿		2. moist ⓐ＿＿＿	
3. advance ⓥ＿＿＿		3. moisture ⓝ＿＿＿	
4. yawn ⓝ＿＿＿		4. humid ⓐ＿＿＿	
5. connect ⓥ＿＿＿		5. humidity ⓝ＿＿＿	
6. pale ⓐ＿＿＿		6. massive ⓐ＿＿＿	
7. viewpoint ⓝ＿＿＿		7. allow ⓥ＿＿＿	
8. standpoint ⓝ＿＿＿		8. permit ⓥ＿＿＿	
9. delay ⓥ＿＿＿		9. forbid ⓥ＿＿＿	
10. emotion ⓝ＿＿＿		10. prohibit ⓥ＿＿＿	

1.감명을 주다　2.부족　3.진전시키다　4.하품　5.연결하다　6.창백한　7.관점　8.관점　9.지연시키다　10.감정

1.쟁기　2.습한　3.습기　4.습한　5.습기　6.거대한　7.허락하다　8.허가하다　9.금지하다　10.금지하다

PHRASE

in the event of ~의 경우에 (in case of)
in the face of ~의 면전에서, ~에 직면하여 (in the presence of)
in the first place 우선 (first of all, to begin with, above all)
in the light of ~을 고려하여, ~의 관점에서 (in view of)
in the long run 결국, 마침내 (in the end, after all, at last, at length)
in the meantime 그러는 동안
in the presence of ~의 면전에서, ~에 직면하여 (in the face of)
in the process of ~의 과정에 (in the course of)
in time 얼마 후에, 제시간에 *on time 정각에 *at times 가끔
in turn 그다음에는, 차례로 *by turns 교대로
in vain 헛되이
in view of ~을 고려하여, ~의 관점에서 (in the light of)

1. In the _______ of emergency, call 119.
비상 상황의 경우에, 119에 전화하시오.

2. He showed courage in the _______ of adversity.
그는 역경을 마주하고도 용기를 보여주었다.

3. You should apologize for your error in the first _______.
너는 우선 잘못에 대하여 사과해야 한다.

4. In the _______ of scientific theory, I criticized his argument.
과학적 이론의 관점에서, 나는 그의 주장을 비판하였다.

5. In the long _______, exercise will improve your health.
결국, 운동이 너의 건강을 개선할 것이다.

6. Dinner will be ready in an hour. In the _______, let's watch TV.
저녁은 한 시간 후에 준비될 것이다. 그 사이에, TV 시청하자.

7. You should be courteous in the _______ of elders.
너는 어른들 앞에서 예의 발라야 한다.

8. I am in the _______ of publishing exploring the island.
나는 섬을 탐사하는 과정에 있다.

9. You will be accustomed to the new environment in _______.
너는 얼마 후에 새로운 환경에 익숙하게 될 것이다.

10. He trained his players well, and they, in _______, won the game.
그는 선수들을 잘 훈련하였고, 그다음에는 경기에 승리하였다.

11. The rescuers searched for survivors in _______.
구조대원들은 생존자를 수색하였으나 헛수고였다.

12. He deserves a promotion in _______ of his achievements.
그의 업적을 고려하여 그는 진급해야 마땅하다.

※ 이 페이지의 단어들은 필요 시 참고하는 분야별 단어입니다. 학습자의 수준과 진도에 맞게 활용하십시오.

transportation	교통편, 운송	intersection	교차로
traffic	교통, 통행량	crossroad	교차로
vehicle	차량	crosswalk	횡단보도
coach	마차, 감독	station	공공시설, 역
fuel	연료	horn	뿔, 경적
fare	운임	voyage	항해
passenger	승객	mobile	이동 가능한
conductor	차장, 지휘자	transport	운송하다

[Definition Quiz]

1. a horse-drawn carriage for passengers. _______

2. to move people or goods from one place to another. _______

3. a long journey by sea. _______

4. a person who checks tickets on a train or bus. _______

5. a place where two or more roads meet. _______

6. able to move or be moved easily. _______

7. the movement of vehicles on roads. _______

8. a person who is traveling in a vehicle. _______

9. something used for carrying people or goods on land. _______

10. a public place for buses, trains, or services. _______

11. a place where people can cross a street. _______

12. a device that makes a loud sound on a vehicle. _______

13. a point where two roads cross. _______

14. the money paid to travel by bus, train, etc. _______

15. the system of moving people or goods. _______

16. something burned to make power. _______

---

1. 승객을 태우는 마차　**2.** 사람이나 물건을 한 곳에서 다른 곳으로 옮기다　**3.** 바다를 통한 긴 여행　**4.** 기차나 버스에서 표를 검사하는 사람　**5.** 두 개 이상의 길이 만나는 장소　**6.** 쉽게 움직이거나 이동할 수 있는　**7.** 도로에서 차량의 움직임　**8.** 차량에 탑승해 여행하는 사람　**9.** 땅에서 사람이나 물건을 운반하는 데 쓰이는 것　**10.** 버스, 기차, 서비스가 제공되는 공공장소　**11.** 사람들이 길을 건널 수 있는 장소　**12.** 차량에서 크게 소리를 내는 장치　**13.** 두 길이 교차하는 지점　**14.** 버스, 기차 등 탈 때 내는 요금　**15.** 사람이나 물건을 이동시키는 체계　**16.** 전력을 만들기 위해 태우는 것

1.coach　**2.**transport　**3.**voyage　**4.**conductor　**5.**intersection　**6.**mobile　**7.**traffic　**8.**passenger　**9.**vehicle　**10.**station　**11.**crosswalk　**12.**horn　**13.**crossroad　**14.**fare　**15.**transportation　**16.**fuel

---

◀ 12-2. Hospital p270　　Categories p549　　14. Media & Communication p290 ▶

DAY
27

[진단 테스트]

※ 실력을 진단하고 점검하는 연결형 문제입니다. 문제에 표시하지 마시고, 전용 오답 노트를 활용하여 집중 관리 하십시오. 본 단어장의 모든 문제는 반복 학습용입니다.

1. desire	①익사하다	1. determine	①할 수 있는
2. desirable	②쓰레기	2. lack	②고객
3. garbage	③갈망하다	3. contact	③결심하다
4. trash	④쓰레기	4. clue	④단서
5. rubbish	⑤쓰레기	5. client	⑤부족
6. junk	⑥바람직한	6. exist	⑥존재하다
7. litter	⑦쓰레기	7. memorial	⑦극단적인
8. waste	⑧전통	8. opinion	⑧기념의
9. drown	⑨쓰레기	9. extreme	⑨의견
10. tradition	⑩쓰레기	10. capable	⑩접촉하다

1.③ 2.⑥ 3.② 4.① 5.⑤ 6.⑦ 7.⑨ 8.⑩
9.① 10.⑧

1.③ 2.⑤ 3.⑩ 4.④ 5.② 6.⑥ 7.⑧ 8.⑨
9.⑦ 10.①

1. capability	①엄격한	1. combat	①전투
2. civilization	②문명	2. toss	②무례한
3. strict	③응시하다	3. ultimate	③궁극적인
4. broadcast	④능력	4. eventual	④궁극적인
5. absorb	⑤손뼉을 치다	5. rude	⑤던지다
6. actual	⑥면	6. bush	⑥얼다
7. clap	⑦흡수하다	7. enable	⑦강연
8. annoy	⑧방송	8. avenue	⑧관목
9. aspect	⑨실제의	9. freeze	⑨가능케 하다
10. stare	⑩괴롭히다	10. lecture	⑩도로

1.④ 2.② 3.① 4.⑧ 5.⑦ 6.⑨ 7.⑤ 8.⑩
9.⑥ 10.③

1.① 2.⑤ 3.③ 4.④ 5.② 6.⑧ 7.⑨ 8.⑩
9.⑥ 10.⑦

1041 ★★☆

desire

[dizáiər]

ⓥ**갈망하다** ⓝ욕구

He desires to skip the complicated procedure.
그는 복잡한 과정을 건너뛰기를 갈망한다.

1042 ★★☆

desirable

[dizáiərəbəl]

ⓐ**바람직한**

The robot has desirable qualities and intelligence.
그 로봇은 바람직한 특성과 지능을 가지고 있다.

1043 ★☆☆

garbage

[gɑ́ːrbidʒ]

ⓝ**쓰레기** (음식쓰레기, 잡쓰레기 등)

The soldiers dug a pit to bury the garbage.
병사들은 쓰레기를 묻기 위해 구덩이를 팠다.

1044 ★☆☆

trash

[træʃ]

ⓝ**쓰레기** (버리는 것들, 재활용품 선별 권장)

Father told me to collect the trash scattered in the yard.
아버지는 나에게 마당에 흩어진 쓰레기를 모으라고 하셨다.

1045 ★☆☆

rubbish

[rʌ́biʃ]

ⓝ**쓰레기** (버리는 것들, 재활용품 선별 권장, 음식쓰레기, 잡쓰레기 등, 영국식)

They urged us not to mix recyclable materials with the rubbish.
그들은 우리에게 재활용 물질을 쓰레기와 혼합하지 말라고 촉구하였다.

1046 ★☆☆

junk

[dʒʌŋk]

ⓝ**쓰레기** (무가치한 것, 종류 무관), 무가치 제품

I throw junk mails in the trash bin without reading them.
나는 쓰레기 메일을 읽지 않고 휴지통에 버린다.

1047 ★☆☆

litter

[lítər]

ⓝ**쓰레기** (아무 데나 버린 것, 종류 무관) ⓥ아무 데나 버리다

The sandy beach was spoiled by litter.
모래 해변은 쓰레기로 망쳐졌다.

1048 ★☆☆

waste

[weist]

ⓝ**쓰레기** (폐기물) ⓥ낭비하다

Illegal dumping of waste is prohibited.
불법적으로 폐기물을 쏟아 버리는 것은 금지되어 있다.

Check

□ desire	□ desirable	□ garbage	□ trash	□ rubbish
□ junk	□ litter	□ waste		

1049 ★★☆

drown
[draun]

ⓥ**익사하다,** 물에 빠지다

He barely escaped drowning in the river.
그는 강에서 익사하는 것을 가까스로 피했다.

1050 ★★☆

tradition
[trədíʃən]

ⓝ**전통**

It is their tradition that the eldest son inherits the property.
장남이 재산을 상속하는 것이 그들의 전통이다.

***traditional** ⓐ전통적인

1051 ★★☆

determine
[ditə́ːrmin]

ⓥ**결심하다,** 결정하다

There are many elements determining the architectural style.
건축 양식을 결정하는 많은 요소가 있다.

1052 ★★☆

lack
[læk]

ⓝ**부족,** 결핍 ⓥ~이 부족하다, ~이 없다

The lack of mutual trust causes significant conflicts.
상호 신뢰의 부족은 상당한 갈등을 초래한다.

***lacking** ⓐ부족한

1053 ★☆☆

contact
[kɑ́ntækt]

ⓥ**접촉하다,** 연락하다 ⓝ접촉, 연락

Any employee with a complaint can contact the president.
불평을 가진 직원은 누구나 사장을 접촉할 수 있다.

1054 ★★☆

clue
[kluː]

ⓝ**단서**

The investigators found a significant clue.
수사관들은 중대한 단서를 발견하였다.

1055 ★☆☆

client
[kláiənt]

ⓝ**고객**

Competition to secure more clients grew fierce.
더 많은 고객을 확보하기 위한 경쟁은 치열해졌다.

Check

□ drown	□ tradition	□ determine	□ lack	□ contact
□ clue	□ client			

1056 ★★☆

exist
[igzíst]

ⓥ존재하다

Racial prejudice still exists to a considerable degree.
인종적 편견은 여전히 상당한 정도로 존재한다.

***existence** ⓝ존재 ***existing** ⓐ기존의

1057 ★☆☆

memorial
[məmɔ́ːriəl]

ⓐ기념의, 추모의 ⓝ기념물

The memorial structure was constructed near the cemetery.
추모의 구조물이 묘지 근처에 건설되었다.

1058 ★☆☆

opinion
[əpínjən]

ⓝ의견

He expressed his opinion in a calm manner.
그는 차분한 방식으로 자신의 의견을 표현하였다.

1059 ★★☆

extreme
[ikstríːm]

ⓐ극단적인, 극심한

People were frightened by the extreme chaos.
사람들은 극심한 혼란에 겁을 먹었다.

1060 ★★☆

capable
[kéipəbəl]

ⓐ할 수 있는

The bullets are capable of causing severe injuries.
그 총알들은 심한 부상을 초래할 수 있다.

1061 ★★☆

capability
[ˌkeɪpəˈbɪləti]

ⓝ능력

The robot has the capability of performing dangerous jobs.
그 로봇은 위험한 일을 수행할 능력을 지니고 있다.

1062 ★★☆

civilization
[sìvəlizéiʃən]

ⓝ문명

The journal covers the progress of civilization.
그 잡지는 문명의 진보를 다룬다.

***civilized** ⓐ문명화된

Check				
☐ exist	☐ memorial	☐ opinion	☐ extreme	☐ capable
☐ capability	☐ civilization			

1063 ★★☆
strict
[strikt]

ⓐ엄격한

Many addicts avoid treatment due to strict procedures.
많은 중독자가 엄격한 과정 때문에 치료를 피한다.

1064 ★☆☆
broadcast
[brɔ́:dkæs]

ⓝ방송 ⓥ방송하다

The income from the broadcast was donated to the charity.
방송으로부터의 수입은 자선 단체에 기부되었다.

1065 ★★☆
absorb
[əb'sɔːb]

ⓥ흡수하다

The shoes absorb the impact on your feet.
그 신발은 너의 발에 대한 충격을 흡수한다.

1066 ★☆☆
actual
[ǽktʃuəl]

ⓐ실제의

The actual number of participants decreased slightly.
실제 참가자 수는 약간 감소하였다.

1067 ★☆☆
clap
[klæp]

ⓥ손뼉을 치다

The audience clapped their hands at his brilliant performance.
관객은 그의 뛰어난 공연에 손뼉을 쳤다.

1068 ★★☆
annoy
[ənɔ́i]

ⓥ괴롭히다, 언짢게 하다

The wildlife annoyed farmers by ruining harvests.
야생 동물이 수확물을 망쳐 농부들을 괴롭혔다.

*annoyance ⓝ괴롭힘

(0308) ★★☆
bother
[bάðər]

ⓥ괴롭히다, 신경 쓰다, 성가시게 하다

The director's puzzling instruction bothered his staff.
책임자의 당황스러운 지시가 직원들을 괴롭혔다.

*bothersome ⓐ성가신 *bother to 애써 ~하다

Check				
☐ strict	☐ broadcast	☐ absorb	☐ actual	☐ clap
☐ annoy	☐ bother			

(0069) ★★☆
distress
[distrés]

ⓥ**괴롭히다** ⓝ**고통**, 곤경

The tragedy left people exhausted and distressed.
비극은 사람들을 기진맥진하고 괴로워지도록 만들었다.

1069 ★★☆
aspect
[ǽspekt]

ⓝ**면**, 점

They examined the positive aspects of the policy.
그들은 정책의 긍정적인 면들을 조사하였다.

1070 ★★☆
stare
[stɛər]

ⓥ**응시하다**

They paused, and stared at the boat floating on the lake.
그들은 멈춰 서서 호수에 떠 있는 배를 응시하였다.

1071 ★☆☆
combat
[kάmbæt]

ⓝ**전투** ⓥ~와 싸우다

The authorities took steps to combat racism.
당국은 인종 차별과 싸우기 위하여 조치를 취했다.

1072 ★☆☆
toss
[tɔːs]

ⓥ**던지다**

The tourists tossed some pieces of meat at the wildlife.
관광객들은 야생 동물에게 몇 조각의 고기를 던졌다.

1073 ★★☆
ultimate
[ʌ́ltəmit]

ⓐ**궁극적인**

The ultimate responsibility for poverty lies with parents.
가난의 궁극적인 책임은 부모에게 있다.

***ultimately** ⓐⓓ결국, 궁극적으로

1074 ★★☆
eventual
[ivéntʃuəl]

ⓐ**궁극적인**

They expressed optimism about an eventual solution.
그들은 궁극적인 해결책에 대해 낙관적 태도를 표하였다.

***eventually** ⓐⓓ결국

Check

☐ distress	☐ aspect	☐ stare	☐ combat	☐ toss
☐ ultimate	☐ eventual			

1075 ★★☆
rude

[ruːd]

ⓐ**무례한**

The officials in the agency were somewhat rude.

그 기관의 관리들은 다소 무례하였다.

1076 ★☆☆
bush

[buʃ]

ⓝ**관목** (낮고 넓게 퍼지는 잔가지 나무류), 덤불

He crept and hid in the dense bushes.

그는 기어서 빽빽한 덤불에 숨었다.

***shrub** ⓝ관목 (관상용 적합한 작은 나무류)

(0293) ★★☆
lot

[lɑt]

ⓝ**운명, 장소** (부지, 터)

Many emigrants improved their lot in an unfamiliar land.

많은 이민자가 낯선 땅에서 자신들의 운명을 개선하였다.

***parking lot** 주차장 ***a lot of** 많은 (lots of)

1077 ★★★
enable

[enéibəl]

ⓥ**가능케 하다**

The examination enabled us to identify the ingredients.

그 조사는 우리가 성분을 확인하는 것을 가능케 하였다.

1078 ★☆☆
avenue

[ǽvənjùː]

ⓝ(도심지) **도로,** 가로수길

The broad avenue divides the town into two sections.

넓은 가로수길은 마을을 두 구역으로 나눈다.

1079 ★★☆
freeze

[friːz]

ⓥ**얼다** (freeze-froze-frozen)

As the field freezes, most plants look like weeds.

들판이 얼면서, 대부분 식물이 잡초처럼 보인다.

1080 ★★☆
lecture

[léktʃər]

ⓝ**강연**

The mayor delivered a lecture on urban planning.

시장은 도시 계획에 대하여 강연하였다.

Check				
☐ rude	☐ bush	☐ lot	☐ enable	☐ avenue
☐ freeze	☐ lecture			

※ 정답 표시하지 마시고, 전용 오답 노트를 활용하여 집중 관리 하십시오. 모든 문제는 반복 학습용입니다.

1. desire	ⓥ______	1. determine	ⓥ______
2. desirable	ⓐ______	2. lack	ⓝ______
3. garbage	ⓝ______	3. contact	ⓥ______
4. trash	ⓝ______	4. clue	ⓝ______
5. rubbish	ⓝ______	5. client	ⓝ______
6. junk	ⓝ______	6. exist	ⓥ______
7. litter	ⓝ______	7. memorial	ⓐ______
8. waste	ⓝ______	8. opinion	ⓝ______
9. drown	ⓥ______	9. extreme	ⓐ______
10. tradition	ⓝ______	10. capable	ⓐ______

1.갈망하다 2.바람직한 3.쓰레기 4.쓰레기 5.쓰레기 6.쓰레기 7.쓰레기 8.쓰레기 9.익사하다 10.전통

1.결심하다 2.부족 3.접촉하다 4.단서 5.고객 6.존재하다 7.기념의 8.의견 9.극단적인 10.할 수 있는

1. capability	ⓝ______	1. combat	ⓝ______
2. civilization	ⓝ______	2. toss	ⓥ______
3. strict	ⓐ______	3. ultimate	ⓐ______
4. broadcast	ⓝ______	4. eventual	ⓐ______
5. absorb	ⓥ______	5. rude	ⓐ______
6. actual	ⓐ______	6. bush	ⓝ______
7. clap	ⓥ______	7. enable	ⓥ______
8. annoy	ⓥ______	8. avenue	ⓝ______
9. aspect	ⓝ______	9. freeze	ⓥ______
10. stare	ⓥ______	10. lecture	ⓝ______

1.능력 2.문명 3.엄격한 4.방송 5.흡수하다 6.실제의 7.손뼉을 치다 8.괴롭히다 9.면 10.응시하다

1.전투 2.던지다 3.궁극적인 4.궁극적인 5.무례한 6.관목 7.가능케 하다 8.도로 9.얼다 10.강연

PHRASE

in virtue of ~의 덕분으로, ~의 힘으로 (by virtue of)

in want of ~이 부족하여, ~이 필요한 (for want/lack of)

inquire after 안부를 묻다 (ask after)

inquire into 조사하다 (look into, investigate)

inquire of ~에게 묻다 (ask)

interfere with 방해하다, 끼어들다

keep A from ~ing A가 ~하지 못하도록 하다 (prevent/hinder/stop A from ~ing)

keep an eye on 감시하다, 주시하다 (watch)

keep company with ~와 교제하다 (associate with)

keep in mind 명심하다 (bear in mind)

keep in shape 건강을 유지하다

keep in touch with 접촉하다, 연락하다 (get in touch with)

---

1. He succeeded in _______ of his efforts.
그는 노력 덕분으로 성공하였다.

2. The family is in _______ of basic necessities.
그 가족은 생필품이 부족하다.

3. He inquired _______ my parents.
그는 내 부모님 안부를 물었다.

4. The police are inquiring _______ the cause of the accident.
경찰은 사고의 원인을 조사하고 있다

5. I inquired _______ the teacher about the exam schedule.
나는 선생님에게 시험 일정에 관하여 물어보았다.

6. Lack of sleep can interfere _______ concentration.
수면 부족은 집중을 방해할 수 있다.

7. His injury kept him _______ going outside.
그의 부상이 그가 외출하지 못하게 하였다.

8. The investor keeps an _______ on the stock prices.
투자자는 주식 시세를 주시한다.

9. He keeps _______ with businessmen.
그는 사업가들과 교제한다.

10. Please keep in _______ that life is not always happy.
인생이 항상 행복한 것은 아니라는 것을 명심하여라.

11. I work out regularly to keep in _______.
나는 건강을 유지하기 위하여 규칙적으로 운동한다.

12. I still _______ in touch with my old friends.
나는 여전히 옛 친구들과 연락한다.

※ 이 페이지의 단어들은 필요 시 참고하는 분야별 단어입니다. 학습자의 수준과 진도에 맞게 활용하십시오.

media	언론 매체	article	물품, 기사
communication	의사소통	critic	비평가
journal	간행물	fair	공정한
journalism	언론	partial	편파적인
press	압박하다, 언론	cover	다루다, 덮개
audience	청중, 독자	announce	발표하다
editor	편집자	publish	발표하다, 출판하다
editorial	사설	release	풀어주다, 공개하다

[Definition Quiz]

1. to tell news to many people officially. _______

2. a person who judges art, books, or performances. _______

3. to make something public by printing or posting. _______

4. a person who prepares and checks written works. _______

5. newspapers, magazines, and reporters as a group. _______

6. to make something available for everyone to see. _______

7. a magazine or newspaper published regularly. _______

8. an article showing the newspaper's opinion. _______

9. supporting one side unfairly. _______

10. a piece of writing in a newspaper or magazine. _______

11. the act of sharing thoughts or information. _______

12. ways to share news and information, like tv or newspapers. _______

13. treating everyone equally and justly. _______

14. to report on an event or issue. _______

15. the people who watch, listen, or read. _______

16. the work of writing and reporting news. _______

---

1. 많은 사람에게 공식적으로 뉴스를 알리다 **2.** 미술, 책, 공연을 평가하는 사람 **3.** 인쇄하거나 게시하여 공개하다 **4.** 글을 준비하고 검토하는 사람 **5.** 신문, 잡지, 기자들의 집단 **6.** 누구나 볼 수 있도록 공개하다 **7.** 정기적으로 발행되는 잡지나 신문 **8.** 신문에 실리는 의견을 담은 글 **9.** 한쪽 편을 불공평하게 지지하는 것 **10.** 신문이나 잡지에 실리는 글 **11.** 생각이나 정보를 나누는 행위 **12.** TV나 신문 같은 뉴스와 정보를 전달하는 방법 **13.** 모두를 평등하고 공정하게 대하는 **14.** 사건이나 문제에 대해 보도하다 **15.** 보고 듣거나 읽는 사람들 **16.** 뉴스 작성과 보도의 일

1.announce **2.**critic **3.**publish **4.**editor **5.**press **6.**release **7.**journal **8.**editorial **9.**partial **10.**article **11.**communication **12.**media **13.**fair **14.**cover **15.**audience **16.**journalism

◀ 13. Transportation p280　　　Categories p549　　　15-1. Society p300 ▶

DAY
28

DAY 28

[진단 테스트]

※ 실력을 진단하고 점검하는 연결형 문제입니다. 문제에 표시하지 마시고, 전용 오답 노트를 활용하여 집중 관리 하십시오. 본 단어장의 모든 문제는 반복 학습용입니다.

1. reform	①팽팽한
2. available	②활용 가능한
3. vacant	③개혁하다
4. unique	④언급하다
5. tight	⑤꾸준한
6. comment	⑥박수갈채하다
7. screw	⑦독특한
8. steady	⑧나사
9. repetition	⑨빈
10. applaud	⑩반복

1.③ 2.② 3.⑨ 4.⑦ 5.① 6.④ 7.⑧ 8.⑤
9.⑩ 10.⑥

1. gymnasium	①거짓의
2. suppose	②체육관
3. jam	③칭찬
4. false	④씨
5. ache	⑤작물
6. average	⑥아프다
7. seed	⑦생각하다
8. crop	⑧진심인
9. praise	⑨밀어 넣다
10. sincere	⑩평균

1.② 2.⑦ 3.⑨ 4.① 5.⑥ 6.⑩ 7.④ 8.⑤
9.③ 10.⑧

1. conclude	①고징
2. conclusion	②치료하다
3. apologize	③결론 내리다
4. iron	④쌀쌀한
5. breakdown	⑤치료
6. heal	⑥결론
7. cure	⑦치료하다
8. remedy	⑧사과하다
9. chilly	⑨철
10. justify	⑩정당화하다

1.③ 2.⑥ 3.⑧ 4.⑨ 5.① 6.② 7.⑦ 8.⑤
9.④ 10.⑩

1. switch	①산
2. acid	②정책
3. decade	③기념일
4. grain	④전환하다
5. lumber	⑤10년
6. anniversary	⑥즉시의
7. policy	⑦전략
8. strategy	⑧목재
9. relate	⑨곡물
10. instant	⑩관련시키다

1.④ 2.① 3.⑤ 4.⑨ 5.⑧ 6.③ 7.② 8.⑦
9.⑩ 10.⑥

1081 ★★☆

reform
[rifɔ́ːrm]

ⓥ**개혁하다** ⓝ개혁

The majority of people advocated the gradual reform.
대다수 사람이 점진적인 개혁을 옹호하였다.

*renovate ⓥ혁신하다

1082 ★★★

available
[əvéiləbəl]

ⓐ**활용 가능한**, 이용 가능한

Every available rescuer assembled at the crash site.
활용 가능한 모든 구조대원이 충돌 현장에 집결하였다.

1083 ★★☆

vacant
[véikənt]

ⓐ**빈**

The vacant dormitory temporarily accommodated the refugees.
비어 있는 기숙사는 임시로 난민들을 수용하였다.

1084 ★★☆

unique
[juːníːk]

ⓐ**독특한**

He attributes his unique character to severe hardship.
그는 자신의 독특한 성격을 심한 고난 탓으로 돌린다.

1085 ★★☆

tight
[tait]

ⓐ**팽팽한**, 빡빡한

The lid of the bottle was tight to prevent leaking.
병뚜껑은 새는 것을 방지하기 위해 꽉 조여졌다.

*tighten ⓥ팽팽하게 하다

1086 ★★☆

comment
[kɑ́ment]

ⓥ**언급하다**, 논평하다 ⓝ논평, 의견

The teacher commented on my composition.
선생님은 내 작문에 대해 언급하셨다.

1087 ★☆☆

screw
[skruː]

ⓝ**나사**

He firmly tightened the screws on the timber frame.
그는 목재 틀에 나사를 견고하게 조였다.

Check

□ reform	□ available	□ vacant	□ unique	□ tight
□ comment	□ screw			

1088 ★★☆

steady

[stédi]

ⓐ꾸준한

The steady stream of thefts makes our society insecure.
꾸준히 이어지는 범죄가 우리 사회를 불안하게 만든다.

1089 ★★☆

repetition

[rèpətíʃən]

ⓝ반복

He was fired owing to the repetition of errors.
그는 잘못의 반복으로 인하여 해고되었다.

*repeat ⓥ반복하다 *repetitive ⓐ반복적인

1090 ★☆☆

applaud

[əplɔ́ːd]

ⓥ박수갈채하다, 성원하다

The audience applauded the passionate lecturer.
청중은 열정적인 강연자에게 박수를 보냈다.

*applause ⓝ박수갈채, 칭찬

1091 ★☆☆

gymnasium

[dʒimnéiziəm]

ⓝ체육관 (gym)

The graduation ceremony was held in the gymnasium.
졸업식은 체육관에서 열렸다.

1092 ★★☆

suppose

[səpóuz]

ⓥ(가정하여) 생각하다, 추정하다

I supposed that he lacked sufficient competence.
나는 그가 충분한 능력이 없다고 생각하였다.

1093 ★☆☆

jam

[dʒæm]

ⓥ(억지로) 밀어 넣다 ⓝ혼잡, 정체

Passengers were jammed into the train at every rush hour.
승객들은 매일 혼잡 시간에 열차 안으로 밀어 넣어졌다.

1094 ★★☆

false

[fɔːls]

ⓐ거짓의, 틀린

The witness confirmed that his statement was not false.
증인은 자신의 진술이 거짓이 아님을 확인하였다.

Check				
☐ steady	☐ repetition	☐ applaud	☐ gymnasium	☐ suppose
☐ jam	☐ false			

1095 ★★☆
ache
[eik]

ⓥ아프다 ⓝ통증

My shoulders ached from carrying the heavy groceries.
내 어깨는 무거운 식료품을 운반하느라 아팠다.

*stomachache ⓝ복통

1096 ★★☆
average
[ǽvəridʒ]

ⓝ평균, 보통

Average citizens were probably in poverty when young.
평범한 시민들은 아마 어렸을 때 가난하였을 것이다.

1097 ★☆☆
seed
[siːd]

ⓝ씨

The farmer sowed seeds on the river bank.
농부는 강둑에 씨를 뿌렸다.

1098 ★★☆
crop
[krɑp]

ⓝ작물

The farmers struggle to protect their crops from diseases.
농부들은 질병으로부터 작물을 보호하려고 애쓴다.

1099 ★★☆
praise
[preiz]

ⓝ칭찬 ⓥ칭찬하다

His idea of the just society drew praise from the reformers.
정의로운 사회에 대한 그의 구상은 개혁가들로부터 칭찬을 끌어냈다.

1100 ★☆☆
sincere
[sinsíər]

ⓐ진심인

He offered sincere apologies and received forgiveness.
그는 진심 어린 사과를 하고 용서를 받았다.

*sincerity ⓝ진심

1101 ★★☆
conclude
[kənklúːd]

ⓥ결론 내리다

It is incorrect to conclude that the poor live a disastrous life.
가난한 사람들이 비참한 인생을 산다고 결론 내리는 것은 옳지 않다.

Check				
□ ache	□ average	□ seed	□ crop	□ praise
□ sincere	□ conclude			

1102 ★★☆
conclusion
[kənklúːʒən]

ⓝ**결론**

The editors and critics reached the same conclusion.
편집자들과 비평가들은 같은 결론에 도달하였다.

1103 ★★☆
apologize
[əpάlədʒàiz]

ⓥ**사과하다**

He apologized for his impulsive reaction.
그는 자신의 충동적인 반응에 대해 사과하였다.

***apology** ⓝ사과 ***apologetic** ⓐ사과하는

1104 ★☆☆
iron
[áiərn]

ⓝ**철**, 철제 도구, 다리미

Iron constantly exposed to the moist air will rust.
습한 공기에 지속적으로 노출된 철은 녹슬기 마련이다.

1105 ★★☆
breakdown
[bréikdàun]

ⓝ**고장**, 파손

Exercise prevents the grave risk of a health breakdown.
운동은 건강 붕괴의 심각한 위험을 예방한다.

1106 ★★☆
heal
[hiːl]

ⓥ**치료하다**

The medicine functions to heal and moisturize the skin.
그 약은 피부를 치료하고, 촉촉하게 유지하는 기능을 한다.

1107 ★★☆
cure
[kjuər]

ⓥ**치료하다** ⓝ치료

The new treatment effected a miraculous cure.
새로운 치료법은 기적적인 치료 효과를 가져왔다.

(0111) ★★★
treat
[triːt]

ⓥ**치료하다, 취급하다, 대접하다** ⓝ환대, 환대 음식

The herb stem is used to treat the rare disorder.
그 약초 줄기는 희귀 질환을 치료하는 데 사용된다.

***treatment** ⓝ치료, 취급

Check

☐ conclusion	☐ apologize	☐ iron	☐ breakdown	☐ heal
☐ cure	☐ treat			

1108 ★★☆

remedy
[rémədi]

ⓝ**치료**, 해결책 ⓥ바로 잡다

We must remedy the injustice spread in society.
우리는 사회에 널리 퍼진 불의를 바로 잡아야 한다.

1109 ★★☆

chilly
[tʃíli]

ⓐ**쌀쌀한**, 냉담한

I wore thick clothes on a damp and chilly night.
나는 습하고 쌀쌀한 밤에 두꺼운 옷을 입었다.

1110 ★★☆

justify
[dʒʌ́stəfài]

ⓥ**정당화하다**

The government justified spending its budget on arms.
정부는 무기류에 예산을 소비하는 것을 정당화하였다.

***just** ⓐ정당한, 공정한 ⓐⓓ단지

1111 ★★★

switch
[switʃ]

ⓥ**전환하다**, 교체하다

It is practical to switch from coal to alternative fuel.
석탄을 대체 연료로 전환하는 것이 실용적이다.

1112 ★★☆

acid
[ǽsid]

ⓝ**산**, 산성 ⓐ산성의

Acid rain destroys forests and makes metals rust.
산성비는 삼림을 파괴하고 금속을 녹슬게 한다.

1113 ★★☆

decade
[dékeid]

ⓝ**10년**

Environmental pollution has risen steadily in the past decade.
환경 오염이 지난 10년 동안 꾸준히 증가하였다.

***century** ⓝ100년 ***millennium** ⓝ1,000년

1114 ★★☆

grain
[grein]

ⓝ**곡물**, 낟알

The farmer's routine is sowing, reaping, and storing the grain.
농부의 일상은 씨뿌리고, 수확하고 곡물을 저장하는 것이다.

Check

□ remedy	□ chilly	□ justify	□ switch	□ acid
□ decade	□ grain			

1115 ★☆☆

lumber

[lʌ́mbər]

ⓝ목재

The lumber floating on water began to decay.
물 위에 떠 있는 목재가 썩기 시작하였다.

***timber** ⓝ목재 (영국식)

1116 ★★☆

anniversary

[æ̀nəvə́ːrsəri]

ⓝ기념일

They held a ceremony for the anniversary of the revolution.
그들은 혁명기념일을 위한 의식을 개최하였다.

1117 ★★☆

policy

[pɑ́ləsi]

ⓝ정책

The government will modify the current foreign policy.
정부는 현재의 외교 정책을 수정할 것이다.

1118 ★★☆

strategy

[strǽtədʒi]

ⓝ전략

His strategy was ridiculed for its major faults.
그의 전략은 주요한 결함 때문에 조롱받았다.

1119 ★★☆

relate

[riléit]

ⓥ관련시키다

His resignation is related to the conflict among the directors.
그의 사임은 중역들 간의 갈등과 관련이 있다.

***relation** ⓝ관계 ***correlation** ⓝ상호 관계

1120 ★☆☆

instant

[ínstənt]

ⓐ즉시의 ⓝ순간

The author became an instant celebrity with his biography.
작가는 자신의 전기로 즉시 유명 인사가 되었다.

Check				
☐ lumber	☐ anniversary	☐ policy	☐ strategy	☐ relate
☐ instant				

REVIEW

1. reform	ⓥ______		1. gymnasium	ⓝ______
2. available	ⓐ______		2. suppose	ⓥ______
3. vacant	ⓐ______		3. jam	ⓥ______
4. unique	ⓐ______		4. false	ⓐ______
5. tight	ⓐ______		5. ache	ⓥ______
6. comment	ⓥ______		6. average	ⓝ______
7. screw	ⓝ______		7. seed	ⓝ______
8. steady	ⓐ______		8. crop	ⓝ______
9. repetition	ⓝ______		9. praise	ⓝ______
10. applaud	ⓥ______		10. sincere	ⓐ______

1.개혁하다 2.활용 가능한 3.빈 4.독특한 5.팽팽한 6.언급하다 7.나사 8.꾸준한 9.반복 10.박수갈채하다

1.체육관 2.생각하다 3.밀어 넣다 4.거짓의 5.아프다 6.평균 7.씨 8.작물 9.칭찬 10.진심인

1. conclude	ⓥ______		1. switch	ⓥ______
2. conclusion	ⓝ______		2. acid	ⓝ______
3. apologize	ⓥ______		3. decade	ⓝ______
4. iron	ⓝ______		4. grain	ⓝ______
5. breakdown	ⓝ______		5. lumber	ⓝ______
6. heal	ⓥ______		6. anniversary	ⓝ______
7. cure	ⓥ______		7. policy	ⓝ______
8. remedy	ⓝ______		8. strategy	ⓝ______
9. chilly	ⓐ______		9. relate	ⓥ______
10. justify	ⓥ______		10. instant	ⓐ______

1.결론 내리다 2.결론 3.사과하다 4.철 5.고장 6.치료하다 7.치료하다 8.치료 9.쌀쌀한 10.정당화하다

1.전환하다 2.산 3.10년 4.곡물 5.목재 6.기념일 7.정책 8.전략 9.관련시키다 10.즉시의

keep on ~ing 계속하다 (continue)

keep one's word 약속을 지키다 (keep one's promise)

keep track of 추적하다

keep up with ~와 보조를 맞추다 (keep abreast of/with)

know A from B A와 B를 구별하다 (distinguish/discriminate/discern/tell A from B)

know better than to ~할 만큼 어리석지 않다

lacking in ~이 부족한 (wanting in)

laugh at 비웃다 (ridicule)

lay aside 제쳐놓다, 저축하다

lay off 해고하다 (dismiss)

lead to 초래하다 (give rise to. bring about, result in, cause)

lean on 의존하다 (count/depend/rely/rest on)

1. You had better keep _______ practicing.
너는 계속 연습하는 것이 낫다.

2. He always keeps his _______.
그는 항상 약속을 지킨다.

3. I keep _______ of the delivery status of my package.
나는 소포의 배송 상태를 추적한다.

4. I tried to keep _______ with the runner.
나는 그 주자와 보조를 맞추려고 노력하였다.

5. I can't know a fake diamond _______ a real one.
나는 가짜 다이아몬드와 진짜 다이아몬드를 구별할 수 없다.

6. He knows _______ than _______ rest on such a fool.
그는 그러한 바보에게 의존할 만큼 어리석지 않다.

7. He is intelligent but _______ in wisdom.
그는 영리하지만, 지혜가 부족하다.

8. It is rude to laugh _______ others' mistake.
다른 사람들의 실수를 비웃는 것은 무례하다.

9. You had better lay _______ some money for emergencies.
너는 비상사태에 대비하여 약간의 돈을 저축하는 것이 낫다.

10. The president decided to lay _______ a few staff.
사장은 몇몇 직원을 해고 하기로 결정하였다.

11. A small mistake can lead _______ disastrous consequences.
작은 실수 하나가 끔찍한 결과를 초래할 수 있다.

12. You can lean _______ me when you need support.
너는 지원이 필요할 때 나에게 의존해도 된다.

※ 이 페이지의 단어들은 필요 시 참고하는 분야별 단어입니다. 학습자의 수준과 진도에 맞게 활용하십시오.

community	공동체	reform	개혁, 개혁하다
citizen	시민	immigration	이민(入)
diversity	다양성	emigration	이민(出)
racism	인종 차별	facility	시설, 손쉬움
gender	성별	security	안전, 보안
violent	폭력적인	cooperation	협력
disorder	무질서, 질환	duty	의무
chaos	혼란	charity	자선, 자선 단체

[Definition Quiz]

1. a place or building for a specific purpose. _______

2. something you must do because it's right or required. _______

3. moving into a new country to live. _______

4. complete confusion and no order. _______

5. safety and protection. _______

6. leaving one's country to live elsewhere. _______

7. a group of people living together. _______

8. working together for a common goal. _______

9. lack of order or control. _______

10. a change made to improve society. _______

11. a person who belongs to a state or country. _______

12. help given to people in need. _______

13. using or showing physical force. _______

14. unfair treatment because of race. _______

15. the state of being male or female. _______

16. having many different kinds of people or things. _______

1. 특정 목적을 위한 장소나 건물 **2.** 옳거나 요구되어 반드시 해야 하는 것 **3.** 새 나라로 이주해 와서 사는 것 **4.** 완전한 혼란과 무질서 **5.** 안전과 보호 **6.** 자기 나라를 떠나 다른 곳에서 사는 것 **7.** 함께 사는 사람들의 집단 **8.** 공통 목표를 위해 함께 일하는 것 **9.** 질서나 통제의 부재 **10.** 사회를 개선하기 위해 이루어진 변화 **11.** 주 또는 나라에 속한 사람 **12.** 도움이 필요한 사람들에게 주는 도움 **13.** 신체적 힘을 사용하거나 나타내는 **14.** 인종 때문에 부당하게 대우받는 것 **15.** 남성 또는 여성인 상태 **16.** 여러 가지 다양한 사람이나 것들이 있는 상태

1.facility **2.**duty **3.**immigration **4.**chaos **5.**security **6.**emigration **7.**community **8.**cooperation **9.**disorder **10.**reform **11.**citizen **12.**charity **13.**violent **14.**racism **15.**gender **16.**diversity

◀ 14. Media & Communication p290 | Categories p549 | 15-2. Society p320 ▶

DAY
29

DAY 29

[진단 테스트]

※ 실력을 진단하고 점검하는 연결형 문제입니다. 문제에 표시하지 마시고, 전용 오답 노트를 활용하여 집중 관리 하십시오. 본 단어장의 모든 문제는 반복 학습용입니다.

1. excite	①자발적인	1. obstacle	①집중하다
2. qualify	②자격을 주다	2. sneeze	②장애물
3. beverage	③불운	3. concentrate	③쪼개다
4. voluntary	④왕복하다	4. bomb	④인류
5. volunteer	⑤고백하다	5. spill	⑤예
6. confess	⑥신나게 하다	6. split	⑥폭탄
7. possess	⑦음료	7. mankind	⑦재채기
8. misfortune	⑧지옥	8. instance	⑧엎지르다
9. hell	⑨소유하다	9. whisper	⑨점토
10. shuttle	⑩자원봉사자	10. clay	⑩속삭이다

1.⑥ 2.② 3.⑦ 4.① 5⑩ 6.⑤ 7.⑨ 8.③
9.⑧ 10.④

1.② 2.⑦ 3.① 4.⑥ 5.⑧ 6.③ 7.④ 8.⑤
9.⑩ 10.⑨

1. mud	①제공하다	1. dew	①이슬
2. provide	②진흙	2. injure	②부상을 입히다
3. furnish	③생생한	3. injury	③사건
4. offer	④아첨하다	4. wound	④특징
5. fragile	⑤제공하다, 제안	5. incident	⑤안개
6. spread	⑥서리	6. feature	⑥부상
7. vivid	⑦퍼지다	7. characteristic	⑦안개
8. situation	⑧제공하다	8. fog	⑧부상을 입히다
9. flatter	⑨연약한	9. mist	⑨특징
10. frost	⑩상황	10. expert	⑩전문가

1.② 2.① 3.⑧ 4.⑤ 5.⑨ 6.⑦ 7.③ 8.⑩
9.④ 10.⑥

1.① 2.② 3.⑥ 4.⑧ 5.③ 6.④ 7.⑨ 8.⑤
9.⑦ 10.⑩

1121 ★★☆

excite
[iksáit]

ⓥ**신나게 하다,** 열광하게 하다
Children were excited to watch science fiction movies.
아이들은 공상 과학 영화를 보게 되어 신났다.

*excited ⓐ신난, 열광하는 *exciting ⓐ신나게 만드는, 열광하게 만드는

1122 ★★☆

qualify
[kwάləfài]

ⓥ**자격을 주다**
His moral virtue qualified him to be a leader.
그의 도덕적인 미덕은 그가 지도자가 될 자격을 갖추게 하였다.

*qualified ⓐ자격 있는 *qualification ⓝ자격
*disqualify ⓥ자격을 잃게 하다

1123 ★★☆

beverage
[bévəridʒ]

ⓝ**음료**
Drinking alcoholic beverages is harmful to your health.
알코올음료를 마시는 것은 너의 건강에 해롭다.

1124 ★★☆

voluntary
[vάləntèri]

ⓐ**자발적인**
The merchants voluntarily cooperated with each other.
상인들은 자발적으로 서로 협력하였다.

1125 ★★☆

volunteer
[vὰləntíər]

ⓝ**자원봉사자** ⓥ자원봉사하다
Many volunteers headed to the well to obtain water.
많은 자원봉사자가 물을 얻기 위해 우물로 향하였다.

1126 ★★☆

confess
[kənfés]

ⓥ**고백하다,** 자백하다
I persuaded him to confess his theft.
나는 그가 자신의 도둑질을 자백하도록 설득하였다.

*confession ⓝ고백, 자백

(0264) ★★★

own
[oun]

ⓥ**인정하다, 소유하다** ⓐ자신의
He owned that he had committed a crime.
그는 죄를 범하였다고 인정하였다.

Check

□ excite	□ qualify	□ beverage	□ voluntary	□ volunteer
□ confess	□ own			

1127 ★★☆

possess

[pəzés]

ⓥ소유하다

He possesses an impulsive temperament.
그는 충동적인 기질을 지니고 있다.

*possession ⓝ소유

(0069) ★★☆

fortune

[fɔ́ːrtʃən]

ⓝ운, 재산, 운명

The secretary had the fortune to assist a considerate director.
그 비서는 운 좋게도 사려 깊은 간부를 도왔다.

Patience and industry brought him a large fortune.
인내와 근면은 그에게 많은 재산과 가져다주었다.

*fortunate ⓐ운이 좋은 *unfortunate ⓐ불운한
*fortuneteller ⓝ점쟁이, 점술가

1128 ★★☆

misfortune

[misfɔ́ːrtʃən]

ⓝ불운

Their ties were reinforced through the shared misfortune.
그들의 유대 관계는 함께 겪은 불운을 통해 강화되었다.

1129 ★☆☆

hell

[hel]

ⓝ지옥

The clergyman denied the concept of hell.
그 성직자는 지옥이라는 개념을 부정하였다.

1130 ★☆☆

shuttle

[ʃʌ́tl]

ⓥ왕복하다 ⓝ왕복 운행

The space shuttle program is vital in the age of exploration.
우주 왕복선 계획은 탐사 시대에 필수적이다.

1131 ★★☆

obstacle

[ɑ́bstəkəl]

ⓝ장애물

Overcoming such obstacles might require a sacrifice.
그러한 장애물을 극복하는 것은 희생을 요구할지도 모른다.

1132 ★☆☆

sneeze

[sniːz]

ⓝ재채기 ⓥ재채기하다

Coughing and sneezing may be symptoms of a cold.
기침하고 재채기하는 것은 감기의 증상일지 모른다.

Check				
☐ possess	☐ fortune	☐ misfortune	☐ hell	☐ shuttle
☐ obstacle	☐ sneeze			

1133 ★★☆

concentrate
[kάnsəntrèit]

ⓥ집중하다

They concentrated on domestic affairs.
그들은 국내 업무에 집중하였다.

*concentration ⓝ집중, 농도

1134 ★★☆

bomb
[bɑm]

ⓝ폭탄 ⓥ폭격하다

An atomic bomb creates a nuclear explosion.
원자 폭탄은 핵폭발을 일으킨다.

*bomber ⓝ폭격기

1135 ★★☆

spill
[spil]

ⓥ엎지르다 (spill-spilled/spilt-spilled/spilt)

The attendant spilled coffee on my lap.
종업원이 나의 무릎에 커피를 엎질렀다.

1136 ★★☆

split
[split]

ⓥ쪼개다 (split-split-split) ⓝ분할, 분열

Profits were split among the corporations involved.
이익금은 관련된 기업들 사이에 나누어졌다.

1137 ★☆☆

mankind
[mænkáind]

ⓝ인류 (humankind)

Mankind has been warned not to spoil the environment.
인류는 환경을 망치지 말라는 경고를 받아왔다.

(0296) ★☆☆

humanity
[hjuːmǽnəti]

ⓝ인류, 인간애

His brave exploration contributed to all humanity.
그의 용감한 탐험이 전 인류에게 공헌하였다.

*humane ⓐ인간적인, 자비로운

1138 ★☆☆

instance
[ínstəns]

ⓝ예

That was a rare instance in which virtue resulted in tragedy.
그것은 미덕이 비극을 초래한 드문 사례였다.

*for instance 예를 들어

Check				
☐ concentrate	☐ bomb	☐ spill	☐ split	☐ mankind
☐ humanity	☐ instance			

1139 ★★☆

whisper
[hwíspər]

ⓥ속삭이다

I leaned out of the window to overhear what they whispered.
나는 그들이 속삭이는 것을 엿듣기 위해 창밖으로 몸을 내밀었다.

1140 ★★☆

clay
[klei]

ⓝ점토

Our ancestors built shelters with straw and clay bricks.
우리의 조상들은 짚과 점토 벽돌로 거주지를 만들었다.

1141 ★☆☆

mud
[mʌd]

ⓝ진흙

The wheeled vehicle got stuck in the mud.
바퀴 달린 차량이 진흙에서 꼼짝 못 했다.

*muddy ⓐ진흙의, 진창의

1142 ★★☆

provide
[prəváid]

ⓥ제공하다

The committee provided interpretation to the attendants.
위원회는 참석자들에게 통역을 제공하였다.

*provision ⓝ제공, 사전 대비

1143 ★★☆

furnish
[fə́ːrniʃ]

ⓥ제공하다, (가구를) 비치하다

The organization furnished us with good accommodations.
그 단체는 우리에게 좋은 숙소를 제공하였다.

*furnished ⓐ가구가 갖추어진

1144 ★★☆

offer
[ɔ́(ː)fər]

ⓥ제공하다 ⓝ제안

The temple offers the community a source of income.
그 사원은 지역 사회에 수입원을 제공한다.

(0130) ★★☆

present
[prézənt]

ⓥ제공하다, 발표하다 ⓐ현재의, 존재하는 ⓝ선물

He presented the application for a long-term loan.
그는 장기대출 신청서를 제출하였다.

*presentation ⓝ제시, 발표

Check				
☐ whisper	☐ clay	☐ mud	☐ provide	☐ furnish
☐ offer	☐ present			

1145 ★★☆

fragile
[frǽdʒəl]

ⓐ**연약한**, 허약한, 부서지기 쉬운

The nurse monitored the fragile emotions of the patients.
간호사는 환자들의 연약한 감정을 주시 관찰하였다.

*fragility ⓝ취약함

1146 ★★☆

spread
[spred]

ⓥ**퍼지다**, 펼치다, 살포하다 (spread-spread-spread) ⓝ확산

The chemical pollution spread throughout the pasture.
화학 물질 오염은 초원 전역으로 퍼졌다.

1147 ★★☆

vivid
[vívid]

ⓐ**생생한**

His biography featured a vivid description of the hardship.
그의 전기는 고난에 대한 생생한 묘사를 특징으로 삼았다.

1148 ★★☆

situation
[sìtʃuéiʃən]

ⓝ**상황**

I attempted to escape the awkward situation.
나는 어색한 상황을 모면하려고 시도하였다.

1149 ★★☆

flatter
[flǽtər]

ⓥ**아첨하다**, 과장되게 칭찬하다

The costume definitely flatters your figure.
그 의상은 명백히 너의 모습을 돋보이게 한다.

*flattery ⓝ아첨 *flattered ⓐ우쭐해진

1150 ★★☆

frost
[frɔːst]

ⓝ**서리**

The plants bloom until the first frost of late autumn.
그 식물들은 늦가을 첫서리가 내릴 때까지 꽃을 피운다.

1151 ★★☆

dew
[djuː]

ⓝ**이슬**

Moisture in the atmosphere changed into dew at night.
대기 중에 수분이 밤에 이슬로 변하였다.

*due ⓐ예정인, ~ 때문에 (due to)

Check

□ fragile	□ spread	□ vivid	□ situation	□ flatter
□ frost	□ dew			

1152 ★★☆

injure
[índʒər]

ⓥ**부상을 입히다,** 손상하다

The severe debates on the matter injured his dignity.
그 문제에 대한 심한 논쟁은 그의 품위를 손상하였다.

1153 ★★☆

injury
[índʒəri]

ⓝ**부상**

Sailors may get an injury while adjusting the sail.
선원들은 돛을 조정하는 동안 부상당할 수 있다.

1154 ★★☆

wound
[wuːnd]

ⓥ**부상을 입히다** ⓝ부상

The soldier was critically wounded.
병사는 치명적으로 부상당했다.

*wounded ⓐ부상당한 *wind ⓥ감다, 굽이치다 (wind-wound-wound) ⓝ바람

(0245) ★★☆

medicine
[médəsən]

ⓝ**약, 의학**

The medicine had a positive effect on pain relief.
그 약은 통증 완화에 긍정적인 영향을 주었다.

The professor of medicine is an authority on infection.
그 의학 교수는 감염에 대한 권위자이다.

*College of Medicine 의과대학 (Medical School)
*College of Pharmacy 약학대학 (Pharmacy School) *drug ⓝ약, 마약

(0287) ★★☆

accident
[ǽksidənt]

ⓝ**사고, 우연**

It is no accident that the clever boys live in the wealthy town.
영리한 소년들이 부촌에 사는 것은 우연이 아니다.

*accidental ⓐ우연한 *by accident 우연히 (by chance)

1155 ★★☆

incident
[ínsədənt]

ⓝ**사건**

One particular incident always sticks in my mind.
한 특정한 사건이 항상 내 마음에 달라붙어 있다.

*incidental ⓐ부수적인

Check

□ injure	□ injury	□ wound	□ medicine	□ accident
□ incident				

1156 ★★☆

feature
[fíːtʃər]

ⓝ**특징**, 용모 ⓥ특집으로 다루다
The chief feature of the instrument is accuracy.
그 기구의 주요한 특징은 정확성이다.

1157 ★★☆

characteristic
[kæ̀riktərístik]

ⓝ**특징** ⓐ특징적인
Intelligence is an inherited characteristic.
지능은 유전되는 특성이다.

*character ⓝ성격, 등장인물, 특성

(0425) ★☆☆

quality
[kwάləti]

ⓝ**특성, 품질**
Encouragement and patience are qualities of a good parent.
격려와 인내심은 훌륭한 부모의 특성이다.

1158 ★★☆

fog
[fɔ(ː)g]

ⓝ**안개** (짙은)
The climbers approached the peak through the dense fog.
등반객들은 짙은 안개를 통과하여 정상으로 접근하였다.

*foggy ⓐ안개 낀

1159 ★★☆

mist
[mist]

ⓝ**안개** (옅은)
The faint outline of the cottage emerged through the mist.
오두막집의 희미한 윤곽이 옅은 안개 속에서 나타났다.

*misty ⓐ안개 낀

1160 ★★☆

expert
[ékspəːrt]

ⓝ**전문가**
The aquarium recruited an expert on marine mammals.
수족관은 해양 포유류 전문가를 채용하였다.

*expertise ⓝ전문 지식

Check

□ feature	□ characteristic	□ quality	□ fog	□ mist
□ expert				

※ 정답 표시하지 마시고, 전용 오답 노트를 활용하여 집중 관리 하십시오. 모든 문제는 반복 학습용입니다.

1. excite ⓥ______	1. obstacle ⓝ______
2. qualify ⓥ______	2. sneeze ⓝ______
3. beverage ⓝ______	3. concentrate ⓥ______
4. voluntary ⓐ______	4. bomb ⓝ______
5. volunteer ⓝ______	5. spill ⓥ______
6. confess ⓥ______	6. split ⓥ______
7. possess ⓥ______	7. mankind ⓝ______
8. misfortune ⓝ______	8. instance ⓝ______
9. hell ⓝ______	9. whisper ⓥ______
10. shuttle ⓥ______	10. clay ⓝ______

1.신나게 하다 2.자격을 주다 3.음료 4.자발적인 5.자원봉사자 6.고백하다 7.소유하다 8.불운 9.지옥 10.왕복하다

1.장애물 2.재채기 3.집중하다 4.폭탄 5.엎지르다 6.쪼개다 7.인류 8.예 9.속삭이다 10.점토

1. mud ⓝ______	1. dew ⓝ______
2. provide ⓥ______	2. injure ⓥ______
3. furnish ⓥ______	3. injury ⓝ______
4. offer ⓥ______ ⓝ	4. wound ⓥ______
5. fragile ⓐ______	5. incident ⓝ______
6. spread ⓥ______	6. feature ⓝ______
7. vivid ⓐ______	7. characteristic ⓝ______
8. situation ⓝ______	8. fog ⓝ______
9. flatter ⓥ______	9. mist ⓝ______
10. frost ⓝ______	10. expert ⓝ______

1.진흙 2.제공하다 3.제공하다 4.제공하다, 제안 5.연약한 6.퍼지다 7.생생한 8.상황 9.아첨하다 10.서리

1.이슬 2.부상당하게 하다 3.부상 4.부상당하게 하다 5.사건 6.특징 7.특징 8.안개 9.안개 10.전문가

PHRASE

learn ~ by heart 암기하다 (memorize)
learn to ~할 수 있게 되다 *come/get to ~하게 되다
leave out 생략하다 (omit)
lest S should ~하지 않도록 (for fear (that) S should)
let alone ~은 말할 것도 없고 (not to speak of, to say nothing of, not to mention)
let go of 놓아주다 (release)
lie in ~에 놓여 있다 (consist in)
live by ~을 지키며 살다
live on ~에 의존하여 살다, ~을 주식(主食)으로 하여 살다
long for 갈망하다 (yearn for, long to V)
look after 돌보다 (take care of, care for)
look back on 회상하다 (recollect, retrospect)

1. The teacher asked us to learn the poem by _________.
선생님은 우리에게 시를 암기하라고 요구하였다.

2. I learned _______ appreciate the small things in life.
나는 생활 속에서 작은 것들을 감사히 여기게 되었다.

3. You should leave _________ unnecessary details.
너는 불필요한 세부 사항들을 생략해야 한다.

4. They talked quietly _______ they _______ wake the baby.
그들은 아기를 깨우지 않도록 조용히 대화하였다.

5. I don't understand basic mathematics, let _________ solve complex problems.
나는 복잡한 문제는 말할 것도 없고, 기초적인 수학도 이해하지 못한다.

6. You must let go _______ bad memories.
너는 나쁜 기억을 놓아주어야 한다.

7. His problems lie _______ the lack of common sense.
그의 문제는 상식의 부족에 있다.

8. He lives _______ his religious beliefs.
그는 종교적인 신념을 지키며 산다.

9. The family lives _______ a small budget.
그 가족은 은 예산에 의존하여 산다.

10. Most students long _______ a vacation.
대부분 학생은 방학을 갈망한다.

11. I have to look _______ my children.
나는 아이들을 돌봐야 한다.

12. I sometimes look _______ _______ my youth.
나는 가끔 젊은 시절을 회상한다.

DAY
30

DAY 30

[진단 테스트]

※ 실력을 진단하고 점검하는 연결형 문제입니다. 문제에 표시하지 마시고, 전용 오답 노트를 활용하여 집중 관리 하십시오. 본 단어장의 모든 문제는 반복 학습용입니다.

1. evident	①예외	1. democracy	①목수
2. obvious	②명확한	2. communism	②공산주의
3. vague	③부지런한	3. blacksmith	③상호 간의
4. porch	④위층에	4. carpenter	④민주주의
5. exception	⑤매년의	5. partly	⑤부분적으로
6. loaf	⑥현관	6. mutual	⑥상가
7. upstairs	⑦덩어리	7. mall	⑦식사하다
8. annual	⑧여행	8. dine	⑧대장장이
9. journey	⑨모호한	9. sniff	⑨킁킁거리다
10. diligent	⑩명확한	10. affair	⑩업무

1.② 2.⑩ 3.⑨ 4.⑥ 5.① 6.⑦ 7.④ 8.⑤
9.⑧ 10.③

1.④ 2.② 3.⑧ 4.① 5.⑤ 6.③ 7.⑥ 8.⑦
9.⑨ 10.⑩

1. confuse	①혼동시키다	1. largely	①중요
2. overseas	②해외의	2. whistle	②증오하다
3. glance	③향미	3. hate	③허튼소리
4. mighty	④면	4. hatred	④뗏목
5. tap	⑤강력한	5. wildlife	⑤야생 동물
6. flavor	⑥무기	6. nonsense	⑥장애를 지닌
7. weapon	⑦두드리다	7. disabled	⑦주로
8. scholar	⑧성명	8. namely	⑧검토하다
9. remote	⑨학자	9. review	⑨휘파람
10. statement	⑩힐끗 보다	10. raft	⑩즉

1.① 2.② 3.⑩ 4.⑤ 5.⑦ 6.③ 7.⑥ 8.⑨
9.④ 10.⑧

1.⑦ 2.⑨ 3.② 4.① 5.⑤ 6.③ 7.⑥ 8.⑩
9.⑧ 10.④

1161 ★★☆
evident
[évidənt]

ⓐ**명확한**

Both parties signed a contract with evident satisfaction.
양 당사자들은 분명히 만족하면서 계약서에 서명하였다.

*evidence ⓝ증거

1162 ★★☆
obvious
[ɑ́bviəs]

ⓐ**명확한**

The infectious disease displays obvious symptoms.
그 전염병은 명확한 증세를 보인다.

(0172) ★★☆
distinct
[distíŋkt]

ⓐ**명확한, 별개의,** 뚜렷한

He showed a distinct lack of affection and passion.
그는 애정과 열정의 명백한 결핍을 보여주었다.

His theory is distinct from the general one.
그의 이론은 일반적인 이론과는 별개이다.

*distinctive ⓐ독특한

1163 ★★☆
vague
[veig]

ⓐ**모호한,** 애매한

They amended the vague terms of the contract.
그들은 계약서의 모호한 조항들을 수정하였다.

*vagueness ⓝ모호, 애매

1164 ★★☆
porch
[pɔːrtʃ]

ⓝ**현관**

The porch partially collapsed owing to the storm.
현관이 목풍 때문에 부분적으로 무너졌다.

1165 ★☆☆
exception
[iksépʃən]

ⓝ**예외**

The secondhand vehicles I saw were, without exception, rusty.
내가 본 중고차는 예외 없이 녹슬어 있었다.

1166 ★★☆
loaf
[louf]

ⓝ**덩어리**

He stole a loaf of bread to feed the starving child.
그는 굶주리는 아이를 먹이기 위하여 빵 한 덩어리를 훔쳤다.

Check

□ evident	□ obvious	□ distinct	□ vague	□ porch
□ exception	□ loaf			

1167 ★☆☆
upstairs
[ʌ́pstɛ́ərz]

@위층에, 위층으로 @위층의 @위층

It is convenient to carry the cord-free vacuum upstairs.
무선 진공청소기를 위층으로 옮기는 것이 편리하다.

1168 ★★☆
annual
[ǽnjuəl]

@매년의, 연간 1회의

The firm estimates that its annual income will decrease.
그 기업은 연간 수입이 감소할 것으로 추정한다.

*biannual @연간 2회의

1169 ★☆☆
journey
[dʒə́ːrni]

@여행

The play was a sort of spiritual journey.
그 연극은 일종의 정신적 여행이었다.

1170 ★★☆
diligent
[dílədʒənt]

@부지런한, 근면한

He was diligent in acquiring essential knowledge.
그는 필수적인 지식을 습득하는 데 부지런했다.

*diligence @근면

1171 ★☆☆
democracy
[dimɑ́krəsi]

@민주주의

Social inequality can spoil democracy.
사회적인 불평등은 민주주의를 망칠 수 있다.

1172 ★★☆
communism
[kɑ́mjənìzəm]

@공산주의

Their principles shifted from communism to capitalism.
그들의 원칙은 공산주의로부터 자본주의로 이동하였다.

*communist @공산주의자

1173 ★☆☆
blacksmith
[blǽksmiθ]

@대장장이 (smith)

Most blacksmiths were descendants of slaves.
대부분 대장장이는 노예의 후손이었다.

Check				
□ upstairs	□ annual	□ journey	□ diligent	□ democracy
□ communism	□ blacksmith			

1174 ★☆☆

carpenter
[kάːrpəntər]

ⓝ**목수**

The carpenter sawed the wood to assemble a table.
목수는 탁자를 조립하기 위하여 나무를 톱질하였다.

1175 ★★☆

partly
[pάːrtli]

ⓐⓓ**부분적으로**

His success was partly due to determination and luck.
그의 성공은 부분적으로 결단력과 운 때문이었다.

***partial** ⓐ편파적인, 부분적인

1176 ★★☆

mutual
[mjúːtʃuəl]

ⓐ**상호 간의**

The couple parted by mutual consent.
그 부부는 상호 동의하에 헤어졌다.

1177 ★☆☆

mall
[mɔːl]

ⓝ**상가**

Smoking is strictly banned in public places such as malls.
흡연은 상가와 같은 공공장소에서 엄격하게 금지되어 있다.

1178 ★☆☆

dine
[dain]

ⓥ**식사하다**

Our party dined at the restaurant on a floating raft.
우리 일행은 떠 있는 뗏목 위의 식당에서 식사하였다.

1179 ★☆☆

sniff
[snif]

ⓥ**킁킁거리다** ⓝ킁킁거림

He sniffed suspiciously at unfamiliar food.
그는 친숙하지 않은 음식을 의심스럽게 킁킁거리며 냄새 맡았다.

1180 ★★★

affair
[əfέər]

ⓝ**업무,** 일거리, 사건

I seldom interfere in others' affairs.
나는 좀처럼 다른 사람들의 업무에 끼어들지 않는다.

***Ministry of Foreign Affairs** 외무부, 외교부

Check

☐ carpenter	☐ partly	☐ mutual	☐ mall	☐ dine
☐ sniff	☐ affair			

1181 ★★☆
confuse
[kənfjúːz]

ⓥ혼동시키다

The figures on the first page confused the audience.
첫 페이지의 숫자들이 독자를 혼동시켰다.

***confusion** ⓝ혼동

1182 ★☆☆
overseas
[óuvərsíːz]

ⓐ해외의 ⓐ해외에

The materials were processed entirely overseas.
그 물질들은 전적으로 해외에서 가공 처리되었다.

1183 ★★☆
glance
[glæns]

ⓥ힐끗 보다 ⓝ힐끗 봄

The applicant nervously glanced at the clock.
지원자는 불안 초조하게 시계를 응시하였다.

1184 ★★☆
mighty
[máiti]

ⓐ강력한

The bomb exploded with a mighty flame.
폭탄이 강력한 화염과 함께 폭발하였다.

***might** ⓝ힘 ***almighty** ⓐ전능한

1185 ★★☆
tap
[tæp]

ⓥ두드리다

The lecturer tapped on the board to draw attention.
강연자는 주의를 끌기 위하여 칠판을 두드렸다.

1186 ★★☆
flavor
[fléivər]

ⓝ향미, 향료 ⓥ맛을 내다

The herb bears its own flavor.
약초는 자체적인 향미를 지니고 있다.

1187 ★★☆
weapon
[wépən]

ⓝ무기

The precision weapons were supplied to the troops.
정밀 무기들이 군대에 공급되었다.

Check

☐ confuse	☐ overseas	☐ glance	☐ mighty	☐ tap
☐ flavor	☐ weapon			

1188 ★★☆

scholar

[skάlər]

ⓝ**학자**

The scholar made remarkable achievements over decades.
그 학자는 수십 년에 걸쳐 주목할 만한 업적을 이루었다.

*scholarship ⓝ학문, 장학금

1189 ★★☆

remote

[rimóut]

ⓐ**먼**, 외딴

Tourists are a novelty in the remote village.
관광객들은 외딴 마을에서는 하나의 신기함이다.

1190 ★★☆

statement

[stéitmənt]

ⓝ**성명**, 언급

His statement has negative implications for biased media.
그의 발언은 편파적인 언론에 대한 부정적인 암시를 내포하고 있다.

*state ⓝ상태, 주, 국가 ⓥ언급하다

1191 ★★☆

largely

[lάːrdʒli]

ⓐⓓ**주로**

Their complaints were largely ignored.
그들의 불평은 주로 무시되었다.

1192 ★☆☆

whistle

[hwísəl]

ⓝ**휘파람**, 호각

He whistled at the sight of a gift package.
그는 선물 꾸러미를 보고 휘파람을 불었다.

1193 ★★☆

hate

[heit]

ⓥ**증오하다**

I hate being interrupted without advance notice.
나는 사전 통지 없이 방해받는 것을 증오한다.

1194 ★★☆

hatred

[héitrid]

ⓝ**증오**

Hatred for the media was quite intense.
언론에 대한 증오는 매우 강렬하였다.

Check

□ scholar	□ remote	□ statement	□ largely	□ whistle
□ hate	□ hatred			

1195 ★☆☆

wildlife
[waildlaif]

ⓝ**야생 동물**

The dense forest is appropriate as a habitat for wildlife.
울창한 숲은 야생 동물의 서식지로서 적합하다.

1196 ★★☆

nonsense
[nάnsens]

ⓝ**허튼소리,** 터무니없는 생각

His presentation was complete nonsense.
그의 발표는 완전한 허튼소리였다.

1197 ★★☆

disabled
[diséibəld]

ⓐ**장애를 지닌**

The disabled women were protected by the feminists.
장애인 여성들은 여성주의자들에 의해 보호받았다.

***disable** ⓥ장애를 입히다, 망가트리다

1198 ★★☆

namely
[néimli]

ⓐⓓ**즉**

The media, namely TV and newspapers, affect public opinion.
언론 매세, 즉 TV와 신문 같은 깃은 여론에 영항을 준다.

1199 ★★☆

review
[rivjú:]

ⓥ**검토하다** ⓝ검토

The security procedures must be reviewed immediately.
보안 절차는 즉시 검토되어야 한다.

1200 ★☆☆

raft
[ræft]

ⓝ**뗏목**

Their principal means of transportation was the raft.
그들의 주요 교통수단은 뗏목이었다.

Check				
□ wildlife	□ nonsense	□ disabled	□ namely	□ review
□ raft				

REVIEW

1. evident	ⓐ_______	1. democracy	ⓝ_______
2. obvious	ⓐ_______	2. communism	ⓝ_______
3. vague	ⓐ_______	3. blacksmith	ⓝ_______
4. porch	ⓝ_______	4. carpenter	ⓝ_______
5. exception	ⓝ_______	5. partly	ⓐ𝖽_______
6. loaf	ⓝ_______	6. mutual	ⓐ_______
7. upstairs	ⓐ𝖽_______	7. mall	ⓝ_______
8. annual	ⓐ_______	8. dine	ⓥ_______
9. journey	ⓝ_______	9. sniff	ⓥ_______
10. diligent	ⓐ_______	10. affair	ⓝ_______

1.명확한 2.명확한 3.모호한 4.현관 5.예외 6.덩어리 7.위층에 8.매년의 9.여행 10.부지런한

1.민주주의 2.공산주의 3.대장장이 4.목수 5.부분적으로 6.상호 간의 7.상가 8.식사하다 9.킁킁거리다 10.업무

1. confuse	ⓥ_______	1. largely	ⓐ𝖽_______
2. overseas	ⓐ_______	2. whistle	ⓝ_______
3. glance	ⓥ_______	3. hate	ⓥ_______
4. mighty	ⓐ_______	4. hatred	ⓝ_______
5. tap	ⓥ_______	5. wildlife	ⓝ_______
6. flavor	ⓝ_______	6. nonsense	ⓝ_______
7. weapon	ⓝ_______	7. disabled	ⓐ_______
8. scholar	ⓝ_______	8. namely	ⓐ𝖽_______
9. remote	ⓐ_______	9. review	ⓥ_______
10. statement	ⓝ_______	10. raft	ⓝ_______

1.혼동시키다 2.해외의 3.힐끗 보다 4.강력한 5.두드리다 6.향미 7.무기 8.학자 9.먼 10.성명

1.주로 2.휘파람 3.증오하다 4.증오 5.야생 동물 6.허튼소리 7.장애를 지닌 8.즉 9.검토하다 10.뗏목

look down on 멸시하다 (despise)
look for 찾다, 기대하다
look forward to 고대하다 (anticipate)
look into 조사하다 (inquire into, investigate)
look on/upon A as B A를 B로 간주하다 (regard/consider/view A as B)
look out 조심하다
look over 검토하다, 훑어보다, 너그러이 봐주다
look up (정보를) 찾아보다
look up to 존경하다 (respect)
lose heart 낙담하다 (become discouraged)
lose no time in ~ing 즉시 ~하다
lose one's temper 화내다 (become angry)

1. We should not look _______ _______ the poor.
   우리는 가난한 사람들을 멸시해서는 안 된다.

2. I am looking _______ a fun weekend.
   나는 즐거운 주말을 기대하고 있다.

3. I am looking _______ _______ visiting my hometown.
   나는 고향을 방문하는 것을 고대하고 있다.

4. The government is looking _______ ways to reduce poverty.
   정부는 빈곤을 줄이는 방법을 조사하고 있다.

5. People look _______ their pet _______ a part of the family.
   사람들은 애완동물을 가족의 일부로 간주한다.

6. The tourists have to look _______ for pickpockets.
   관광객들은 소매치기를 조심해야 한다

7. The lawyer looked _______ the contract carefully.
   변호사는 계약서를 주의 깊게 검토하였다.

8. I looked _______ the unfamiliar word in a dictionary.
   나는 사전에서 생소한 단어를 찾아보았다.

9. We have to look _______ _______ the elderly.
   우리는 손윗사람들을 존경해야 한다.

10. He lost _______ because he failed again.
    그는 다시 실패하였기 때문에 낙담하였다.

11. I usually lose no _______ in answering the phone.
    나는 대개 즉시 전화를 받는다.

12. She lost her _______ when her son deceived her.
    그녀는 아들이 그녀를 속였을 때 화를 냈다.

※ 이 페이지의 단어들은 필요 시 참고하는 분야별 단어입니다. 학습자의 수준과 진도에 맞게 활용하십시오.

protest	항의, 시위	famine	기근
riot	폭동	feminism	여성주의
assembly	조립, 집회	status	상태, 지위
indifferent	무관심한	demonstrate	입증하다, 시위하다
conflict	갈등	practice	실행하다, 관행, 연습
rural	시골의	starve	굶주리다
urban	도시의	aid	원조하다, 보조 도구
poverty	빈곤	donate	기부하다

[Definition Quiz]

1. to do or carry out something regularly or as a custom. _______

2. to suffer or die from not enough food. _______

3. not caring about something. _______

4. to take part in a public protest. _______

5. a time when there is not enough food. _______

6. a meeting or gathering of people. _______

7. to help or give support. _______

8. to give money or goods to help others. _______

9. to show strong disagreement publicly. _______

10. related to a city. _______

11. a serious disagreement or fight. _______

12. a violent public protest. _______

13. the state of being very poor. _______

14. related to the countryside. _______

15. the belief in equal rights for women. _______

16. a person's social or professional position. _______

---

1. 무엇을 정기적으로, 또는 관습에 따라 수행하다 **2.** 음식이 부족해 고통받거나 죽다 **3.** 무언가에 관심을 가지지 않는 **4.** 공개 시위에 참여하다 **5.** 음식이 부족한 시기 **6.** 사람들의 모임이나 집회 **7.** 돕거나 지원하다 **8.** 다른 사람을 돕기 위해 돈이나 물건을 주다 **9.** 공개적으로 강한 반대를 나타내다 **10.** 도시와 관련된 **11.** 심각한 의견 충돌이나 싸움 **12.** 폭력적인 공개 시위 **13.** 매우 가난한 상태 **14.** 시골과 관련된 **15.** 여성의 평등한 권리를 믿는 것 **16.** 사람의 사회적 또는 직업적 위치

1.practice **2.**starve **3.**indifferent **4.**demonstrate **5.**famine **6.**assembly **7.**aid **8.**donate **9.**protest **10.**urban **11.**conflict **12.**riot **13.**poverty **14.**rural **15.**feminism **16.**status

◀ 15-1. Society p300   Categories p549   16. Culture p330 ▶

DAY
31

[진단 테스트]

※ 실력을 진단하고 점검하는 연결형 문제입니다. 문제에 표시하지 마시고, 전용 오답 노트를 활용하여 집중 관리 하십시오. 본 단어장의 모든 문제는 반복 학습용입니다.

1. poverty	①예상하다
2. global	②흙
3. media	③언론
4. forecast	④휩쓸다
5. foresee	⑤건너뛰다
6. foretell	⑥가난
7. predict	⑦세계의
8. dirt	⑧예상하다
9. skip	⑨예상하다
10. sweep	⑩예상하다

1.⑥ 2.⑦ 3.③ 4.① 5.⑧ 6.⑨ 7.⑩ 8.②
9.⑤ 10.④

1. trustworthy	①구두의
2. helpless	②창의적인
3. uproot	③신뢰할 만한
4. creature	④성별
5. gap	⑤생물
6. gender	⑥익숙한
7. creative	⑦인정하다, 받았음을 알리다
8. acknowledge	⑧의지할 곳 없는
9. oral	⑨격차
10. familiar	⑩뿌리 뽑다

1.③ 2.⑧ 3.⑩ 4.⑤ 5.⑨ 6.④ 7.② 8.⑦
9.① 10.⑥

1. tragedy	①조사하다
2. crew	②건축
3. appetite	③욕구
4. pioneer	④건축가
5. architecture	⑤선구자
6. architect	⑥대원들
7. ideal	⑦비극
8. treasure	⑧조사하다
9. investigate	⑨이상적인
10. inspect	⑩보물

1.⑦ 2.⑥ 3.③ 4.⑤ 5.② 6.④ 7.⑨ 8.⑩
9.① 10.⑧

1. survey	①관여하다
2. shepherd	②양치기
3. scan	③살펴보다
4. allergy	④다치게 하다
5. request	⑤요청
6. summary	⑥앨러지
7. hurt	⑦피상적인
8. engage	⑧조사하다
9. stretch	⑨뻗다
10. superficial	⑩요약

1.⑧ 2.② 3.③ 4.⑥ 5.⑤ 6.⑩ 7.④ 8.①
9.⑨ 10.⑦

1201 ★★☆
poverty
[pάvərti]

ⓝ**가난**

The survey indicates a connection between poverty and crime.
조사는 가난과 범죄 사이에 밀접한 연관성을 나타낸다.

*poor ⓐ형편없는, 가난한

1202 ★★☆
global
[glóubəl]

ⓐ**세계의**, 지구상의

Their protest drew global attention.
그들의 시위는 세계적인 관심을 끌었다.

*globe ⓝ세계, 지구본

(0361) ★★★
medium
[míːdiəm]

ⓝ**매개체, 중간**, 매체

A book is a medium connecting the author and the audience.
책은 작가와 독자를 연결하는 매개체이다.

1203 ★★☆
media
[míːdiə]

ⓝ**언론 매체**, 매개체 (medium의 복수형)

The politicians accused the media of bias.
정치인들은 언론의 편향성을 비난하였다.

1204 ★★☆
forecast
[fɔ́ːrkæ̀st]

ⓥ**예상하다** (forecast-forecast-forecast) ⓝ예상

The weather agency forecasts that the drought will last.
기상청은 가뭄이 지속될 것으로 예상한다.

1205 ★★☆
foresee
[fɔːrsíː]

ⓥ**예상하다**

It is difficult to foresee what consequences will arise.
무슨 결과가 일어날지 예상하기 어렵다.

1206 ★★☆
foretell
[fɔːrtél]

ⓥ**예상하다**, 예언하다

The magician argued that he could foretell my destiny.
마술사는 나의 운명을 예언할 수 있다고 주장하였다.

Check

☐ poverty	☐ global	☐ medium	☐ media	☐ forecast
☐ foresee	☐ foretell			

1207 ★★☆
predict
[pridíkt]

ⓥ**예상하다**

It is difficult to predict the occurrence of earthquakes.
지진의 발생을 예측하는 것은 어렵다.

1208 ★★☆
dirt
[dəːrt]

ⓝ**흙, 때, 오물**

He carried the basket containing dirt and gravel.
그는 흙과 자갈이 담긴 바구니를 운반하였다.

dirty ⓐ더러운

1209 ★★☆
skip
[skip]

ⓥ**건너뛰다**

I skipped the non-urgent assignments.
나는 긴급하지 않은 과제를 건너뛰었다.

1210 ★★☆
sweep
[swiːp]

ⓥ**휩쓸다,** 쓸어 내다 (sweep-swept-swept)

The flood became a disaster, sweeping away all the crops.
홍수는 재난이 되어 모든 작물을 휩쓸었다.

sweeping ⓐ전면적인

1211 ★★☆
trustworthy
[trʌ́stwə̀ːrði]

ⓐ**신뢰할 만한**

They overcame the depression with a trustworthy strategy.
그들은 신뢰할 만한 전략으로 불황을 극복하였다.

1212 ★★☆
helpless
[hélplis]

ⓐ**의지할 곳 없는,** 무력한

The injured individuals at the relief facilities feel helpless.
구호 시설에 있는 부상자들은 의지할 곳 없는 것처럼 느낀다.

1213 ★☆☆
uproot
[ʌpruːt]

ⓥ**뿌리 뽑다**

His aim is to uproot bad practices among the civilians.
그의 목표는 민간인들 사이의 나쁜 관행을 뿌리 뽑는 것이다.

Check

□ predict	□ dirt	□ skip	□ sweep	□ trustworthy
□ helpless	□ uproot			

1214 ★★☆

creature
[kríːtʃər]

ⓝ생물, 동물, 사람

It is awesome to see the magnificent creatures in flight.
장엄한 동물이 날아다니는 것을 보는 것은 경탄할 만하다.

***creation** ⓝ창조

1215 ★★☆

gap
[gæp]

ⓝ격차

There exists a social gap between the rich and the poor.
부유층과 빈곤층 사이에 사회적 격차가 존재한다.

1216 ★★☆

gender
[dʒéndər]

ⓝ성별

Gender conflicts persisted in some countries.
성별 갈등은 일부 국가에서 지속되었다.

1217 ★★☆

creative
[kriːéitiv]

ⓐ창의적인

His creative talents attracted his teacher.
그의 창의적인 재능은 선생님을 매혹하였다.

1218 ★★☆

acknowledge
[æknάlidʒ]

ⓥ인정하다, 받았음을 알리다 (수취/접수 사실 통보), 받아들이다

The failure didn't acknowledge his own fundamental defects.
실패자는 자신만의 근본적인 결점을 인정하지 않았다.

1219 ★★☆

oral
[ɔ́ːrəl]

ⓐ구두의, 구술의

The oral evidence was adopted to locate the monument.
구두상의 증거가 기념물의 위치를 알아내기 위하여 채택되었다.

1220 ★☆☆

familiar
[fəmíljər]

ⓐ익숙한

All the staff are familiar with the clients' interests.
모든 직원은 고객들의 관심 사항을 잘 알고 있다.

***familiarity** ⓝ익숙, 친근함

Check

□ creature	□ gap	□ gender	□ creative	□ acknowledge
□ oral	□ familiar			

1221 ★★☆

tragedy
[trǽdʒədi]

ⓝ비극

We have to terminate the conflict and the tragedy.
우리는 갈등과 비극을 종식해야 한다.

tragic ⓐ비극의

1222 ★☆☆

crew
[kruː]

ⓝ(집합적) 대원, 승무원

The fire crew extinguishes fires by following every procedure.
소방대원들은 모든 절차를 따르면서 불을 끈다.

1223 ★★☆

appetite
[ǽpitàit]

ⓝ욕구, 식욕

He has acquired the appetite for wealth.
그는 부에 대한 욕구를 얻었다.

appetizer ⓝ식전 음식

1224 ★★☆

pioneer
[pàiəníər]

ⓝ선구자, 개척자

A pioneer devised the commercial use of submarines.
한 선구자가 잠수함의 상업적 이용을 고안하였다.

1225 ★★☆

architecture
[ɑ́ːrkətèktʃər]

ⓝ건축, 건축학

Candidates must hold a bachelor's degree in architecture.
후보자들은 건축학 학사 학위를 보유해야 한다.

1226 ★★☆

architect
[ɑ́ːrkitèkt]

ⓝ건축가

The qualified architect supervised the construction.
자격 있는 건축가가 건설을 감독하였다.

1227 ★☆☆

ideal
[aidíːəl]

ⓐ이상적인

It is not ideal to end our cooperation with the investor.
투자자와 우리의 협력을 중단하는 것은 이상적이지 않다.

Check

□ tragedy	□ crew	□ appetite	□ pioneer	□ architecture
□ architect	□ ideal			

1228 ★★☆

treasure
[trézər]

ⓝ보물

They searched for the treasure at the ocean bottom.
그들은 대양 바닥에서 보물을 수색하였다.

1229 ★★☆

investigate
[invéstəgèit]

ⓥ**조사하다**, 수사하다

His task is to investigate supernatural phenomena.
그의 과제는 초자연적 현상을 조사하는 것이다.

***investigator** ⓝ조사관, 수사관

1230 ★★☆

inspect
[inspékt]

ⓥ**조사하다**, 검사하다

My vehicle is inspected for mechanical violations annually.
내 차량은 매년 기계적 위반 사항을 검사받는다.

***inspector** ⓝ검사원

1231 ★★☆

survey
[səːrvéi]

ⓥ**조사하다**, 살펴보다 ⓝ조사

Civil servants emerged to survey the scene.
공무원들이 현장을 조사하기 위해 나타났다.

1232 ★☆☆

shepherd
[ʃépərd]

ⓝ**양치기**, 목동

The shepherd watches over his flock of sheep.
양치기는 자기의 양 떼를 주시한다.

1233 ★☆☆

scan
[skæn]

ⓥ**살펴보다**, 훑어보다

They scanned the horizon to find a missing vessel.
그들은 사라진 선박을 찾기 위하여 수평선을 훑어보았다.

1234 ★☆☆

allergy
[ǽlərdʒi]

ⓝ**앨러지** (알레르기)

Food allergies cause an enormous variety of symptoms.
음식물 앨러지는 엄청나게 다양한 증세를 초래한다.

Check

☐ treasure	☐ investigate	☐ inspect	☐ survey	☐ shepherd
☐ scan	☐ allergy			

request
[rikwést]

ⓝ**요청** ⓥ요청하다

The representative responded to the request for aid.
대표자는 원조 요청에 응답하였다.

summary
[sʌ́məri]

ⓝ**요약** ⓐ요약한

His comment appears to be a sufficient summary.
그의 언급은 충분한 요약으로 보인다.

*sum ⓝ금액, 합계 ⓥ요약하다

hurt
[həːrt]

ⓥ**다치게 하다,** 상처를 주다 (hurt-hurt-hurt)

The explosion hurt a few spectators.
그 폭발은 몇몇 관객을 다치게 하였다.

engage
[engéidʒ]

ⓥ**관여하다** (be engaged in), 약속하다

They are engaged in a legal battle with the council.
그들은 위원회와 법적 싸움에 관여하고 있다.

*engagement ⓝ관여, 약속 (주로 업무 관련), 약혼

stretch
[stretʃ]

ⓥ**뻗다**

A drunken passenger stretched his leg into the aisle.
술 취한 승객이 다리를 통로로 뻗었다.

superficial
[sùːpərfíʃəl]

ⓐ**피상적인**

Even a superficial inspection revealed critical flaws.
피상적인 조사조차 치명적인 결점을 밝혀냈다.

Check

□ request	□ summary	□ hurt	□ engage	□ stretch
□ superficial				

※ 정답 표시하지 마시고, 전용 오답 노트를 활용하여 집중 관리 하십시오. 모든 문제는 반복 학습용입니다.

1. poverty	(n)______	1. trustworthy	(a)______
2. global	(a)______	2. helpless	(a)______
3. media	(n)______	3. uproot	(v)______
4. forecast	(v)______	4. creature	(n)______
5. foresee	(v)______	5. gap	(n)______
6. foretell	(v)______	6. gender	(n)______
7. predict	(v)______	7. creative	(a)______
8. dirt	(n)______	8. acknowledge	(v)______ ______
9. skip	(v)______	9. oral	(a)______
10. sweep	(v)______	10. familiar	(a)______

1.가난 2.세계의 3.언론 4.예상하다 5.예상하다 6.예상하다 7.예상하다 8.흙 9.건너뛰다 10.휩쓸다

1.신뢰할 만한 2.의지할 곳 없는 3.뿌리 뽑다 4.생물 5.격차 6.성별 7.창의적인 8.인정하다, 받았음을 알리다 9.구두의 10.익숙한

1. tragedy	(n)______	1. survey	(v)______
2. crew	(n)______	2. shepherd	(n)______
3. appetite	(n)______	3. scan	(v)______
4. pioneer	(n)______	4. allergy	(n)______
5. architecture	(n)______	5. request	(n)______
6. architect	(n)______	6. summary	(n)______
7. ideal	(a)______	7. hurt	(v)______
8. treasure	(n)______	8. engage	(v)______
9. investigate	(v)______	9. stretch	(v)______
10. inspect	(v)______	10. superficial	(a)______

1.비극 2.대원들 3.욕구 4.선구자 5.건축 6.건축가 7.이상적인 8.보물 9.조사하다 10.조사하다

1.조사하다 2.양치기 3.살펴보다 4.앨러지 5.요청 6.요약 7.다치게 하다 8.관여하다 9.뻗다 10.피상적인

lose oneself 길을 잃다 (be/get lost)

lose sight of 시야에서 놓치다 *catch sight of 보다

make a face 찡그리다, 이상한 표정을 짓다

make a fool of 조롱하다 (make fun of, ridicule)

make a fortune 재산을 모으다, 큰돈을 벌다

make a point of ~ing ~하는 것을 규칙으로 삼다 (make it a rule to V)

make account of 중시하다 (make much of, think much of)

make both ends meet 수지 균형을 맞추다 (live within one's income)

make for ~로 향하다 (head for)

make fun of 조롱하다 (make a fool of, ridicule)

make it 해내다, 성공하다

make it a rule to ~하는 것을 규칙으로 삼다 (make a point of ~ing)

1. They lost _______ in the dense forest.
그들은 밀림 속에서 길을 잃었다.

2. She lost _______ of her son in the crowded mall.
그녀는 붐비는 상가에서 아들을 시야에서 놓쳤다.

3. He made a _______ when he tasted the sour lemon.
그는 신 레몬을 맛보고 얼굴을 찡그렸다.

4. You should not make a _______ of the disabled.
니는 징애인들을 조롱해서는 안 된다.

5. He made a _______ in the stock market.
그는 주식 시장에서 큰돈을 벌었다.

6. He makes a _______ of calling his parents everyday.
그는 매일 부모님에게 진화하는 깃을 규칙으로 삼는다.

7. The company makes _______ of customer satisfaction.
회사는 고객 만족을 중시한다.

8. She struggles to make _______ _______ meet on a small income.
그녀는 적은 수입으로 수지 균형을 맞추려고 애쓴다.

9. The climbers made _______ the shelter as it got dark.
등산객들은 날이 어두워져서 대피소로 향했다.

10. She was hurt when her colleagues made _______ of her mistake.
그녀는 동료들이 그녀의 실수를 조롱하였을 때 상처를 받았다.

11. He finally made _______ as a singer.
그는 마침내 가수로서 성공하였다.

12. He makes _______ a _______ to get up early.
그는 일찍 일어나는 것을 규칙으로 삼는다.

※ 이 페이지의 단어들은 필요 시 참고하는 분야별 단어입니다. 학습자의 수준과 진도에 맞게 활용하십시오.

culture	문화, 교양	carve	조각하다
museum	박물관	draw	당기다, 그리다
architecture	건축	modern	현대의
exhibition	전시	native	토종의, 토착의
tradition	전통	creative	창의적인
costume	의상	original	독창적인
craft	솜씨, 항공기, 공예	move	감동시키다, 움직이다
sculpture	조각	touch	감동시키다, 접촉하다

[Definition Quiz]

1. to cut shapes into wood, stone, or other materials. _______

2. not copied from others. _______

3. the design and style of buildings. _______

4. to make someone feel strong emotion. _______

5. to make a picture with a pen or pencil. _______

6. new and different from others. _______

7. a place where art or history is shown. _______

8. a custom passed down over time. _______

9. skill in making things by hand. _______

10. the way of life, art, and beliefs of a group. _______

11. a work of art made by shaping stone, wood, etc. _______

12. to cause someone to feel emotional. _______

13. belonging to the present time. _______

14. special clothes for a tradition or event. _______

15. a public display of art or objects. _______

16. belonging to the place where one was born. _______

---

1. 나무, 돌 또는 다른 재료에 모양을 새기다 **2.** 다른 것에서 복사되지 않은 **3.** 건물의 디자인과 스타일 **4.** 누군가에게 강한 감정을 느끼게 하다 **5.** 펜이나 연필로 그림을 그리다 **6.** 새롭고 다른 것과 다른 **7.** 예술이나 역사를 전시하는 장소 **8.** 시간이 지나면서 전해 내려오는 관습 **9.** 손으로 무언가를 만드는 기술 **10.** 집단의 삶의 방식, 예술, 신념 **11.** 돌, 나무 등을 깎아 만든 예술 작품 **12.** 누군가가 감정을 느끼게 만들다 **13.** 현재 시기에 속하는 **14.** 전통이나 행사에 입는 특별한 옷 **15.** 예술품이나 물건의 공개 전시 **16.** 태어난 장소에 속하는

1.carve **2.**creative **3.**architecture **4.**move **5.**draw **6.**original **7.**museum **8.**tradition **9.**craft **10.**culture **11.**sculpture **12.**touch **13.**modern **14.**costume **15.**exhibition **16.**native

---

◄ 15-2. Society p320   Categories p549   17. Literature p340 ►

DAY
32

DAY 32

[진단 테스트]

※ 실력을 진단하고 점검하는 연결형 문제입니다. 문제에 표시하지 마시고, 전용 오답 노트를 활용하여 집중 관리 하십시오. 본 단어장의 모든 문제는 반복 학습용입니다.

1. opportunity	①난민
2. crawl	②해
3. creep	③기회
4. masterpiece	④잔인한
5. outlook	⑤제분소
6. mill	⑥걸작
7. cruel	⑦기다
8. harm	⑧피난
9. refuge	⑨기다
10. refugee	⑩전망

1.③ 2.⑦ 3.⑨ 4.⑥ 5.⑩ 6.⑤ 7.④ 8.②
9.⑧ 10.①

1. scratch	①실망시키다
2. windmill	②애쓰다
3. envy	③골동품
4. continent	④부러워하다
5. struggle	⑤풍차
6. disappoint	⑥닦다
7. wipe	⑦만족시키다
8. antique	⑧할퀴다
9. recipe	⑨요리법, 비법
10. satisfy	⑩대륙

1.⑧ 2.⑤ 3.④ 4.⑩ 5.② 6.① 7.⑥ 8.③
9.⑨ 10.⑦

1. insect	①곤충
2. glow	②잡다
3. exchange	③끌다
4. grab	④기적
5. pretend	⑤불빛
6. drag	⑥유아원
7. contrary	⑦방어
8. defense	⑧~인 체하다
9. miracle	⑨반대되는
10. nursery	⑩교환하다

1.① 2.⑤ 3.⑩ 4.② 5.⑧ 6.③ 7.⑨ 8.⑦
9.④ 10.⑥

1. feed	①보험
2. accurate	②뼈
3. paradise	③먹이다
4. cereal	④정확한
5. bone	⑤배달하다
6. gravel	⑥낙원
7. pebble	⑦자갈
8. riddle	⑧곡물
9. insurance	⑨수수께끼
10. deliver	⑩자갈

1.③ 2.④ 3.⑥ 4.⑧ 5.② 6.⑦ 7.⑩ 8.⑨
9.① 10.⑤

1241 ★★☆

opportunity
[ὰpərtjúːnəti]

ⓝ기회

The army seized the opportunity to arrest the enemy.
군대는 적을 체포할 기회를 잡았다.

1242 ★★☆

crawl
[krɔːl]

ⓥ기다 (자세, 형태에 중점)

I noticed an insect crawling up the wall.
나는 곤충이 벽 위로 기어가는 것을 알아챘다.

1243 ★★☆

creep
[kriːp]

ⓥ기다 (자세, 형태, 은밀함에 중점), 살금살금 가다 (creep-crept-crept)

The boy crept upstairs not to wake his family.
소년은 가족을 깨우지 않으려고 살금살금 위층으로 갔다.

1244 ★★☆

masterpiece
[mǽstərpìːs]

ⓝ걸작, 명작

His work is a masterpiece of modern architecture.
그의 작품은 현대 건축의 걸작이다.

1245 ★★☆

outlook
[áutlùk]

ⓝ전망

They have a pessimistic outlook on the domestic business.
그들은 국내 사업에 대하여 비관적인 전망을 하고 있다.

1246 ★★☆

mill
[mil]

ⓝ제분소, 공장

The storms did severe damage to the flour mills.
폭풍은 밀가루 공장에 심한 손상을 입혔다.

***sawmill** ⓝ제재소

1247 ★★☆

cruel
[krúːəl]

ⓐ잔인한

They hold that the new bill forbids cruel punishment.
그들은 새 법안이 잔인한 처벌을 금지한다고 주장한다.

***cruelty** ⓝ잔인

Check

☐ opportunity	☐ crawl	☐ creep	☐ masterpiece	☐ outlook
☐ mill	☐ cruel			

1248 ★☆☆

harm

[hɑːrm]

ⓝ해 ⓥ해를 끼치다

The amended regulation caused considerable harm to farmers.
수정된 규정은 지역 농부들에게 상당한 해를 초래하였다.

***harmful** ⓐ해로운 ***harmless** ⓐ무해한

1249 ★★☆

refuge

[réfjuːdʒ]

ⓝ피난, 피난처, 은신처

They sought refuge to avoid the frequent earthquakes.
그들은 빈번한 지진을 피하려고 피신처를 찾았다.

1250 ★★☆

refugee

[rèfjudʒíː]

ⓝ난민

The author described the daily routine of refugees vividly.
작가는 난민들의 틀에 박힌 일상을 생생하게 묘사하였다.

1251 ★★☆

scratch

[skrætʃ]

ⓥ할퀴다, 긁다

He scratched his arm where the insect had bitten him.
그는 곤충이 물었던 팔을 긁었다.

1252 ★☆☆

windmill

[wíndmil]

ⓝ풍차

Windmills were used for crushing grains.
풍차들은 곡물을 으깨는 데 사용되었다.

1253 ★★☆

envy

[énvi]

ⓥ부러워하다 ⓝ부러움, 질투

He secretly admired and envied his peer.
그는 은밀히 동료를 칭찬하고 부러워하였다.

***envious** ⓐ부러워하는 ***enviable** ⓐ부러움 받을 만한

1254 ★☆☆

continent

[kɑ́ntənənt]

ⓝ대륙

The species spread across the massive ancient continent.
그 종은 거대한 고대 대륙을 가로질러 퍼졌다.

***continental** ⓐ대륙의

Check				
□ harm	□ refuge	□ refugee	□ scratch	□ windmill
□ envy	□ continent			

1255 ★★☆
struggle
[strʌ́gəl]

ⓥ애쓰다 ⓝ분투, 투쟁

He **struggled** to maintain his dignity in an unjust world.
그는 정의롭지 않은 세상에서 자신의 품위를 유지하려고 애썼다.

1256 ★★☆
disappoint
[dìsəpɔ́int]

ⓥ실망시키다

His work **disappointed** the judges as it lacked originality.
그의 작품은 독창성이 부족하여 심사위원들을 실망시켰다.

***disappointment** ⓝ실망

1257 ★★☆
wipe
[waip]

ⓥ닦다

He paused to **wipe** the sweat from his forehead.
그는 이마의 땀을 닦기 위하여 멈췄다.

1258 ★☆☆
antique
[æntíːk]

ⓝ골동품

He assumes that the **antique** is genuine and priceless.
그는 그 골동품이 진품이고 매우 가치 있다고 추정한다.

1259 ★☆☆
recipe
[résəpìː]

ⓝ요리법, 비법

The chef refused to release the secret of the **recipe**.
요리사는 요리법의 비밀을 공개하는 것을 거절하였다.

1260 ★★☆
satisfy
[sǽtisfài]

ⓥ만족시키다

The temporary measures didn't **satisfy** the locals' desire.
임시 조치는 지역 주민들의 욕구를 충족시키지 못했다.

***satisfaction** ⓝ만족 ***satisfactory** ⓐ만족스러운

1261 ★★☆
insect
[ínsekt]

ⓝ곤충

The birds' main diet consists of small **insects**.
새들의 주요 식품은 작은 곤충들로 구성된다.

***insecticide** ⓝ살충제

Check

☐ struggle	☐ disappoint	☐ wipe	☐ antique	☐ recipe
☐ satisfy	☐ insect			

1262 ★☆☆

glow
[glou]

ⓝ불빛 ⓥ빛을 내다

The lamp gave out a faint glow.
등불은 희미한 불빛을 발산하였다.

1263 ★★☆

exchange
[ikstʃéindʒ]

ⓥ교환하다 ⓝ교환

They blamed each other while exchanging insults.
그들은 모욕을 주고받으며 서로를 비난하였다.

***exchange rate** 환율

1264 ★★☆

grab
[græb]

ⓥ잡다

He stretched out his arms to grab the branch.
그는 나뭇가지를 잡기 위해 팔을 뻗었다.

1265 ★★☆

pretend
[priténd]

ⓥ~인 체하다

He pretends to be generous, but he is actually mean.
그는 관대한 척하지만, 실제는 비열하다.

1266 ★☆☆

drag
[dræg]

ⓥ끌다

We dragged the desk along the corridor.
우리는 복도를 따라 책상을 끌었다.

1267 ★★☆

contrary
[kɑ́ntreri]

ⓐ반대되는 ⓝ반대

Contrary to popular myth, the majority of women are decisive.
대중들의 잘못된 통념과 반대로, 대다수 여성은 결단력이 있다.

***contrast** ⓝ대조 ⓥ대조를 이루다

1268 ★★☆

defense
[diféns]

ⓝ방어

The plant has its poison as a defense against insects.
그 식물은 곤충에 대항하는 방어로서 독을 지니고 있다.

***defend** ⓥ방어하다

Check

□ glow	□ exchange	□ grap	□ pretend	□ drag
□ contrary	□ defense			

1269 ★★☆

miracle
[mírəkəl]

ⓝ기적

His recovery from the operation was a miracle.
그가 수술에서 회복한 것은 기적이었다.

1270 ★☆☆

nursery
[nə́ːrsəri]

ⓝ유아원 (nursery school)

The nursery teacher clapped her hands to quiet the kids.
보육원 교사는 아이들을 조용하게 하려고 손뼉을 쳤다.

*nurse ⓥ보살피다 ⓝ간호사

1271 ★★☆

feed
[fiːd]

ⓥ먹이다, 공급하다 (feed-fed-fed) ⓝ사료

The infant pretended to feed the doll.
유아는 인형에게 먹이는 척하였다.

1272 ★★☆

accurate
[ǽkjərit]

ⓐ정확한

The figures they published were inaccurate.
그들이 발표한 숫자는 부정확하였다.

*inaccurate ⓐ부정확한 *accuracy ⓝ정확성

1273 ★☆☆

paradise
[pǽrədàis]

ⓝ낙원

The forest is a paradise for birds, abundant in worms.
삼림은 새들에게 벌레가 풍부한 낙원이다.

1274 ★★☆

cereal
[síəriəl]

ⓝ곡물, 가공 곡물

The cereal crops are good sources of fiber.
곡물류 작물은 섬유질의 훌륭한 원천이다.

Check

☐ miracle	☐ nursery	☐ feed	☐ accurate	☐ paradise
☐ cereal				

1275 ★☆☆

bone

[boun]

ⓝ뼈

Beer may lead to a reduction in bone density.
맥주는 뼈 밀도의 감소를 초래할 수도 있다.

1276 ★☆☆

gravel

[grǽvəl]

ⓝ자갈 (모난)

We ran up a steep gravel path.
우리는 가파른 자갈길을 달려 올라갔다.

1277 ★☆☆

pebble

[pébəl]

ⓝ자갈 (둥근)

There are pebble beaches on the coast.
그 해안에는 자갈 해변들이 있다.

1278 ★☆☆

riddle

[rídl]

ⓝ수수께끼

I attempted to find a clue to the riddle.
나는 수수께끼의 단서를 찾으려고 시도하였다.

1279 ★☆☆

insurance

[inʃuərəns]

ⓝ보험

The insurance company paid my legal expenses.
보험 회사는 내 법적 비용을 지급하였다.

***insure** ⓥ보험에 들다

1280 ★★☆

deliver

[dilívər]

ⓥ배달하다

The priest delivered a passionate sermon against racism.
성직자는 인종 차별주의에 반대하는 열정적인 설교를 하였다.

***delivery** ⓝ배달

Check				
☐ bone	☐ gravel	☐ pebble	☐ riddle	☐ insurance
☐ deliver				

※ 정답 표시하지 마시고, 전용 오답 노트를 활용하여 집중 관리 하십시오. 모든 문제는 반복 학습용입니다.

1. opportunity (n)______		1. scratch (v)______
2. crawl (v)______		2. windmill (n)______
3. creep (v)______		3. envy (v)______
4. masterpiece (n)______		4. continent (n)______
5. outlook (n)______		5. struggle (v)______
6. mill (n)______		6. disappoint (v)______
7. cruel (a)______		7. wipe (v)______
8. harm (n)______		8. antique (n)______
9. refuge (n)______		9. recipe (n)______ ______
10. refugee (n)______		10. satisfy (v)______

1.기회 2.기다 3.기다 4.걸작 5.전망 6.제분소 7.잔인한 8.해 9.피난 10.난민

1.할퀴다 2.풍차 3.부러워하다 4.대륙 5.애쓰다 6.실망시키다 7.닦다 8.골동품 9.요리법, 비법
10.만족시키다

1. insect (n)______		1. feed (v)______
2. glow (n)______		2. accurate (a)______
3. exchange (v)______		3. paradise (n)______
4. grab (v)______		4. cereal (n)______
5. pretend (v)______		5. bone (n)______
6. drag (v)______		6. gravel (n)______
7. contrary (a)______		7. pebble (n)______
8. defense (n)______		8. riddle (n)______
9. miracle (n)______		9. insurance (n)______
10. nursery (n)______		10. deliver (v)______

1.곤충 2.불빛 3.교환하다 4.잡다 5.~인 체하다 6.끌다 7.반대되는 8.방어 9.기적 10.유아원

1.먹이다 2.정확한 3.낙원 4.곡물 5.뼈 6.자갈 7.자갈 8.수수께끼 9.보험 10.배달하다

make little of 경시하다 (make light of, make no account of)

make much of 중시하다 (make account of, think much of)

make one's name 이름을 떨치다, 성공하다

make oneself at home 편히 하다 (feel at home)

make out 이해하다 (figure out, make sens of)

make sense 이치에 맞다

make sense of 이해하다 (figure out, make out)

make sure 확인하다, 확실히 하다

make the most of 최대한 활용하다 (make the best of)

make up 꾸며내다, 화장하다 (invent), 구성하다

make up for 보상하다, 보충하다 (compensate for)

make up one's mind 결심하다

1. Don't make _______ of any advice.
어떠한 충고도 경시하지 마라.

2. My parents make _______ of industry and economy.
나의 부모님은 근면과 절약을 중시한다.

3. He made his _______ in the artificial intelligence field.
그는 인공 지능 분야에서 이름을 떨쳤다.

4. The host asked his guests to make themselves at _______.
주인은 손님들에게 편히 하라고 요청하였다.

5. It is difficult to make _______ the meaning of the poem.
시의 의미를 이해하는 것은 어렵다.

6. It doen't make _______ to spend money on unnecessary items.
불필요한 품목에 돈을 소비하는 것은 이치에 맞지 않다.

7. I couldn't make _______ of the confusing regulations.
나는 혼동스러운 규정을 이해할 수 없었다.

8. Make _______ you answer my phone in no time.
내 전화를 즉시 받도록 명심하여라.

9. He made the _______ of the opportunity to study abroad.
그는 해외에서 공부할 기회를 최대한 활용하였다.

10. He made _______ a false excuse for his absence.
그는 결석에 대하여 거짓 변명을 꾸며댔다.

11. Nothing can make _______ _______ the time you lost.
네가 잃어버린 시간을 보충할 수는 없다.

12. He made _______ his mind to quit smoking.
그는 담배를 끊기로 결심하였다.

※ 이 페이지의 단어들은 필요 시 참고하는 분야별 단어입니다. 학습자의 수준과 진도에 맞게 활용하십시오.

literature	문학, 문헌	novel	새로운, 소설
manuscript	원고	tragedy	비극
draft	초안, 선발	author	작가
script	대본	character	성격, 등장인물
biography	전기	audience	청중, 독자
autobiography	자서전	version	유형, ~판
fable	우화	translate	번역하다
tale	이야기	publish	발표하다, 출판하다

[Definition Quiz]

1. the people who read or watch something. _______

2. a particular form or type of something. _______

3. the written text of a play or movie. _______

4. a long story written as a book. _______

5. a writer's original text before printing. _______

6. the person who writes a book or story. _______

7. to print and sell a book or text. _______

8. a first version of a piece of writing. _______

9. to change words from one language to another. _______

10. a book about someone's life. _______

11. a story, usually imaginary or traditional. _______

12. a short story that teaches a lesson, often with animals. _______

13. a person in a story or play. _______

14. a story about sad or terrible events. _______

15. a book someone writes about their own life. _______

16. written works like novels, poems, and plays. _______

---

1. 무언가를 읽거나 보는 사람들 **2.** 특정한 형태나 종류 **3.** 연극이나 영화의 대본 **4.** 책으로 쓰인 긴 이야기 **5.** 작가가 인쇄 전에 쓴 원고 **6.** 책이나 이야기를 쓰는 사람 **7.** 책이나 글을 인쇄하여 판매하다 **8.** 글의 첫 번째 버전 **9.** 단어를 한 언어에서 다른 언어로 바꾸다 **10.** 누군가의 삶에 관한 책 **11.** 보통 상상이나 전통에 기반한 이야기 **12.** 교훈을 가르치는 짧은 이야기, 종종 동물이 등장 **13.** 이야기나 연극 속 등장인물 **14.** 슬프거나 끔찍한 사건에 관한 이야기 **15.** 자신 삶에 대해 쓴 책 **16.** 소설, 시, 연극 같은 문학 작품

1.audience **2.**version **3.**script **4.**novel **5.**manuscript **6.**author **7.**publish **8.**draft **9.**translate **10.**biography **11.**tale **12.**fable **13.**character **14.**tragedy **15.**autobiography **16.**literature

◀ 16. Culture p330　　　Categories p549　　　18. Psychology p350 ▶

DAY
33

DAY 33

[진단 테스트]

※ 실력을 진단하고 점검하는 연결형 문제입니다. 문제에 표시하지 마시고, 전용 오답 노트를 활용하여 집중 관리 하십시오. 본 단어장의 모든 문제는 반복 학습용입니다.

1. melt	①속이다
2. factor	②신비
3. divide	③요소
4. caution	④개인
5. popular	⑤녹다
6. popularity	⑥나누다
7. cheat	⑦인기
8. mystery	⑧발생시키다
9. generate	⑨대중적인
10. individual	⑩조심

1.⑤ **2.**③ **3.**⑥ **4.**⑩ **5.**⑨ **6.**⑦ **7.**① **8.**②
9.⑧ **10.**④

1. log	①조직하다
2. checkup	②계속적인
3. organism	③검사
4. organic	④유기체
5. organize	⑤부화하다
6. pave	⑥도로 포장하다
7. hatch	⑦사임하다
8. constant	⑧통나무
9. resign	⑨유기체의
10. resignation	⑩사임

1.⑧ **2.**③ **3.**④ **4.**⑨ **5.**① **6.**⑥ **7.**⑤ **8.**②
9.⑦ **10.**⑩

1. addict	①임금
2. wage	②간격
3. pressure	③압력
4. damp	④섬세한
5. smash	⑤중독자
6. gloomy	⑥강타하다
7. proper	⑦습기 찬
8. interval	⑧법률적인
9. delicate	⑨적당한
10. legal	⑩우울한

1.⑤ **2.**① **3.**③ **4.**⑦ **5.**⑥ **6.**⑩ **7.**⑨ **8.**②
9.④ **10.**⑧

1. gear	①녹
2. pour	②용품
3. rust	③진동하다
4. fasten	④붓다
5. vibrate	⑤안락한
6. comfortable	⑥조이다
7. apart	⑦의도하다
8. utmost	⑧갑판
9. deck	⑨떨어져서
10. intend	⑩최고의

1.② **2.**④ **3.**① **4.**⑥ **5.**③ **6.**⑤ **7.**⑨ **8.**⑩
9.⑧ **10.**⑦

1281 ★★☆

melt
[melt]

ⓥ**녹다**

His rage began to melt after my candid apology.
그의 분노는 나의 솔직한 사과 후에 누그러지기 시작하였다.

1282 ★★☆

factor
[fǽktər]

ⓝ**요소**, 요인

Industry and economy are the chief factors in his wealth.
근면과 절약은 그의 부의 주요한 요인들이다.

1283 ★★☆

divide
[diváid]

ⓥ**나누다**

They inherited the evenly divided portion of the property.
그들은 균등하게 나누어진 몫의 재산을 상속하였다.

`***division** ⓝ분할, 부문, 나눗셈, 부서 **divisive** ⓐ분열을 일으키는

1284 ★★☆

caution
[kɔ́ːʃən]

ⓝ**조심**, 주의 ⓥ주의하게 하다

Drivers exercise extreme caution when driving in dense fog.
운전자들은 짙은 안개 속에서 운전할 때 극도의 주의를 실행한다.

***cautious** ⓐ조심스러운

1285 ★★☆

popular
[pɑ́pjələr]

ⓐ**대중적인**, 인기 있는

The island is a popular holiday destination.
그 섬은 인기 있는 휴가 목적지이다.

1286 ★★☆

popularity
[pɑ̀pjəlǽrəti]

ⓝ**인기**

The celebrity attempts to revive his sinking popularity.
유명 인사는 자신의 하락하는 인기를 되살리려고 시도한다.

1287 ★★☆

cheat
[tʃiːt]

ⓥ**속이다** ⓝ속임수

The immigrant attempted to cheat the customs office.
이민자는 세관을 속이려고 시도하였다.

Check				
□ melt	□ factor	□ divide	□ caution	□ popular
□ popularity	□ cheat			

1288 ★★☆

mystery
[místəri]

ⓝ**신비,** 풀리지 않는 수수께끼

The mystery of the flight's disappearance remains unsolved.
비행기 실종의 수수께끼는 해결되지 않은 채로 남아있다.

1289 ★★★

generate
[dʒénərèit]

ⓥ**발생시키다,** 창출하다

The investment generated a large annual income.
그 투자는 많은 연간 수입을 창출하였다.

***generation** ⓝ발생, 창출, 세대

1290 ★☆☆

individual
[ìndəvídʒuəl]

ⓝ**개인** ⓐ개별적인

The costumes were adapted to suit individual tastes.
의상들은 개별적인 취향에 어울리도록 개조되었다.

***individuality** ⓝ개성

1291 ★☆☆

log
[lɔ(ː)g]

ⓝ**통나무,** 기록하다 (운항, 항해, 컴퓨터 접속 등)

The carpenter sawed some logs to produce timbers.
목수는 목재를 생산하기 위해 몇 개의 통나무를 톱질하였다.

1292 ★☆☆

checkup
[tʃekʌp]

ⓝ**검사,** 검진

His health is maintained with constant and regular checkups.
그의 건강은 지속적이고 정기적인 건강 검진으로 유지된다.

(0374) ★☆☆

organ
[ɔ́ːrgən]

ⓝ**장기(臟器), 오르간**

He is an expert in the field of complicated artificial organs.
그는 복잡한 인공 장기 분야의 전문가이다.

1293 ★★☆

organism
[ɔ́ːrgənìzəm]

ⓝ**유기체**

An alien object can threaten the existing organisms.
외계 물체는 기존의 유기체들을 위협할 수 있다.

Check

□ mistery	□ generate	□ individual	□ log	□ checkup
□ organ	□ organism			

1294 ★★☆

organic
[ɔ:rgǽnik]

ⓐ**유기체의,** 화학 비료를 쓰지 않는
Organic food is widely available as organic farming expands.
유기농 농업이 팽창하면서 유기농 식품이 널리 이용 가능하다.

1295 ★★☆

organize
[ɔ́:rgənàiz]

ⓥ**조직하다,** 체계화하다
We united and organized a committee.
우리는 연합하여 위원회를 조직하였다.

***organization** ⓝ단체, 조직 ***organizer** ⓝ조직자, 주최자

1296 ★★☆

pave
[peiv]

ⓥ**도로 포장하다**
Hiring talented graduates paved the way to my success.
재능 있는 졸업생들을 고용한 것이 나의 성공으로 향하는 길을 포장해 주었다.

***pavement** ⓝ포장도로

1297 ★★☆

hatch
[hætʃ]

ⓥ**부화하다**
The female bird sat on the egg until it hatches.
암컷 새는 알이 부화할 때까지 품고 있었다.

1298 ★★☆

constant
[kɑ́nstənt]

ⓐ**계속적인**
The constant appearance of the symptom indicates a disease.
그 증상의 계속적 출현은 질병을 나타낸다.

1299 ★★☆

resign
[rizáin]

ⓥ**사임하다,** 사직하다
The vice president resigned in disgrace.
부사장은 불명예스럽게 사임하였다.

1300 ★★☆

resignation
[rèzignéiʃən]

ⓝ**사임,** 사직
His political opponents demanded his resignation.
그의 정적들은 그의 사임을 요구하였다.

Check

☐ organic	☐ organize	☐ pave	☐ hatch	☐ constant
☐ resign	☐ resignation			

1301 ★★☆

addict
[ədíkt]

ⓝ**중독자** ⓥ중독시키다

The drug addicts often gathered in the abandoned factory.
마약 중독자들은 종종 버려진 공장에 모였다.

1302 ★★☆

wage
[weidʒ]

ⓝ**임금**

The minimum wage law is applied to every worker.
최저 임금법은 모든 노동자에게 적용된다.

1303 ★★☆

pressure
[préʃər]

ⓝ**압력**

The rubber balloon expands in proportion to pressure.
고무풍선은 압력에 비례하여 팽창한다.

1304 ★★☆

damp
[dæmp]

ⓐ**습기 찬**

Damp mist stems from the swamp.
습기 찬 안개는 늪에서 생겨난다.

1305 ★☆☆

smash
[smæʃ]

ⓥ**강타하다,** 박살 내다

The internet revolution smashed barriers in our lives.
인터넷 혁명은 우리의 삶에서 장벽을 무너뜨렸다.

1306 ★★☆

gloomy
[glúːmi]

ⓐ**우울한,** 어두운

He tried to dismiss the gloomy thought.
그는 우울한 생각을 떨쳐버리려고 노력하였다.

***gloom** ⓝ우울, 어둑어둑함

1307 ★★☆

proper
[prɑ́pər]

ⓐ**적당한**

It is improper to touch others' belongings without permission.
허가 없이 다른 사람들의 소지품에 손대는 것은 부적절하다.

***improper** ⓐ부적당한

Check				
☐ addict	☐ wage	☐ pressure	☐ damp	☐ smash
☐ gloomy	☐ proper			

1308 ★★☆
interval
[íntərvəl]

ⓝ간격

They analyzed the signals occurring at regular intervals.
그들은 규칙적인 간격으로 발생하는 신호들을 분석하였다.

1309 ★★☆
delicate
[délikət]

ⓐ섬세한, 민감한

The smoke detector is a delicate instrument.
연기 감지기는 민감한 기구이다.

1310 ★★☆
legal
[líːgəl]

ⓐ법률적인, 합법적인

He settled the legal dispute with the investor.
그는 투자자와의 법적 분쟁을 해결하였다.

***illegal** ⓐ불법적인

1311 ★☆☆
gear
[giər]

ⓝ용품, 장비

The dealer distributes protective gear in the domestic market.
그 대리점은 국내 시장에 보호 장비를 유통한다.

1312 ★★☆
pour
[pɔːr]

ⓥ붓다, 쏟아져 나오다

She poured the melted butter into a bowl.
그녀는 녹은 버터를 그릇에 부었다.

1313 ★★☆
rust
[rʌst]

ⓝ녹

The theory focuses on the cause of rust.
그 이론은 녹의 원인에 초점을 맞춘다.

***rusty** ⓐ녹슨

1314 ★★☆
fasten
[fǽsn]

ⓥ조이다

The woman fastened her infant into the car seat.
여성은 카시트에 유아를 단단히 고정하였다.

Check

□ interval	□ delicate	□ legal	□ gear	□ pour
□ rust	□ fasten			

1315 ★☆☆

vibrate
[váibreit]

ⓥ진동하다

The bridge vibrated when heavy vehicles passed.
무거운 차량이 지나갈 때 다리가 진동하였다.

1316 ★★☆

comfortable
[kʌ́mfərtəbəl]

ⓐ안락한, 편안한

I felt the urge to become more comfortable.
나는 더 편안해지고 싶은 충동을 느꼈다.

comfort ⓝ안락, 편안 ⓥ위로하다

1317 ★★☆

apart
[əpάːrt]

ⓐd떨어져서, 별개로 ⓐ떨어진

The barn lies apart from the cottage.
그 헛간은 오두막과 떨어져 있다.

1318 ★★☆

utmost
[ʌ́tmòust]

ⓐ최고의

He completed the task with utmost care.
그는 최고 조심스럽게 과제를 완성하였다.

1319 ★☆☆

deck
[dek]

ⓝ갑판, 바닥 판

Passengers got down to the lower deck to avoid a shower.
승객들은 소나기를 피하려고 아래 갑판으로 내려갔다.

1320 ★★☆

intend
[inténd]

ⓥ의도하다

The resolution was intended to protect the civilians.
그 결의안은 시민들을 보호하기 위하여 의도되었다.

intention ⓝ의도 (일상적 마음/생각)

intent ⓝ의도 (주로 위법이거나 치밀한 계획) ⓐ열중하는

Check

□ vibrate	□ comfortable	□ apart	□ utmost	□ deck
□ intend				

REVIEW

1. melt	(v)______	1. log	(n)______
2. factor	(n)______	2. checkup	(n)______
3. divide	(v)______	3. organism	(n)______
4. caution	(n)______	4. organic	(a)______
5. popular	(a)______	5. organize	(v)______
6. popularity	(n)______	6. pave	(v)______
7. cheat	(v)______	7. hatch	(v)______
8. mystery	(n)______	8. constant	(a)______
9. generate	(v)______	9. resign	(v)______
10. individual	(n)______	10. resignation	(n)______

1.녹다 2.요소 3.나누다 4.조심 5.대중적인 6.인기 7.속이다 8.신비 9.발생시키다 10.개인

1.통나무 2.검사 3.유기체 4.유기체의 5.조직하다 6.도로 포장하다 7.부화하다 8.계속적인
9.사임하다 10.사임

1. addict	(n)______	1. gear	(n)______
2. wage	(n)______	2. pour	(v)______
3. pressure	(n)______	3. rust	(n)______
4. damp	(a)______	4. fasten	(v)______
5. smash	(v)______	5. vibrate	(v)______
6. gloomy	(a)______	6. comfortable	(a)______
7. proper	(a)______	7. apart	(ad)______
8. interval	(n)______	8. utmost	(a)______
9. delicate	(a)______	9. deck	(n)______
10. legal	(a)______	10. intend	(v)______

1.중독자 2.임금 3.압력 4.습기 찬 5.강타하다 6.우울한 7.적당한 8.간격 9.섬세한 10.법률적인

1.용품 2.붓다 3.녹 4.조이다 5.진동하다 6.안락한 7.떨어져서 8.최고의 9.갑판 10.의도하다

PHRASE

manage to 용케 ~하다
matter little 거의 중요하지 않다 (count for little)
may as well ~하는 편이 낫다 (might as well, had better) *may as well A as B
B하느니 A하는 편이 낫다
may well ~하는 것은 당연하다 (have good reason to)
mistake A for B A를 B로 착각하다 (take A for B)
more or less 다소 (somewhat)
next to none 최고의 (second to none)
next to nothing 거의 아무것도 아닌 (almost nothing)
no better than ~와 마찬가지인, ~와 다름없는 (as good as) *little better than ~와
거의 다름없는
no longer 더 이상 ~ 아닌 (not ~ any longer, not ~ anymore, no more)
no more than 단지 (only) *little more than 겨우 ~에 불과한
not a few (수) 많은 (quite a few)

1. The child _______ to solve the complicated problems.
아이는 복잡한 문제를 용케 해결하였다.

2. It _______ little whether he agrees to my opinion.
그가 나의 의견에 동의하는지는 거의 중요하지 않다.

3. You may _______ _______ take a rest.
너는 휴식을 취하는 편이 낫다.

4. The promising employee may _______ be promoted.
유망한 직원은 승진되는 게 당연하다.

5. I mistook the salt _______ sugar.
나는 소금을 설탕으로 착각하였다.

6. I am more or _______ satisfied with the results.
나는 결과에 다소 만족힌디.

7. The service at the restaurant is _______ to none.
그 식당의 서비스는 최고다.

8. He knows next to _______ about computers.
그는 컴퓨터에 관하여 거의 아무것도 모른다.

9. Living without dreams is no _______ than merely existing.
꿈 없이 사는 것은 단지 존재하는 것과 다름없다.

10. The store no _______ holds sales events.
그 상점은 더 이상 세일 행사를 하지 않는다.

11. She is _______ _______ than a beginner in Yoga.
그녀는 요가에 있어서 단지 초보자에 불과하다.

12. Not _______ _______ people joined the protest.
많은 사람들이 시위에 합류하였다.

※ 이 페이지의 단어들은 필요 시 참고하는 분야별 단어입니다. 학습자의 수준과 진도에 맞게 활용하십시오.

psychology	심리학, 심리	impulse	충동
emotion	감정	sympathy	동정심
conscience	양심	self-esteem	자존심
conscious	의식하는	frustration	좌절
anxiety	걱정, 열망	instinct	본능
motivation	동기 유발	confidence	확신
attitude	태도	conflict	갈등
urge	재촉하다, 충동	moderate	적당한, 온화한

[Definition Quiz]

1. feeling upset because of failure or problems. _______

2. not too much or too little; just right. _______

3. aware of what is happening. _______

4. the sense of right and wrong inside you. _______

5. the way you think or feel about something. _______

6. caring and understanding for someone's problems. _______

7. the reason or drive to do something. _______

8. a natural feeling or way of acting without thinking. _______

9. a strong feeling like happiness or anger. _______

10. a strong desire to do something. _______

11. the feeling of being sure about something. _______

12. a feeling of worry or nervousness. _______

13. a sudden desire to act. _______

14. the feeling of being good and worthy. _______

15. the study of the mind and behavior. _______

16. a serious disagreement or struggle. _______

---

1. 실패나 문제 때문에 속상한 느낌 **2.** 너무 많거나 적지 않고 딱 맞는 **3.** 무슨 일이 일어나고 있는지 알고 있는 **4.** 옳고 그름을 느끼는 내면의 감각 **5.** 무언가에 대해 생각하거나 느끼는 방식 **6.** 누군가의 문제를 돌보고 이해하는 마음 **7.** 무언가를 하려는 이유나 동기 **8.** 생각하지 않고 자연스럽게 행동하는 느낌이나 방법 **9.** 행복이나 분노 같은 강한 감정 **10.** 무언가를 하려는 강한 욕구 **11.** 무언가에 대해 확신하는 느낌 **12.** 걱정이나 불안 초조의 느낌 **13.** 갑작스럽게 행동하고 싶은 욕구 **14.** 스스로가 좋고 가치 있다고 느끼는 감정 **15.** 마음과 행동을 연구하는 학문 **16.** 심각한 의견 충돌이나 투쟁

1.frustration **2.**moderate **3.**conscious **4.**conscience **5.**attitude **6.**sympathy **7.**motivation **8.**instinct **9.**emotion **10.**urge **11.**confidence **12.**anxiety **13.**impulse **14.**self-esteem **15.**psychology **16.**conflict

---

DAY
34

DAY 34

[진단 테스트]

※ 실력을 진단하고 점검하는 연결형 문제입니다. 문제에 표시하지 마시고, 전용 오답 노트를 활용하여 집중 관리 하십시오. 본 단어장의 모든 문제는 반복 학습용입니다.

1. alarm	①어리석은	1. wheel	①밀가루
2. employer	②관객	2. tube	②모방하다
3. unemployment	③고용주	3. flour	③서두르다
4. spectator	④놀라게 하다	4. reality	④묘사하다
5. dig	⑤실업	5. ceremony	⑤종
6. fountain	⑥파다	6. haste	⑥성급
7. publish	⑦분수	7. hasten	⑦의식
8. procedure	⑧진행되다	8. imitate	⑧관
9. proceed	⑨발표하다	9. describe	⑨둥근 회전체
10. silly	⑩과정	10. species	⑩현실

1.④ 2.③ 3.⑤ 4.② 5.⑥ 6.⑦ 7.⑨ 8.⑩
9.⑧ 10.①

1.⑨ 2.⑧ 3.① 4.⑩ 5.⑦ 6.⑥ 7.③ 8.②
9.④ 10.⑤

1. tropical	①소심한	1. satellite	①위성
2. mayor	②밝혀내다	2. sink	②불안 초조한
3. reveal	③열대의	3. float	③포함하다
4. polish	④보장하다	4. nerve	④신경
5. guarantee	⑤구매하다	5. nervous	⑤가라앉다
6. mammal	⑥포유동물	6. contain	⑥얇은 조각
7. agriculture	⑦사적인	7. container	⑦자르다
8. purchase	⑧시장	8. chip	⑧전달하다
9. timid	⑨농업	9. chop	⑨용기
10. private	⑩광택을 내다	10. convey	⑩뜨다

1.③ 2.⑧ 3.② 4.⑩ 5.④ 6.⑥ 7.⑨ 8.⑤
9.① 10.⑦

1.① 2.⑤ 3.⑩ 4.④ 5.② 6.③ 7.⑨ 8.⑥
9.⑦ 10.⑧

1321 ★★☆
alarm
[əlάːrm]

ⓥ **놀라게 하다** ⓝ경보, 놀람
The noise of thunder alarmed the infant.
천둥 소음이 유아를 놀라게 하였다.

(0433) ★★☆
employ
[emplɔ́i]

ⓥ **고용하다, 채택하다**
They employed the reliable method to increase accuracy.
그들은 정확성을 높이기 위해 신뢰할 만한 방법을 채택하였다.

*employment ⓝ고용

1322 ★★☆
employer
[emplɔ́iər]

ⓝ **고용주**
Employers must be respectful of employees.
고용주들은 종업원들을 존경해야 한다.

*employee ⓝ종업원

1323 ★★☆
unemployment ⓝ실업
[ʌnemplɔ́imənt]

The authorities published the latest unemployment figures.
당국은 최신 실업 수치를 발표하였다.

1324 ★★☆
spectator
[spékteitər]

ⓝ **관객**, 구경꾼
The spectators were admitted through the security check.
관객들은 보안검사를 거쳐 입장되었다.

1325 ★★☆
dig
[dig]

ⓥ **파다**, 캐다 (dig-dug-dug)
He dug a hole to plant a tree.
그는 나무를 심기 위하여 구덩이를 팠다.

1326 ★★☆
fountain
[fáuntin]

ⓝ **분수**, 샘, 원천
The fountains are precious resources for farmers.
샘들은 농부들에게 소중한 자원이다.

Check

□ alarm	□ employ	□ employer	□ unemployment	□ spectator
□ dig	□ fountain			

1327 ★★☆

publish

[pʌ́bliʃ]

ⓥ**발표하다,** 출판하다

The authorities published the annual budget.
당국은 연간 예산을 발표하였다.

(0145) ★★★

process

[prɑ́ses]

ⓝ**과정** (실행의 종류, 큰 단계) ⓥ**처리하다,** 가공하다

The process of applying for the university is quite diverse.
대학교에 지원하는 과정은 매우 다양하다.

The agency will process my visa extension.
그 기관은 내 비자 연장을 처리할 것이다.

1328 ★★☆

procedure

[prəsí:dʒər]

ⓝ**과정** (세부 절차, 세부 단계)

The investigation is a procedure that follows the accident.
조사는 사고를 뒤따르는 과정이다.

1329 ★★☆

proceed

[prousí:d]

ⓥ**진행되다,** 계속하다, 나아가다

The demonstration proceeded without violence.
시위는 폭력 없이 진행되었다.

1330 ★★☆

silly

[síli]

ⓐ**어리석은**

His suggestion is silly and ridiculous.
그의 제안은 어리석고 우스꽝스럽다.

1331 ★☆☆

wheel

[hwi:l]

ⓝ**둥근 회전체,** 바퀴, 운전대 (steering wheel)

The driver grabbed the wheel tightly.
운전사는 운전대를 단단히 잡았다.

1332 ★★☆

tube

[tju:b]

ⓝ**관(管)** (금속관, 유리관, 고무관 등)

The liquid flowed through the tube.
액체가 관을 통해 흘렀다.

Check

□ publish	□ process	□ procedure	□ proceed	□ silly
□ wheel	□ tube			

1333 ★☆☆

flour
[fláuər]

ⓝ**밀가루**

A mill is a place where wheat is ground into flour.
제분소는 밀이 밀가루로 갈아지는 곳이다.

1334 ★★☆

reality
[riːǽləti]

ⓝ**현실**

The idealist ignored the reality he had observed.
이상주의자는 자기가 관찰한 현실을 무시하였다.

1335 ★★☆

ceremony
[sérəmòuni]

ⓝ**의식**, 식

The ceremony was held with dignity.
의식은 위엄있게 진행되었다.

1336 ★★☆

haste
[heist]

ⓝ**성급**, 서두름

The passengers escaped from the plane in haste.
승객들은 성급하게 비행기에서 탈출하였다.

1337 ★★☆

hasten
[héisn]

ⓥ**서두르다**, 재촉하다

The excessive loan hastened the collapse of the company.
과도한 대출이 회사의 붕괴를 재촉하였다.

1338 ★★☆

imitate
[ímitèit]

ⓥ**모방하다**

Nothing can imitate the functions of the human brain.
어느 것도 인간의 두뇌 기능을 모방할 수 없다.

***imitation** ⓝ모방, 모조품

1339 ★★☆

describe
[diskráib]

ⓥ**묘사하다**, (상세히) 설명하다

I couldn't describe the awesome scene.
나는 매우 대단한 광경을 묘사할 수 없었다.

***description** ⓝ묘사, 명세, 상세 설명

Check				
☐ flour	☐ reality	☐ ceremony	☐ haste	☐ hasten
☐ imitate	☐ describe			

1340 ★★☆

species
[spíːʃi(ː)z]

ⓝ**종** (단수, 복수 동일)

Some unique features enable us to identify those species.
몇 가지 독특한 특징이 우리가 그 종을 확인하는 것을 가능케 한다.

1341 ★★☆

tropical
[trάpikəl]

ⓐ**열대의**

The tropical plants are rare here.
열대 식물은 이곳에서 희귀하다.

***tropical rain forest** 열대 우림

1342 ★★☆

mayor
[méiər]

ⓝ**시장**

The mayor delivered an address to the citizens.
시장은 시민들에게 연설하였다.

1343 ★★☆

reveal
[rivíːl]

ⓥ**밝혀내다**, 폭로하다

The media revealed the identities of the thieves.
언론은 도둑들의 신원을 밝혀냈다.

***revelation** ⓝ폭로

1344 ★☆☆

polish
[pάliʃ]

ⓥ**광택을 내다** ⓝ광택

The polished marble reflected my face.
광택이 나는 대리석이 내 얼굴을 반사하였다.

1345 ★★☆

guarantee
[gæ̀rəntíː]

ⓥ**보장하다** ⓝ보장

They guaranteed the accuracy of these figures.
그들은 이 숫자들의 정확성을 보장하였다.

1346 ★★☆

mammal
[mǽməl]

ⓝ**포유동물**

Many marine mammals were found infected with the virus.
많은 해양 포유동물이 바이러스에 감염된 것으로 밝혀졌다.

Check				
☐ species	☐ tropical	☐ mayor	☐ reveal	☐ polish
☐ guarantee	☐ mammal			

1347 ★★☆
agriculture
[ǽgrikʌ̀ltʃər]

ⓝ농업

The abandoned land is unsuitable for agriculture.
그 버려진 땅은 농업에 부적합하다.

1348 ★★☆
purchase
[pə́rtʃəs]

ⓥ구매하다 ⓝ구매

Foreign investors were not permitted to purchase land.
외국인 투자자들은 토지를 구매하는 것이 허락되지 않았다.

1349 ★★☆
timid
[tímid]

ⓐ소심한

While he is timid, his wife is aggressive.
그는 소심하지만, 그의 아내는 적극적이다.

1350 ★★☆
private
[práivit]

ⓐ사적인

The millionaire hired a private detective.
백만장자는 개인 탐정을 고용하였다.

1351 ★★☆
satellite
[sǽtəlàit]

ⓝ위성, 인공위성 (artificial satellite)

They launched a satellite to explore a remote planet.
그들은 먼 행성을 탐사하기 위하여 위성을 발사하였다.

1352 ★★☆
sink
[siŋk]

ⓥ가라앉다 (sink-sank-sunk)

The passengers desperately escaped from the sinking vessel.
승객들은 가라앉는 배에서 필사적으로 탈출하였다.

1353 ★★☆
float
[flout]

ⓥ뜨다, 띄우다

The astronauts floated inside the space shuttle.
우주 비행사들은 우주 왕복선 안에서 떠다녔다.

Check

□ agriculture	□ purchase	□ timid	□ private	□ satellite
□ sink	□ float			

1354 ★☆☆

nerve

[nəːrv]

ⓝ신경

<u>Nerve</u> damage in my feet caused muscle pain.
내 발의 신경 손상이 근육 통증을 초래하였다.

1355 ★★☆

nervous

[nə́ːrvəs]

ⓐ**불안 초조한**, 신경의

The minor trouble had a big impact on the nervous patient.
사소한 문제가 불안 초조한 환자에게 큰 영향을 주었다.

1356 ★★☆

contain

[kəntéin]

ⓥ**포함하다**

The pure oil should contain no artificial flavors.
순수한 기름은 인공 향료를 포함하지 말아야 한다.

1357 ★★☆

container

[kəntéinər]

ⓝ**용기(容器)**, 컨테이너

The ingredients are packed in a sealed container.
재료들은 밀봉된 용기에 포장되어 있다.

1358 ★☆☆

chip

[tʃip]

ⓝ**얇은 조각**

The servant collected the wood chips.
하인은 나무 조각들을 모았다.

1359 ★★☆

chop

[tʃɑp]

ⓥ**자르다**, 토막 내다 ⓝ절단

It is prohibited to chop down the trees in the park.
공원에서 나무를 자르는 것은 금지되어 있다.

1360 ★★☆

convey

[kənvéi]

ⓥ**전달하다**, 운반하다

He tried desperately to convey the urgent situation.
그는 긴급한 상황을 전달하려고 필사적으로 애썼다.

Check

□ nerve	□ nervous	□ contain	□ container	□ chip
□ chop	□ convey			

REVIEW

※ 정답 표시하지 마시고, 전용 오답 노트를 활용하여 집중 관리 하십시오. 모든 문제는 반복 학습용입니다.

1. alarm ⓥ________	1. wheel ⓝ________
2. employer ⓝ________	2. tube ⓝ________
3. unemployment ⓝ________	3. flour ⓝ________
4. spectator ⓝ________	4. reality ⓝ________
5. dig ⓥ________	5. ceremony ⓝ________
6. fountain ⓝ________	6. haste ⓝ________
7. publish ⓥ________	7. hasten ⓥ________
8. procedure ⓝ________	8. imitate ⓥ________
9. proceed ⓥ________	9. describe ⓥ________
10. silly ⓐ________	10. species ⓝ________

1.놀라게 하다 2.고용주 3.실업 4.관객 5.파다 6.분수 7.발표하다 8.과정 9.진행되다 10.어리석은

1.둥근 회전체 2.관 3.밀가루 4.현실 5.의식 6.성급 7.서두르다 8.모방하다 9.묘사하다 10.종

1. tropical ⓐ________	1. satellite ⓝ________
2. mayor ⓝ________	2. sink ⓥ________
3. reveal ⓥ________	3. float ⓥ________
4. polish ⓥ________	4. nerve ⓝ________
5. guarantee ⓥ________	5. nervous ⓐ________
6. mammal ⓝ________	6. contain ⓥ________
7. agriculture ⓝ________	7. container ⓝ________
8. purchase ⓥ________	8. chip ⓝ________
9. timid ⓐ________	9. chop ⓥ________
10. private ⓐ________	10. convey ⓥ________

1.열대의 2.시장 3.밝혀내다 4.광택을 내다 5.보장하다 6.포유동물 7.농업 8.구매하다 9.소심한 10.사적인

1.위성 2.가라앉다 3.뜨다 4.신경 5.불안 초조한 6.포함하다 7.용기 8.얇은 조각 9.자르다 10.전달하다

※ 정답 표시하지 마시고, 전용 오답 노트를 활용하여 집중 관리 하십시오. 모든 문제는 반복 학습용입니다.

not a little (양) 많은 (quite a little)
not in the least 전혀 (not at all, never)
not to mention ~은 말할 것도 없이 (not to speak of, to say nothing of, let alone)
nothing but 단지 (none but, only) *all but 거의 (nearly) *anything but 결코 ~ 아닌 (never)
now and then/again 가끔 (from time to time, once in a while, at times, on occasion, occasionally)
now that ~이니까 (since)
occur to 생각이 떠오르다 (생각 occur to 사람, 사람 hit on/upon 생각)
of great moment 매우 중요한 *of little moment 거의 중요하지 않은
of oneself 저절로 *by oneself 혼자, 홀로 *for oneself 혼자, 혼자 힘으로 *in spite of oneself 자신도 모르게
of use 유용한 (useful)
off duty 비번인 *on duty 근무 중인, 당번인
on account of ~ 때문에 (due to, owing to)

1. She spent not _______ _______ money on the luxury items.
그녀는 사치품에 많은 돈을 소비하였다.

2. The noise didn't bother me in the _______.
소음은 나를 전혀 방해하지 않았다.

3. He is very wise, not to _______ intelligent.
그는 영리한 것은 말할 것도 없고, 매우 현명하다.

4. The city was nothing _______ ruins after the war.
도시는 전쟁 후에 단지 폐허일 뿐이었다.

5. He calls me now and _______ to check on me.
그는 가끔 내 안부를 확인하기 위하여 전화한다.

6. Now _______ I have a job, I can save money.
내가 직장을 가졌으니까, 나는 돈을 저축할 수 있다.

7. A great idea _______ to me during the meeting.
회의 중에 좋은 생각이 나에게 떠올랐다.

8. The decision is of great _______ for me.
그 결정은 나에게 매우 중요하다.

9. The problem will be solved _______ itself in time.
그 문제는 시간이 지나면 저절로 해결될 것이다.

10. The tool was of great _______ to me.
도구는 나에게 매우 유용하였다.

11. He does volunteer work when he is _______ duty.
그는 비번일 때 자원봉사 활동을 한다.

12. The flight was delayed on _______ of bad weather.
비행기는 악천후 때문에 지연되었다.

※ 이 페이지의 단어들은 필요 시 참고하는 분야별 단어입니다. 학습자의 수준과 진도에 맞게 활용하십시오.

religion	종교	minister	장관, 성직자
sermon	설교	priest	성직자
prayer	기도	clergy	성직자들
sin	죄	prophet	예언자
temple	신전, 절, 사원	grace	품위, 우아함, 은총
superstition	미신	miracle	기적
faith	신념	confess	고백하다, 자백하다
cross	십자가, 가로지르다	admire	찬양하다

[Definition Quiz]

1. a person with authority in a church. ______

2. a belief not based on reason, often about luck. ______

3. something wonderful that seems impossible. ______

4. a person who leads religious services. ______

5. to praise or respect someone highly. ______

6. a person believed to speak for God. ______

7. to admit sins or mistakes. ______

8. strong belief in a god or religion. ______

9. a speech about religion given by a priest or minister. ______

10. a Christian symbol of jesus's death. ______

11. a building for worship. ______

12. words spoken to a god or spirit. ______

13. kindness or blessing from God. ______

14. belief in and worship of a god or gods. ______

15. something wrong or against religious rules. ______

16. all the religious leaders in a church. ______

---

1. 교회에서 권위를 가진 사람 **2.** 이성에 근거하지 않고 주로 행운에 관한 믿음 **3.** 불가능해 보이는 놀라운 일 **4.** 종교 의식을 주도하는 사람 **5.** 누군가를 높이 칭찬하거나 존경하다 **6.** 신을 대신해 말한다고 믿어지는 사람 **7.** 죄나 실수를 고백하다 **8.** 신이나 종교에 대한 강한 믿음 **9.** 사제나 목사가 하는 종교에 관한 설교 **10.** 예수의 죽음을 상징하는 기독교의 상징 **11.** 예배를 드리는 건물 **12.** 신이나 영에게 하는 말 **13.** 신으로부터 받은 친절이나 축복 **14.** 신에 대한 믿음과 숭배 **15.** 잘못되었거나 종교 규칙에 어긋나는 것 **16.** 교회의 모든 종교 지도자

---

1. priest **2.** superstition **3.** miracle **4.** minister **5.** admire **6.** prophet **7.** confess **8.** faith **9.** sermon **10.** cross **11.** temple **12.** prayer **13.** grace **14.** religion **15.** sin **16.** clergy

---

◀ 18. Psychology p350   Categories p549   20. Weather & Climate p370 ▶

DAY
35

DAY 35

[진단 테스트]

※ 실력을 진단하고 점검하는 연결형 문제입니다. 문제에 표시하지 마시고, 전용 오답 노트를 활용하여 집중 관리 하십시오. 본 단어장의 모든 문제는 반복 학습용입니다.

1. hesitate	①비판하다, 비평하다	1. critic	①체포하다
2. landscape	②풍경	2. cliff	②언급하다
3. triumph	③수행하다	3. warn	③경고하다
4. intersection	④행하다	4. task	④다르다
5. crossroad	⑤비판, 비평	5. arrest	⑤자동차
6. crosswalk	⑥승리	6. ancient	⑥이동 가능한
7. conduct	⑦교차로	7. remark	⑦절벽
8. perform	⑧횡단보도	8. mobile	⑧고대의
9. criticize	⑨주저하다	9. automobile	⑨비평가
10. criticism	⑩교차로	10. differ	⑩과제

1.⑨ 2.② 3.⑥ 4.⑦ 5.⑩ 6.⑧ 7.① 8.③
9.① 10.⑤

1.⑨ 2.⑦ 3.③ 4.⑩ 5.① 6.⑧ 7.② 8.⑥
9.⑤ 10.④

1. military	①외치나	1. decorate	①추천하다
2. scream	②바다의	2. element	②식료품
3. environment	③집안일	3. grocery	③정식의
4. appeal	④감싸다	4. magnify	④유형
5. consist	⑤수리하다	5. behavior	⑤장식하다
6. wrap	⑥군사적인	6. version	⑥목
7. marine	⑦호소하다	7. recommend	⑦행동
8. chore	⑧환경	8. servant	⑧확대하다
9. mend	⑨수리하다	9. throat	⑨하인
10. repair	⑩~로 구성되다	10. formal	⑩요소

1.⑥ 2.① 3.⑧ 4.⑦ 5.⑩ 6.④ 7.② 8.③
9.⑤ 10.⑨

1.⑤ 2.⑩ 3.② 4.⑧ 5.⑦ 6.④ 7.① 8.⑨
9.⑥ 10.③

1361 ★★☆

hesitate
[hézətèit]

ⓥ**주저하다**

The commander didn't hesitate to attack his enemy.
사령관은 적을 공격하는 것을 주저하지 않았다.

1362 ★★☆

landscape
[lǽndskèip]

ⓝ**풍경**

The national park has an untamed landscape.
국립 공원은 길들여 지지 않은 풍경을 지니고 있다.

1363 ★★☆

triumph
[tráiəmf]

ⓝ**승리** ⓥ승리를 거두다

His life is composed of spiritual triumphs.
그의 인생은 정신적인 승리들로 구성되어 있다.

1364 ★☆☆

intersection
[intəsékʃən]

ⓝ**교차로** (자동차 전용 도로)

Her vehicle slid around the intersection.
그녀의 차량은 교차로 주위로 미끄러졌다.

1365 ★☆☆

crossroad
[krɔ́ːsroud]

ⓝ**교차로** (일반 도로)

Several signposts stood at every crossroad.
여러 신호 표지판이 모든 교차로에 서 있었다.

1366 ★☆☆

crosswalk
[krɔ́ːswɔːk]

ⓝ**횡단보도**

The car struck a drunken man at a crosswalk.
차가 횡단보도에서 술 취한 사람을 치었다.

1367 ★★☆

conduct
[kándʌkt]

ⓥ**행하다**, 안내하다 ⓝ행동

The detective conducted an investigation into the robbery.
형사는 강도 사건에 대하여 조사를 진행하였다.

***conductor** ⓝ차장, 지휘자

Check

□ hesitate	□ landscape	□ triumph	□ intersection	□ crossroad
□ crosswalk	□ conduct			

1368 ★★☆
perform
[pərfɔ́ːrm]

ⓥ**수행하다,** 실행하다

The astronaut performed valuable observations of Mars.
우주 비행사는 화성에 대한 가치 있는 관찰을 수행하였다.

***performance** ⓝ수행, 성과, 공연, 연기 ***performer** ⓝ실행자, 공연자

1369 ★★☆
criticize
[krítisàiz]

ⓥ**비판하다, 비평하다**

The president was criticized after taking bold action.
대통령은 대담한 조치를 취한 후 비판받았다.

1370 ★★☆
criticism
[krítisìzəm]

ⓝ**비판, 비평**

There is criticism of them addressing the private issue.
그들이 사적인 쟁점을 다룬 것에 대해 비판이 있다.

(0272) ★★★
critical
[krítikəl]

ⓐ**중대한, 치명적인, 비판적인**

The avoidance of injury is critical to a professional athlete.
부상을 피하는 것은 직업 운동선수에게 중대하다.

1371 ★★☆
critic
[krítik]

ⓝ**비평가,** 평론가

The critic's opinion on the classics was quite specific.
고전들에 대한 비평가의 의견은 매우 구체적이었다.

1372 ★☆☆
cliff
[klif]

ⓝ**절벽**

A climber climbed the steep cliff.
등산객은 가파른 절벽을 올라갔다.

1373 ★★☆
warn
[wɔːrn]

ⓥ**경고하다**

He warned teenagers about the dangers of drug abuse.
그는 10대들에게 약물 남용의 위험성에 대해 경고하였다.

Check

□ perform	□ criticize	□ criticism	□ critical	□ critic
□ cliff	□ warn			

1374 ★★☆

task

[tæsk]

ⓝ**과제**, 임무, 업무

He undertook the **task** of distributing the supplies.
그는 물자를 분배하는 과제를 떠맡았다.

1375 ★★☆

arrest

[ərést]

ⓥ**체포하다** ⓝ체포

The **arrested** suspect was released for lack of evidence.
체포된 혐의자는 증거 부족으로 풀려났다.

1376 ★★☆

ancient

[éinʃənt]

ⓐ**고대의** ⓝ고대인 (ancients)

The **ancient** myths had a profound effect on our ancestors.
고대 신화는 우리 조상들에게 심오한 영향을 주었다.

1377 ★★☆

remark

[rimάːrk]

ⓥ**언급하다** ⓝ언급

Critics **remarked** that the play was not original.
비평가들은 그 연극이 독창적이지 않다고 언급하였다.

***remarkable** ⓐ주목할 만한

1378 ★★☆

mobile

[móubəl]

ⓐ**이동 가능한**

The number of **mobile** libraries has increased.
이동 도서관의 수가 증가하였다.

***mobile library** 이동 도서관

1379 ★☆☆

automobile

[ɔ́ːtəməbìːl]

ⓝ**자동차**

Most **automobile** manufacturers produce electric vehicles.
대부분의 자동차 제조업체는 전기 자동차를 생산한다.

1380 ★★☆

differ

[dífər]

ⓥ**다르다**

The twins' aptitudes **differ** in many respects.
그 쌍둥이들의 적성은 많은 면에서 다르다.

Check

□ task	□ arrest	□ ancient	□ remark	□ mobile
□ automobile	□ differ			

1381 ★★☆

military
[mílitèri]

ⓐ군사적인

He was released from the strict military life.
그는 엄격한 군 생활에서 해방되었다.

1382 ★★☆

scream
[skriːm]

ⓥ외치다, 비명 지르다 ⓝ외침, 비명

He screamed at the sight of a beast.
그는 짐승을 보자마자 소리쳤다.

1383 ★★☆

environment
[inváiərənmənt]

ⓝ환경

People long for a stable environment.
사람들은 안정된 환경을 갈망한다.

1384 ★★☆

appeal
[əpíːl]

ⓥ호소하다, 매력을 끌다 ⓝ호소, 매력, 항소

The charity appeals for donations.
그 자선 단체는 기부를 호소한다.

***appealing** ⓐ매력적인

1385 ★★☆

consist
[kənsíst]

ⓥ~로 구성되다 (consist of)

The chessboard consists of vertical and horizontal lines.
체스판은 수직과 수평선으로 구성되어 있다.

***be composed of** ~로 구성되다 ***consist in** ~에 존재하다

1386 ★★☆

wrap
[ræp]

ⓥ감싸다, 포장하다

He wrapped the roots in moist paper.
그는 뿌리를 촉촉한 종이로 감쌌다.

1387 ★★☆

marine
[məríːn]

ⓐ바다의, 해양의

They explored the ocean floor to spot rare marine plants.
그들은 희귀한 해양 식물을 목격하기 위하여 해저를 탐사하였다.

Check

□ military	□ scream	□ environment	□ appeal	□ consist
□ wrap	□ marine			

1388 ★★☆

chore
[tʃɔːr]

ⓝ**집안일**, 잔일

He shares domestic chores with his wife.
그는 아내와 가사 일을 분담한다.

1389 ★★☆

mend
[mend]

ⓥ**수리하다**

Some aspects of human nature can be mended or improved.
인간 본성의 일부 면들은 고쳐지거나 개선될 수 있다.

1390 ★★☆

repair
[ripέər]

ⓥ**수리하다**

The mechanic located the fault and repaired it.
기계공은 결함의 위치를 찾아서 수리하였다.

1391 ★★☆

decorate
[dékərèit]

ⓥ**장식하다**

The costume is decorated with precious stones.
그 의상은 보석들로 장식되어 있다.

1392 ★★☆

element
[éləmənt]

ⓝ**요소**

The regulation consists of complex elements.
그 규정은 복잡한 요소들로 구성되어 있다.

1393 ★★☆

grocery
[gróusəri]

ⓝ**식료품**, 식료품점 (grocery store)

Local grocery stores sell various processed foods.
지역 식료품점은 다양한 가공식품을 판매한다.

***grocer** ⓝ식료품상

1394 ★★☆

magnify
[mǽgnəfài]

ⓥ**확대하다**

The microscope can magnify tiny substances.
현미경은 작은 물질들을 확대할 수 있다.

Check				
☐ chore	☐ mend	☐ repair	☐ decorate	☐ element
☐ grocery	☐ magnify			

1395 ★☆☆
behavior
[bihéivjər]

ⓝ**행동,** 행실

His behavior was motivated by passion.
그의 행동은 열정에 의해 동기 유발되었다.

***behave** ⓥ(예의 바르게) 행동하다

1396 ★☆☆
version
[və́:rʒə]

ⓝ**유형,** ~판(版)

I prefer the English version of the novel.
나는 그 소설의 영어판을 선호한다.

1397 ★★☆
recommend
[rèkəménd]

ⓥ**추천하다,** 권장하다

I recommended that he reflect on my arguments.
나는 그에게 내 주장을 숙고할 것을 권하였다.

***recommendation** ⓝ추천

1398 ★☆☆
servant
[sə́:rvənt]

ⓝ**하인**

The servant attended to the guest.
하인은 손님에게 신경을 기울였다.

***civil servant** 공무원

1399 ★★☆
throat
[θrout]

ⓝ**목,** 목구멍

The herbal candy is effective in curing throat infections
그 약초 사탕은 목 감염을 치료하는 데 효과적이다.

1400 ★★☆
formal
[fɔ́:rməl]

ⓐ**정식의,** 공식적인

Jeans are not appropriate for formal events.
청바지는 공식 행사에 적합하지 않다.

***formula** ⓝ공식, 정해진 방식

Check

□ behavior	□ version	□ recommend	□ servant	□ throat
□ formal				

REVIEW

1. hesitate	(v)______	1. critic	(n)______
2. landscape	(n)______	2. cliff	(n)______
3. triumph	(n)______	3. warn	(v)______
4. intersection	(n)______	4. task	(n)______
5. crossroad	(n)______	5. arrest	(v)______
6. crosswalk	(n)______	6. ancient	(a)______
7. conduct	(v)______	7. remark	(v)______
8. perform	(v)______	8. mobile	(a)______
9. criticize	(v)______ ______	9. automobile	(n)______
10. criticism	(n)______ ______	10. differ	(v)______

1.주저하다 2.풍경 3.승리 4.교차로 5.교차로 6.횡단보도 7.행하다 8.수행하다 9.비판하다, 비평하다 10.비판, 비평

1.비평가 2.절벽 3.경고하다 4.과제 5.체포하다 6.고대의 7.언급하다 8.이동 가능한 9.자동차 10.다르다

1. military	(a)______	1. decorate	(v)______
2. scream	(v)______	2. element	(n)______
3. environment	(n)______	3. version	(n)______
4. appeal	(v)______	4. magnify	(v)______
5. consist	(v)______	5. behavior	(n)______
6. wrap	(v)______	6. grocery	(n)______
7. marine	(a)______	7. recommend	(v)______
8. chore	(n)______	8. servant	(a)______
9. mend	(v)______	9. throat	(n)______
10. repair	(v)______	10. formal	(a)______

1.군사적인 2.외치다 3.환경 4.호소하다 5.~로 구성되다 6.감싸다 7.바다의 8.집안일 9.수리하다 10.수리하다

1.장식하다 2.요소 3.유형 4.확대하다 5.행동 6.식료품 7.추천하다 8.하인 9.목 10.정식의

PHRASE

on and on 계속해서 *off and on 불규칙적으로, 가끔 (on and off)
on behalf of ~을 대신하여, 대표하여 *in behalf of ~을 위하여
on demand 요구하자마자
on duty 근무 중인, 당번인 *off duty 비번인
on good terms with ~와 사이가 좋은 (on friendly terms with)
on occasion 가끔 (from time to time, now and then/again, once in a while, at times, occasionally)
on one hand 한편으로는 *on the other hand 다른 한편으로는
on one's way 도중에 (on the way)
on purpose 고의로 (purposely, intentionally)
on the basis of ~을 근거로 (on the ground/grounds of, based on)
on the contrary 그와는 반대로
on the ground of ~을 근거로 (on the basis/grounds of)

1. She complained on and ________ about my attitude.
   그녀는 나의 태도에 대하여 계속 불평하였다.

2. He signed the contract on ________ of his president.
   그는 사장을 대신하여 계약서에 서명하였다.

3. I can translate any documents ________ demand.
   나는 요청하면 어떠한 문서도 번역할 수 있다.

4. The guard is always ________ duty at the gate.
   경비원은 항상 정문에 근무 중이다.

5. They remained on good ________ with each other.
   그들은 서로 좋은 관계를 유지하였다.

6. I drink coffee instead of tea on ________.
   나는 가끔 차 대신 커피를 마신다.

7. On one ________, the job is interesting; on the other hand it is stressful.
   한편으로는 그 일이 흥미롭지만, 다른 한편으로는 스트레스가 많다.

8. I stopped by a coffee shop on my ________ to work.
   나는 출근하는 도중에 커피숍에 들렀다.

9. I ignored her message on ________.
   나는 고의로 그녀의 메시지를 무시하였다.

10. He was hired on the ________ of his experience.
    그는 경험에 근거하여 채용되었다.

11. He doesn't avoid challenges. On the ________ he enjoys them.
    그는 도전을 피하지 않는다. 그와는 반대로 그는 그것들을 즐긴다.

12. He was fired on the ________ of dishonesty.
    그는 부정직함을 근거로 해고되었다.

※ 이 페이지의 단어들은 필요 시 참고하는 분야별 단어입니다. 학습자의 수준과 진도에 맞게 활용하십시오.

weather	날씨	lightning	번개
climate	기후	typhoon	태풍
storm	폭풍	blast	강풍, 폭발
frost	서리	gust	돌풍
dew	이슬	breeze	미풍
fog	안개	freeze	얼다
mist	안개	melt	녹다
thunder	천둥	forecast	예상하다, 예상

[Definition Quiz]

1. tiny drops of water on plants in the morning. _______

2. a sudden strong rush of wind. _______

3. to become ice or very cold. _______

4. thick air that makes it hard to see. _______

5. a very strong gust of wind. _______

6. a violent weather with strong wind and rain. _______

7. to predict future weather. _______

8. to change from solid to liquid by heat. _______

9. the usual weather of a place over time. _______

10. the loud sound made during a storm. _______

11. a gentle, soft wind. _______

12. a strong tropical storm with heavy rain and wind. _______

13. a bright flash of electricity in the sky. _______

14. a thin layer of ice on cold surfaces. _______

15. light fog with small drops of water. _______

16. the state of the air outside at a certain time. _______

---

1. 아침에 식물에 맺힌 아주 작은 물방울 **2.** 갑자기 강하게 부는 바람 **3.** 얼음이 되거나 매우 차가워지다 **4.** 두꺼운 공기로 시야가 흐려지는 상태 **5.** 매우 강한 돌풍 **6.** 강한 바람과 비가 있는 격렬한 날씨 **7.** 미래 날씨를 예측하다 **8.** 열에 의해 고체에서 액체로 변하다 **9.** 일정 기간 동안 그곳의 보통 날씨 **10.** 폭풍우 동안 나는 큰 소리 **11.** 부드럽고 약한 바람 **12.** 폭우와 바람이 동반된 강한 열대성 폭풍 **13.** 하늘에서 번쩍이는 밝은 전기 불꽃 **14.** 차가운 표면에 생긴 얇은 얼음층 **15.** 작은 물방울이 섞인 가벼운 안개 **16.** 특정 시간에 외부 공기의 상태

1.dew **2.**gust **3.**freeze **4.**fog **5.**blast **6.**storm **7.**forecast **8.**melt **9.**climate **10.**thunder **11.**breeze **12.**typhoon **13.**lightning **14.**frost **15.**mist **16.**weather

---

DAY
36

DAY 36

[진단 테스트]

※ 실력을 진단하고 점검하는 연결형 문제입니다. 문제에 표시하지 마시고, 전용 오답 노트를 활용하여 집중 관리 하십시오. 본 단어장의 모든 문제는 반복 학습용입니다.

1. rob	①강도
2. robber	②제거하다
3. remove	③오두막
4. poison	④시골집
5. threat	⑤독
6. react	⑥강탈하다
7. weed	⑦위협
8. hut	⑧오두막
9. lodge	⑨반응하다
10. cottage	⑩잡초

1.⑥ 2.① 3.② 4.⑤ 5.⑦ 6.⑨ 7.⑩ 8.③
9.⑧ 10.④

1. generalize	①전체의
2. whole	②앞으로
3. murder	③살인하다
4. prefer	④소비하다
5. forward	⑤운명
6. establish	⑥선호하다
7. fate	⑦설립하다
8. destiny	⑧운명
9. consume	⑨일반화하다
10. nutrient	⑩영양분

1.⑨ 2.① 3.③ 4.⑥ 5.② 6.⑦ 7.⑤ 8.⑧
9.④ 10.⑩

1. nutrition	①슬픔
2. bind	②상업
3. fertile	③묶다
4. obligation	④제안하다
5. sorrow	⑤초급의
6. pain	⑥영양
7. commerce	⑦기념물
8. propose	⑧고통
9. monument	⑨의무
10. elementary	⑩비옥한

1.⑥ 2.③ 3.⑩ 4.⑨ 5.① 6.⑧ 7.② 8.④
9.⑦ 10.⑤

1. voyage	①탐지하다
2. packet	②항해
3. package	③기원
4. parcel	④수화물
5. baggage	⑤편집자
6. detect	⑥포장물
7. detective	⑦용기
8. origin	⑧포장물, 소포
9. courage	⑨탐정
10. editor	⑩소포

1.② 2.⑥ 3.⑧ 4.⑩ 5.④ 6.① 7.⑨ 8.③
9.⑦ 10.⑤

1401 ★★★
rob
[rɑb]

ⓥ**강탈하다**

The facial recognition device may **rob** people of their privacy.
안면 인식 장치는 사람들에게서 사생활을 빼앗을 수도 있다.

***rob A of B** A에게서 B를 강탈하다

1402 ★★☆
robber
[rɑ́bər]

ⓝ**강도**

The masked male looked like a bank **robber**.
마스크를 착용한 남성은 은행 강도처럼 보였다.

***robbery** ⓝ강도짓

1403 ★★☆
remove
[rimúːv]

ⓥ**제거하다,** 이전하다

The spots were **removed** with the cleaning solution.
얼룩은 청소 용액으로 제거되었다.

***removal** ⓝ제거

1404 ★★☆
poison
[pɔ́izən]

ⓝ**독** ⓥ독살하다, 해치다

Suspicion is the **poison** of friendship.
의심은 우정의 독이다.

***poisonous** ⓐ유독성의

1405 ★★☆
threat
[θret]

ⓝ**위협**

His comment was viewed as a **threat**.
그의 언급은 위협으로 간주되었다.

***threaten** ⓥ위협하다

1406 ★★☆
react
[riːǽkt]

ⓥ**반응하다**

He **reacted** violently to the unjust accusation.
그는 부당한 고발에 난폭하게 반응하였다.

***reaction** ⓝ반응

Check				
□ rob	□ robber	□ remove	□ poison	□ threat
□ react				

1407 ★☆☆

weed

[wiːd]

ⓝ**잡초**

It is an exhausting job to pull weeds.
잡초를 뽑는 것은 기진맥진하게 만드는 일이다.

1408 ★☆☆

hut

[hʌt]

ⓝ**오두막** (자연 소재 건조물/주택)

The shepherd inhabits the narrow hut next to the barn.
그 목동은 헛간 옆 좁은 오두막에 거주한다.

1409 ★☆☆

lodge

[lɑdʒ]

ⓝ**오두막** (체류 숙소), 숙박하다

The travelers spent a day in the lodge.
여행자들은 오두막에서 하루를 보냈다.

(0076) ★☆☆

cabin

[kǽbin]

ⓝ**오두막** (삼림 목조 주택), (비행기/선박) **객실**

My nephews and nieces strolled around the log cabin.
나의 조카와 여조카들은 통나무 오두막 주위를 거닐었다.

1410 ★☆☆

cottage

[kɑ́tidʒ]

ⓝ**시골집** (농가/전원 소형 주택)

The landlord built a cottage at the edge of the lake.
주인은 호숫가에 오두막집을 지었다.

1411 ★★☆

generalize

[dʒénərəlàiz]

ⓥ**일반화하다**

The physicians debated whether to generalize the treatment.
의사들은 그 치료를 일반화할 것인지 논의하였다.

1412 ★☆☆

whole

[houl]

ⓐ**전체의**

The whole park was spoiled by litter.
공원 전체가 쓰레기로 망쳐졌다.

Check

□ weed	□ hut	□ lodge	□ cabin	□ cottage
□ generalize	□ whole			

1413 ★★☆

murder
[mə́:rdər]

ⓥ**살인하다** ⓝ살인

The millionaire was murdered by an unidentified criminal.
백만장자는 신원이 확인되지 않은 범인에 의하여 살해되었다.

*murderer ⓝ살인자

1414 ★★☆

prefer
[prifə́:r]

ⓥ**선호하다**

The merchant preferred foreign currency to the local currency.
상인은 현지 통화보다 외화를 선호하였다.

*preference ⓝ선호

1415 ★☆☆

forward
[fɔ́:rwərd]

ⓐ**앞으로** ⓐ앞쪽의 ⓥ보내다 ⓝ전방 공격수

He leaned forward and whispered in my ear.
그는 앞으로 몸을 기울여 내 귀에 속삭였다.

*backward ⓐ뒤로

1416 ★★☆

establish
[istǽbliʃ]

ⓥ**설립하다,** 확립하다

They were committed to establishing better relationships.
그들은 더 나은 관계를 확립하는 것에 전념하였다.

*establishment ⓝ설립

1417 ★★☆

fate
[feit]

ⓝ**운명**

He showed indifference to his fate.
그는 자신의 운명에 무관심한 태도를 보여주었다.

*fatal ⓐ치명적인

1418 ★★☆

destiny
[déstəni]

ⓝ**운명**

His destiny seems to be full of despair.
그의 운명은 절망으로 가득한 것 같다.

*destined to ~할 운명인

Check				
□ murder	□ prefer	□ forward	□ establish	□ fate
□ destiny				

1419 ★★☆

consume
[kənsúːm]

ⓥ소비하다

Compact vehicles consume less fuel.
소형 차량은 더 적은 연료를 소비한다.

*consumption ⓝ소비 *consumer ⓝ소비자

1420 ★★☆

nutrient
[njúːtriənt]

ⓝ영양분 (구체적 성분, 제품 표기), 영양소 ⓐ영양이 되는

Plants obtain nutrients from the soil.
식물은 토양에서 영양분을 얻는다.

*nutritious ⓐ영양분이 있는

1421 ★★☆

nutrition
[njuːtríʃən]

ⓝ영양 (섭취 상태/과정), 영양 섭취

Exercises and sufficient nutrition are essential for fitness.
운동과 충분한 영양은 건강에 필수적이다.

*malnutrition ⓝ영양 결핍

1422 ★★☆

bind
[baind]

ⓥ묶다 (bind-bound-bound)

The treaty bound the countries together.
그 조약은 국가들을 하나로 묶었다.

*bound ⓥ껑충껑충 뛰다, ~와 경계를 이루다 (be bounded by) ⓐ~로 향하는

1423 ★★☆

fertile
[fə́ːrtl]

ⓐ비옥한

The herbs growing in fertile soil are more effective.
비옥한 토양에서 자라는 약초는 더 효과적이다.

*fertilize ⓥ비옥하게 하다 *fertilizer ⓝ비료

1424 ★★☆

obligation
[ὰbləgéiʃən]

ⓝ의무

Every inhabitant has an obligation to pay taxes.
모든 거주자는 세금을 납부할 의무를 지닌다.

*obligate ⓥ의무를 지우다 *obligatory ⓐ의무적인

Check

□ consume	□ nutrient	□ nutrition	□ bind	□ fertile
□ obligation				

1425 ★☆☆

sorrow
[sárou]

ⓝ슬픔

The prince expressed sorrow for slavery.
왕자는 노예 제도에 대해 슬픔을 표하였다.

*sorrowful ⓐ슬픈

1426 ★☆☆

pain
[pein]

ⓝ고통

Thirst lasted for a long time causing pain.
갈증은 고통을 초래하면서 오래 지속되었다.

*painful ⓐ고통스러운

1427 ★★☆

commerce
[kάmərs]

ⓝ상업

The marketplace was the center of traditional commerce.
장터는 전통적인 상업의 중심이었다.

*commercial ⓐ상업적인 ⓝ상업 광고

1428 ★★☆

propose
[prəpóuz]

ⓥ제안하다

He proposed that the immoral practice be banned.
그는 비도덕적인 관행은 금지되어야 한다고 제안하였다.

*proposal ⓝ제안

1429 ★★☆

monument
[mάnjəmənt]

ⓝ기념물, 기념 건조물

The marble monument was built in memory of the founder.
대리석 기념물은 설립자를 기리기 위해 세워졌다.

*statue ⓝ조각상

1430 ★★☆

elementary
[èləméntəri]

ⓐ초급의

The budget will be used to improve elementary education.
예산은 초등 교육을 개선하기 위해 사용될 것이다.

*elementary school 초등학교

Check

□ sorrow	□ pain	□ commerse	□ propose	□ monument
□ elementary				

voyage

[vɔ́iidʒ]

ⓝ**항해**

The vessel struck an iceberg on its initial **voyage**.
그 선박은 첫 항해 중에 빙산에 부딪혔다.

(0219) ★★☆

pack

[pæk]

ⓝ**포장물** (묶음/꾸러미 개념, 또는 포장 단위)**, 무리** ⓥ**포장하다,** 채우다

The customers received the **pack** containing some souvenirs.
고객들은 약간의 기념품들을 포함하고 있는 꾸러미를 받았다.

The thunder and lightning frightened a **pack** of dogs.
천둥과 번개는 한 무리의 개를 놀라게 하였다.

***unpack** ⓥ풀다, 꺼내다

1432 ★☆☆

packet

[pǽkit]

ⓝ**포장물** (소포장 개념, 주로 영국식)**,** 작은 소포

He tore open the unidentified **packet**.
그는 확인되지 않은 꾸러미를 뜯어 열었다.

1433 ★☆☆

package

[pǽkidʒ]

ⓝ**포장물** (일상생활 포함 포괄적 개념)**, 소포,** 일괄 프로그램 (서비스 등)

They notified me of the delivery status of the **package**.
그들은 나에게 소포의 배송 상태를 통지하였다.

1434 ★☆☆

parcel

[pɑ́ːrsəl]

ⓝ**소포** (영국식)

The clerk unpacked the **parcel** and arranged all the articles.
점원은 소포를 풀어서 모든 물품을 정리하였다.

1435 ★☆☆

baggage

[bǽgidʒ]

ⓝ**수화물** (가방류, 보따리 등)**,** 짐

The airport staff asked me to open my **baggage**.
공항 직원은 내 수화물을 열어보라고 요청하였다.

***luggage** ⓝ수화물 (영국식), 짐

Check

□ voyage	□ pack	□ packet	□ package	□ parcel
□ baggage				

1436 ★★☆

detect
[ditékt]

ⓥ**탐지하다**

Radar can hardly detect submarines.
레이더는 잠수함을 거의 탐지하지 못한다.

***detector** ⓝ탐지기 ***mine detector** 지뢰 탐지기

1437 ★★☆

detective
[ditéktiv]

ⓝ**탐정**, 형사

The competent detectives were assigned to the murder case.
유능한 형사들이 살인 사건에 배당되었다.

1438 ★★☆

origin
[ɔ́ːrədʒin]

ⓝ**기원**, 근원, 출신

The origin of the ritual remains a mystery.
그 의식의 기원은 수수께끼로 남아있다.

***originate** ⓥ유래하다

(0438) ★★☆

original
[ərídʒənəl]

ⓐ**독창적인, 본래의**

His original suggestion impressed the committee members.
그의 독창적인 제안은 위원들에게 감명을 주었다.

***originality** ⓝ독창성

1439 ★★☆

courage
[kə́ːridʒ]

ⓝ**용기**

He showed courage by practicing what is right and just.
그는 옳고 정의로운 일을 실행함으로써 용기를 보여주었다.

***encourage** ⓥ격려하다 ***discourage** ⓥ단념시키다
***courageous** ⓐ용감한

1440 ★★☆

editor
[édətər]

ⓝ**편집자**

The editor omitted a few sentences from the article.
편집자는 기사에서 몇 문장을 생략하였다.

***edit** ⓥ편집하다

Check

□ detect	□ detective	□ origin	□ original	□ courage
□ editor				

> ※ 정답 표시하지 마시고, 전용 오답 노트를 활용하여 집중 관리 하십시오. 모든 문제는 반복 학습용입니다.

1. rob ⓥ______	1. generalize ⓥ______
2. robber ⓝ______	2. whole ⓐ______
3. remove ⓥ______	3. murder ⓥ______
4. poison ⓝ______	4. prefer ⓥ______
5. threat ⓝ______	5. forward ⓐⓓ______
6. react ⓥ______	6. establish ⓥ______
7. weed ⓝ______	7. fate ⓝ______
8. hut ⓝ______	8. destiny ⓝ______
9. lodge ⓝ______	9. consume ⓥ______
10. cottage ⓝ______	10. nutrient ⓝ______

1.강탈하다 2.강도 3.제거하다 4.독 5.위협 6.반응하다 7.잡초 8.오두막 9.오두막 10.시골집

1.일반화하다 2.전체의 3.살인하다 4.선호하다 5.앞으로 6.설립하다 7.운명 8.운명 9.소비하다 10.영양분

1. nutrition ⓝ______	1. voyage ⓝ______
2. bind ⓥ______	2. packet ⓝ______
3. fertile ⓐ______	3. package ⓝ______
4. obligation ⓝ______	4. parcel ⓝ______
5. sorrow ⓝ______	5. baggage ⓝ______
6. pain ⓝ______	6. detect ⓥ______
7. commerce ⓝ______	7. detective ⓝ______
8. propose ⓥ______	8. origin ⓝ______
9. monument ⓝ______	9. courage ⓝ______
10. elementary ⓐ______	10. editor ⓝ______

1.영양 2.묶다 3.비옥한 4.의무 5.슬픔 6.고통 7.상업 8.제안하다 9.기념물 10.초급의

1.항해 2.포장물 3.포장물, 소포 4.소포 5.수화물 6.탐지하다 7.탐정 8.기원 9.용기 10.편집자

PHRASE

on the other hand 다른 한편으로는 *on one hand 한편으로는
on the point of ~ing ~하려는 순간에 (on the brink/edge/verge of)
on the spot 현장에서
on the whole 대체로 (as a whole)
on time 정각에 *in time 얼마 후에, 제시간에 *at times 가끔
once and again 반복하여 (over and over)
once in a while 가끔 (from time to time, now and then/again, at times, on occasion, occasionally)
one after another 차례로 (in turn)
one after the other 교대로 (by turns)
or so ~ 정도
other than ~ 이외에, ~을 제외하고 (except)
out of breath 숨이 찬

1. On one hand, the city is dynamic; on ________ ________ hand, it is noisy.
한편으로는 그 도시가 활기차지만, 다른 한편으로는 시끄럽다.

2. I was on the ________ of going out when you called me.
나는 네가 전화하였을 때 막 나가려는 순간이었다.

3. The robber was arrested on the ________.
강도는 현장에서 체포되었다.

4. On the ________, I agree with your opinion.
대체로, 나는 네 의견에 동의한다.

5. The bus usually departs ________ time.
버스는 대개 정각에 출발한다.

6. He apologized once and ________ for his mistake.
그는 자신의 실수에 대하여 반복해서 사과하였다.

7. I go climbing once in a ________.
나는 가끔 등산하러 간다.

8. The spectators entered the stadium one after ________.
관객들이 차례로 경기장에 입장하였다.

9. The guards work one after ________ ________.
경비원들은 교대로 근무한다.

10. I will get back in an hour or ________.
나는 한 시간 정도 후에 돌아올 것이다.

11. Your report is perfect other ________ a mistake.
너의 보고서는 실수 하나 이외에는 완벽하다.

12. She was ________ ________ breath after running.
그녀는 달리기한 후에 숨이 찼다.

DAY
37

DAY 37

[진단 테스트]

※ 실력을 진단하고 점검하는 연결형 문제입니다. 문제에 표시하지 마시고, 전용 오답 노트를 활용하여 집중 관리 하십시오. 본 단어장의 모든 문제는 반복 학습용입니다.

1. sufficient	①충분한	1. renew	①폭력적인
2. wisdom	②우주 비행사	2. justice	②빈
3. mostly	③통합	3. violate	③재개하다
4. gradual	④주로	4. violent	④위기
5. unify	⑤통합하다	5. priest	⑤위반하다
6. unification	⑥연합	6. risk	⑥정의
7. unite	⑦우주선	7. crisis	⑦봉우리, 절정
8. union	⑧지혜	8. empty	⑧연
9. spacecraft	⑨통합하다	9. peak	⑨위험
10. astronaut	⑩점진적인	10. kite	⑩성직자

1.①　2.⑧　3.④　4.⑩　5.⑤　6.③　7.⑨　8.⑥
9.⑦　10.②

1.③　2.⑥　3.⑤　4.①　5.⑩　6.⑨　7.④　8.②
9.⑦　10.⑧

1. passenger	①승객	1. blossom	①떼
2. harvest	②연결하다	2. forgive	②상인
3. reap	③적합한	3. nationality	③용서하다
4. farewell	④작별	4. cashier	④상품
5. link	⑤거절하다	5. merchant	⑤계산원
6. refuse	⑥학기	6. merchandise	⑥벌거벗은
7. reject	⑦학기, 회기	7. naked	⑦국적
8. appropriate	⑧수확하다	8. remind	⑧떼
9. semester	⑨거절하다	9. herd	⑨상기시키다
10. session	⑩수확하다, 획득하다	10. flock	⑩꽃

1.①　2.⑧　3.⑩　4.④　5.②　6.⑤　7.⑨　8.③
9.⑥　10.⑦

1.⑩　2.③　3.⑦　4.⑤　5.②　6.④　7.⑥　8.⑨
9.①　10.⑧

1441 ★★☆

sufficient
[səfíʃənt]

ⓐ**충분한**

His brief comments were **sufficient** to grasp the current status.
그의 짧은 언급은 현재의 상태를 파악하기 충분하였다.

***suffice** ⓥ충분하다

1442 ★★☆

wisdom
[wízdəm]

ⓝ**지혜**

Wisdom combined with patience will overcome anything.
인내심과 결합 된 지혜는 무엇이든지 극복할 것이다.

***wise** ⓐ현명한

1443 ★★☆

mostly
[móustli]

ⓐⓓ**주로**

The earth here is mostly clay.
이곳의 흙은 주로 점토이다.

1444 ★★☆

gradual
[grǽdʒuəl]

ⓐ**점진적인**

The majority advocates the policy of gradual reform.
대다수는 점진적인 개혁 정책을 옹호한다.

1445 ★★☆

unify
[júːnəfài]

ⓥ**통합하다,** 통일하다

They unified the scattered colonies into a nation.
그들은 흩어진 식민지들을 하나의 국가로 통합하였다.

1446 ★★☆

unification
[jùːnəfikéiʃən]

ⓝ**통합,** 통일

Their aim is the unification of the various organizations.
그들의 목표는 다양한 단체의 통합이다.

***uniform** ⓐ획일적인, 균일한 ⓝ제복

1447 ★★☆

unite
[juːnáit]

ⓥ**통합하다,** 연합하다

They try to unite the members rather than split them apart.
그들은 구성원들을 나누는 것보다 하나로 합치려고 노력한다.

Check

□ sufficient	□ wisdom	□ mostly	□ gradual	□ unify
□ unification	□ unite			

1448 ★★☆
union
[júːnjən]

ⓝ**연합**, 조합, 노동조합

The **union** transformed the deserted land into the fertile field.
조합은 버려진 땅을 비옥한 밭으로 바꾸었다.

1449 ★☆☆
spacecraft
[speiskræft]

ⓝ**우주선**

The **spacecraft** landed on the plains.
우주선은 평원에 착륙하였다.

1450 ★☆☆
astronaut
[æstrənɔːt]

ⓝ**우주 비행사**

The **astronauts** performed the mission in an artificial satellite.
우주 비행사들은 인공위성 안에서 임무를 수행하였다.

***astronomer** ⓝ천문학자

1451 ★☆☆
renew
[rinjúː]

ⓥ**재개하다**, 갱신하다

They **renewed** their efforts to eliminate racism.
그들은 인종 차별을 제거하기 위한 노력을 재개하였다.

1452 ★☆☆
justice
[dʒʌstis]

ⓝ**정의**

He devoted his life to the struggle for **justice**
그는 정의를 위한 투쟁에 일생을 바쳤다.

***just** ⓐ정당한, 공정한 ⓐ단지

1453 ★★☆
violate
[váiəlèit]

ⓥ**위반하다**, 침해하다

You will get a fine if you **violate** the regulation.
규정을 위반하면 벌금을 부과받을 것이다.

***violation** ⓝ위반

1454 ★★☆
violent
[váiələnt]

ⓐ**폭력적인**, 격렬한

The **violent** protests threw the city into chaos.
폭력적인 시위가 도시를 혼란으로 빠뜨렸다.

Check				
□ union	□ spacecraft	□ astronaut	□ renew	□ justice
□ violate	□ violent			

1455 ★★☆
priest
[priːst]

ⓝ성직자, 목사

The priest delivered a passionate sermon.
성직자는 열정적인 설교를 하였다.

***clergy** ⓝ성직자들, 종교 지도자들

1456 ★☆☆
risk
[risk]

ⓝ위험

The steps will lessen the risk of infection.
그 조치들은 감염 위험을 감소시킬 것이다.

***risky** ⓐ위험한

1457 ★☆☆
crisis
[kráisis]

ⓝ위기

His presence during the crisis lessened our concerns.
위기 동안에 그의 존재는 우리의 걱정을 덜어주었다.

1458 ★★☆
empty
[émpti]

ⓐ빈 ⓥ비우다

My screams echoed in the empty cave.
나의 외침이 빈 동굴에서 울렸다.

1459 ★★☆
peak
[piːk]

ⓝ봉우리, 절정

The peaks of the territory remind me of my country.
그 영토의 봉우리들은 내 나라를 상기시킨다.

1460 ★☆☆
kite
[kait]

ⓝ연

The spectators gathered to watch the kite competition.
관중들은 연날리기 대회를 보려고 모였다.

1461 ★★☆
passenger
[pǽsəndʒər]

ⓝ승객

All passengers are required to wear seat belts.
모든 승객은 안전벨트를 착용해야 한다.

Check

□ priest	□ risk	□ crisis	□ empty	□ peak
□ kite	□ passenger			

1462 ★★☆
harvest
[hάːrvist]

ⓥ**수확하다** ⓝ수확물

He acquired fertilizers in exchange for his harvest.
그는 자신의 수확물과의 교환으로 비료를 얻었다.

1463 ★★★
reap
[riːp]

ⓥ**수확하다, 획득하다**

Taking risks often reaps enormous rewards.
위험을 감수하는 것은 종종 엄청난 보상을 수확한다.

1464 ★★☆
farewell
[fὲərwél]

ⓝ**작별**, 작별 인사

People expressed farewell to the victims.
사람들은 희생자들에게 작별 인사를 표하였다.

1465 ★★☆
link
[liŋk]

ⓥ**연결하다** ⓝ연결 고리, 관련성

The doctor says physical factors are linked to mental factors.
의사는 신체적 요소가 정신적 요소와 연결되어 있다고 말한다.

1466 ★★☆
refuse
[rifjúːz]

ⓥ**거절하다** (수락 의사 없음), 거부하다

The arrested individuals refused to identify themselves.
체포된 사람들은 자신들의 신원을 확인하는 것을 거절하였다.

1467 ★★☆
reject
[ridʒékt]

ⓥ**거절하다** (기준 불합치) ⓝ불합격품, 낙제자

The author rejected the publisher's offer.
저자는 출판사의 제안을 거절하였다.

1468 ★★☆
appropriate
[əpróuprièit]

ⓐ**적합한**, 알맞은

It is appropriate for us to fight racial prejudice.
우리가 인종적 편견과 싸우는 것은 적절하다.

Check

□ harvest	□ reap	□ farewell	□ link	□ refuse
□ reject	□ appropriate			

1469 ★★☆

semester

[siméstər]

ⓝ**학기** (연간 정규 학기, 1, 2학기)

She won a scholarship last semester.
그녀는 지난 학기에 장학금을 획득하였다.

1470 ★★☆

session

[séʃən]

ⓝ**학기** (훈련/수업 등을 위한 특정 기간, 여름학기 등), **회기**

We will collect the materials on cultural bias this session.
우리는 이번 학기에 문화적 편견에 관한 자료를 수집할 것이다.

1471 ★★☆

blossom

[blάsəm]

ⓝ**꽃** (나무의 꽃)

The scent of cherry blossom attracted the tourists.
벚나무 꽃의 향기가 관광객을 매혹하였다.

1472 ★★☆

forgive

[fərgív]

ⓥ**용서하다**

We forgave the cowardly opponent.
우리는 비겁한 상대방을 용서하였다.

1473 ★☆☆

nationality

[næ̀ʃənǽləti]

ⓝ**국적**

Most migrants abandoned their original nationality.
대부분 이주자는 원래의 국적을 포기하였다.

1474 ★☆☆

cashier

[kæʃíər]

ⓝ**계산원**

He works as a cashier in a local store.
그는 지역 상점에서 계산원으로 일한다.

1475 ★★☆

merchant

[mə́ːrtʃənt]

ⓝ**상인**

The merchants wanted an accurate cost analysis.
상인들은 정확한 비용 분석을 원하였다.

Check

□ semester	□ session	□ blosom	□ forgive	□ nationality
□ cashier	□ merchant			

1476 ★☆☆

merchandise

[mə́ːrtʃəndàiz]

ⓝ**상품**

A wide range of merchandise is displayed on the shelves.
광범위한 상품이 선반에 전시되어 있다.

1477 ★☆☆

naked

[néikid]

ⓐ**벌거벗은**

The particles are invisible to the naked eye.
그 입자들은 맨눈에는 보이지 않는다.

1478 ★★☆

remind

[rimáind]

ⓥ**상기시키다**

The landscape reminds me of my native home.
그 풍경은 나의 고향을 상기시킨다.

1479 ★★☆

herd

[həːrd]

ⓝ**떼 (가축), 집단** ⓥ**몰다, 모으다**

A herd of sheep is grazing in the pasture.
양 떼가 초원에서 풀을 뜯고 있다.

1480 ★★☆

flock

[flɑk]

ⓝ**떼 (새, 양)** ⓥ**모이다**

The sheep in a flock are alike, but each has its individuality.
무리 속의 양들은 비슷하지만, 각각의 양은 개성을 지니고 있다.

(0072) ★★☆

host

[houst]

ⓝ**다수 (사람, 사물), 주인, 사회자** ⓥ**주최하다**

The documentary features a host of celebrities.
그 기록물은 많은 유명 인사를 특집으로 다룬다.

The firm that hosted the exhibition invited its clients.
전시회를 주최한 기업은 고객들을 초대하였다.

***hostess** ⓝ여주인 ***a host of** 수많은

☐ merchandise	☐ naked	☐ remind	☐ herd	☐ flock
☐ host				

※ 정답 표시하지 마시고, 전용 오답 노트를 활용하여 집중 관리 하십시오. 모든 문제는 반복 학습용입니다.

1. sufficient	ⓐ______		**1.** renew	ⓥ______
2. wisdom	ⓝ______		**2.** justice	ⓝ______
3. mostly	ⓐᵈ______		**3.** violate	ⓥ______
4. gradual	ⓐ______		**4.** violent	ⓐ______
5. unify	ⓥ______		**5.** priest	ⓝ______
6. unification	ⓝ______		**6.** risk	ⓝ______
7. unite	ⓥ______		**7.** crisis	ⓝ______
8. union	ⓝ______		**8.** empty	ⓐ______
9. spacecraft	ⓝ______		**9.** peak	ⓝ______ ______
10. astronaut	ⓝ______		**10.** kite	ⓝ______

1.충분한 **2.**지혜 **3.**주로 **4.**점진적인 **5.**통합하다 **6.**통합 **7.**통합하다 **8.**연합 **9.**우주선 **10.**우주비행사

1.재개하다 **2.**정의 **3.**위반하다 **4.**폭력적인 **5.**성직자 **6.**위험 **7.**위기 **8.**빈 **9.**봉우리, 절정 **10.**연

1. passenger	ⓝ______		**1.** blossom	ⓝ______
2. harvest	ⓥ______		**2.** forgive	ⓥ______
3. reap	ⓥ______ ______		**3.** nationality	ⓝ______
4. farewell	ⓝ______		**4.** cashier	ⓝ______
5. link	ⓥ______		**5.** merchant	ⓝ______
6. refuse	ⓥ______		**6.** merchandise	ⓝ______
7. reject	ⓥ______		**7.** naked	ⓐ______
8. appropriate	ⓐ______		**8.** remind	ⓥ______
9. semester	ⓝ______		**9.** herd	ⓝ______
10. session	ⓝ______ ______		**10.** flock	ⓝ______

1.승객 **2.**수확하다 **3.**수확하다, 획득하다 **4.**작별 **5.**연결하다 **6.**거절하다 **7.**거절하다 **8.**적합한 **9.**학기 **10.**학기, 회기

1.꽃 **2.**용서하다 **3.**국적 **4.**계산원 **5.**상인 **6.**상품 **7.**벌거벗은 **8.**상기시키다 **9.**떼 **10.**떼

※ 정답 표시하지 마시고, 전용 오답 노트를 활용하여 집중 관리 하십시오. 모든 문제는 반복 학습용입니다.

out of date 구식의 (behind the times) *up to date 최신의
out of order 고장 난
out of place 부적절한, 제자리가 아닌 *in place 적절한, 제자리에
out of question 틀림없는 (beyond question) *out of the question 불가능한
out of shape 건강이 나쁜, 몸 상태가 나쁜 *in shape 건강한, 몸 상태가 좋은
out of sight 안 보이는 *in sight 보이는
out of the question 불가능한 (impossible) *out of question 틀림없는
out of ~로부터, ~의 범위 밖에
over and over 반복해서 (once and again)
owing to ~ 때문에 (due to, on account of)
part from ~와 헤어지다, 작별하다 *part with ~을 내놓다
pass away 죽다, 사라지다

1. The materials in the book is out of __________.
그 책에 있는 자료는 구식이다.

2. The bathroom is out of __________.
화장실이 고장 났다.

3. His joke was out of __________ during the meeting.
그의 농담은 회의 중에 부적절하였다.

4. It is out of __________ that he will win the match.
그가 시합에 이길 것은 틀림없다.

5. I can't run because I am out of __________.
나는 몸 상태가 안 좋아서 달릴 수가 없다.

6. Keep your valuables out of __________.
너의 귀중품을 안 보이게 보관히여라.

7. For me, skipping school is out of __________ __________.
나에게 학교를 빼먹는 것은 절대 안 된다.

8. I learned a lot __________ of experience.
나는 경험으로부터 많은 것을 배웠다.

9. I told him over and __________ not to tell a lie.
나는 거짓말하지 말라고 그에게 반복하여 얘기하였다.

10. He got promoted __________ to his achievements.
그는 업적 덕분에 승진하였다.

11. He __________ from his family at the airport.
그는 공항에서 가족과 작별하였다.

12. My grandfather __________ away peacefully last night.
나의 할아버지께서 지난밤에 평화롭게 돌아가셨다.

※ 이 페이지의 단어들은 필요 시 참고하는 분야별 단어입니다. 학습자의 수준과 진도에 맞게 활용하십시오.

destination	목적지	luggage	수화물
departure	출발	cabin	오두막, 객실
route	경로	lodge	오두막
souvenir	기념품	security check	보안 검사
exploration	탐사	customs	세관
adventure	모험	declare	선언하다, 세관 신고하다
freight	화물	board	탑승하다, 판
fare	운임	reserve	보존하다, 예약하다

[Definition Quiz]

1. the place where goods and people are checked at borders. _______

2. bags and suitcases for traveling. _______

3. to get on a vehicle like a plane or ship. _______

4. inspection for safety at airports or borders. _______

5. the act of leaving a place. _______

6. goods carried by ship, plane, or truck. _______

7. to book or arrange something in advance. _______

8. the path or way to a place. _______

9. the money paid to travel. _______

10. traveling to learn about new places. _______

11. a small house or inn for travelers. _______

12. to tell officials about goods you bring in. _______

13. an item kept to remember a trip. _______

14. a small house or shelter. _______

15. the place you are going to. _______

16. an exciting or unusual experience. _______

---

1. 국경에서 물건과 사람을 검사하는 장소 **2.** 여행을 위한 가방과 여행 가방 **3.** 비행기나 배 같은 탈것에 올라타다 **4.** 공항이나 국경에서 안전 검사를 하는 것 **5.** 어떤 장소를 떠나는 행위 **6.** 배, 비행기, 트럭으로 운송되는 화물 **7.** 미리 예약하거나 준비하다 **8.** 어떤 장소로 가는 길이나 경로 **9.** 여행할 때 내는 요금 **10.** 새로운 곳을 배우기 위해 여행하는 것 **11.** 여행자를 위한 작은 집이나 여관 **12.** 가져온 물건을 관세 당국에 신고하다 **13.** 여행을 기억하기 위해 간직하는 물건 **14.** 작은 집이나 쉼터 **15.** 당신이 향하는 장소 **16.** 신나고 특별한 경험

1.customs **2.**luggage **3.**board **4.**security check **5.**departure **6.**freight **7.**reserve **8.**route **9.**fare **10.**exploration **11.**lodge **12.**declare **13.**souvenir **14.**cabin **15.**destination **16.**adventure

---

◀ 20. Weather & Climate p370   Categories p549   22. Family Relationships p400 ▶

DAY
38

DAY 38

[진단 테스트]

※ 실력을 진단하고 점검하는 연결형 문제입니다. 문제에 표시하지 마시고, 전용 오답 노트를 활용하여 집중 관리 하십시오. 본 단어장의 모든 문제는 반복 학습용입니다.

1. respond	①동료	1. crash	①탐욕
2. respondent	②응답하다	2. clash	②빈
3. responsibility	③철학	3. crush	③압착하다
4. philosophy	④심리학	4. blank	④연속
5. psychology	⑤황제	5. chew	⑤충돌
6. aware	⑥제국	6. series	⑥경로
7. colleague	⑦응답자	7. grace	⑦충돌
8. companion	⑧알고 있는	8. method	⑧씹다
9. empire	⑨동반자	9. greed	⑨품위
10. emperor	⑩책임	10. route	⑩방법

1.② 2.⑦ 3.⑩ 4.③ 5.④ 6.⑧ 7.① 8.⑨
9.⑥ 10.⑤

1.⑤ 2.⑦ 3.③ 4.② 5.⑧ 6.④ 7.⑨ 8.⑩
9.① 10.⑥

1. arise	①간주하다, 주시하다	1. consult	①민간 설하
2. occur	②발생하다	2. accuse	②사람들
3. prepare	③준비하다	3. announce	③투표하다
4. remain	④지방, 뚱뚱한	4. pronounce	④상담하다
5. spark	⑤번쩍이다	5. folk	⑤발표하다
6. sparkle	⑥발생하다	6. folklore	⑥요리하다, 요리사
7. logic	⑦남다, 유지하다	7. folktale	⑦고발하다
8. regard	⑧가볍게 두드리다	8. fable	⑧민속
9. fat	⑨불러일으키다, 불꽃	9. cook	⑨우화
10. pat	⑩논리	10. vote	⑩공표하다

1.② 2.⑥ 3.③ 4.⑦ 5.⑨ 6.⑤ 7.⑩ 8.①
9.④ 10.⑧

1.④ 2.⑦ 3.⑤ 4.⑩ 5.② 6.⑧ 7.① 8.⑨
9.⑥ 10.③

1481 ★★☆

respond
[rispɑ́nd]

ⓥ**응답하다,** 반응하다

The principal **responded** to the students' complaints.
교장 선생님은 학생들의 불평에 응답하였다.

***response** ⓝ응답, 반응

1482 ★★☆

respondent
[rispɑ́ndənt]

ⓝ**응답자**

A majority of **respondents** were against nuclear weapons.
응답자 대다수가 핵무기에 반대하였다.

1483 ★★☆

responsibility
[rispɑ̀nsəbíləti]

ⓝ**책임**

He undertook the **responsibility** of evaluating the applicants.
그는 지원자를 평가하는 책임을 떠맡았다.

1484 ★★☆

philosophy
[filɑ́səfi]

ⓝ**철학**

The union split because of the political **philosophies**.
노동조합은 정치적 철학 때문에 분열되었다.

***philosopher** ⓝ철학자

1485 ★★☆

psychology
[saikɑ́lədʒi]

ⓝ**심리학**

My nephew majors in **psychology**.
내 조카는 심리학을 전공한다.

***psychologist** ⓝ심리학자

1486 ★★☆

aware
[əwɛ́ər]

ⓐ**알고 있는**

The subjects gradually became **aware** of an awful smell.
실험 대상들은 점진적으로 끔찍한 냄새를 알게 되었다.

1487 ★★☆

colleague
[kɑ́liːg]

ⓝ**동료**

The promising mechanic helped his **colleagues**.
유망한 기계공은 자신의 동료들을 도왔다.

Check

□ respond	□ respondent	□ responsibility	□ philosophy	□ psychology
□ aware	□ colleague			

1488 ★★☆

companion
[kəmpǽnjən]

ⓝ**동반자,** 동료 (함께 같은 활동/감정에 중점), 길동무, 말동무

My companion helped me conquer despair.
나의 동료는 내가 절망을 극복하도록 도움을 주었다.

*company ⓝ동반, 동반자 (함께 있음에 중점), 동석자, 회사

1489 ★★☆

empire
[émpaiər]

ⓝ**제국**

The empire expanded its territory by conquering others.
제국은 다른 영토를 정복하여 영토를 확장하였다.

1490 ★☆☆

emperor
[émpərər]

ⓝ**황제**

The emperor unified the empire by the sword.
황제는 칼로 제국을 통일하였다.

1491 ★★☆

crash
[kræʃ]

ⓝ**충돌** (물리적 파손), 추락, 굉음 ⓥ충돌하다, 추락하다

The police completed the identification of the crash victims.
경찰은 추락 희생자들의 신분 확인을 완료하였다.

1492 ★☆☆

clash
[klæʃ]

ⓝ**충돌** (갈등/불일치, 물리적 부딪침 등) ⓥ충돌하다

Many civilians were wounded in a clash with border guards.
많은 민간인이 국경 경비대와의 충돌에서 부상당하였다.

1493 ★☆☆

crush
[krʌʃ]

ⓥ**압착하다,** 짓이기다 ⓝ압착, 밀집 군중

The elephant's enormous foot crushed the empty can.
코끼리의 엄청난 발이 빈 깡통을 짓이겼다.

1494 ★★☆

blank
[blæŋk]

ⓐ**빈,** 공백의, 멍한

He gazed at me with blank astonishment.
그는 멍하게 놀란 채로 나를 응시하였다.

Check

□ companion	□ empire	□ emperor	□ crash	□ clash
□ crush	□ blank			

1495 ★★☆
chew
[tʃuː]

ⓥ씹다

The dentist instructed me not to chew gum.
치과 의사는 나에게 껌을 씹지 말라고 지시하였다.

1496 ★★☆
series
[síəriːz]

ⓝ연속

A series of strong measures reduced traffic violations.
일련의 강력한 조치가 교통 위반을 감소시켰다.

1497 ★★☆
grace
[greis]

ⓝ**품위**, 우아함, 은총

Her performance was full of grace and confidence.
그녀의 공연은 품위와 자신감으로 가득 찼다.

***gracious** ⓐ품위 있는 ***graceful** ⓐ우아한 ***disgrace** ⓝ수치, 불명예

1498 ★★☆
method
[méθəd]

ⓝ**방법**

He devised a novel method to store information.
그는 정보를 저장하기 위한 새로운 방법을 고안했다.

1499 ★★☆
greed
[griːd]

ⓝ탐욕

Humans must conquer ignorance and greed.
인간은 무지와 탐욕을 이겨내야 한다.

***greedy** ⓐ탐욕스러운

1500 ★★☆
route
[ruːt]

ⓝ**경로**, 노선

The investigator adjusted the search route.
조사관들은 수색 경로를 조정하였다.

***routine** ⓐ틀에 박힌, 일상적인 ⓝ일상

1501 ★★★
arise
[əráiz]

ⓥ**발생하다** (arise-arose-arisen)

Instability arose after mass demonstrations.
대규모 시위 후 불안정이 발생하였다.

Check

□ chew	□ series	□ grace	□ method	□ greed
□ route	□ arise			

1502 ★★☆

occur

[əkə́:r]

ⓥ발생하다

Those symptoms occasionally occur in terminal patients.
그 증상들은 말기 환자들에게서 가끔 발생한다.

*occurrence ⓝ발생

1503 ★★☆

prepare

[pripέər]

ⓥ준비하다

The nurse prepared the patient for a major operation.
간호사는 환자에게 대수술에 대비하여 준비시켰다.

1504 ★★☆

remain

[riméin]

ⓥ남다, 유지하다

The ancient temple remains in a ruined state.
고대의 사원은 폐허가 된 상태로 남아있다.

*remainder ⓝ나머지

1505 ★★☆

spark

[spɑ:rk]

ⓥ불러일으키다 ⓝ불꽃

The ruthless suppression sparked outrage in the crowd.
무자비한 진압이 군중의 분노를 불러일으켰다.

1506 ★★☆

sparkle

[spɑ́:rkəl]

ⓥ번쩍이다, 불꽃이 튀다 ⓝ불꽃

She greeted her peers with sparkling eyes.
그녀는 반짝이는 눈으로 동료들을 맞이하였다.

1507 ★★★

logic

[lɑ́dʒik]

ⓝ논리

His argument lacks logic.
그의 주장은 논리가 결여되어 있다.

*logical ⓐ논리적인 *illogical ⓐ비논리적인

1508 ★★☆

regard

[rigɑ́:rd]

ⓥ간주하다, 주시하다

I regard the media as a shield for democracy.
나는 언론을 민주주의에 대한 방패로 간주한다.

Check

☐ occur	☐ prepare	☐ remain	☐ spark	☐ sparkle
☐ logic	☐ regard			

1509 ★☆☆
fat
[fæt]

ⓝ**지방** ⓐ**뚱뚱한**

The tribes prefer high-fat red meat.
그 부족들은 고지방 붉은 고기를 선호한다.

1510 ★★☆
pat
[pæt]

ⓥ**가볍게 두드리다**, 쓰다듬다

The coach patted the disqualified player on the shoulder.
감독은 실격된 선수의 어깨를 가볍게 두드렸다.

1511 ★☆☆
consult
[kənsʌ́lt]

ⓥ**상담하다**

You have to consult your physician if symptoms persist.
만약 증세가 지속되면 의사와 상담해야 한다.

*consultant ⓝ상담가

1512 ★★☆
accuse
[əkjúːz]

ⓥ**고발하다**, 비난하다

The factory was accused of causing a chemical leak.
그 공장은 화학 물질 누출을 초래한 것으로 고발되었다.

*accusation ⓝ고발, 비난 *the accused 피고

1513 ★★☆
announce
[ənáuns]

ⓥ**발표하다**

The recently announced policy reduced crimes.
최근에 발표된 정책이 범죄를 감소시켰다.

1514 ★★☆
pronounce
[prənáuns]

ⓥ**공표하다**, 발음하다

The rescuer pronounced the drowning man had been rescued.
구조대원은 물에 빠진 사람이 구조되었다고 공표하였다.

*pronouncement ⓝ공표 *pronunciation ⓝ발음

Check				
☐ fat	☐ pat	☐ consult	☐ accuse	☐ announce
☐ pronounce				

1515 ★★☆

folk
[fouk]

ⓝ**사람들,** 민간인 (folks) ⓐ민속의, 민중의

The rite is described in the folk tales.
그 의식은 민간 설화에 묘사되어 있다.

1516 ★☆☆

folklore
[fouklɔːr]

ⓝ**민속,** 민속 문화

Folklore includes traditional customs, stories, etc.
민속 문화는 전통적인 관습, 이야기 등을 포함한다.

1517 ★☆☆

folktale
[foukteil]

ⓝ**민간 설화**

The practice came from an ancient folktale.
그 관행은 고대 민간 설화에서 유래하였다.

***tale** ⓝ이야기

1518 ★★☆

fable
[féibəl]

ⓝ**우화**

The author ridicules the wealthy in his fable.
그 작가는 자신의 우화에서 부자들을 조롱한다.

1519 ★☆☆

cook
[kuk]

ⓥ**요리하다** ⓝ요리사

The cook is an expert at making various oriental meals.
그 요리사는 다양한 동양 음식을 만드는 전문가이다.

***cooker** ⓝ요리 기구, 조리기

1520 ★☆☆

vote
[vout]

ⓥ**투표하다** ⓝ투표

The majority voted against the bill.
대다수는 그 법안에 반대하여 투표하였다.

***elect** ⓥ선출하다 ⓐ선출된 ***election** ⓝ선출, 선거

Check				
☐ folk	☐ folklore	☐ folktale	☐ fable	☐ cook
☐ vote				

※ 정답 표시하지 마시고, 전용 오답 노트를 활용하여 집중 관리 하십시오. 모든 문제는 반복 학습용입니다.

1. respond	ⓥ______	1. crash	ⓝ______
2. respondent	ⓝ______	2. clash	ⓝ______
3. responsibility	ⓝ______	3. crush	ⓥ______
4. philosophy	ⓝ______	4. blank	ⓐ______
5. psychology	ⓝ______	5. chew	ⓥ______
6. aware	ⓐ______	6. series	ⓝ______
7. companion	ⓝ______	7. grace	ⓝ______
8. colleague	ⓝ______	8. method	ⓝ______
9. empire	ⓝ______	9. greed	ⓝ______
10. emperor	ⓝ______	10. route	ⓝ______

1.응답하다 2.응답자 3.책임 4.철학 5.심리학 6.알고 있는 7.동반자 8.동료 9.제국 10.황제

1.충돌 2.충돌 3.압착하다 4.빈 5.씹다 6.연속 7.품위 8.방법 9.탐욕 10.경로

1. arise	ⓥ______	1. consult	ⓥ______
2. occur	ⓥ______	2. accuse	ⓥ______
3. prepare	ⓥ______	3. announce	ⓥ______
4. remain	ⓥ______ ______	4. pronounce	ⓥ______
5. spark	ⓥ______ ⓝ______	5. folk	ⓝ______
6. sparkle	ⓥ______	6. folklore	ⓝ______
7. logic	ⓝ______	7. folktale	ⓝ______
8. regard	ⓥ______ ______	8. fable	ⓝ______
9. fat	ⓝ______ ⓐ______	9. cook	ⓥ______ ⓝ______
10. pat	ⓥ______	10. vote	ⓥ______

1.발생하다 2.발생하다 3.준비하다 4.남다, 유지하다 5.불러일으키다, 불꽃 6.번쩍이다 7.논리 8.간주하다, 주시하다 9.지방, 뚱뚱한 10.가볍게 두드리다

1.상담하다 2.고발하다 3.발표하다 4.공표하다 5.사람들 6.민속 7.민간 설화 8.우화 9.요리하다, 요리사 10.투표하다

PHRASE

pass down 물려주다 (hand down)
pay attention to 주의를 기울이다
persist in 고집하다
pick out 골라내다
pick up 태우러 가다, 집어 올리다
play a part 역할을 하다 (play a role)
play a trick on 장난을 치다, 속임수를 쓰다
point out 지적하다 (indicate)
present oneself at ~에 나타나다, 출석하다
pride oneself on 자랑하다 (take pride in, be proud of)
prior to ~에 앞서 (ahead of)
providing that 만약 ~라면 (provided that, if)

1. My grandmother passed _______ the recipe to me.
나의 할머니께서 나에게 요리법을 물려주셨다.

2. You should pay _______ to traffic signs.
너는 교통 표지판에 주의를 기울여야 한다.

3. He _______ in his dream of becoming an actor.
그는 배우가 되겠다는 꿈을 고집한다.

4. She picked _______ a dress for the party.
그녀는 파티를 위하여 드레스를 골리냈다.

5. I have to pick _______ my son.
나는 아들을 태우러 가야 한다.

6. Your advice played a big _______ in my success.
너의 소언이 내 성공에 큰 역힐을 하었디.

7. Someone played a _______ on me by hiding my hat.
누군가가 내 모자를 숨겨서 나에게 장난을 쳤다.

8. He pointed _______ that my report was incorrect.
그는 내 보고서가 정확하지 않다고 지적하였다.

9. the guest presented _______ at the lobby.
투숙객이 로비에 나타났다.

10. He prides himself _______ being healthy.
그는 건강한 것을 자랑한다.

11. The contract was reviewed _______ to signing.
계약서는 서명하기 전에 검토되었다.

12. You can go out, _______ that you finish your homework.
너는 숙제를 끝낸다면, 외출해도 된다.

※ 이 페이지의 단어들은 필요 시 참고하는 분야별 단어입니다. 학습자의 수준과 진도에 맞게 활용하십시오.

infant	유아	household	가구
widow	미망인	independence	독립
widower	홀아비	ancestor	조상
orphan	고아	descendant	후손
companion	동반자	offspring	후손
engagement	관여, 약속, 약혼	relative	상대적인, 친척
bond	유대 관계, 결합하다	adopt	채택하다, 입양하다
inheritance	상속	support	지지하다, 지원하다

[Definition Quiz]

1. a close connection between people. _______

2. a person who is connected to you by blood or marriage. _______

3. property or money received from someone who died. _______

4. a child or young of an animal or person. _______

5. to legally take a child as your own. _______

6. a promise to marry someone. _______

7. a woman whose husband has died. _______

8. a person who spends time with another. _______

9. all the people living in one home. _______

10. the state of not relying on others. _______

11. a person who comes from an ancestor. _______

12. a very young baby. _______

13. a child without parents. _______

14. a man whose wife has died. _______

15. to help someone financially or emotionally. _______

16. a person in your family from long ago. _______

---

1. 사람들 사이의 가까운 관계 **2.** 혈연이나 결혼으로 당신과 연결된 사람 **3.** 죽은 사람에게서 받는 재산이나 돈 **4.** 사람이나 동물의 아이나 새끼 **5.** 아이를 법적으로 자기 자식으로 받아들이다 **6.** 누군가와 결혼하겠다는 약속 **7.** 남편이 죽은 여자 **8.** 다른 사람과 시간을 함께 보내는 사람 **9.** 한집에 사는 모든 사람들 **10.** 다른 사람에게 의존하지 않는 상태 **11.** 조상으로부터 내려온 사람 **12.** 아주 어린 아기 **13.** 부모가 없는 아이 **14.** 아내가 죽은 남자 **15.** 누군가를 경제적이나 감정적으로 돕다 **16.** 오래전 당신 가족의 사람

1.bond **2.**relative **3.**inheritance **4.**offspring **5.**adopt **6.**engagement **7.**widow **8.**companion **9.**household **10.**independence **11.**descendant **12.**infant **13.**orphan **14.**widower **15.**support **16.**ancestor

---

◀ 21. Travel p390   Categories p549   23. Housing & Living p410 ▶

DAY
39

[진단 테스트]

※ 실력을 진단하고 점검하는 연결형 문제입니다. 문제에 표시하지 마시고, 전용 오답 노트를 활용하여 집중 관리 하십시오. 본 단어장의 모든 문제는 반복 학습용입니다.

1. affect	①효율적인	**1.** bounds	①갈등
2. effective	②영향	**2.** compute	②혹독한, 쓴
3. efficient	③축복하다	**3.** distant	③계산하다
4. influence	④국경, 미개척 영역	**4.** bitter	④풍요롭게 하다
5. bless	⑤굴뚝	**5.** leak	⑤새다
6. ceiling	⑥경계	**6.** enrich	⑥화산
7. chimney	⑦효과적인	**7.** volcano	⑦경계
8. frontier	⑧국경	**8.** trend	⑧추세
9. border	⑨천장	**9.** selfish	⑨이기적인
10. boundary	⑩영향을 주다	**10.** conflict	⑩면

1.⑩ **2.**⑦ **3.**① **4.**② **5.**③ **6.**⑨ **7.**⑤ **8.**④
9.⑧ **10.**⑥

1.⑦ **2.**③ **3.**⑩ **4.**② **5.**⑤ **6.**④ **7.**⑥ **8.**⑧
9.⑨ **10.**①

1. politics	①느슨한	**1.** occasion	①증명
2. loose	②장비	**2.** blame	②경우
3. purpose	③도구	**3.** certify	③증명하다
4. tool	④근육	**4.** certification	④악마
5. equipment	⑤정치	**5.** certificate	⑤비난하다
6. instrument	⑥장치	**6.** ash	⑥고객
7. device	⑦고안하다	**7.** weaken	⑦증명서
8. devise	⑧기구	**8.** customer	⑧약하게 하다
9. equip	⑨목적	**9.** cone	⑨재
10. muscle	⑩갖추다	**10.** devil	⑩원뿔 모양

1.⑤ **2.**① **3.**⑨ **4.**③ **5.**② **6.**⑧ **7.**⑥ **8.**⑦
9.⑩ **10.**④

1.② **2.**⑤ **3.**③ **4.**① **5.**⑦ **6.**⑨ **7.**⑧ **8.**⑥
9.⑩ **10.**④

1521 ★☆☆
affect
[əfékt]

ⓥ**영향을 주다**

Frequent changes of his duties affected his passion.
빈번한 그의 임무 변경은 그의 열정에 영향을 주었다.

*****affection** ⓝ애정

(0273) ★★☆
effect
[ifékt]

ⓝ**영향** (직접적), **효과, 결과**

The marine biologist researches the effect of tidal movements.
해양 생물학자는 조수 운동의 영향을 연구한다.

1522 ★☆☆
effective
[iféktiv]

ⓐ**효과적인**, 효력이 있는

The effective cure helped her recover from the illness.
효과적인 치료가 그녀가 질병에서 회복하도록 도와주었다.

1523 ★★☆
efficient
[ifíʃənt]

ⓐ**효율적인**, 능률적인

He developed an efficient method through steady practice.
그는 꾸준한 연습을 통해 효율적인 방법을 개발하였다.

*****efficiency** ⓝ효율성

1524 ★★☆
influence
[ínfluəns]

ⓝ**영향** (간접적) ⓥ**영향을 주다**

America has extended its influence in global affairs.
미국은 국제적인 문제들에 영향력을 확대해 왔다.

*****influential** ⓐ영향력 있는

1525 ★☆☆
bless
[bles]

ⓥ**축복하다**

The territory is blessed with abundant natural resources.
그 영토는 풍부한 천연자원으로 축복받았다.

1526 ★★☆
ceiling
[síːliŋ]

ⓝ**천장**

Water dripped onto the floor from the ceiling.
물이 천장에서 바닥으로 똑똑 떨어졌다.

Check

□ affect	□ effect	□ effective	□ efficient	□ influence
□ bless	□ ceiling			

1527 ★★☆

chimney

[tʃímni]

ⓝ**굴뚝**

A volume of water vapor pours from the chimney.
많은 양의 수증기가 발전소의 굴뚝으로부터 뿜어져 나온다.

1528 ★☆☆

frontier

[frʌntíər]

ⓝ**국경 (영국식), 미개척 영역**

The refugee begged for permission to cross the frontier.
난민은 국경을 넘기 위한 허가를 간청하였다.

1529 ★★☆

border

[bɔ́ːrdər]

ⓝ**국경, 국경 지대**

The guards arrested the illegal immigrant crossing the border.
경비대는 국경을 넘는 불법 이민자를 체포하였다.

1530 ★★☆

boundary

[báundəri]

ⓝ**경계 (구분 개념)**

The river forms the boundary between the two territories.
강은 두 영토 사이의 경계를 형성한다.

1531 ★★☆

bounds

[baundz]

ⓝ**경계 (구역 개념), 범위**

His challenge is beyond the bounds of possibility.
그의 도전은 가능성의 경계를 넘어선다.

(0311) ★☆☆

bound

[baund]

ⓥ**껑충껑충 뛰다, ~와 경계를 이루다** (be bounded by) ⓐ~로 향하는

The dog approached me while bounding around.
강아지가 이리저리 뛰면서 나에게 나가왔나.

The city is bounded by a dense forest on one side.
도시는 한쪽으로는 빽빽한 삼림에 의해 경계가 이루어져 있다.

***rebound** ⓥ되튀어 나오다 ***bind** ⓥ묶다 (bind-bound-bound)

1532 ★★☆

compute

[kəmpjúːt]

ⓥ**계산하다, 산정하다**

He can compute the volume of the box.
그는 상자의 부피를 계산할 수 있다.

Check

□ chimney	□ frontier	□ border	□ boundary	□ bounce
□ bound	□ compute			

1533 ★★☆

distant
[dístənt]

ⓐ먼

Astronomers discovered a distant galaxy.
천문학자들은 먼 은하를 발견하였다.

*distance ⓝ거리, 간격

1534 ★★☆

bitter
[bítər]

ⓐ혹독한, 쓴

The medicine has a slightly bitter taste.
그 약은 약간 쓴맛이 있다.

*bitterly ⓐⓓ몹시

1535 ★★☆

leak
[liːk]

ⓥ새다 ⓝ누출, 새는 곳

I hired a repairman to fix the leaks in the roof.
나는 지붕 누수를 수리하려고 수리공을 고용하였다.

1536 ★★☆

enrich
[enrítʃ]

ⓥ풍요롭게 하다

Minerals in the soil help enrich the quality of the crops.
토양 속 광물질은 작물의 품질을 풍요롭게 한다.

1537 ★★☆

volcano
[vɑlkéinou]

ⓝ화산

The volcano will erupt shortly.
화산이 곧 폭발할 것이다.

1538 ★★☆

trend
[trend]

ⓝ추세

The incident represents the current trend.
그 사건은 현재의 추세를 나타낸다.

1539 ★★☆

selfish
[sélfiʃ]

ⓐ이기적인

His selfish personality spoiled the occasion.
그의 이기적인 성격이 그 기회를 망쳤다.

Check				
☐ distant	☐ bitter	☐ leak	☐ enrich	☐ volcano
☐ trend	☐ selfish			

1540 ★★☆

conflict
[kάnflikt]

ⓝ**갈등,** 충돌 ⓥ다투다, 충돌하다

Both sides in a conflict can be mutually complementary.
갈등의 양 측은 상호 간에 보완적일 수도 있다.

1541 ★★☆

politics
[pάlitiks]

ⓝ**정치,** 정치학

He aggressively participates in local politics.
그는 적극적으로 지역 정치에 참여한다.

1542 ★☆☆

loose
[luːs]

ⓐ**느슨한**

The loose regulations spoiled the rural village.
느슨한 규제는 시골 마을을 망쳤다.

***loosen** ⓥ느슨하게 하다

1543 ★★☆

purpose
[pə́ːrpəs]

ⓝ**목적**

The purpose of the act is to increase job opportunities.
그 법령의 목적은 일자리 기회를 증가시키는 것이다.

1544 ★★☆

tool
[tuːl]

ⓝ**도구**

The peculiar tool replaced the manual operation.
독특한 도구는 수동 작업을 대체하였다.

1545 ★★☆

equipment
[ikwípmənt]

ⓝ**장비**

The equipment can detect buried antiques.
그 장비는 매장된 골동품을 탐지할 수 있다.

1546 ★★☆

instrument
[ínstrəmənt]

ⓝ**기구,** 정밀 기구

The spacecraft carries a host of instruments.
우주선은 많은 기구를 운반한다.

Check

□ conflict	□ politics	□ lose	□ purpose	□ tool
□ equipment	□ instrument			

1547 ★★☆
device
[diváis]

ⓝ**장치**, 기구

The newly released device is a substitute for the old one.
새롭게 출시된 장치는 오래된 것의 대체품이다.

1548 ★★☆
devise
[diváiz]

ⓥ**고안하다**

We must devise the laws that make our society stable.
우리는 사회를 안정시킬 법을 고안해야 한다.

1549 ★★☆
equip
[ikwíp]

ⓥ**갖추다**

It takes weeks to equip the new army with weapons.
새로운 군대에 무기를 갖추는 데 몇 주 필요하다.

1550 ★☆☆
muscle
[mʌ́səl]

ⓝ**근육**

The nutrient is used to relieve muscle pain.
그 영양소는 근육 통증을 덜어주는 데 사용된다.

1551 ★★☆
occasion
[əkéiʒən]

ⓝ**경우**, 기회, 행사

He gave a speech appropriate to the occasion.
그는 그 행사에 적합한 연설을 하였다.

***occasionally** ⓐⒹ가끔

1552 ★★☆
blame
[bleim]

ⓥ**비난하다**, 책임 지우다 ⓝ비난

The article blamed police incompetence for the tragedy.
그 기사는 비극에 대한 경찰의 무능을 비난하였다.

1553 ★★☆
certify
[sə́ːrtəfài]

ⓥ**증명하다**, 인증하다

He certifies that this document summarizes his announcement.
그는 이 문서가 자신의 발표를 요약한다고 증명한다.

Check

□ device	□ devise	□ equip	□ mustle	□ occasion
□ blame	□ certify			

1554 ★★☆

certification
[sə,tɪfɪˈkeɪʃən]

ⓝ**증명**, 인증

The authorities completed a thorough certification process.
당국은 철저한 인증 절차를 완수하였다.

1555 ★★☆

certificate
[sərtífəkit]

ⓝ**증명서**, 인증서

The certificate qualifies you to apply for the post.
그 인증서는 네가 그 직위에 지원할 자격을 준다.

1556 ★★☆

ash
[æʃ]

ⓝ**재**

A volcanic eruption blanketed the pasture in ash.
화산의 분출은 대평원을 재로 뒤덮었다.

***ash tray** 재떨이

1557 ★★☆

weaken
[wíːkən]

ⓥ**약하게 하다**, 약화시키다

Fundamental reforms weaken social stability.
근본적인 개혁은 사회 안정성을 약하게 한다.

***weak** ⓐ약한 ***strengthen** ⓥ강화하다

1558 ★★★

customer
[kʌ́stəmər]

ⓝ**고객**

Potential customers anticipated the improved version.
잠재적 고객들은 개선된 유형을 고대하였다.

1559 ★☆☆

cone
[koun]

ⓝ**원뿔 모양**

The actor appeared wearing a cone-shaped hat.
배우가 원뿔 모양의 모자를 착용하고 나타났다.

1560 ★★☆

devil
[dévl]

ⓝ**악마**

The devil tempted the hero into a trap.
악마는 주인공을 함정으로 유혹하였다.

Check

□ certification	□ certificate	□ ash	□ weaken	□ customer
□ cone	□ devil			

REVIEW

1. affect	ⓥ______		1. bounds	ⓝ______
2. effective	ⓐ______		2. compute	ⓥ______
3. efficient	ⓐ______		3. distant	ⓐ______
4. influence	ⓝ______		4. bitter	ⓐ______ ______
5. bless	ⓥ______		5. leak	ⓥ______
6. ceiling	ⓝ______		6. enrich	ⓥ______
7. chimney	ⓝ______		7. volcano	ⓝ______
8. frontier	ⓝ______ ______		8. trend	ⓝ______
9. border	ⓝ______		9. selfish	ⓐ______
10. boundary	ⓝ______		10. conflict	ⓝ______

1.영향을 주다 2.효과적인 3.효율적인 4.영향 5.축복하다 6.천장 7.굴뚝 8.국경, 미개척 영역 9.국경 10.경계

1.경계 2.계산하다 3.먼 4.혹독한, 쓴 5.새다 6.풍요롭게 하다 7.화산 8.추세 9.이기적인 10.갈등

1. politics	ⓝ______		1. occasion	ⓝ______
2. loose	ⓐ______		2. blame	ⓥ______
3. purpose	ⓝ______		3. certify	ⓥ______
4. tool	ⓝ______		4. certification	ⓝ______
5. equipment	ⓝ______		5. certificate	ⓝ______
6. instrument	ⓝ______		6. ash	ⓝ______
7. device	ⓝ______		7. weaken	ⓥ______
8. devise	ⓥ______		8. customer	ⓝ______
9. equip	ⓥ______		9. cone	ⓝ______
10. muscle	ⓝ______		10. devil	ⓝ______

1.정치 2.느슨한 3.목적 4.도구 5.장비 6.기구 7.장치 8.고안하다 9.갖추다 10.근육

1.경우 2.비난하다 3.증명하다 4.증명 5.증명서 6.재 7.약하게 하다 8.고객 9.원뿔 모양 10.악마

※ 정답 표시하지 마시고, 전용 오답 노트를 활용하여 집중 관리 하십시오. 모든 문제는 반복 학습용입니다.

pull up 차를 세우다
put an end to 종식하다, 끝내다 (bring ~ to an end)
put aside 제쳐놓다, 저축하다
put into practice 실행하다
put off 연기하다 (postpone)
put on 입다, 착용하다 (wear) *take off 벗다, 이륙하다
put out 불을 끄다 (extinguish)
put together 조립하다 (assemble), 구성하다
put up at 숙박하다
put up with 참다 (tolerate, endure, bear)
put up 세우다 (erect)
quite a few (수) 많은 (not a few)

1. I pulled ________ by the gas station.
   나는 주유소 옆에 차를 세웠다.

2. You need to put an ________ to the bad habit.
   너는 나쁜 습관을 끝낼 필요가 있다.

3. I put ________ some money for the party.
   나는 파티를 위하여 돈을 저축한다.

4. You have to put the theory into ________.
   니는 그 이론을 실제로 실행해야 한다.

5. The meeting was put ________ due to my busy schedule.
   회의는 나의 바쁜 일정 때문에 연기되었다.

6. He put ________ his sunglasses while driving.
   그는 운진하는 동인 선글리스를 썼다.

7. They put ________ the campfire.
   그들은 모닥불을 껐다.

8. He put ________ the desk by himself.
   그는 홀로 책상을 조립하였다.

9. We put up ________ a seaside resort.
   우리는 해변 휴양지에 숙박하였다.

10. I tried to put up ________ his rude behavior.
    나는 그이 무례한 행동을 참으려고 노력하였다.

11. We put ________ a tent by the river.
    우리는 강 옆에 텐트를 세웠다.

12. He made quite ________ ________ mistakes.
    그는 많은 실수를 하였다.

※ 이 페이지의 단어들은 필요 시 참고하는 분야별 단어입니다. 학습자의 수준과 진도에 맞게 활용하십시오.

porch	현관	garbage	쓰레기
garage	차고, 정비소	chore	집안일
floor	층, 바닥	maintenance	유지, 보수
story	층	refrigerator	냉장고
chimney	굴뚝	laundry	세탁물, 세탁
ceiling	천장	iron	철, 철제 도구, 다리미
lease	임대차 계약	servant	하인
trash	쓰레기	ceremony	의식

[Definition Quiz]

1. waste material or things no longer needed. _______
2. a level of a building. _______
3. clothes that need washing or have been washed. _______
4. a formal event or ritual. _______
5. a floor or level in a building. _______
6. a building for parking cars. _______
7. a contract to rent a house or apartment. _______
8. a tool or device made of iron, often for ironing clothes. _______
9. a person employed to do household work. _______
10. a machine that keeps food cold. _______
11. a covered area at the front door of a house. _______
12. the work to keep something in good condition. _______
13. waste, especially food and household waste. _______
14. a structure that lets smoke out from a fire. _______
15. a small job or task around the house. _______
16. the inside surface at the top of a room. _______

1. 더 이상 필요 없는 쓰레기 물질 **2.** 건물의 한 층 **3.** 세탁해야 하거나 세탁한 옷 **4.** 공식적인 행사나 의식 **5.** 건물의 바닥이나 층 **6.** 자동차를 주차하는 건물 **7.** 집이나 아파트를 임대하는 계약 **8.** 주로 옷을 다릴 때 쓰이는 쇠로 만든 도구나 장치 **9.** 집안일을 하는 고용된 사람 **10.** 음식을 차갑게 보관하는 기계 **11.** 집 정문 앞에 덮여 있는 공간 **12.** 무언가를 좋은 상태로 유지하기 위한 작업 **13.** 특히 음식물과 집안 쓰레기 **14.** 불에서 나오는 연기가 밖으로 빠져나가도록 하는 구조물 **15.** 집안에서 하는 작은 일이나 과제 **16.** 방 위쪽의 내부 표면

1.trash **2.**floor **3.**laundry **4.**ceremony **5.**story **6.**garage **7.**lease **8.**iron **9.**servant **10.**refrigerator **11.**porch **12.**maintenance **13.**garbage **14.**chimney **15.**chore **16.**ceiling

DAY
40

DAY 40

[진단 테스트]

※ 실력을 진단하고 점검하는 연결형 문제입니다. 문제에 표시하지 마시고, 전용 오답 노트를 활용하여 집중 관리 하십시오. 본 단어장의 모든 문제는 반복 학습용입니다.

1. fold	①기능하다	1. rotate	①다과
2. biology	②원형 지붕	2. depart	②치과 의사
3. assist	③얻다	3. isolate	③군대
4. observatory	④돕다	4. troop	④유아
5. function	⑤생물학	5. dentist	⑤회전하다, 순환하다
6. earn	⑥접다	6. elegance	⑥출발하다
7. horrible	⑦관측소	7. refresh	⑦우아함
8. cancel	⑧취소하다	8. refreshment	⑧고립시키다
9. advantage	⑨이점	9. knight	⑨상쾌하게 하다
10. dome	⑩끔찍한	10. infant	⑩기사

1.⑥ 2.⑤ 3.④ 4.⑦ 5.① 6.③ 7.⑩ 8.⑧
9.⑨ 10.②

1.⑤ 2.⑥ 3.⑧ 4.③ 5.② 6.⑦ 7.⑨ 8.①
9.⑩ 10.④

1. valley	①압삭하다	1. hay	①경력
2. approach	②기쁘게 하다	2. tough	②졸업하다, 졸업생
3. amuse	③접근하다	3. rough	③호기심
4. entertain	④제한하다	4. roughly	④건초
5. please	⑤끈	5. thorough	⑤거친, 대략적인
6. string	⑥계곡	6. solve	⑥대략
7. squeeze	⑦즐겁게 하다	7. curiosity	⑦철저한
8. aisle	⑧복도	8. graduate	⑧해결하다
9. corridor	⑨통로	9. career	⑨광대
10. limit	⑩즐겁게 하다	10. clown	⑩힘든

1.⑥ 2.③ 3.⑦ 4.⑩ 5.② 6.⑤ 7.① 8.⑨
9.⑧ 10.④

1.④ 2.⑩ 3.⑤ 4.⑥ 5.⑦ 6.⑧ 7.③ 8.②
9.① 10.⑨

1561 ★★☆

fold

[fould]

ⓥ접다

The infant **folded** the blanket before going to the nursery.
유아는 보육원에 가기 전에 담요를 접었다.

*unfold ⓥ펼치다

1562 ★★☆

biology

[baiɑ́lədʒi]

ⓝ생물학

The **biology** class dealt with the generation of fruit flies.
생물학 수업은 초파리의 발생을 다루었다.

*biologist ⓝ생물학자

1563 ★★☆

assist

[əsíst]

ⓥ돕다

The organization was founded to **assist** the weak.
그 단체는 약자들을 돕기 위하여 설립되었다.

*assistant ⓐ보조의 ⓝ조수

1564 ★★☆

observatory

[əbzə́ːrvətɔ̀ːri]

ⓝ관측소, 전망대

We observed stars through telescopes at the **observatory**.
우리는 관측소에서 망원경을 통해 별을 관찰하였다.

*observe ⓥ관찰하다, 준수하다

1565 ★★★

function

[fʌ́ŋkʃən]

ⓥ기능하다 ⓝ기능, 역할

The city **functions** as the region's capital.
그 도시는 그 지역의 수도로서 기능한다.

*functional ⓐ기능적인

1566 ★★☆

earn

[əːrn]

ⓥ얻다, 획득하다, 벌다

He **earned** reliability by making an outstanding achievement.
그는 뛰어난 업적을 이루어 신뢰를 얻었다.

*earnings ⓝ소득, 수입

Check

□ fold	□ biology	□ assist	□ observatory	□ function
□ earn				

1567 ★☆☆
horrible
[hɔ́ːrəbəl]

ⓐ끔찍한

The drawers were a horrible mess.
서랍장은 끔찍한 엉망 상태였다.

***horror** ⓝ공포

1568 ★★☆
cancel
[kǽnsəl]

ⓥ취소하다

The contract can be canceled after a formal notice is given.
계약은 정식 통지가 제공된 후에 취소될 수 있다.

***cancellation** ⓝ취소

1569 ★☆☆
advantage
[ædvǽntidʒ]

ⓝ이점

The comfortable shoes gave runners an advantage.
편안한 신발이 주자들에게 이점을 주었다.

***disadvantage** ⓝ불리한 점

1570 ★☆☆
dome
[doum]

ⓝ원형 지붕, 둥근 지붕

The church has a dome-shaped ceiling.
그 교회는 원형 지붕 형태의 천장을 가지고 있다.

***dorm** ⓝ기숙사 (dormitory)

1571 ★★☆
rotate
[róuteit]

ⓥ회전하다, 순환하다

The recruits rotate around the different sections annually.
신입 사원들은 매년 다른 부서로 순환한다.

***rotation** ⓝ순환

1572 ★★☆
depart
[dipάːrt]

ⓥ출발하다

He departed without leaving a word.
그는 한 마디도 남기지 않고 떠났다.

***departure** ⓝ출발

Check

□ horrible	□ cancel	□ advantage	□ dome	□ rotate
□ depart				

1573 ★★☆

isolate
[áisəlèit]

ⓥ고립시키다

Their mission is to isolate the enemy.
그들의 임무는 적을 고립시키는 것이다.

1574 ★★☆

troop
[truːp]

ⓝ군대, 병력

The commander ordered the troops to retire from the attack.
사령관은 군대가 공격에서 퇴각하라고 명령하였다.

1575 ★★☆

dentist
[déntist]

ⓝ치과 의사

The dentist detected my decayed teeth.
치과 의사가 나의 충치들을 찾아냈다.

1576 ★★☆

elegance
[éligəns]

ⓝ우아함

Everyone admired her elegance and dignity.
모든 사람이 그녀의 우아함과 품위에 감탄하였다.

***elegant** ⓐ우아한

1577 ★☆☆

refresh
[rifréʃ]

ⓥ상쾌하게 하다

A brief nap will refresh you.
짧은 낮잠이 너를 상쾌하게 해줄 것이다.

1578 ★☆☆

refreshment
[rifréʃmənt]

ⓝ다과 (가벼운 음식과 음료), 원기 회복

The hostess offered her guests some refreshments.
여주인은 손님들에게 약간의 다과를 제공하였다.

1579 ★★☆

knight
[nait]

ⓝ기사(騎士), 무사

The knight was admired for his devotion to the empire.
그 기사는 제국에 대한 헌신으로 존경받았다.

Check				
☐ isolate	☐ troop	☐ dentist	☐ elegance	☐ refresh
☐ refreshment	☐ knight			

1580 ★★☆

infant
[ínfənt]

ⓝ유아

Parents can improve certain aspects of infant intelligence.
부모는 유아 지능의 특정한 면들을 개선할 수 있다.

infancy ⓝ유년기

1581 ★★☆

valley
[væli]

ⓝ계곡

Mist ascended from the valley.
안개가 계곡에서 올라왔다.

1582 ★★☆

approach
[əpróutʃ]

ⓥ접근하다 ⓝ접근

The team approached the task efficiently.
그 팀은 효율적으로 과제에 접근하였다.

1583 ★★☆

amuse
[əmjúːz]

ⓥ즐겁게 하다

The purpose of the feast is to amuse the attendants.
잔치의 목적은 참석자들을 즐겁게 하는 것이다.

1584 ★★☆

entertain
[èntərtéin]

ⓥ즐겁게 하다

The concert entertained the residents.
음악회는 주민들을 즐겁게 하였다.

1585 ★☆☆

please
[pliːz]

ⓥ기쁘게 하다

The successful operation pleased the patient.
성공적인 수술이 환자를 기쁘게 하였다.

1586 ★☆☆

string
[striŋ]

ⓝ끈, 줄, 일련

The parcel was tied with string.
소포는 끈으로 묶였다.

Check

□ infant	□ valley	□ approach	□ amuse	□ entertain
□ please	□ string			

1587 ★★☆

squeeze
[skwiːz]

ⓥ**압착하다**

Passengers were squeezed into the train at rush hour.
승객들은 혼잡 시간에 열차로 밀어 넣어졌다.

1588 ★☆☆

aisle
[ail]

ⓝ**통로** (좌석/선반 사이)

I prefer a window seat to an aisle seat.
나는 통로 좌석보다 창가 좌석을 선호한다.

1589 ★☆☆

corridor
[kɔ́ːridər]

ⓝ**복도**

A figure emerged from the gloomy corridor.
한 사람이 음침한 복도에서 나타났다.

1590 ★☆☆

limit
[límit]

ⓥ**제한하다** ⓝ제한

Their manufacturing capability is limited.
그들의 제조 능력은 제한되어 있다.

1591 ★☆☆

hay
[hei]

ⓝ**건초**

The straw and hay are for the livestock.
짚과 건초는 가축을 위한 것이다.

1592 ★★☆

tough
[tʌf]

ⓐ**힘든**, 거친, 단단한

He was urged to perform the tough task.
그는 힘든 과제를 수행하라고 재촉받았다.

1593 ★★☆

rough
[rʌf]

ⓐ**거친, 대략적인**

The laborers made the rough ground even.
노동자들은 거친 땅을 평평하게 만들었다.

Check

□ squeeze	□ aisle	□ corridor	□ limit	□ hay
□ tough	□ rough			

1594 ★★☆

roughly

[rʌ́fli]

@대략

The urban population is roughly twice the rural one.
도시의 인구는 시골 인구의 약 두 배이다.

1595 ★★☆

thorough

[θə́ːrou]

@철저한

Thorough investigation into the disaster is inevitable.
재난에 대한 철저한 조사가 불가피하다.

1596 ★★☆

solve

[salv]

ⓥ해결하다

His personal insight solved public problems.
그의 개인적 통찰력이 공적인 문제들을 해결하였다.

solution ⓝ해결, 용해, 용액

1597 ★★☆

curiosity

[kjùəriɑ́səti]

ⓝ호기심

My curiosity forced me to open the packet.
나의 호기심이 꾸러미를 열도록 하였다.

curious @호기심 많은

1598 ★★☆

graduate

[grǽdʒuèit]

ⓥ졸업하다 ⓝ(대학) 졸업생

The firm is recruiting recent graduates.
그 기업은 최근의 졸업생을 채용하고 있다.

1599 ★★☆

career

[kəríər]

ⓝ경력, 직업

Optimistic people tend to be content with their careers.
낙관적인 사람들은 자신의 직업에 만족하는 경향이 있다.

1600 ★☆☆

clown

[klaun]

ⓝ광대

The clown delighted the audience.
광대가 관객을 즐겁게 하였다.

Check

□ roughly	□ thorough	□ solve	□ curiosity	□ graduate
□ career	□ clown			

※ 정답 표시하지 마시고, 전용 오답 노트를 활용하여 집중 관리 하십시오. 모든 문제는 반복 학습용입니다.

1. fold	(v)______	**1.** rotate	(v)______ ______
2. biology	(n)______	**2.** depart	(v)______
3. assist	(v)______	**3.** isolate	(v)______
4. observatory	(n)______	**4.** troop	(n)______
5. function	(v)______	**5.** dentist	(n)______
6. earn	(v)______	**6.** elegance	(n)______
7. horrible	(a)______	**7.** refresh	(v)______
8. cancel	(v)______	**8.** refreshment	(n)______
9. advantage	(n)______	**9.** knight	(n)______
10. dome	(n)______	**10.** infant	(n)______

1.접다 2.생물학 3.돕다 4.관측소 5.기능하다 6.얻다 7.끔찍한 8.취소하다 9.이점 10.원형 지붕

1.회전하다, 순환하다 2.출발하다 3.고립시키다 4.군대 5.치과 의사 6.우아함 7.상쾌하게 하다 8.다과 9.기사 10.유아

1. valley	(n)______	**1.** hay	(n)______
2. approach	(v)______	**2.** tough	(a)______
3. amuse	(v)______	**3.** rough	(a)______ ______
4. entertain	(v)______	**4.** roughly	(ad)______
5. please	(v)______	**5.** thorough	(a)______
6. string	(n)______	**6.** solve	(v)______
7. squeeze	(v)______	**7.** curiosity	(n)______
8. aisle	(n)______	**8.** graduate	(v)______ (n)______
9. corridor	(n)______	**9.** career	(n)______
10. limit	(v)______	**10.** clown	(n)______

1.계곡 2.접근하다 3.즐겁게 하다 4.즐겁게 하다 5.기쁘게 하다 6.끈 7.압착하다 8.통로 9.복도 10.제한하다

1.건초 2.힘든 3.거친, 대략적인 4.대략 5.철저한 6.해결하다 7.호기심 8.졸업하다, 졸업생 9.경력 10.광대

PHRASE

quite a little (양) 많은 (not a little)
reach out 손을 뻗다
read between the lines 행간의 뜻을 읽다, 숨은 의미를 파악하다
refer to 언급하다, 참조하다
reflect on/upon 숙고하다 (dwell on/upon, ponder on/upon, think over)
refrain from ~을 삼가다 (abstain from)
regard A as B A를 B로 간주하다 (look on/upon A as B, consider/view A as B)
regardless of ~에 관계없이 (irrespective of)
relieve A of B A에게서 B를 덜어주다
rely on 의존하다 (count/depend/lean/rest on)
remind A of B A에게 B를 상기시키다
replace A by/with B A를 B로 대체하다 *substitute A for B B를 A로 대체하다

1. She put quite ________ ________ money in the safe.
   그녀는 많은 돈을 금고에 보관하였다.

2. He reached ________ to grab the book on the shelf.
   그는 선반에 책을 잡으려고 손을 뻗었다.

3. Reading between the ________ of his letter, I sensed his frustration.
   나는 그의 편지에서 행간을 읽으면서 그의 좌절감을 감지하였다.

4. He ________ to the widespread corruption.
   그는 널리 퍼진 부패를 언급히였다.

5. Before final decision, you should reflect ________ the consequences.
   최종 결정 전에, 너는 결과를 숙고해야 한다.

6. I ________ from commenting on others' issue.
   나는 나른 사람들의 문제를 인급하는 것을 삼간다.

7. People regard honesty ________ the most important virtue.
   사람들은 정직을 가장 중요한 미덕으로 여긴다.

8. ________ of age or gender, everyone can watch the program.
   나이와 성별에 상관없이 누구나 그 프로그램을 시청할 수 있다.

9. The painkillers relieved me ________ my headache.
   진통제가 나의 두통을 덜어주었다.

10. Many people rely ________ public transportation to commute.
    많은 사람들이 출퇴근하기 위하여 대중교통에 의존한다.

11. The picture reminds me ________ my hometown.
    그 그림은 나의 고향을 생각나게 한다.

12. They replaced the old computers ________ new ones.
    그들은 오래된 컴퓨터들을 새것으로 대체하였다.

※ 이 페이지의 단어들은 필요 시 참고하는 분야별 단어입니다. 학습자의 수준과 진도에 맞게 활용하십시오.

meal	식사	absorb	흡수하다
diet	음식, 식이 요법	protein	단백질
appetite	욕구, 식욕	fat	뚱뚱한, 지방
thirst	갈증	muscle	근육
season	양념하다	fitness	적합성, 건강
recipe	요리법, 비법	endurance	지구력
flavor	향미	preserve	보존하다
taste	취향, 맛	exercise	실행하다, 운동

[Definition Quiz]

1. physical activity to stay healthy and fit. _______

2. body tissue that helps you move. _______

3. the desire to eat food. _______

4. to keep food fresh for a longer time. _______

5. a nutrient that provides energy and stores in the body. _______

6. the sensation from food or drink. _______

7. to add spices or herbs to food. _______

8. to take in liquid or nutrients. _______

9. being healthy and strong. _______

10. the kinds of food a person usually eats. _______

11. a nutrient that helps build muscles and body cells. _______

12. instructions for cooking a dish. _______

13. the food eaten at one time, like breakfast or lunch. _______

14. the ability to keep going without getting tired. _______

15. the feeling of needing to drink water. _______

16. the taste and smell of food. _______

---

1. 건강하고 몸매를 유지하기 위한 신체 활동 **2.** 몸을 움직이게 해 주는 신체 조직 **3.** 음식을 먹고 싶은 욕구 **4.** 음식을 더 오래 신선하게 보관하다 **5.** 에너지를 제공하고 몸에 저장되는 영양소 **6.** 음식이나 음료에서 느끼는 감각 **7.** 음식에 향신료나 허브를 더하다 **8.** 액체나 영양분을 섭취하다 **9.** 건강하고 강한 상태 **10.** 어떤 사람이 보통 먹는 음식 종류 **11.** 근육과 신체 세포를 만드는 데 도움이 되는 영양소 **12.** 요리를 위한 지침 **13.** 아침이나 점심처럼 한 번에 먹는 음식 **14.** 지치지 않고 계속할 수 있는 능력 **15.** 물을 마셔야 하는 느낌 **16.** 음식의 맛과 냄새

1.exercise **2.**muscle **3.**appetite **4.**preserve **5.**fat **6.**taste **7.**season **8.**absorb **9.**fitness **10.**diet **11.**protein **12.**recipe **13.**meal **14.**endurance **15.**thirst **16.**flavor

◀ 23. Housing & Living p410　　　Categories p549　　　25-1. Characters & Feathres p430 ▶

DAY
41

DAY 41

[진단 테스트]

※ 실력을 진단하고 점검하는 연결형 문제입니다. 문제에 표시하지 마시고, 전용 오답 노트를 활용하여 집중 관리 하십시오. 본 단어장의 모든 문제는 반복 학습용입니다.

1. fame	①활기찬
2. crime	②결백
3. criminal	③명성
4. sin	④기침
5. guilty	⑤결백한
6. innocent	⑥유죄의
7. innocence	⑦범죄자
8. dynamic	⑧범죄
9. cough	⑨제1의
10. prime	⑩죄

1.③ 2.⑧ 3.⑦ 4.⑩ 5.⑥ 6.⑤ 7.② 8.①
9.④ 10.⑨

1. primary	①면도기
2. reside	②주민
3. resident	③구덩이
4. kit	④제1의
5. forehead	⑤특정한
6. director	⑥세트
7. charity	⑦자선
8. pit	⑧이마
9. razor	⑨거주하다
10. particular	⑩책임자

1.④ 2.⑨ 3.② 4.⑥ 5.⑧ 6.⑩ 7.⑦ 8.③
9.① 10.⑤

1. legend	①초상화
2. superstition	②전설
3. canyon	③맞붙어 싸우다
4. workshop	④연수회
5. portray	⑤웅장한
6. portrait	⑥미신
7. propel	⑦추진시키다
8. grand	⑧협곡
9. wrestle	⑨신전, 절
10. temple	⑩묘사하다

1.② 2.⑥ 3.⑧ 4.④ 5.⑩ 6.① 7.⑦ 8.⑤
9.③ 10.⑨

1. thermometer	①우울한, 푸른
2. class	②선출하다
3. elect	③협력
4. blue	④부드러운
5. tend	⑤경향
6. tendency	⑥~하는 경향이 있다
7. tender	⑦투자하다
8. cooperation	⑧계층, 수업
9. moral	⑨온도계
10. invest	⑩도덕적인

1.⑨ 2.⑧ 3.② 4.① 5.⑥ 6.⑤ 7.④ 8.③
9.⑩ 10.⑦

1601 ★★☆

fame

[feim]

ⓝ**명성**

He who sows virtue shall reap fame.
미덕의 씨를 뿌리는 자는 명성을 수확할 것이다.

1602 ★★☆

crime

[kraim]

ⓝ**범죄** (법적)

He got involved in a cruel crime.
그는 잔인한 범죄에 연루되었다.

1603 ★★☆

criminal

[krímənl]

ⓝ**범죄자** ⓐ범죄의

He was described as a habitual criminal.
그는 상습적인 범죄자로 묘사되었다.

1604 ★☆☆

sin

[sin]

ⓝ**죄** (도덕적, 종교적), 죄악

He confessed his sin to the priest.
그는 성직자에게 자신의 죄를 고백하였다.

1605 ★★☆

guilty

[gílti]

ⓐ**유죄의**, 죄책감이 드는

He didn't accept the assumption that he was guilty.
그는 자신이 유죄라는 가정을 받아들이지 않았다.

***guilt** ⓝ유죄, 죄책감

1606 ★★☆

innocent

[ínəsnt]

ⓐ**결백한**, 무죄인, 순수한

The suspect claimed that he was innocent.
혐의자는 자신이 결백하다고 주장하였다.

1607 ★★☆

innocence

[ínəsns]

ⓝ**결백**, 무죄, 순수

The lawyer proved my innocence.
변호사는 나의 무죄를 입증하였다.

Check

□ fame	□ crime	□ criminal	□ sin	□ guilty
□ innocent	□ innocence			

1608 ★★☆

dynamic
[dainǽmik]

ⓐ**활기찬**, 동적인

His passion indicates his dynamic attitude.
그의 열정은 그의 활기찬 태도를 나타낸다.

1609 ★☆☆

cough
[kɔ(ː)f]

ⓝ**기침** ⓥ기침하다

The persistence of a cough puzzled my doctor.
지속적인 기침이 내 의사를 당황하게 하였다.

1610 ★★☆

prime
[praim]

ⓐ**제1의** (가치, 품질 등), **최고의**

My prime concern is to protect my property.
나의 제1 관심사는 내 재산을 보호하는 것이다.

1611 ★★☆

primary
[práimèri]

ⓐ**제1의** (필요성, 우선순위 등), **주요한**

My primary concern is how to lift the refrigerator upstairs.
나의 제1 관심사는 냉장고를 위층으로 올리는 방법이다.

1612 ★★☆

reside
[riːsáid]

ⓥ**거주하다**

The immigrants resided near the border.
이민자들은 국경 근처에 거주하였다.

1613 ★★☆

resident
[rézidənt]

ⓝ**주민** ⓐ거주하는

Local residents united in opposition to the dumping ground.
지역 주민들은 쓰레기 매립장에 반대하여 단합하였다.

***residence** ⓝ거주, 주택

1614 ★★☆

kit
[kit]

ⓝ**(도구) 세트**

She put the sewing kit into the purse.
그녀는 바느질 도구 세트를 핸드백에 넣었다.

Check

☐ dynamic	☐ cough	☐ prime	☐ primary	☐ reside
☐ resident	☐ kit			

1615 ★☆☆

forehead

[fɔ́(:)rid]

ⓝ이마

The gorilla had a massive forehead.
고릴라는 거대한 이마를 가지고 있었다.

1616 ★★☆

director

[diréktər]

ⓝ**책임자**, 관리자, 연출자, 임원

The president appointed the finance director as his successor.
사장은 재정 책임자를 자신의 후계자로 임명하였다.

*direct ⓥ지시하다, 방향을 잡다 ⓐ직접적인

1617 ★★☆

charity

[tʃǽrəti]

ⓝ**자선**, 자선 단체

His charity inspired his colleagues.
그의 자선 활동은 동료들에게 영감을 주었다.

1618 ★★☆

pit

[pit]

ⓝ**구덩이**

They dug a pit to bury the rubbish.
그들은 쓰레기를 묻기 위하여 구덩이를 팠다.

1619 ★☆☆

razor

[réizər]

ⓝ**면도기**, 면도칼

He removed the excess glue with a razor.
그는 면도칼로 과다한 접착제를 제거하였다.

1620 ★★☆

particular

[pərtíkjələr]

ⓐ**특정한**

He quit his job for no particular reason.
그는 특정한 이유 없이 직장을 그만두었다.

(0140) ★☆☆

myth

[miθ]

ⓝ**신화, 근거 없는 통념**

He relied on the myth to explain the origin of the universe.
그는 우주의 기원을 설명하기 위해 신화에 의존하였다.

*mythology ⓝ신화, 신화집 (myths)

Check

□ forehead	□ director	□ charity	□ pit	□ razor
□ particular	□ myth			

1621 ★☆☆

legend

[lédʒənd]

ⓝ**전설**

The course is about fables and legends in modern literature.
그 강좌는 현대 문학에서 우화와 전설에 관한 것이다.

***legendary** ⓐ전설적인

1622 ★★☆

superstition

[sùːpərstíʃən]

ⓝ**미신**

Superstition prevents people from benefiting from medicine.
미신은 사람들이 의학의 혜택을 받지 못하게 한다.

***superstitious** ⓐ미신적인

1623 ★★☆

canyon

[kǽnjən]

ⓝ**협곡**

My scream echoed down the steep canyon walls.
나의 외침이 가파른 협곡의 벽을 따라 메아리쳤다.

1624 ★★☆

workshop

[wə́ːrkʃɑ̀p]

ⓝ**연수회**, 작업장

The participants attending the workshop shared their concerns.
연수회에 참가한 참석자들은 자신들의 관심사를 공유하였다.

1625 ★★★

portray

[pɔːrtréi]

ⓥ**묘사하다**

Most media portrayed racial inequality.
대부분 언론 매체는 인종적 불평등을 묘사하였다.

1626 ★★☆

portrait

[pɔ́ːrtrit]

ⓝ**초상화**

I was flattered by the portrait painted by a gifted artist.
나는 재능 있는 화가에 의해 그려진 초상화에 우쭐해졌다.

1627 ★★☆

propel

[prəpél]

ⓥ**추진시키다**, 나아가게 하다

Your cough or sneeze propels fine particles into the air.
너의 기침 또는 재채기가 미세한 입자를 공기 속으로 내보낸다.

Check				
☐ legent	☐ superstition	☐ canyon	☐ workshop	☐ portray
☐ portrait	☐ propel			

1628 ★★☆

grand
[grænd]

ⓐ**웅장한**, 대단한

In the play, a ghost ascended the grand structure.
연극에서 유령이 웅장한 구조물 위로 올라갔다.

1629 ★☆☆

wrestle
[résəl]

ⓥ**맞붙어 싸우다**

The widow wrestled with grief and despair for a while.
미망인은 한동안 슬픔과 절망에 맞서 싸웠다.

1630 ★★☆

temple
[témpəl]

ⓝ**신전, 절**, 사원

The priests looked around the abandoned temple.
성직자들은 버려진 신전을 둘러보았다.

1631 ★☆☆

thermometer
[θərmάmitər]

ⓝ**온도계**

The experiment was performed with a sensitive thermometer.
실험은 민감한 온도계로 수행되었다.

1632 ★★☆

class
[klæs]

ⓝ**계층, 수업**

Class inequality exists throughout the world.
계층 불평등은 전 세계에 걸쳐서 존재한다.

1633 ★★☆

elect
[ilékt]

ⓥ**선출하다** ⓐ선출된

The organization is operated by the elected representatives.
그 단체는 선출된 대표들에 의해 운영된다.

***erect** ⓥ세우다 ⓐ똑바로 선

1634 ★☆☆

blue
[bluː]

ⓐ**우울한, 푸른**

His groundless argument made his peers feel blue.
그의 근거 없는 주장은 동료들이 우울하게 느끼게 했다.

Check				
□ grand	□ wrestle	□ temple	□ thermometer	□ class
□ elect	□ blue			

1635 ★★☆

tend

[tend]

ⓥ~하는 경향이 있다 (tend to)

My senior tends to underestimate my ability.
나의 상급자는 내 능력을 과소평가하는 경향이 있다.

1636 ★★☆

tendency

[téndənsi]

ⓝ경향

Substances have a tendency to expand if heated.
물질은 가열되면 팽창하는 경향이 있다.

1637 ★★☆

tender

[téndər]

ⓐ부드러운

Please stir the soup occasionally until the meat is tender.
고기가 부드러워질 때까지 가끔 수프를 저어라.

1638 ★★☆

cooperation

[kouὰpəréiʃən]

ⓝ협력

We appreciate your close cooperation in many respects.
우리는 많은 면에서 너의 긴밀한 협조에 감사한다.

***cooperate** ⓥ협력하다

1639 ★☆☆

moral

[mɔ́(ː)rəl]

ⓐ도덕적인 ⓝ교훈

The tale illustrates a moral principle.
그 이야기는 도덕적 원칙을 보여준다.

***morality** ⓝ도덕성 ***immoral** ⓐ비도덕적인

1640 ★★☆

invest

[invést]

ⓥ투자하다

He invested a large amount in mining.
그는 많은 금액을 광산업에 투자하였다.

***investment** ⓝ투자

Check				
☐ tend	☐ tendency	☐ tender	☐ cooperation	☐ moral
☐ invest				

※ 정답 표시하지 마시고, 전용 오답 노트를 활용하여 집중 관리 하십시오. 모든 문제는 반복 학습용입니다.

1. fame	ⓝ______		1. primary	ⓐ______
2. crime	ⓝ______		2. reside	ⓥ______
3. criminal	ⓝ______		3. resident	ⓝ______
4. sin	ⓝ______		4. kit	ⓝ______
5. guilty	ⓐ______		5. forehead	ⓝ______
6. innocent	ⓐ______		6. director	ⓝ______
7. innocence	ⓝ______		7. charity	ⓝ______
8. dynamic	ⓐ______		8. pit	ⓝ______
9. cough	ⓝ______		9. razor	ⓝ______
10. prime	ⓐ______		10. particular	ⓐ______

1.명성 2.범죄 3.범죄자 4.죄 5.유죄의 6.결백한 7.결백 8.활기찬 9.기침 10.제1의

1.제1의 2.거주하다 3.주민 4.세트 5.이마 6.책임자 7.자선 8.구덩이 9.면도기 10.특정한

1. legend	ⓝ______		1. thermometer	ⓝ______
2. superstition	ⓝ______		2. class	ⓝ______ ______
3. canyon	ⓝ______		3. elect	ⓥ______
4. workshop	ⓝ______		4. blue	ⓐ______ ______
5. portray	ⓥ______		5. tend	ⓥ______
6. portrait	ⓝ______		6. tendency	ⓝ______
7. propel	ⓥ______		7. tender	ⓐ______
8. grand	ⓐ______		8. cooperation	ⓝ______
9. wrestle	ⓥ______		9. moral	ⓐ______
10. temple	ⓝ______ ______		10. invest	ⓥ______

1.전설 2.미신 3.협곡 4.연수회 5.묘사하다 6.초상화 7.추진시키다 8.웅장한 9.맞붙어 싸우다 10.신전, 절

1.온도계 2.계층, 수업 3.선출하다 4.우울한, 푸른 5.~하는 경향이 있다 6.경향 7.부드러운 8.협력 9.도덕적인 10.투자하다

PHRASE

result from ~로부터 생겨나다
result in 초래하다 (give rise to, bring about, lead to, cause)
rid A of B A에게서 B를 제거하다
right away 즉시 (in no time, at once, immediately)
ring up 전화하다 (call up)
rob A of B A에게서 B를 강탈하다 (deprive A of B)
root out 근절하다
rule out 배제하다 (exclude)
run a/the risk 위험을 무릅쓰다 (take a/the risk)
run across 우연히 만나다 (come across, meet by chance/accident, chance/happen to meet, encounter)
run after 추격하다 (chase)
run into 충돌하다, 우연히 마주치다

1. Such observations resulted _______ a number of studies.
그러한 관찰들은 많은 학습으로부터 생겨났다.

2. Careless driving often result _______ accidents.
부주의한 운전은 종종 사고를 초래한다.

3. The policy will rid the city _______ crime.
그 정책은 도시에서 범죄를 제거할 것이다.

4. I want you to come _______ away.
나는 네가 즉시 오길 원한다.

5. I will ring you _______ after the meeting.
나는 회의 후에 너에게 전화할 것이다.

6. They robbed the bank _______ a considerable amount of money.
강도는 은행에서 상당한 양의 돈을 강탈하였다.

7. We should root _______ poverty in our society.
우리는 우리 사회에서 빈곤을 뿌리 뽑아야 한다.

8. We can't _______ out the possibility of your failure.
우리는 네 실패의 가능성을 배제할 수 없다.

9. He _______ the risk of losing his money.
그는 돈을 잃을 위험을 무릅썼다.

10. I ran _______ my childhood photos while cleaning the attic.
나는 다락을 청소하다가 어린 시절 사진을 우연히 발견하였다.

11. The police ran _______ the thief.
경찰은 도둑을 추격하였다.

12. He ran _______ a post while riding his bike.
그는 자전거를 타다가 기둥에 부딪쳤다.

※ 이 페이지의 단어들은 필요 시 참고하는 분야별 단어입니다. 학습자의 수준과 진도에 맞게 활용하십시오.

character	성격, 등장인물	tolerant	관대한
feature	특징, 용모, 특집으로 다루다	rude	무례한
optimistic	낙관적인	passionate	열정적인
pessimistic	비관적인	aggressive	공격적인
positive	긍정적인	timid	소심한
negative	부정적인	bold	대담한
sociable	사교적인	frank	솔직한
generous	관대한	loyal	충실한

[Definition Quiz]

1. honest and direct. ________

2. not polite or respectful. ________

3. willing to give and share. ________

4. shy and lacking confidence. ________

5. acting in a forceful or angry way. ________

6. brave and willing to take risks. ________

7. having a positive and hopeful attitude. ________

8. having a bad or harmful attitude. ________

9. having a good or confident attitude. ________

10. having strong feelings or enthusiasm. ________

11. accepting others' differences. ________

12. enjoying being with others. ________

13. a special part or quality of something. ________

14. faithful and supportive. ________

15. the qualities that make a person unique. ________

16. expecting bad things to happen. ________

---

1. 정직하고 직설적인 **2.** 공손하거나 존중하지 않는 **3.** 기꺼이 주고 나누려는 **4.** 수줍고 자신감이 없는 **5.** 강압적이거나 화난 방식으로 행동하는 **6.** 용감하고 위험을 감수하려는 **7.** 긍정적이고 희망적인 태도를 가진 **8.** 나쁘거나 해로운 태도를 가진 **9.** 좋거나 자신감 있는 태도를 가진 **10.** 강한 감정이나 열정을 가진 **11.** 다른 사람의 차이를 받아들이는 **12.** 다른 사람들과 함께 있기를 즐기는 **13.** 무언가의 특별한 부분이나 특성 **14.** 충실하고 지지하는 **15.** 사람을 독특하게 만드는 성질들 **16.** 나쁜 일이 일어날 것이라고 예상하는

1.frank **2.**rude **3.**generous **4.**timid **5.**aggressive **6.**bold **7.**optimistic **8.**negative **9.**positive **10.**passionate **11.**tolerant **12.**sociable **13.**feature **14.**loyal **15.**character **16.**pessimistic

---

◀ 24. Food & Health p420   Categories p549   25-2. Characters & Features p450 ▶

DAY
42

[진단 테스트]

※ 실력을 진단하고 점검하는 연결형 문제입니다. 문제에 표시하지 마시고, 전용 오답 노트를 활용하여 집중 관리 하십시오. 본 단어장의 모든 문제는 반복 학습용입니다.

1. prove	①승인하다
2. approve	②의심하다
3. improve	③분배하다
4. vertical	④수평의
5. horizontal	⑤판명되다
6. sacred	⑥개선하다
7. scared	⑦신성한
8. distribute	⑧올라가다
9. doubt	⑨수직의
10. ascend	⑩겁먹은

1.⑤ **2.**① **3.**⑥ **4.**⑨ **5.**④ **6.**⑦ **7.**⑩ **8.**③
9.② **10.**⑧

1. descend	①동정심
2. considerable	②작은
3. considerate	③유능한
4. sympathy	④현명한
5. antipathy	⑤반감
6. tiny	⑥내려가다
7. tidy	⑦사려 깊은
8. sensitive	⑧민감한
9. sensible	⑨상당한
10. competent	⑩말끔한

1.⑥ **2.**⑨ **3.**⑦ **4.**① **5.**⑤ **6.**② **7.**⑩ **8.**⑧
9.④ **10.**③

1. competitive	①인용하다
2. signature	②옹호자
3. signal	③붙이다
4. attach	④경쟁적인
5. detach	⑤서명
6. site	⑥신호
7. cite	⑦주관적인
8. subjective	⑧장소, 현장
9. lawyer	⑨떼다
10. advocate	⑩변호사

1.④ **2.**⑤ **3.**⑥ **4.**③ **5.**⑨ **6.**⑧ **7.**① **8.**⑦
9.⑩ **10.**②

1. physics	①상상력이 풍부한
2. physicist	②물리학자
3. physician	③추상적인
4. conscious	④독특한
5. conscience	⑤의식하는
6. abstract	⑥구체적인
7. concrete	⑦상상의
8. imaginary	⑧의사
9. imaginative	⑨양심
10. distinctive	⑩물리학

1.⑩ **2.**② **3.**⑧ **4.**⑤ **5.**⑨ **6.**③ **7.**⑥ **8.**⑦
9.① **10.**④

1641 ★★☆

prove
[pruːv]

ⓥ**판명되다**, 입증하다

His suspicion proved groundless.
그의 의심은 근거 없는 것으로 판명되었다.

*proof ⓝ증거

1642 ★★☆

approve
[əprúːv]

ⓥ**승인하다**

The National Assembly approved the treaty.
의회는 조약을 승인하였다.

*approval ⓝ승인

1643 ★★☆

improve
[imprúːv]

ⓥ**개선하다**

The mayor vastly improved the public facilities.
시장은 공공시설을 엄청나게 개선하였다.

*improvement ⓝ개선

1644 ★★☆

vertical
[və́ːrtikəl]

ⓐ**수직의**

The creature can climb across any vertical surface.
그 동물은 어떠한 수직 면도 올라갈 수 있다.

1645 ★★☆

horizontal
[hɔ̀ːrəzántl]

ⓐ**수평의**

Floors are horizontal and walls are vertical.
바닥은 수평이고 벽은 수직이다.

*horizon ⓝ수평선, 지평선

1646 ★★☆

sacred
[séikrid]

ⓐ**신성한**

It is a physician's sacred duty to heal the sick.
아픈 사람들을 치료하는 것은 의사의 신성한 의무이다.

1647 ★★☆

scared
[skɛərd]

ⓐ**겁먹은**

The infant was scared of the exotic insect crawling around.
유아는 여기저기 기어다니는 이국적인 곤충에 겁먹었다.

*scare ⓥ겁먹게 하다 ⓝ공포감

Check

□ prove	□ approve	□ improve	□ vertical	□ horizontal
□ sacred	□ scared			

(0241) ★★★
contribute
[kəntríbjuːt]

ⓥ**공헌하다, 기부하다,** 기고하다

The astronomer contributed to the space exploration.
천문학자는 우주 탐사에 공헌하였다.

They contributed the raised money to relief organizations.
그들은 모금된 돈을 구호 단체에 기부하였다.

*contribution ⓝ공헌, 기부금, 기부, 기고

*contribute to ~에 공헌하다, ~의 원인이 되다

1648 ★★☆
distribute
[distríbjuːt]

ⓥ**분배하다,** 유통하다

The organization distributed relief supplies.
그 단체는 구호물자를 분배하였다.

*distribution ⓝ분배, 유통

(0134) ★★★
suspect
[səspékt]

ⓥ**의심하다** (~이라고 의심하다, ~이라고 여기다) ⓝ**혐의자,** 용의자

The resident suspects that his neighbor is a thief.
주민은 자신의 이웃이 도둑이라고 의심한다.

The detectives are chasing the suspect.
형사들은 혐의자를 추적하고 있다.

*suspicion ⓝ의심 *suspicious ⓐ의심스러운

1649 ★☆☆
doubt
[daut]

ⓥ**의심하다** (~인지 의심하다, ~ 아닐 거라고 여기디) ⓝ의심

I doubt he will accomplish the rescue mission.
나는 그가 구조 임무를 완수할지 의심스럽다.

1650 ★★☆
ascend
[əsénd]

ⓥ**올라가다**

We ascended to the peak along the steep path.
우리는 가파른 길을 따라 정상으로 올라갔다.

1651 ★★☆
descend
[disénd]

ⓥ**내려가다**

The cave descends almost vertically to the bottom.
동굴은 거의 수직으로 바닥까지 내려간다.

*descendant ⓝ후손 *descent ⓝ하강

Check

□ contribute	□ distribute	□ suspect	□ doubt	□ ascend
□ descend				

1652 ★★★

considerable
[kənsídərəbəl]

ⓐ **상당한**

His argument seems to have considerable merit.
그의 주장은 상당한 장점이 있어 보인다.

1653 ★★★

considerate
[kənsídərit]

ⓐ **사려 깊은**

The celebrity is considerate and courteous.
그 유명 인사는 사려 깊고 예의 바르다.

1654 ★★☆

sympathy
[símpəθi]

ⓝ **동정심**, 공감

The late soldier's family deserves sympathy.
고인이 된 병사의 가족은 동정을 받아 마땅하다.

1655 ★☆☆

antipathy
[æntípəθi]

ⓝ **반감**

I can't tolerate racial antipathy against certain people.
나는 특정인들에 대한 인종적 반감을 참을 수 없다.

1656 ★☆☆

tiny
[táini]

ⓐ **작은**

He separated tiny seeds from the sweet flesh.
그는 달콤한 과육으로부터 작은 씨앗들을 분리하였다.

1657 ★☆☆

tidy
[táidi]

ⓐ **말끔한**

The house was a mess except for the tidy kitchen.
그 집은 말끔한 부엌을 제외하고 엉망이었다.

1658 ★★★

sensitive
[sénsətiv]

ⓐ **민감한**

His sensitive nature makes the employees feel nervous.
그의 예민한 성격은 직원들을 불안 초조하게 느끼도록 만든다.

1659 ★★☆

sensible
[sénsəbəl]

ⓐ **현명한**

Our top priority is sensible utilization of resources.
우리의 최우선 순위는 자원의 현명한 활용이다.

Check

□ considerable	□ considerate	□ sympathy	□ antipathy	□ tiny
□ tidy	□ sensitive	□ sensible		

1660 ★★☆

competent
[kɑ́mpətənt]

ⓐ**유능한**

The mechanic proved qualified and competent.
기계공은 자격 있고 유능하다고 판명되었다.

*competence ⓝ능력, 경쟁력 *incompetent ⓐ무능한

1661 ★★☆

competitive
[kəmpétətiv]

ⓐ**경쟁적인**, 경쟁력 있는

The company became competitive through bold investments.
그 회사는 과감한 투자를 통해 경쟁력을 갖추게 되었다.

*compete ⓥ경쟁하다 *competition ⓝ경쟁, 대회

1662 ★☆☆

signature
[sígnətʃər]

ⓝ**서명** (공식 서명), 특색, 고유성

I put my signature in the blank space of the form.
나는 양식의 빈칸에 서명하였다.

*autograph ⓝ서명 (기념 서명)

(0290) ★☆☆

sign
[sain]

ⓝ**신호** (정보 제공), 안내 표시, 징후 ⓥ**서명하다**

Numerous neon signs flash at night.
수많은 네온 안내판이 밤에 반짝인다.

1663 ★☆☆

signal
[sígnəl]

ⓝ**신호** (이행 지시) ⓥ**신호를 보내다**

His yawn was a signal for me to leave.
그의 하품은 내가 떠나야 한다는 신호였다.

1664 ★★☆

attach
[ətǽtʃ]

ⓥ**붙이다**, 첨부하나

High social status is attached to the legal profession.
높은 사회적 지위가 법률 직업에 따라붙는다.

*attachment ⓝ애정, 애착, 첨부

1665 ★★☆

detach
[ditǽtʃ]

ⓥ**떼다**

You can detach the hood from the jacket.
너는 상의에서 모자를 뗄 수 있다.

*detachment ⓝ냉담, 초연 *detached ⓐ냉담한, 초연한

Check

□ competent	□ competitive	□ signature	□ sign	□ signal
□ attach	□ detach			

1666 ★★☆

site
[sait]

ⓝ장소, 현장

The mechanic was injured at the construction site.
기계공은 건설 현장에서 부상당했다.

1667 ★★☆

cite
[sait]

ⓥ인용하다

He cited several figures to support his argument.
그는 자신의 주장을 뒷받침하기 위하여 여러 수치를 인용하였다.

(0225) ★★★

subject
[sʌbdʒikt]

ⓝ실험 대상, 주제, 과목, 국민 (통치 대상) ⓐ~의 영향을 받는 (subject to)

The subjects in the experiment gathered together.
실험에 참여한 대상자들이 함께 모였다.

(0023) ★★★

object
[ɑbdʒikt]

ⓥ반대하다 ⓝ목적 (계획, 활동 등의 의도), 물체, 대상

The human rights organization objects to racism.
인권 단체는 인종 차별주의에 반대한다.

The object of the experiment is to filter out the moisture.
그 실험의 목적은 수분을 걸러내는 것이다.

***objection** ⓝ반대

1668 ★★☆

subjective
[səbdʒéktiv]

ⓐ주관적인

Our perception is often influenced by subjective factors.
우리의 인식은 종종 주관적인 요소들에 의하여 영향받는다.

(0024) ★★★

objective
[əbdʒéktiv]

ⓐ객관적인 ⓝ목적 (전문 분야, 사업 등의 지향점), 목표

The evaluation staff were fair and objective.
평가 직원들은 공정하고 객관적이었다.

He fulfilled the objective of making a large fortune.
그는 많은 재산을 모으는 목표를 달성하였다.

***objectivity** ⓝ객관성

Check

□ site	□ cite	□ subject	□ object	□ subjective
□ objective				

1669 ★★☆

lawyer

[lɔ́ːjər]

ⓝ변호사

The lawyer eventually proved the innocence of his client.
변호사는 결국 의뢰인의 무죄를 입증하였다.

*attorney ⓝ변호인, 법률적 대리인

1670 ★★☆

advocate

[ǽdvəkit]

ⓝ옹호자 ⓥ옹호하다

He is a passionate advocate for organ donation.
그는 장기 기증에 대한 열정적 옹호자이다.

*advocacy ⓝ옹호, 변호

(0143) ★★★

anticipate

[æntísəpèit]

ⓥ예상하다, 고대하다

The authorities didn't anticipate the extreme resistance.
당국은 극단적인 저항을 예상하지 못하였다.

Most families anticipate the summer vacation.
대부분 가정은 여름휴가를 고대한다.

(0548) ★★☆

participate

[pɑːrtísəpèit]

ⓥ참가하다

The manufacturer and consumers participated in the survey.
제조업체와 소비자들이 조사에 참여하였다.

*participant ⓝ참가자

1671 ★★☆

physics

[fíziks]

ⓝ물리학

The people made numerous discoveries in physics.
그 민족은 물리학에서 수많은 발견을 하였다.

*physical ⓐ물리적인, 신체의 *physical education 체육

1672 ★★☆

physicist

[fízisist]

ⓝ물리학자

The outstanding physicist discovered new particles.
뛰어난 물리학자가 새로운 입자들을 발견하였다.

1673 ★★☆

physician

[fɪzíʃən]

ⓝ의사

The drug requires the physician's prescription.
그 약은 의사의 처방이 필요하다.

*surgeon ⓝ외과 의사

Check

□ lawyer	□ advocate	□ anticipate	□ participate	□ physics
□ physicist	□ physician			

1674 ★★☆

conscious

[kɑ́nʃəs]

ⓐ**의식하는**, 의식적인

I was not conscious of his absence before he appeared.
나는 그가 나타나기 전에 그의 부재를 인식하지 못하였다.

1675 ★★☆

conscience

[kɑ́nʃəns]

ⓝ**양심**

Reason often deceives us, but conscience never does.
이성은 종종 우리를 속이지만 양심은 결코 속이지 않는다.

1676 ★★☆

abstract

[æbstrǽkt]

ⓐ**추상적인**

It is difficult to grasp abstract concepts in philosophy.
철학에서 추상적인 개념을 이해하는 것은 어렵다.

1677 ★★☆

concrete

[kɑ́nkriːt]

ⓐ**구체적인**

The figures provide concrete evidence of their claim.
그 수치들은 그들의 주장에 대한 구체적인 증거를 제공한다.

1678 ★☆☆

imaginary

[imǽdʒənèri]

ⓐ**상상의**

The author presented numerous imaginary figures.
작가는 수많은 상상의 인물을 제시하였다.

1679 ★★☆

imaginative

[imǽdʒənətiv]

ⓐ**상상력이 풍부한**

The imaginative boy drew the mysterious creature.
상상력이 풍부한 소년은 신비로운 동물을 그렸다.

(0172) ★★☆

distinct

[distíŋkt]

ⓐ**명확한, 별개의,** 뚜렷한

He showed a distinct lack of affection and passion.
그는 애정과 열정의 명백한 결핍을 보여주었다.

His theory is distinct from the general one.
그의 이론은 일반적인 이론과는 별개이다.

1680 ★★☆

distinctive

[distíŋktiv]

ⓐ**독특한**

Her distinctive appearance attracted the audience.
그녀의 독특한 모습은 관객을 매혹하였다.

Check

□ conscious	□ conscience	□ abstract	□ concrete	□ imaginary
□ imaginative	□ distinct	□ distinctive		

※ 정답 표시하지 마시고, 전용 오답 노트를 활용하여 집중 관리 하십시오. 모든 문제는 반복 학습용입니다.

1. prove	ⓥ______		1. descend	ⓥ______
2. approve	ⓥ______		2. considerable	ⓐ______
3. improve	ⓥ______		3. considerate	ⓐ______
4. vertical	ⓐ______		4. sympathy	ⓝ______
5. horizontal	ⓐ______		5. antipathy	ⓝ______
6. sacred	ⓐ______		6. tiny	ⓐ______
7. scared	ⓐ______		7. tidy	ⓐ______
8. distribute	ⓥ______		8. sensitive	ⓐ______
9. doubt	ⓥ______		9. sensible	ⓐ______
10. ascend	ⓥ______		10. competent	ⓐ______

1.판명되다 2.승인하다 3.개선하다 4.수직의 5.수평의 6.신성한 7.겁먹은 8.분배하다 9.의심하다 10.올라가다

1.내려가다 2.상당한 3.사려 깊은 4.동정심 5.반감 6.작은 7.말끔한 8.민감한 9.현명한 10.유능한

1. competitive	ⓐ______		1. physics	ⓝ______
2. signature	ⓝ______		2. physicist	ⓝ______
3. signal	ⓝ______		3. physician	ⓝ______
4. attach	ⓥ______		4. conscious	ⓐ______
5. detach	ⓥ______		5. conscience	ⓝ______
6. site	ⓝ______ ______		6. abstract	ⓐ______
7. cite	ⓥ______		7. concrete	ⓐ______
8. subjective	ⓐ______		8. imaginary	ⓐ______
9. lawyer	ⓝ______		9. imaginative	ⓐ______
10. advocate	ⓝ______		10. distinctive	ⓐ______

1.경쟁적인 2.서명 3.신호 4.붙이다 5.떼다 6.장소, 현장 7.인용하다 8.주관적인 9.변호사 10.옹호자

1.물리학 2.물리학자 3.의사 4.의식하는 5.양심 6.추상적인 7.구체적인 8.상상의 9.상상력이 풍부한 10.독특한

PHRASE

run out 다 떨어지다, 소진되다 (A run out A가 다 떨어지다)
run out of ~을 다 쓰다 (A run out of B A는 B를 다 쓰다)
run over (차가) 치다, 대충 훑어보다
run short of ~이 부족해지다
search for 찾다 *search 뒤지다, 수색하다
search into 조사하다 (look into)
seat oneself 앉다 (be seated)
second to none 최고의 (next to none)
see off 배웅하다
send for ~을 부르러 보내다
set aside 제쳐놓다, 저축하다
set up 설립하다 (establish)

1. Money has run ________.
   돈이 다 떨어졌다.

2. I have run ________ ________ money.
   나는 돈을 다 썼다.

3. I nearly ran ________ a dog.
   나는 거의 강아지를 칠 뻔하였다.

4. The company is running ________ of funds.
   회사는 자금이 부족해지고 있다.

5. He is searching ________ his bag in the classroom.
   그는 교실에서 자기 가방을 찾고 있다.

6. The police searched ________ the suspect's background.
   경찰은 혐의자의 배경을 조사하였다.

7. She seated ________ in the front row.
   그녀는 맨 앞줄에 앉았다.

8. His dedication to his family is ________ to none.
   가족에 대한 그의 헌신은 최고다.

9. I have to see him ________ at the airport.
   나는 공항에서 그를 배웅해야 한다.

10. Please send ________ a doctor at once.
    즉시 의사를 부르러 사람을 보내라.

11. She set ________ some money against a rainy day.
    그녀는 비상시에 대비하여 약간의 돈을 저축하였다.

12. He set ________ a new company.
    그는 새로운 회사를 설립하였다.

DAY
43

DAY 43

[진단 테스트]

※ 실력을 진단하고 점검하는 연결형 문제입니다. 문제에 표시하지 마시고, 전용 오답 노트를 활용하여 집중 관리 하십시오. 본 단어장의 모든 문제는 반복 학습용입니다.

1. tempt	①넓은
2. attempt	②유혹하다
3. optimistic	③읽고 쓸 수 있는
4. pessimistic	④얕은
5. literary	⑤낙관적인
6. literal	⑥시도하다
7. literate	⑦문자 그대로의
8. broad	⑧비관적인
9. narrow	⑨문학의
10. shallow	⑩좁은

1.⑦ 2.⑥ 3.⑤ 4.⑧ 5.⑨ 6.⑦ 7.③ 8.①
9.⑩ 10.④

1. infinite	①명백한
2. definite	②무한한
3. firsthand	③왕의
4. royal	④충실한
5. loyal	⑤특허 사용료
6. royalty	⑥~보다 더 잘 수행하다
7. loyalty	⑦~보다 더 빨리 뛰다
8. outdo	⑧충성
9. outperform	⑨직접적인
10. outrun	⑩~보다 더 잘하다

1.② 2.① 3.⑨ 4.③ 5.④ 6.⑤ 7.⑧ 8.⑩
9.⑥ 10.⑦

1. outlive	①총알
2. explode	②보존하다
3. explore	③탐사하다
4. preserve	④귀중한
5. blind	⑤폭발하다
6. deaf	⑥~보다 더 오래 살다
7. dumb	⑦눈먼
8. priceless	⑧벙어리인
9. invaluable	⑨귀먼
10. bullet	⑩귀중한

1.⑥ 2.⑤ 3.③ 4.② 5.⑦ 6.⑨ 7.⑧ 8.④
9.⑩ 10.①

1. bulletin	①소비하다
2. expend	②부문
3. steep	③게시물
4. stiff	④뻣뻣한
5. previous	⑤계속적인
6. precious	⑥가파른
7. continuous	⑦소중한
8. continual	⑧이전의
9. sector	⑨부문
10. section	⑩계속적인

1.③ 2.① 3.⑥ 4.④ 5.⑧ 6.⑦ 7.⑤ 8.⑩
9.② 10.⑨

1681 ★★☆

tempt

[tempt]

ⓥ**유혹하다**

The investor was tempted to make a large fortune.
투자자는 큰 재산을 만들고 싶은 유혹을 받았다.

***temptation** ⓝ유혹

1682 ★★☆

attempt

[ətémpt]

ⓥ**시도하다** ⓝ시도

He attempted to dismiss the incompetent clerk.
그는 무능한 직원을 해고하려고 시도하였다.

1683 ★★☆

optimistic

[ὰptəmístik]

ⓐ**낙관적인**, 낙천적인

The doctor was cautiously optimistic about my recovery.
의사는 나의 회복에 대해 조심스럽게 낙관적이었다.

***optimism** ⓝ낙관주의 낙천주의 ***optimist** ⓝ낙관주의자 낙천주의자

1684 ★★☆

pessimistic

[pèsəmístik]

ⓐ**비관적인**

His predictions of the harvest proved pessimistic.
그의 수확량 예측은 비관적인 것으로 판명되었다.

***pessimism** ⓝ비관주의 ***pessimist** ⓝ비관주의자

1685 ★★☆

literary

[lítərèri]

ⓐ**문학의**

His novel drew high praise from literary critics.
그의 소설은 문학 비평가들로부터 높은 찬사를 끌어냈다.

***literature** ⓝ문학, 문헌

1686 ★★☆

literal

[lítərəl]

ⓐ**문자 그대로의**

Most phrases don't carry the same literal meaning.
대부분 숙어는 문자 그대로의 동일한 의미를 지니지 않는다.

1687 ★★☆

literate

[lítərit]

ⓐ**읽고 쓸 수 있는** ⓝ식자(識者), 교양 있는 사람

Only a few were literate in the village.
그 마을에서는 오직 소수만이 읽고 쓸 수 있었다.

***literacy** ⓝ읽고 쓰는 능력 ***illiterate** ⓐ읽고 쓸 수 없는 ⓝ문맹자

Check

□ tempt	□ attempt	□ optimistic	□ pessimistic	□ literary
□ literal	□ literate			

1688 ★★☆

broad

[brɔːd]

ⓐ 넓은

The broad survey offered us reliable data.
광범위한 조사가 우리에게 신뢰할 만한 자료를 제공하였다.

breadth ⓝ 너비

1689 ★★☆

narrow

[nǽrou]

ⓐ 좁은

The narrow corridor leads to the emergency exit.
좁은 복도는 비상 출구로 이어진다.

1690 ★★☆

shallow

[ʃǽlou]

ⓐ 얕은

The children splashed in the shallow pond.
아이들은 얕은 연못에서 물을 튀겼다.

1691 ★★★

infinite

[ínfənit]

ⓐ 무한한

Human beings have an infinite capacity for self-deception.
인간은 자신 기만에 대한 무한 능력을 지니고 있다.

infinity ⓝ 무한대

1692 ★★★

definite

[défənit]

ⓐ 명백한, 명확한

The sufficient data enabled us to reach a definite conclusion.
충분한 자료는 우리가 명확한 결론에 도달할 수 있도록 해주었다.

definitely ⓐⓓ 물론, 명백하게

1693 ★★☆

firsthand

[fə́ːrsthǽnd]

ⓐ 직접적인

The firsthand exposure to toxic chemicals is dangerous.
유독성 화학 물질에 직접적인 노출은 위험하다.

(0202) ★★☆

secondhand

[sékəndhǽnd]

ⓐ 간접적인, 중고의

Secondhand smoke is harmful to health.
간접흡연은 건강에 해롭다.

The charity is collecting secondhand clothes.
자선 단체는 중고 의류를 수집 중이다.

Check

□ broad	□ narrow	□ shallow	□ infinite	□ definite
□ firsthand	□ secondhand			

1694 ★★☆

royal
[rɔ́iəl]

ⓐ**왕의,** 고귀한

He is a descendant of the ancient royal family.
그는 고대 왕족의 후손이다.

1695 ★★☆

loyal
[lɔ́iəl]

ⓐ**충실한**

The clerk is loyal to his company.
그 직원은 회사에 충실하다.

1696 ★★☆

royalty
[rɔ́iəlti]

ⓝ**특허 사용료,** 저작권료, 왕권

He earns royalties from his previous inventions.
그는 이전 발명품들로부터 특허 사용료를 받는다.

1697 ★★☆

loyalty
[lɔ́iəlti]

ⓝ**충성**

Customers' loyalty contributed to the company's growth.
고객의 충성심이 회사의 성장에 기여하였다.

1698 ★★☆

outdo
[aʊt'du]

ⓥ**~보다 더 잘하다,** 능가하다

The kids tried to outdo each other.
아이들은 서로를 능가하려고 노력하였다.

1699 ★★☆

outperform
[aʊtpə'fɔːm]

ⓥ**~보다 더 잘 수행하다,** 능가하다

The current president obviously outperforms the former one.
현 대통령은 분명히 전임 대통령보다 더 잘 수행한다.

1700 ★★☆

outrun
[aʊt'rʌn]

ⓥ**~보다 더 빨리 뛰다**

I could outrun the monsters in a dream.
나는 꿈속에서 괴물들보다 더 빨리 뛸 수 있었다.

1701 ★★☆

outlive
[aʊt'lɪv]

ⓥ**~보다 더 오래 살다**

Most birds outlive mammals of similar size.
대부분 새는 비슷한 크기의 포유류보다 더 오래 산다.

Check

□ royal	□ loyal	□ royalty	□ loyalty	□ outdo
□ outperform	□ outrun	□ outlive		

1702 ★★☆

explode
[iksplóud]

ⓥ**폭발하다**

The bomb and other explosives exploded.
폭탄과 다른 폭발물이 폭발하였다.

***explosion** ⓝ폭발 ***explosive** ⓝ폭발물 ⓐ폭발적인

1703 ★★☆

explore
[iksplɔ́ːr]

ⓥ**탐사하다**

We explored the fundamental solutions to the crisis.
우리는 위기에 대한 근본적인 해결책을 탐색하였다.

***exploration** ⓝ탐사

(0018) ★★☆

reserve
[rizə́ːrv]

ⓥ**보존하다** (남겨, 특정한 목적), **예약하다** ⓝ비축, 예비, 보호 구역

I reserved some money for an emergency.
나는 비상시에 대비하여 약간의 돈을 비축해 두었다.

The front row of seats was reserved for the celebrities.
앞줄 좌석은 유명 인사들을 위하여 예약되었다.

1704 ★★☆

preserve
[prizə́ːrv]

ⓥ**보존하다** (오래오래, 상태/형태 등)

To acquire wealth is difficult, but to preserve it more difficult.
부를 얻는 것은 어렵지만, 그것을 보존하는 것은 더 어렵다.

***preservative** ⓝ방부제

1705 ★★☆

blind
[blaind]

ⓐ**눈먼**, 맹목적인

Without treatment, the patient will go blind.
치료받지 않으면, 그 환자는 실명하게 될 것이다.

1706 ★★☆

deaf
[def]

ⓐ**귀먼**

Many deaf people feel isolated.
많은 귀먼 사람들은 고립감을 느낀다.

1707 ★★☆

dumb
[dʌm]

ⓐ**벙어리인**, 어리석은

I'd choose a dumb person over a vicious one.
나는 사악한 사람보다는 멍청한 사람을 선택하겠다.

Check

□ explode	□ explore	□ reserve	□ preserve	□ blind
□ deaf	□ dumb			

1708 ★★★

priceless
[praɪsləs]

ⓐ**귀중한**, 매우 값비싼

Many priceless treasures are displayed in the museum.
많은 귀중한 보물들이 박물관에 전시되어 있다.

1709 ★★★

invaluable
[invǽljuəbəl]

ⓐ**귀중한**, 매우 가치 있는

Medical records are an invaluable asset for patient evaluation.
의료 기록은 환자 평가를 위한 귀중한 자산이다.

***valueless** ⓐ무가치한

1710 ★☆☆

bullet
[búlit]

ⓝ**총알**

The soldier suffered a bullet wound on his shoulder.
병사는 어깨에 총상을 입었다.

1711 ★☆☆

bulletin
[búlətin]

ⓝ**게시물**

The bulletin describing the suspect is posted on the wall.
혐의자를 묘사하는 게시물이 벽에 붙어있다.

***bulletin board** 게시판

1712 ★★☆

expend
[ikspénd]

ⓥ**소비하다**

Both countries expended vast resources on war.
두 나라는 전쟁에 막대한 자원을 소비하였다.

***expense** ⓝ비용 ***expenditure** ⓝ지출

(0704) ★★☆

expand
[ikspǽnd]

ⓥ**팽창하다**, 확장하다

Substances have a tendency to expand if heated.
물질은 가열되면 팽창하는 경향이 있다.

***expansion** ⓝ팽창, 확장 ***expansive** ⓐ광범위한

(0309) ★★☆

extend
[iksténd]

ⓥ**연장하다**, **뻗다**, 확대하다

They extended the import restriction of beef.
그들은 소고기 수입 제한을 연장하였다.

He extended his sympathy to the wounded.
그는 부상자들에게 동정심을 표하였다.

***extension** ⓝ연장, 확대 ***extensive** ⓐ광범위한

Check

□ priceless	□ invaluable	□ bullet	□ bulletin	□ expend
□ expand	□ extend			

1713 ★☆☆

steep
[stiːp]

ⓐ**가파른**

The steep rise in prices led to the decrease in consumption.
물가의 가파른 상승은 소비 감소로 이어졌다.

1714 ★☆☆

stiff
[stif]

ⓐ**뻣뻣한**, 힘든

Graduates face stiff competition in getting jobs.
졸업생들은 취업에 있어서 힘든 경쟁에 직면한다.

1715 ★★☆

previous
[príːviəs]

ⓐ**이전의**

The revised edition is superior to the previous one.
개정판은 이전 것보다 우수하다.

1716 ★★☆

precious
[préʃəs]

ⓐ**소중한**

The microscope in the laboratory is a precious instrument.
실험실의 현미경은 소중한 기구이다.

1717 ★☆☆

continuous
[kəntínjuəs]

ⓐ**계속적인** (중단 없이 계속)

The nursery installed the continuous monitoring devices.
보육원은 계속 주시 장치를 설치하였다.

1718 ★☆☆

continual
[kəntínjuəl]

ⓐ**계속적인** (중단 후 계속 반복)

The official handled the continual complaints about noise.
그 관리는 소음에 대한 계속적 불평을 처리하였다.

1719 ★★☆

sector
[séktər]

ⓝ**부문** (특정한 일부), 분야

They depend on the agricultural sector to make an income.
그들은 소득을 얻기 위하여 농업 부문에 의존한다.

1720 ★★☆

section
[sékʃən]

ⓝ**부문** (분할된 일부), 구역

The library has a large biology section.
도서관에는 넓은 생물학 구역이 있다.

Check

□ steep	□ stiff	□ previous	□ precious	□ continous
□ continual	□ sector	□ section		

REVIEW

※ 정답 표시하지 마시고, 전용 오답 노트를 활용하여 집중 관리 하십시오. 모든 문제는 반복 학습용입니다.

1. tempt ⓥ______
2. attempt ⓥ______
3. optimistic ⓐ______
4. pessimistic ⓐ______
5. literary ⓐ______
6. literal ⓐ______
7. literate ⓐ______
8. broad ⓐ______
9. narrow ⓐ______
10. shallow ⓐ______

1. infinite ⓐ______
2. definite ⓐ______
3. firsthand ⓐ______
4. royal ⓐ______
5. loyal ⓐ______
6. royalty ⓝ______
7. loyalty ⓝ______
8. outdo ⓥ______
9. outperform ⓥ______
10. outrun ⓥ______

1.유혹하다 2.시도하다 3.낙관적인 4.비관적인 5.문학의 6.문자 그대로의 7.읽고 쓸 수 있는 8.넓은 9.좁은 10.얕은

1.무한한 2.명백한 3.직접적인 4.왕의 5.충실한 6.특허 사용료 7.충성 8.~보다 더 잘하다 9.~보다 더 잘 수행하다 10.~보다 더 빨리 뛰다

1. outlive ⓥ______
2. explode ⓥ______
3. explore ⓥ______
4. preserve ⓥ______
5. blind ⓐ______
6. deaf ⓐ______
7. dumb ⓐ______
8. priceless ⓐ______
9. invaluable ⓐ______
10. bullet ⓝ______

1. bulletin ⓝ______
2. expend ⓥ______
3. steep ⓐ______
4. stiff ⓐ______
5. previous ⓐ______
6. precious ⓐ______
7. continuous ⓐ______
8. continual ⓐ______
9. sector ⓝ______
10. section ⓝ______

1.~보다 더 오래 살다 2.폭발하다 3.탐사하다 4.보존하다 5.눈먼 6.귀먼 7.벙어리인 8.귀중한 9.귀중한 10.총알

1.게시물 2.소비하다 3.가파른 4.뻣뻣한 5.이전의 6.소중한 7.계속적인 8.계속적인 9.부문 10.부문

PHRASE

settle down 정착하다, 마음을 가라앉히다
share in 분담하다, 함께 나누다
show in 안으로 안내하다
show off 과시하다 (boast of)
show up 나타나다 (turn up, appear)
sick of ~에 싫증 난 (tired of)
side by side 나란히
sit for 시험 시험을 치르다 (take an exam for)
sit up 늦게까지 자지 않고 앉아 있다
so far 지금까지 (up to now, until now)
so to speak 말하자면 (as it were)
so-called 소위, 흔히 말하는 (what is called, what people/they/we call)

1. The refugee settled ________ in a small town.
   난민은 작은 마을에 정착하였다.

2. They ________ in the profits.
   그들은 이익을 함께 나누었다.

3. The host showed his guests ________.
   주인은 손님들을 안으로 안내하였다.

4. He frequently shows ________ his knowledge.
   그는 수시로 자기 지식을 과시한다.

5. He showed ________ late to the party.
   그는 파티에 늦게 나타났다.

6. I am sick ________ her constant complaints.
   나는 그녀의 계속적 불평에 싫증 났다.

7. They walked side ________ side.
   그들은 나란히 걸었다.

8. I will sit ________ a final exam.
   나는 최종 시험을 치를 것이다.

9. I sat ________ waiting for the test results.
   나는 시험 결과를 기다리며 늦게까지 잠들지 않았다.

10. Everything is going well so ________.
    지금까지는 모든 것이 잘 진행되고 있다.

11. The company is at a crossroads, so to ________.
    그 회사는 말하자면, 갈림길에 서 있다.

12. The ________ expert couldn't answer the question.
    소위 전문가라는 사람이 질문에 답하지 못했다.

※ 이 페이지의 단어들은 필요 시 참고하는 분야별 단어입니다. 학습자의 수준과 진도에 맞게 활용하십시오.

humble	겸손한, 하찮은	ankle	발목
jealous	질투하는	palm	손바닥, 야자수
zealous	열정적인	chin	턱
virtuous	덕망 있는	cheek	뺨
vicious	사악한	tongue	언어, 혀
nervous	불안 초조한	lap	앞무릎
lean	마른, 기대다, 의존하다	fist	주먹
wrist	손목	appearance	출현, 외모

[Definition Quiz]

1. a hand with the fingers closed tightly. _______

2. the lower part of the face below the mouth. _______

3. feeling unhappy because of others' success. _______

4. the way someone or something looks. _______

5. thin and healthy. _______

6. the joint connecting the foot and leg. _______

7. the inside part of the hand. _______

8. very cruel or violent. _______

9. the muscle inside the mouth used for tasting or speaking. _______

10. not thinking you are more important than others. _______

11. the top of the thighs when sitting. _______

12. worried or anxious. _______

13. the joint between the hand and arm. _______

14. having strong passion for a cause. _______

15. the side of the face below the eyes. _______

16. having good moral qualities. _______

---

1. 손가락을 꽉 쥔 손 **2.** 입 아래 얼굴의 아랫부분 **3.** 다른 사람의 성공 때문에 불행하게 느끼는 **4.** 누군가나 무언가의 보이는 방식 **5.** 날씬하고 건강한 **6.** 발과 다리를 연결하는 관절 **7.** 손의 안쪽 부분 **8.** 매우 잔인하거나 난폭한 **9.** 맛을 보거나 말을 할 때 사용하는 입안의 근육 **10.** 자신이 더 중요하다고 생각하지 않는 **11.** 앉아 있을 때 허벅지 위쪽 **12.** 걱정되거나 불안한 **13.** 손과 팔을 잇는 관절 **14.** 어떤 대의에 대해 강한 열정을 가진 **15.** 눈 아래 얼굴의 옆부분 **16.** 도덕적으로 좋은 자질을 가진

1.fist **2.**chin **3.**jealous **4.**appearance **5.**lean **6.**ankle **7.**palm **8.**vicious **9.**tongue **10.**humble **11.**lap **12.**nervous **13.**wrist **14.**zealous **15.**cheek **16.**virtuous

---

◀ 25-1. Characters & Features p430 　Categories p549 　26. Daily Routine p460 ▶

DAY
44

DAY 44

[진단 테스트]

> ※ 실력을 진단하고 점검하는 연결형 문제입니다. 문제에 표시하지 마시고, 전용 오답 노트를 활용하여 집중 관리 하십시오. 본 단어장의 모든 문제는 반복 학습용입니다.

1. source	①이동
2. resource	②원천
3. temperament	③인지하다
4. conceive	④빈번한
5. perceive	⑤성질
6. deceive	⑥상상하다
7. fluent	⑦자원
8. frequent	⑧유창한
9. shift	⑨역사적인
10. historic	⑩속이다

1.② 2.⑦ 3.⑤ 4.⑥ 5.③ 6.⑩ 7.⑧ 8.①
9.① 10.⑨

1. historical	①모험
2. venture	②관찰
3. adventure	③결과
4. observation	④공격적인
5. observance	⑤역사적인
6. aggressive	⑥수입
7. passive	⑦준수
8. income	⑧깊게
9. outcome	⑨모험
10. deep	⑩수동적인

1.⑤ 2.① 3.⑨ 4.② 5.⑦ 6.④ 7.⑩ 8.⑥
9.③ 10.⑧

1. deeply	①독백
2. absolute	②긍정적인
3. virtue	③질투하는
4. jealous	④시골의
5. zealous	⑤절대적인
6. positive	⑥열정적인
7. negative	⑦미덕
8. urban	⑧도시의
9. monologue	⑨부정적인
10. rural	⑩깊게

1.⑩ 2.⑤ 3.⑦ 4.③ 5.⑥ 6.② 7.⑨ 8.⑧
9.① 10.④

1. dialogue	①남극의
2. insist	②주장하다
3. persist	③대화
4. arctic	④참을 만한
5. antarctic	⑤지속되다
6. tolerable	⑥무지
7. tolerant	⑦관대한
8. ignore	⑧무지한
9. ignorance	⑨북극의
10. ignorant	⑩무시하다

1.③ 2.② 3.⑤ 4.⑨ 5.① 6.④ 7.⑦ 8.⑩
9.⑥ 10.⑧

1721 ★★☆

source

[sɔːrs]

ⓝ**원천**, 근원, 출처

Scarce job opportunities are a source of graduates' anxiety.
드문 일자리 기회는 졸업생들 걱정의 원천이다.

1722 ★★☆

resource

[ríːsɔːrs]

ⓝ**자원**

Various marine resources exist on the ocean floor.
다양한 해양 자원이 해저에 존재한다.

***human resources** 인적 자원

(0121) ★★☆

temper

[témpər]

ⓝ**성질** ⓥ**완화하다**

His short temper often embarrasses his colleagues.
그의 급한 성질은 종종 동료들을 당황하게 한다.

The midday heat was tempered by cool breezes.
한낮의 더위가 시원한 미풍에 의해 완화되었다.

1723 ★★☆

temperament

[témpərəmənt]

ⓝ**성질** (본성), 기질

The twins look alike, but completely differ in temperament.
그 쌍둥이는 닮았지만, 본성에 있어서는 완전히 다르다.

1724 ★★☆

conceive

[kənsíːv]

ⓥ**상상하다**, 생각하다

He conceives of unmarried life as the ultimate solution.
그는 결혼하지 않은 삶을 궁극적인 해결책으로 생각한다.

***concept** ⓝ개념 ***conceivably** ⓐ아마, 생각해 보건대, 상상해 보건대

1725 ★★☆

perceive

[pərsíːv]

ⓥ**인지하다**, 인식하다, 지각하다

I perceived a tiny figure in the distance.
나는 멀리 있는 작은 형체를 인지하였다.

***perception** ⓝ인지, 인식, 지각

1726 ★★☆

deceive

[disíːv]

ⓥ**속이다**

People suspect that he deceived his opponent.
사람들은 그가 상대방을 속였다고 의심한다.

***deceit** ⓝ속임, 기만 (deception)

Check

□ source	□ resource	□ temper	□ temperament	□ conceive
□ perceive	□ deceive			

1727 ★★☆

fluent

[flúːənt]

ⓐ**유창한**, 능숙한

He gave a speech fluently and confidently.
그는 유창하고 자신 있게 연설하였다.

1728 ★★☆

frequent

[fríːkwənt]

ⓐ**빈번한**

His frequent hesitations are related to his indecisive character.
그의 빈번한 망설임은 우유부단한 성격과 관련이 있다.

***frequency** ⓝ빈도

1729 ★★☆

shift

[ʃift]

ⓝ**이동**, 변화, 근무 교대 ⓥ이동하다

He shifted on the couch when I mentioned his fault.
내가 그의 결점을 언급하였을 때 그는 소파에서 이동하였다.

(0918) ★★☆

swift

[swift]

ⓐ**빠른** (실행, 반응 개념)

The captain navigated the vessel through the swift currents.
선장은 급류를 따라 선박을 운항하였다.

1730 ★★☆

historic

[histɔ́(ː)ri]

ⓐ**역사적인** (역사적으로 중요한)

The nonprofit foundation protects the historic sites.
그 비영리 재단은 역사적인 유적지를 보호한다.

1731 ★☆☆

historical

[histɔ́(ː)rikəl]

ⓐ**역사적인** (역사와 관련된)

They avoided their historical responsibility for the tragedy.
그들은 비극에 대한 역사적 책임을 회피하였다.

1732 ★★☆

venture

[véntʃər]

ⓝ**모험** (위험한 시도), 모험적 사업 ⓥ모험하다

The venture made him a millionaire.
모험적 사업이 그를 백만장자로 만들었다.

1733 ★★☆

adventure

[ædvéntʃər]

ⓝ**모험** (흥미로운 도전), 모험적 체험 ⓥ모험하다

The aim of this adventure is to build courage.
이 모험의 목적은 용기를 키우는 것이다.

Check

□ fluent	□ frequent	□ shift	□ swift	□ historic
□ historical	□ venture	□ adventure		

1734 ★★☆

observation
[ὰbzərvéiʃən]

ⓝ**관찰**

The diaries are a mixture of observation and confession.
그 일기들은 관찰과 고백이 뒤섞여 있다.

***observe** ⓥ관찰하다, 준수하다

1735 ★★☆

observance
[əbzə́:rvəns]

ⓝ**준수**

He emphasizes the strict observance of traffic rules.
그는 교통 규칙의 엄격한 준수를 강조한다.

1736 ★★☆

aggressive
[əgrésiv]

ⓐ**공격적인**, 적극적인

The government adopted an aggressive policy on immigration.
정부는 이민에 대한 적극적인 정책을 채택하였다.

1737 ★★☆

passive
[pǽsiv]

ⓐ**수동적인**, 소극적인

He responded passively to his boss's directions.
그는 상사의 지시에 수동적으로 반응하였다.

1738 ★★☆

income
[ínkʌm]

ⓝ**수입**

I am seeking a source of income after my retirement.
나는 은퇴 후 수입원을 찾고 있다.

1739 ★★☆

outcome
[άutkʌm]

ⓝ**결과**

The tragedy was the outcome of their ignorance.
비극은 그들의 무지의 결과였다.

1740 ★☆☆

deep
[di:p]

ⓐⓓ**깊게** (측정 가능) ⓐ깊은

The rescue expert can submerge deep.
구조 전문가는 깊이 잠수할 수 있다.

1741 ★☆☆

deeply
[dí:pli]

ⓐⓓ**깊게** (감정의 정도), 매우

His dedication touched his peers deeply.
그의 헌신은 자기 동료들을 깊이 감동시켰다.

Check

☐ observation	☐ observance	☐ aggressive	☐ passive	☐ income
☐ outcome	☐ deep	☐ deeply		

1742 ★★☆

absolute

[ǽbsəlùːt]

ⓐ**절대적인**

The general demanded absolute obedience from his men.
장군은 부하들에게 절대적인 복종을 요구하였다.

***absolutely** ⓐ전적으로

(0013) ★★★

relative

[rélətiv]

ⓐ**상대적인** ⓝ**친척**

The relative poverty in the urban area frustrated people.
도시 지역에서의 상대적인 빈곤이 사람들이 좌절시켰다.

My relatives occasionally aid the poor within their means.
내 친척들은 가끔 자신들의 수입 내에서 가난한 사람들을 돕는다.

1743 ★★☆

virtue

[vǽːrtʃuː]

ⓝ**미덕**

The shortcut to virtue is to turn away from vice.
미덕으로 가는 지름길은 악을 외면하는 것이다.

***virtuous** ⓐ덕망 있는

(0115) ★★☆

vice

[vais]

ⓝ**악** ⓐ**부(副)**

I doubt that virtue will triumph over vice.
나는 미덕이 악을 이긴다는 것을 의심한다.

The vice president resigned in disgrace.
부통령은 불명예스럽게 사임하였다

***vicious** ⓐ사악한 ***vicious cycle** 악순환

1744 ★★☆

jealous

[dʒéləs]

ⓐ**질투하는,** 질투심이 많은

He became jealous of his peer's enormous fame.
그는 동료의 엄청난 명성을 질투하게 되었다.

***jealousy** ⓝ질투

1745 ★★☆

zealous

[zéləs]

ⓐ**열정적인**

Her zealous devotion attracted most bachelors.
그녀의 열정적인 헌신은 대부분 총각을 매혹하였다.

***zeal** ⓝ열정

Check

□ absolute	□ relative	□ virtue	□ vice	□ jealous
□ zealous				

1746 ★☆☆
positive
[pɑ́zətiv]
ⓐ**긍정적인**
The public response to the resolution was definitely positive.
결의안에 대한 대중의 반응은 명백하게 긍정적이었다.

1747 ★☆☆
negative
[négətiv]
ⓐ**부정적인**
He has a negative view of the domestic press.
그는 국내 언론에 대해 부정적인 시각을 가지고 있다.

1748 ★★☆
urban
[ə́ːrbən]
ⓐ**도시의**
She was ruined by an irregular urban life.
그녀는 불규칙한 도시 생활로 인해 파멸하였다.

1749 ★★☆
rural
[rúərəl]
ⓐ**시골의**
The patients in the rural area envied the urban hospital.
시골 지역의 환자들은 도시의 병원을 부러워했다.

1750 ★☆☆
monologue
[mɑ́nəlɔ̀ːg]
ⓝ**독백**
The play began with a character's monologue.
연극은 한 등장인물의 독백으로 시작되었다.

1751 ★☆☆
dialogue
[dáiəlɔ̀ːg]
ⓝ**대화**
Silence followed our dialogue as a stranger came in.
낯선 사람이 들어오자, 침묵이 우리의 대화 뒤를 따랐다.

1752 ★★☆
insist
[insíst]
ⓥ**주장하다**
The customer insisted on an immediate refund.
고객은 즉각적인 환불을 주장하였다.

1753 ★★☆
persist
[pəːrsíst]
ⓥ**지속되다,** 고집하다
The silly weather persisted throughout the week.
쌀쌀한 날씨가 일주일 내내 지속되었다.

**persistence* ⓝ지속성, 끈기

Check

□ positive	□ negative	□ urban	□ rural	□ monologue
□ dialogue	□ insist	□ persist		

1754 ★★☆

arctic
[άːrktik]

ⓐ북극의

The Arctic region has an extreme climate.
북극 지역은 극단적인 기후를 가지고 있다.

the Arctic 북극 지대

1755 ★★☆

antarctic
[æntάːrktik]

ⓐ남극의

A passenger ship hit an iceberg near the Antarctic region.
여객선이 남극 지역 근처에서 빙산에 부딪혔다.

the Antarctic 남극 지대

1756 ★★☆

tolerable
[tάlərəbəl]

ⓐ참을 만한

He described the new surroundings as tolerable.
그는 새로운 환경이 참을 만하다고 묘사하였다.

tolerate ⓥ참다, 용인하다 **patient** ⓐ참을성 있는 ⓝ환자

1757 ★★★

tolerant
[tάlərənt]

ⓐ관대한

He appears tolerant of the rudeness of his children.
그는 자기 자식들의 무례함에 관대한 것처럼 보인다.

tolerance ⓝ관용

1758 ★★★

ignore
[ignɔ́ːr]

ⓥ무시하다

The reformer ignored unreasonable complaints.
개혁가는 불합리한 불평을 무시하였다.

1759 ★★★

ignorance
[ígnərəns]

ⓝ무지

His prejudice stems from indifference and ignorance.
그의 편견은 무관심과 무지로부터 생겨난다.

1760 ★★★

ignorant
[ígnərənt]

ⓐ무지한

I barely defeated an ignorant man in the argument.
나는 논쟁에서 무지한 사람을 거의 이기지 못하였다.

Check

□ arctic	□ antarctic	□ tolerable	□ tolerant	□ ignore
□ ignorance	□ ignorant			

※ 정답 표시하지 마시고, 전용 오답 노트를 활용하여 집중 관리 하십시오. 모든 문제는 반복 학습용입니다.

1. source ⓝ______		1. historical ⓐ______	
2. resource ⓝ______		2. venture ⓝ______	
3. temperament ⓝ______		3. adventure ⓝ______	
4. conceive ⓥ______		4. observation ⓝ______	
5. perceive ⓥ______		5. observance ⓝ______	
6. deceive ⓥ______		6. aggressive ⓐ______	
7. fluent ⓐ______		7. passive ⓐ______	
8. frequent ⓐ______		8. income ⓝ______	
9. shift ⓝ______		9. outcome ⓝ______	
10. historic ⓐ______		10. deep ⓐd______	

1.원천 2.자원 3.성질 4.상상하다 5.인지하다 6.속이다 7.유창한 8.빈번한 9.이동 10.역사적인

1.역사적인 2.모험 3.모험 4.관찰 5.준수 6.공격적인 7.수동적인 8.수입 9.결과 10.깊게

1. deeply ⓐd______		1. dialogue ⓝ______	
2. absolute ⓐ______		2. insist ⓥ______	
3. virtue ⓝ______		3. persist ⓥ______	
4. jealous ⓐ______		4. arctic ⓐ______	
5. zealous ⓐ______		5. antarctic ⓐ______	
6. positive ⓐ______		6. tolerable ⓐ______	
7. negative ⓐ______		7. tolerant ⓐ______	
8. urban ⓐ______		8. ignore ⓥ______	
9. rural ⓐ______		9. ignorance ⓝ______	
10. monologue ⓝ______		10. ignorant ⓐ______	

1.깊게 2.절대적인 3.미덕 4.질투하는 5.열정적인 6.긍정적인 7.부정적인 8.도시의 9.시골의 10.독백

1.대화 2.주장하다 3.지속되다 4.북극의 5.남극의 6.참을 만한 7.관대한 8.무시하다 9.무지 10.무지한

PHRASE

sooner or later 조만간

speak ill of 욕하다

speak up 큰 소리로 이야기하다

speak well of 칭찬하다

stand by 편들다, 곁에 서다, 대기하다

stand for 나타내다, 대표하다 (represent)

stick to 고수하다 (adhere to)

strange to say 이상한 이야기지만

strictly speaking 엄밀하게 말하면

strive for ~을 얻으려고 애쓰다

substitute A for B B를 A로 대체하다 *replace A by/with B A를 B로 대체하다

succeed in 성공하다

---

1. You will come to know the secret sooner or _______.
너는 조만간 비밀을 알게 될 것이다.

2. He never speaks _______ of others.
그는 결코 다른 사람들을 욕하지 않는다.

3. He was too shy to speak _______ before the girls.
그는 너무 수줍어서 소녀들 앞에서 큰 소리로 말하지 못하였다.

4. She always speaks _______ of her colleagues.
그녀는 항상 자기 동료들을 칭찬한다.

5. He stood _______ his friend during the tough times.
그는 힘든 시기에 친구 곁을 지켰다.

6. UN stands _______ the United Nations.
UN은 국제연합 (United Nations)을 나타낸다.

7. He always sticks _______ his principles.
그는 항상 자신의 원칙을 지킨다.

8. _______ to say, he sleeps 2 hours or less.
이상한 얘기지만, 그는 2시간 이하로 잔다.

9. _______ speaking, it was not my mistake.
엄격하게 말하면 그것은 나의 실수가 아니었다.

10. He is striving _______ a promotion at work.
그는 직장에서 승진하려고 애쓴다.

11. The cook substituted tea _______ coffee.
요리사는 커피를 차로 대체하였다.

12. The scientist finally succeeded _______ developing a new vaccine.
과학자는 새로운 백신을 개발하는 데 성공하였다.

※ 이 페이지의 단어들은 필요 시 참고하는 분야별 단어입니다. 학습자의 수준과 진도에 맞게 활용하십시오.

routine	틀에 박힌, 일상	fatigue	피로
appointment	약속	patience	인내
participation	참가	interruption	방해
trial	시도, 재판	diligent	부지런한, 근면한
repetition	반복	industrious	근면한
concentration	집중	moderate	적당한, 온화한
regularity	규칙성	communicate	의사소통하다
boredom	지루함	arrange	정리하다, 준비하다

[Definition Quiz]

1. hardworking and productive. ________

2. focusing attention on something. ________

3. not too much or too little; balanced. ________

4. feeling tired and uninterested. ________

5. a test or attempt to do something. ________

6. a regular way of doing things every day. ________

7. taking part in an activity. ________

8. something that stops an action for a while. ________

9. the ability to wait without getting angry. ________

10. to organize or plan something. ________

11. a set time to meet someone. ________

12. working hard and carefully. ________

13. doing something again and again. ________

14. the quality of happening often and regularly. ________

15. to share information or ideas with others. ________

16. extreme tiredness. ________

---

1. 부지런하고 생산적인 **2.** 무언가에 주의를 집중하는 것 **3.** 너무 많지도 적지도 않은 균형 잡힌 **4.** 피곤하고 흥미가 없음 **5.** 무언가를 시험하거나 시도하는 것 **6.** 매일 하는 규칙적인 일과 **7.** 활동에 참여하는 것 **8.** 행동을 잠시 멈추게 하는 것 **9.** 화내지 않고 기다릴 수 있는 능력 **10.** 무언가를 조직하거나 계획하다 **11.** 누군가를 만나기로 정한 시간 **12.** 열심히 그리고 꼼꼼하게 일하는 **13.** 계속해서 무언가를 하는 것 **14.** 자주 그리고 규칙적으로 일어나는 성질 **15.** 다른 사람과 정보나 생각을 나누다 **16.** 극도의 피로

1.industrious **2.**concentration **3.**moderate **4.**boredom **5.**trial **6.**routine
7.participation **8.**interruption **9.**patience **10.**arrange **11.**appointment **12.**diligent
13.repetition **14.**regularity **15.**communicate **16.**fatigue

◀ 25-2. Characters & Features p450   Categories p549   27. Emotions p470 ▶

DAY
45

DAY 45

[진단 테스트]

※ 실력을 진단하고 점검하는 연결형 문제입니다. 문제에 표시하지 마시고, 전용 오답 노트를 활용하여 집중 관리 하십시오. 본 단어장의 모든 문제는 반복 학습용입니다.

1. famine	①여성주의	1. respectable	①믿을 수 있는
2. feminine	②유감스러운	2. multiple	②복합적인
3. feminism	③선반	3. multiply	③경외
4. adopt	④채택하다	4. credible	④놀라운
5. institute	⑤기근	5. incredible	⑤설립하다
6. shelf	⑥주거지	6. owe	⑥존경스러운
7. shelter	⑦기관	7. awe	⑦증가시키다
8. regretful	⑧여성스러운	8. awesome	⑧빚지다
9. regrettable	⑨존경스러운	9. awful	⑨끔찍한
10. respectful	⑩유감스러운	10. found	⑩매우 대단한

1.⑤ 2.⑧ 3.① 4.④ 5.⑦ 6.③ 7.⑥ 8.②
9.⑩ 10.⑨

1.⑥ 2.② 3.⑦ 4.① 5.④ 6.⑧ 7.③ 8.⑩
9.⑨ 10.⑤

1. pound	①해변	1. diploma	①외교관
2. principle	②두드리다	2. diplomat	②빙하
3. coast	③잔치	3. visual	③틀
4. shore	④사회적인	4. auditory	④졸업장
5. beach	⑤해안	5. flame	⑤응시하다
6. fist	⑥주먹	6. frame	⑥불길
7. feast	⑦원칙	7. glacier	⑦풀을 뜯어먹다
8. social	⑧사교적인	8. iceberg	⑧빙산
9. sociable	⑨순간적인	9. gaze	⑨시각적인
10. momentary	⑩해안	10. graze	⑩청각적인

1.② 2.⑦ 3.⑤ 4.⑩ 5.① 6.⑥ 7.③ 8.④
9.⑧ 10.⑨

1.④ 2.① 3.⑨ 4.⑩ 5.⑥ 6.③ 7.② 8.⑧
9.⑤ 10.⑦

1761 ★★☆

famine
[fǽmin]

ⓝ**기근**, 굶주림

Scores of organizations donated to the famine relief fund.
수십 개 단체가 기근 구호 기금에 기부하였다.

1762 ★★☆

feminine
[fémənin]

ⓐ**여성스러운**, 여성의

Her feminine features are appropriate for the delicate task.
그녀의 여성스러운 특징은 섬세한 과제에 적합하다.

1763 ★★☆

feminism
[fémənìzəm]

ⓝ**여성주의**, 여권 신장론

The feminist showed real commitment to feminism.
여성주의자는 남녀 평등주의에 진정으로 헌신하였다.

***feminist** ⓝ여성주의자

1764 ★★☆

adopt
[ədάpt]

ⓥ**채택하다**, 입양하다

The committee ultimately adopted his suggestions.
위원회는 결국 그의 제안을 채택하였다.

(0193) ★★☆

adapt
[ədǽpt]

ⓥ**적응하다, 개조하다**, 각색하다

The timid child seldom adapted to new circumstances.
소심한 아이는 좀처럼 새로운 환경에 적응하지 못하였다.

The author adapted his novel for a play.
작가는 연극을 위해 자신의 소설을 각색하였다.

***adaptation** ⓝ적응, 개조, 각색

(0164) ★★☆

character
[kǽriktər]

ⓝ**성격, 등장인물**, 특성 (본질적인 면)

His optimistic character invariably pleases his mates.
그의 낙천적인 성격은 항상 그의 동료들을 즐겁게 한다.

The ridiculous-looking character performed multiple roles.
우스꽝스럽게 보이는 등장인물이 복합적인 역할을 수행하였다.

(1157) ★★☆

characteristic
[kǽriktərístik]

ⓝ**특징** (두드러지거나 독특한 면) ⓐ특징적인

Intelligence is an inherited characteristic.
지능은 유전되는 특성이다.

Check

□ famine	□ faminine	□ faminism	□ adopt	□ adapt
□ character	□ characteristic			

1765 ★★☆

institute

[ínstətjùːt]

ⓝ**기관** (특정 분야 전문 기관, 연구소 등) ⓥ설립하다, 제정하다

The institute specializes in correcting the wrong posture.
그 기관은 잘못된 자세를 교정하는 데 전문화 되어있다.

(0045) ★★☆

institution

[ìnstətjúːʃən]

ⓝ**기관** (대규모 전문 기관, 교육 기관, 금융 기관 등), **제도,** 관습

The colleges cooperate closely with other research institutions.
대학들은 다른 연구 기관들과 긴밀하게 협력한다.

The institution of slavery was once widespread.
노예 제도가 한때 널리 퍼졌었다.

1766 ★★☆

shelf

[ʃelf]

ⓝ**선반**

The grocer arranged the supplies on the shelf.
그 식료품상은 물자를 선반에 정리하였다.

1767 ★★☆

shelter

[ʃéltər]

ⓝ**주거지,** 은신처 ⓥ은신하다

The refugees were accommodated in the temporary shelter.
난민들은 임시 주거지에 수용되었다.

1768 ★☆☆

regretful

[rigrétfəl]

ⓐ**유감스러운** (유감을 표하는), 죄송한

He apologized for his ignorance, showing regretful tears.
그는 자신의 무지를 사과하며 유감스러운 눈물을 보였나.

1769 ★☆☆

regrettable

[rɪˈɡretəbəl]

ⓐ**유감스러운** (유감을 받을 만한), 안타까운

The customer didn't realize his regrettable rudeness.
고객온 자신의 유감스러운 무례함을 깨닫지 못하였다.

1770 ★☆☆

respectful

[rispéktfəl]

ⓐ**존경스러운** (존경을 표하는)

He is always respectful and obedient to his parents.
그는 항상 부모님에게 존경을 표하고 순종적이다.

1771 ★☆☆

respectable

[rispéktəbəl]

ⓐ**존경스러운** (존경 받을 만한)

The scholar contributed a respectable article to the journal.
그 학자는 존경받을 만한 기사를 잡지에 기고하였다.

Check

□ institute	□ institution	□ shelf	□ shelter	□ regretful
□ regrettable	□ respectful	□ respectable		

1772 ★★☆

multiple
[mʌ́ltəpəl]

ⓐ**복합적인**

The assembled device can perform multiple functions.
조립된 장치는 복합 기능을 수행할 수 있다.

1773 ★★☆

multiply
[mʌ́ltəplài]

ⓥ**증가시키다,** 증식하다, 곱하다

The threatening insect species multiplied rapidly.
위협적인 곤충 종이 빠르게 증식하였다.

***multiplication** ⓝ증식, 곱셈

1774 ★★☆

credible
[krédəbəl]

ⓐ**믿을 수 있는,** 신뢰할 수 있는

We secured credible evidence of his mean trick.
우리는 그의 비열한 속임수에 대한 믿을 만한 증거를 확보하였다.

1775 ★★☆

incredible
[inkrédəbəl]

ⓐ**놀라운,** 대단한

The incredible functions of the device surprised the mechanic.
그 장치의 놀라운 기능은 기계공을 놀라게 하였다.

1776 ★★☆

owe
[ou]

ⓥ**빚지다,** 덕분이다

We owe the donor profound gratitude.
우리는 기부자에게 깊은 감사를 빚지고 있다.

1777 ★★☆

awe
[ɔ:]

ⓝ**경외,** 경탄 ⓥ경외감을 갖게 하다

We gazed at the Niagara Falls with awe.
우리는 나이아가라 폭포를 경외감으로 응시하였다.

1778 ★★☆

awesome
[ɔ́:səm]

ⓐ**매우 대단한,** 경외하는, 경탄할 만한

It is awesome to see those magnificent landscapes.
그러한 장엄한 풍경을 보는 것은 매우 대단하다.

1779 ★★☆

awful
[ɔ́:fəl]

ⓐ**끔찍한**

The awful smell at the lodge disgusted our party.
오두막집의 끔찍한 냄새가 우리 일행을 역겹게 하였다.

Check

☐ multiple	☐ multiply	☐ credible	☐ incredible	☐ owe
☐ awe	☐ awesome	☐ awful		

1780 ★★☆

found
[faund]

ⓥ**설립하다,** 토대를 두다 (found-founded-founded)

He **founded** the charity in memory of his late wife.
그는 고인이 된 아내를 기리며 자선 단체를 설립하였다.

***foundation** ⓝ설립, 재단, 토대, 기초

1781 ★☆☆

pound
[paund]

ⓥ**두드리다** ⓝ파운드 (영국 화폐 단위)

The hot-tempered director **pounded** the table with his fist.
급한 성질의 책임자는 주먹으로 탁자를 두드렸다.

(0088) ★★☆

principal
[prínsəpəl]

ⓝ**교장,** 단체장 ⓐ**주요한**

The vice principal will be promoted to the **principal** next year.
교감은 내년에 교장으로 승진할 것이다.

Their **principal** task is the analysis of the collected materials.
그들의 주요한 과제는 수집된 자료의 분석이다.

1782 ★★☆

principle
[prínsəpəl]

ⓝ**원칙,** 원리

Both instruments operate on the same **principle**.
두 기구는 동일한 원리로 작동한다.

1783 ★☆☆

coast
[koust]

ⓝ**해안** (바다와 나란히 이어지는 육지)

Many nuclear plants are located near the **coast**.
많은 원자력 발전소가 해안 근처 위치한다.

1784 ★☆☆

shore
[ʃɔːr]

ⓝ**해안** (바다, 호수 등과 접한 육지)

The waves crashed against the **shore** along the coastline.
파도가 해안선을 따라 해안에 부딪쳤다.

1785 ★☆☆

beach
[biːtʃ]

ⓝ**해변** (바다와 육지가 겹치는 모래, 자갈 부분)

Several qualified rescuers strolled down the **beach**.
여러 명의 자격 있는 구조원들은 해변을 따라 거닐었다.

Check

□ found	□ pound	□ principal	□ principle	□ coast
□ shore	□ beach			

1786 ★☆☆

fist

[fist]

ⓝ**주먹**

He crossed his legs and rested his chin on one fist.
그는 다리를 꼬고 한 손으로 턱을 괴었다.

1787 ★★☆

feast

[fiːst]

ⓝ**잔치**, 연회, (종교적) 축제

Our ancestors held a feast to celebrate the harvest.
우리의 조상들은 수확을 축하하기 위해 잔치를 열었다.

1788 ★☆☆

social

[sóuʃəl]

ⓐ**사회적인**

The cause of social conflicts is complicated.
사회적 갈등의 원인은 복잡하다.

1789 ★★☆

sociable

[sóuʃəbəl]

ⓐ**사교적인**

Sociable people are suitable for the sales position.
사교적인 사람들은 판매직에 적합하다.

1790 ★☆☆

momentary

[móuməntèri]

ⓐ**순간적인**, 일시적인

They were seized with momentary panic.
그들은 순간적인 공포에 사로잡혔다.

(0896) ★★★

momentous

[mouméntəs]

ⓐ**중대한**

I participated in the fairly momentous occasion.
나는 꽤 중요한 행사에 참석하였다.

1791 ★☆☆

diploma

[diplóumə]

ⓝ**졸업장**

Most diploma courses required the submission of assignments.
대부분 학위증 과정은 과제 제출을 요구하였다.

1792 ★☆☆

diplomat

[dípləmæ̀t]

ⓝ**외교관**

The diplomat possessed an outstanding talent for persuasion.
그 외교관은 뛰어난 설득 재능을 지니고 있었다.

***diplomatic** ⓐ외교적인 ***diplomacy** ⓝ외교

Check

□ fist	□ feast	□ social	□ sociable	□ momentary
□ momentous	□ diploma	□ diplomat		

1793 ★☆☆

visual
[víʒuəl]

ⓐ**시각적인**

The infected area displayed obvious visual symptoms.
감염된 부위는 명백한 시각적 증상을 보여주었다.

1794 ★★☆

auditory
[ɔ́ditɔ̀ri]

ⓐ**청각적인**

The device aids the auditory perception of deaf people.
그 장치는 청각 장애인의 청각 인식을 돕는다.

***audible** ⓐ들을 수 있는 ***acoustic** ⓐ소리의, 음향의

1795 ★★☆

flame
[fleim]

ⓝ**불길**, 화염

The plane crashed and burst into flames.
비행기가 추락하여 화염에 휩싸였다.

1796 ★★☆

frame
[freim]

ⓝ**틀**, 구조물 ⓥ틀을 잡다

He assembled the frame with rust-resistant steel.
그는 녹에 견디는 철로 틀을 조립하였다.

1797 ★☆☆

glacier
[gléiʃər]

ⓝ**빙하**

He collected a mass of ice from a glacier.
그는 빙하에서 얼음덩어리 하나를 수집하였다.

1798 ★☆☆

iceberg
[áisbə̀ːrg]

ⓝ**빙산**

The Titanic crashed into a huge iceberg.
타이태닉호는 거대한 빙산에 충돌하였다.

1799 ★★☆

gaze
[geiz]

ⓥ**응시하다** ⓝ응시

Several passersby gazed at the magician in the square.
몇몇 행인들이 광장에서 마술사를 응시하였다.

1800 ★★☆

graze
[greiz]

ⓥ**풀을 뜯어먹다**, 방목하다

The sheep grazed in herds in broad meadows.
양들은 넓은 초원에서 무리 지어 풀을 뜯어먹었다.

Check

□ visual	□ auditory	□ flame	□ frame	□ glacier
□ iceberg	□ gaze	□ graze		

REVIEW

1. famine	(n)______		1. respectable	(a)______
2. feminine	(a)______		2. multiple	(a)______
3. feminism	(n)______		3. multiply	(v)______
4. adopt	(v)______		4. credible	(a)______
5. institute	(n)______		5. incredible	(a)______
6. shelf	(n)______		6. owe	(v)______
7. shelter	(n)______		7. awe	(n)______
8. regretful	(a)______		8. awesome	(a)______
9. regrettable	(a)______		9. awful	(a)______
10. respectful	(a)______		10. found	(v)______

1.기근 2.여성스러운 3.여성주의 4.채택하다 5.기관 6.선반 7.주거지 8.유감스러운 9.유감스러운 10.존경스러운

1.존경스러운 2.복합적인 3.증가시키다 4.믿을 수 있는 5.놀라운 6.빚지다 7.경외 8.매우 대단한 9.끔찍한 10.설립하다

1. pound	(v)______		1. diploma	(n)______
2. principle	(n)______		2. diplomat	(n)______
3. coast	(n)______		3. visual	(a)______
4. shore	(n)______		4. auditory	(a)______
5. beach	(n)______		5. flame	(n)______
6. fist	(n)______		6. frame	(n)______
7. feast	(n)______		7. glacier	(n)______
8. social	(a)______		8. iceberg	(n)______
9. sociable	(a)______		9. gaze	(v)______
10. momentary	(a)______		10. graze	(v)______

1.두드리다 2.원칙 3.해안 4.해안 5.해변 6.주먹 7.잔치 8.사회적인 9.사교적인 10.순간적인

1.졸업장 2.외교관 3.시각적인 4.청각적인 5.불길 6.틀 7.빙하 8.빙산 9.응시하다 10.풀을 뜯어먹다

PHRASE

succeed to 계승하다
such as ~와 같은 (like)
suffer from ~로 고생하다 *suffer 겪다
sum up 요약하다 (summarize), 합계를 내다
supposing that 만약 ~라면 (suppose that, if)
take ~ for granted ~을 당연한 것으로 여기다 (take it for granted that 절)
take ~ into account 고려하다 (take ~ into consideration)
take a break 잠깐 휴식하다
take A for B A를 B로 잘못 보다, 착각하다 (mistake A for B)
take advantage of 사람 (나쁘게) 이용하다, 속이다
take advantage of 사물 이용하다
take after 닮다 (resemble)

1. He succeeded _______ his father's business.
그는 아버지의 사업을 계승하였다.

2. He can speak several foreign languages, such _______ French and German.
그는 불어와 독일어 같은 몇몇 외국어를 말할 수 있다.

3. He is suffering _______ a severe cold.
그는 심한 감기로 고생하고 있다.

4. He summed _______ his lecture in a few sentences.
그는 자신의 강연을 몇 문장으로 요약하였다.

5. _______ that it rains tomorrow, what will you do?
만약 내일 비가 온다면, 너는 무엇을 할 거니?

6. He takes the results _______ _______.
그는 결과를 당연하게 여긴다.

7. We should take the budget into _______.
우리는 예산을 고려해야 한다.

8. Let's take a _______ in some minutes.
몇 분 후에 잠깐 휴식하자.

9. I took him _______ a foreigner.
나는 그를 외국인으로 착각하였다.

10. He took advantage _______ tourists by overcharging them.
그는 과다 요금 청구하면서 관광객들을 속였다.

11. I took _______ of free online courses.
나는 무료 온라인 과정을 이용하였다.

12. He takes _______ his father.
그는 아버지를 닮았다.

※ 이 페이지의 단어들은 필요 시 참고하는 분야별 단어입니다. 학습자의 수준과 진도에 맞게 활용하십시오.

emotion	감정	confidence	자신감
sympathy	동정심	comfort	안락, 위로하다
antipathy	반감	nervous	불안 초조한
passion	열정	calm	차분한, 진정시키다
anxiety	걱정, 열망	excite	신나게 하다, 열광하게 하다
relief	완화, 구원, 안도	embarrass	당황하게 하다
frustration	좌절	move	감동시키다
despair	절망	touch	감동시키다

[Definition Quiz]

1. worry or nervousness about something. _______
2. to make someone feel better. _______
3. feeling sorry for someone's troubles. _______
4. feeling peaceful and relaxed. _______
5. to make someone feel very happy or energetic. _______
6. to cause strong feelings of sadness or joy. _______
7. belief in your own ability or qualities. _______
8. feeling upset because things don't go well. _______
9. the feeling of comfort after stress or worry. _______
10. to cause someone to feel emotional. _______
11. a feeling of no hope. _______
12. a strong feeling of dislike. _______
13. feeling worried or anxious. _______
14. to make someone feel shy or ashamed. _______
15. a very strong feeling or love for something. _______
16. a strong feeling like happiness or sadness. _______

---

1. 무언가에 대한 걱정이나 불안 초조 **2.** 누군가를 기분 좋게 만들다 **3.** 누군가의 어려움에 대한 안타까운 마음 **4.** 평화롭고 편안한 느낌을 가지는 **5.** 누군가를 매우 행복하거나 에너지가 넘치게 만들다 **6.** 강한 슬픔이나 기쁨의 감정을 불러일으키다 **7.** 자신의 능력이나 자질에 대한 믿음 **8.** 일이 잘되지 않아 속상한 느낌 **9.** 스트레스나 걱정 후의 편안함 **10.** 누군가가 감정을 느끼게 만들다 **11.** 희망이 없는 느낌 **12.** 강한 싫어함 **13.** 걱정되거나 불안한 느낌을 가지는 **14.** 누군가를 부끄럽거나 창피하게 만들다 **15.** 무언가에 대한 매우 강한 사랑 **16.** 행복이나 슬픔 같은 강한 느낌

1.anxiety **2.**comfort **3.**sympathy **4.**calm **5.**excite **6.**move **7.**confidence **8.**frustration **9.**relief **10.**touch **11.**despair **12.**antipathy **13.**nervous **14.**embarrass **15.**passion **16.**emotion

---

◀ 26. Daily Routine p460　　　Categories　p549　　　28. Conflict & Dispute p500 ▶

DAY
46

DAY 46

[진단 테스트]

※ 실력을 진단하고 점검하는 연결형 문제입니다. 문제에 표시하지 마시고, 전용 오답 노트를 활용하여 집중 관리 하십시오. 본 단어장의 모든 문제는 반복 학습용입니다.

1. agent	①박탈하다
2. agency	②변두리
3. strip	③관대한
4. stripe	④대리인
5. leap	⑤교외
6. suburb	⑥대행사, 기관
7. outskirts	⑦모으다
8. noble	⑧줄무늬
9. generous	⑨뛰어오르다
10. collect	⑩고귀한

1.④ 2.⑥ 3.① 4.⑧ 5.⑨ 6.⑤ 7.② 8.⑩
9.③ 10.⑦

1. attitude	①적성, 소질
2. aptitude	②멈추다
3. accompany	③배제하다
4. shatter	④포함하다
5. fierce	⑤동반하다
6. pierce	⑥태도
7. include	⑦부수다
8. exclude	⑧격렬한
9. pause	⑨뚫다
10. bite	⑩물다

1.⑥ 2.① 3.⑤ 4.⑦ 5.⑧ 6.⑨ 7.④ 8.③
9.② 10.⑩

1. emigrate	①단녹의
2. immigrate	②지질학
3. emigrant	③꽃
4. immigrant	④빗자루
5. soul	⑤이민자
6. sole	⑥이주해 가다
7. broom	⑦지리학
8. bloom	⑧이민자
9. geography	⑨영혼
10. geology	⑩이주해 오다

1.⑥ 2.⑩ 3.⑤ 4.⑧ 5.⑨ 6.① 7.④ 8.③
9.⑦ 10.②

1. shadow	①환불
2. script	②대본
3. manuscript	③식사
4. dawn	④속어
5. twilight	⑤기금
6. meal	⑥황혼
7. fund	⑦그림자
8. refund	⑧원고
9. dialect	⑨방언
10. slang	⑩새벽

1.⑦ 2.② 3.⑧ 4.⑩ 5.⑥ 6.③ 7.⑤ 8.①
9.⑨ 10.④

1801 ★☆☆

agent

[éidʒənt]

ⓝ**대리인** (특정인을 대신), **중개상**

An agent is the representative working for others.
대리인은 다른 사람들을 위하여 일하는 대표자이다.

1802 ★★☆

agency

[éidʒənsi]

ⓝ**대행사** (특정 서비스 제공), **기관**

An agency is a business or organization doing specific services.
대행사는 특정한 서비스를 제공하는 기업 또는 기관이다.

1803 ★★☆

strip

[strip]

ⓥ**박탈하다**, 벗기다 ⓝ얇은 조각

The party stripped the criminal of his political rights.
그 정당은 범죄자에게서 정치적 권리를 박탈하였다.

***strip A of B** A에게서 B를 박탈하다

1804 ★☆☆

stripe

[straip]

ⓝ**줄무늬**

He prefers horizontal-striped shirts to vertical-striped ones.
그는 수직 줄무늬 셔츠보다 수평 줄무늬 셔츠를 선호한다.

1805 ★★☆

leap

[liːp]

ⓥ**뛰어오르다**, 도약하다 ⓝ도약, 급증

The thief leaped over the fence and escaped.
도둑은 담을 뛰어넘어 도망쳤다.

(1463) ★★★

reap

[riːp]

ⓥ**수확하다, 획득하다**

Taking risks often reaps enormous rewards.
위험을 감수하는 것은 종종 엄청난 보상을 수확한다.

1806 ★☆☆

suburb

[sʌ́bəːrb]

ⓝ**(도시 밖) 교외**

He has a spacious house in a wealthy suburb.
그는 부유한 교외 지역에 넓은 집을 가지고 있다.

1807 ★☆☆

outskirts

[áʊtskəːrts]

ⓝ**(도시의) 변두리**, 외곽

The immigrants resided in the outskirts of the capital.
이민자들은 수도의 변두리에 거주하였다.

Check

☐ agent	☐ agency	☐ strip	☐ stripe	☐ leap
☐ reap	☐ suburb	☐ outskirts		

1808 ★☆☆
noble
[nóubəl]

ⓐ**고귀한**, 귀족의 ⓝ귀족, 상류층

His noble example inspired the rest of them.
그의 고귀한 본보기가 나머지 사람들에게 영감을 주었다.

*nobility ⓝ고귀함, (집합적) 귀족 (the nobility)

(0379) ★★★
novel
[nάvəl]

ⓐ**새로운**, 참신한 ⓝ소설

He presented a novel idea to raise funds.
그는 기금을 모으기 위하여 참신한 아이디어를 제시하였다.

*novelty ⓝ새로움, 참신함

(0190) ★☆☆
general
[dʒénərəl]

ⓝ**장군** ⓐ**일반적인**, 전반적인

The general commanded that the defense line be reinforced.
장군은 방어선이 강화되어야 한다고 명령하였다.

My opinion is different from the general view.
내 의견은 일반적 견해와 다르다.

*generalize ⓥ일반화하다 *general hospital 종합병원

1809 ★★☆
generous
[dʒénərəs]

ⓐ**관대한**, 후한

The expression "a generous miser" is illogical.
"관대한 구두쇠"라는 표현은 비논리적이다.

*generosity ⓝ관대함

(0046) ★★★
correct
[kərékt]

ⓐ**올바른**, 정확한 ⓥ**수정하다**

We must find the correct solutions for social stability.
우리는 사회 안정을 위한 올바른 해결책을 찾아야 한다.

He doesn't attempt to correct his prejudices.
그는 자신의 편견을 고치려고 시도하지 않는다.

1810 ★★☆
collect
[kəlékt]

ⓥ**모으다**, 수집하다

The investigator collected related evidence of the robbery.
조사관은 강도 사건과 관련된 증거를 수집하였다.

*collective ⓐ집단적인, 종합적인

Check

□ noble	□ novel	□ general	□ generous	□ correct
□ collect				

1811 ★★☆
attitude
[ǽtitjùːd]

ⓝ**태도, 마음가짐**
There is a distinct improvement in his attitude.
그의 태도에 뚜렷한 개선이 있다.

1812 ★★☆
aptitude
[ǽptitùːd]

ⓝ**적성, 소질**
He lacks the aptitude for concentrating on a single task.
그는 한가지 과제에 집중하는 소질이 부족하다.

(0326) ★★☆
company
[kʌ́mpəni]

ⓝ**동반, 회사,** 동반자, 동석자
I am grateful for your company on the trip.
나는 여행 중 너의 동반에 감사하다.

The company has a complex organizational structure.
그 회사는 복잡한 조직 구조를 가지고 있다.

1813 ★★☆
accompany
[əkʌ́mpəni]

ⓥ**동반하다**
He accompanied his relatives to the ceremony.
그는 친척들을 의식에 동반하였다.

(0892) ★★☆
scatter
[skǽtər]

ⓥ**흩어지다,** 흩어지게 하다, 뿌리다
The thunder made the crowd scatter in all directions.
천둥은 군중을 모든 방향으로 흩어지도록 만들었다.

1814 ★★☆
shatter
[ʃǽtər]

ⓥ**부수다,** 산산조각 내다
The volcanic explosion shattered the monument.
화산 폭발이 기념물을 산산조각 냈다.

1815 ★☆☆
fierce
[fiərs]

ⓐ**격렬한,** 사나운
The soldiers were exhausted after fierce combat.
병사들은 격렬한 전투 후에 기진맥진하게 되었다.

1816 ★☆☆
pierce
[piərs]

ⓥ**뚫다**
The light pierced through the dense mist.
빛이 짙은 안개를 뚫고 들어왔다.

Check

□ attitude	□ aptitude	□ company	□ accompany	□ scatter
□ shatter	□ fierce	□ pierce		

1817 ★★☆

include
[inklúːd]

ⓥ**포함하다**

The sum includes the admission fee to various facilities.
그 금액은 다양한 시설 입장료를 포함한다.

1818 ★★☆

exclude
[iksklúːd]

ⓥ**배제하다**

The judge excluded the illegally obtained evidence.
재판관은 불법적으로 얻어진 증거를 배제하였다.

***exclusive** ⓐ독점적인, 배타적인 ***exclusion** ⓝ배제

(1101) ★★☆

conclude
[kənklúːd]

ⓥ**결론 내리다**

It is incorrect to conclude that the poor live an disastrous life.
가난한 사람들은 처참한 인생을 산다고 결론 내리는 것은 옳지 않다.

***conclusion** ⓝ결론

(0319) ★☆☆

pose
[pouz]

ⓥ**제기하다,** 초래하다, 자세를 취하다 ⓝ**자세** (연출 자세)

Pollution poses an immediate threat to our existence.
오염은 우리의 존재에 즉각적인 위협을 초래한다.

The director adjusted the actor's awkward pose.
연출자는 배우의 어색한 자세를 조정하였다.

***posture** ⓝ자세 (일상적 자세)

1819 ★★☆

pause
[pɔːz]

ⓥ**멈추다** ⓝ멈춤

We paused to watch the spectacular view.
우리는 장엄한 광경을 보기 위해 멈췄다.

(0105) ★☆☆

bark
[bɑːrk]

ⓥ**짖다** ⓝ**나무껍질**

The barking dog pursued the beast.
짖는 개는 짐승을 뒤쫓았다.

The primitive tribes used large tree bark as a canoe.
원시 부족들은 커다란 나무껍질을 카누로 이용하였다.

1820 ★☆☆

bite
[bait]

ⓥ**물다** (bite-bit-bitten)

My son has a habit of biting his nails.
내 아들은 손톱을 깨무는 습관을 지니고 있다.

Check

□ include	□ exclude	□ conclude	□ pose	□ pause
□ bark	□ bite			

1821 ★★☆

emigrate

[émǝgrèit]

ⓥ**이주해 가다,** 이민 가다

People who emigrate should adjust to the alien culture.
이민 가는 사람들은 외국 문화에 적응해야 한다.

***migrate** ⓥ이주하다

1822 ★★☆

immigrate

[ímǝgrèit]

ⓥ**이주해 오다,** 이민 오다

Our ancestors immigrated here as manual laborers.
우리의 조상들은 육체노동자로서 이곳으로 이민 왔다.

1823 ★★☆

emigrant

[émǝgrǝnt]

ⓝ**이민자(出)**

The vessel was packed with emigrants.
그 배는 이민자들로 가득 찼다.

1824 ★★☆

immigrant

[ímigrǝnt]

ⓝ**이민자(入)**

Illegal immigrants were sent back across the border.
불법 이민자들은 국경 너머로 다시 보내졌다.

1825 ★☆☆

soul

[soul]

ⓝ**영혼**

The guilty conscience about the theft troubled his soul.
도둑질에 대한 죄책감이 그의 영혼을 괴롭혔다.

1826 ★☆☆

sole

[soul]

ⓐ**단독의**

The sole inheritor of the family fortune paid an enormous tax.
가족 재산의 단독 상속인은 엄청난 세금을 납부하였다.

1827 ★☆☆

broom

[bru(:)m]

ⓝ**빗자루**

My son concealed himself in the broom closet.
나의 아들은 빗자루 벽장에 숨었다.

1828 ★☆☆

bloom

[bluːm]

ⓝ**꽃** ⓥ꽃이 피다, 번성하다

The cherry trees exploded into bloom.
벚나무들이 꽃을 활짝 피웠다.

Check

□ emigrate	□ immigrate	□ emigrant	□ immigrant	□ soul
□ sole	□ broom	□ bloom		

1829 ★★☆

geography

[dʒiːɑ́grəfi]

ⓝ**지리학**, 지리

I am unfamiliar with the geography of the region.
나는 그 지역의 지리에 익숙하지 않다.

***geographer** ⓝ지리학자

1830 ★☆☆

geology

[dʒiːɑ́lədʒi]

ⓝ**지질학**, 지질

I will enroll in the geology course this semester.
나는 이번 학기에 지질학 과정에 등록할 것이다.

***geologist** ⓝ지질학자

(0082) ★☆☆

shade

[ʃeid]

ⓝ**그늘, 색조**

The huge tree provided shade for the exhausted athlete.
거대한 나무가 기진맥진한 운동선수에게 그늘을 제공하였다.

The dark shade of red seems suitable for her elegant makeup.
짙은 빨강 색조는 그녀의 우아한 화장에 적합한 것처럼 보인다.

1831 ★☆☆

shadow

[ʃǽdou]

ⓝ**그림자**

The tall figure in the shadow approached the porch.
그림자 속의 키 큰 인물이 현관으로 접근하였다.

1832 ★★☆

script

[skript]

ⓝ**대본**, 글씨

The director complained about the illogical script.
연출자는 비논리적인 대본에 대해 불평하였다.

1833 ★★☆

manuscript

[mǽnjəskrìpt]

ⓝ**원고**

He deleted the awkward phrases from his manuscript.
그는 자신의 원고에서 어색한 어구들을 삭제하였다.

(0010) ★★☆

draft

[dræft]

ⓝ**초안, 선발**, 징병 ⓥ**초안을 작성하다, 선발하다**

The first draft of my speech was completed.
내 연설의 첫 초안이 완결되었다.

My nephew was drafted into the navy.
내 조카는 해군으로 징집되었다.

□ geography	□ geology	□ shade	□ shadow	□ script
□ manuscript	□ draft			

1834 ★☆☆

dawn
[dɔːn]

ⓝ**새벽**, 시작

As dawn broke, the rural landscape gradually became distinct.
새벽이 밝자 시골 풍경이 점점 뚜렷하게 되었다.

1835 ★☆☆

twilight
[twáilàit]

ⓝ**황혼**, 땅거미, 쇠퇴기

The Arctic twilight created a gloomy atmosphere.
북극의 석양은 우울한 분위기를 만들어 냈다.

1836 ★☆☆

meal
[miːl]

ⓝ**식사**

The hostess presented a nutritious meal to the guests.
여주인은 손님들에게 영양가 있는 식사를 제공하였다.

(1246) ★★☆

mill
[mil]

ⓝ**제분소**, 공장

The storms did severe damage to the flour mills.
폭풍은 밀가루 공장에 심한 손상을 입혔다.

***sawmill** ⓝ제재소

1837 ★★☆

fund
[fʌnd]

ⓝ**기금**

The millionaire contributed a large sum to the charity fund.
백만장자는 자선기금에 큰 금액을 기부하였다.

1838 ★★☆

refund
[ríːfʌnd]

ⓝ**환불** ⓥ환불하다

Consumers can get a refund for the defective merchandise.
소비자는 결함 있는 상품에 대해 환불받을 수 있다.

1839 ★☆☆

dialect
[dáiəlèkt]

ⓝ**방언**

The merchant conversed with his customers in a dialect.
상인은 고객들과 방언으로 대화하였다.

1840 ★☆☆

slang
[slæŋ]

ⓝ**속어**

The characters in the play spoke a lot of slang.
연극에서 등장인물들은 많은 속어를 말하였다.

Check

☐ dawn	☐ twilight	☐ meal	☐ mill	☐ fund
☐ refund	☐ dialect	☐ slang		

※ 정답 표시하지 마시고, 전용 오답 노트를 활용하여 집중 관리 하십시오. 모든 문제는 반복 학습용입니다.

1. agent	(n)_______		**1.** attitude	(n)_______
2. agency	(n)_______ _______		**2.** aptitude	(n)_______ _______
3. strip	(v)_______		**3.** accompany	(v)_______
4. stripe	(n)_______		**4.** shatter	(v)_______
5. leap	(v)_______		**5.** fierce	(a)_______
6. suburb	(n)_______		**6.** pierce	(v)_______
7. outskirts	(n)_______		**7.** include	(v)_______
8. noble	(a)_______		**8.** exclude	(v)_______
9. generous	(a)_______		**9.** pause	(v)_______
10. collect	(v)_______		**10.** bite	(v)_______

1.대리인 2.대행사, 기관 3.박탈하다 4.줄무늬 5.뛰어오르다 6.교외 7.변두리 8.고귀한 9.관대한 10.모으다

1.태도 2.적성, 소질 3.동반하다 4.부수다 5.격렬한 6.뚫다 7.포함하다 8.배제하다 9.멈추다 10.물다

1. emigrate	(v)_______		**1.** shadow	(n)_______
2. immigrate	(v)_______		**2.** script	(n)_______
3. emigrant	(n)_______		**3.** manuscript	(n)_______
4. immigrant	(n)_______		**4.** dawn	(n)_______
5. soul	(n)_______		**5.** twilight	(n)_______
6. sole	(a)_______		**6.** meal	(n)_______
7. broom	(n)_______		**7.** fund	(n)_______
8. bloom	(n)_______		**8.** refund	(n)_______
9. geography	(n)_______		**9.** dialect	(n)_______
10. geology	(n)_______		**10.** slang	(n)_______

1.이주해 가다 2.이주해 오다 3.이민자 4.이민자 5.영혼 6.단독의 7.빗자루 8.꽃 9.지리학 10.지질학

1.그림자 2.대본 3.원고 4.새벽 5.황혼 6.식사 7.기금 8.환불 9.방언 10.속어

PHRASE

take ~ by surprise ~을 기습하다, 놀라게 하다
take care of 돌보다 (care for, look after), 처리하다
take charge of 책임지다
take down 적어 두다 (write down)
take in 속이다, 받아들이다
take it easy 마음 편히 하다, 침착하다
take it for granted that ~을 당연한 것으로 여기다 (take ~ for granted)
take measures 조치를 취하다 (take steps)
take notice of 알아채다, 주목하다
take off 벗다, 이륙하다, 갑자기 성공하다 *put on 입다, 착용하다 (wear)
take one's time 서둘지 않다
take over 떠맡다 (assume)

1. The team took their opponents by ________ with an early goal.
   그 팀은 이른 시간에 골을 넣어 상대를 기습하였다.

2. She takes ________ of her younger brother.
   그녀는 남동생을 돌본다.

3. He takes ________ of organizing the event.
   그는 행사를 조직하는 것을 책임진다.

4. I took ________ his instruction.
   나는 그의 지시를 받아적었다.

5. He took me ________ with his fake story.
   그는 가짜 이야기로 나를 속였다.

6. Please take ________ ________ and rest.
   마음 편히 하고 좀 쉬어라.

7. He takes ________ for ________ that he is rich.
   그는 자기가 부자인 것을 당연하게 여긴다.

8. The government took ________ to reduce crimes.
   정부는 범죄를 줄이기 위한 조치를 취하였다.

9. Nobody took ________ of my new shoes.
   아무도 내 새 신발을 알아채지 못했다.

10. You have to take ________ your shoes before entering the room.
    너는 방에 들어가기 전에 신발을 벗어야 한다.

11. Take your ________ and read the contract carefully.
    서두르지 말고 계약서를 신중하게 읽어라.

12. I took ________ his project while he was in hospital.
    나는 그가 입원해 있는 동안 그의 과제를 떠맡았다.

DAY
47

DAY 47

[진단 테스트]

※ 실력을 진단하고 점검하는 연결형 문제입니다. 문제에 표시하지 마시고, 전용 오답 노트를 활용하여 집중 관리 하십시오. 본 단어장의 모든 문제는 반복 학습용입니다.

1. flood	①격려하다
2. drought	②단념시키다
3. measure	③측정하다
4. measures	④기계공
5. encourage	⑤기계적인
6. discourage	⑥조치
7. plane	⑦비행기
8. mechanical	⑧가뭄
9. mechanic	⑨홍수
10. rise	⑩떠오르다, 증가하다

1.⑨ 2.⑧ 3.③ 4.⑥ 5.① 6.② 7.⑦ 8.⑤
9.④ 10.⑩

1. refine	①강철
2. wander	②대단한
3. inquire	③정제하다, 가다듬다
4. require	④문의하다
5. steel	⑤돌아다니다
6. steal	⑥끔찍한
7. oval	⑦타원형
8. cube	⑧요구하다
9. terrible	⑨정육면체
10. terrific	⑩훔치다

1.③ 2.⑤ 3.④ 4.⑧ 5.① 6.⑩ 7.⑦ 8.⑨
9.⑥ 10.②

1. miser	①변형하다
2. misery	②운송
3. bend	③이전하다
4. transfer	④구부리다
5. transform	⑤폭
6. transport	⑥비참
7. transportation	⑦구두쇠
8. length	⑧폭
9. width	⑨운송하다
10. breadth	⑩길이

1.⑦ 2.⑥ 3.④ 4.③ 5.① 6.⑨ 7.② 8.⑩
9.⑤ 10.⑧

1. depth	①미끄러지나
2. height	②깊이
3. strength	③최신의
4. glide	④쌍안경
5. slide	⑤망원경
6. telescope	⑥미끄러지듯 이동하다
7. microscope	⑦최근에
8. binoculars	⑧힘
9. lately	⑨높이
10. latest	⑩현미경

1.② 2.⑨ 3.⑧ 4.⑥ 5.① 6.⑤ 7.⑩ 8.④
9.⑦ 10.③

1841 ★★☆

flood

[flʌd]

ⓝ홍수 ⓥ넘치다

The authorities dealt with a flood of complaints.
당국은 홍수처럼 넘쳐나는 불평을 처리하였다.

1842 ★★☆

drought

[draut]

ⓝ가뭄

Large sections of the state underwent severe drought.
그 주의 넓은 구역들이 심한 가뭄을 겪었다.

1843 ★★☆

measure

[méʒər]

ⓥ측정하다

I measured the width of my feet with a ruler.
나는 자로 내 발 폭을 측정하였다.

***measured** ⓐ신중한, 침착한

1844 ★★☆

measures

[méʒərz]

ⓝ조치

The zoo adopted measures to prevent infection.
동물원은 감염을 예방할 조치를 택하였다.

1845 ★★☆

encourage

[enkə́ːridʒ]

ⓥ격려하다

The modified regulations encouraged more investment.
수정된 규정은 더 많은 투자를 장려하였다.

***courage** ⓝ용기

1846 ★★☆

discourage

[diskə́ːridʒ]

ⓥ단념시키다

We tried to discourage him from resigning.
우리는 그가 사임하는 것을 단념시키려고 노력하였다.

(1043) ★☆☆

garbage

[gɑ́ːrbidʒ]

ⓝ쓰레기

The soldiers dug a pit to bury the garbage.
병사들은 쓰레기를 묻기 위해 구덩이를 팠다.

(0087) ★☆☆

garage

[gərɑ́ːʒ]

ⓝ차고, 정비소

My father is currently enlarging the narrow garage.
아버지는 현재 좁은 차고를 확장하고 있다.

Check

□ flood	□ drought	□ measure	□ measures	□ encourage
□ discourage	□ garbage	□ garage		

1847 ★☆☆

plane
[plein]

ⓝ비행기, 평면

The plane ascended at a steep angle.
비행기가 가파른 각도로 올라갔다.

(0093) ★★☆

plain
[plein]

ⓐ평범한, 명확한, 솔직한 ⓝ평원

It was plain that the host had a warm attitude.
초대자가 따뜻한 태도를 지닌 것이 명확했다.

I want your plain answer to the revised proposal.
나는 수정된 제안에 대한 너의 솔직한 답변을 원한다.

1848 ★★☆

mechanical
[məkǽnikəl]

ⓐ기계적인

The flight was canceled due to mechanical defects.
비행은 기계적 결함 때문에 취소되었다.

*mechanism ⓝ작동 구조, 시스템, 기계 장치

1849 ★★☆

mechanic
[məkǽnik]

ⓝ기계공, 정비공

A competent mechanic fixed the device.
유능한 기계공이 그 장치를 수리하였다.

1850 ★☆☆

rise
[raiz]

ⓥ떠오르다, 증가하다 (rise-rose-risen)

The amount of annual imports rose rapidly.
연간 수입 금액이 빠르게 증가하였다.

(0271) ★★☆

raise
[reiz]

ⓥ양육하다, 올리다, 제기하다, (기금 등을) 마련하다 ⓝ인상

The retiree raises cattle in the pasture.
그 은퇴자는 초원에서 소를 기른다.

The employer raised the wage of the promoted worker.
고용주는 승진된 근로자의 임금을 인상하였다.

Check

□ plane	□ plain	□ mechanical	□ mechanic	□ rise
□ raise				

(0543) ★★☆

define

[difáin]

ⓥ**정의하다**, 규정하다

Occupation can define one's social status.
직업은 사람의 사회적 지위를 정의할 수 있다.

***definite** ⓐ명백한, 명확한

1851 ★★☆

refine

[rifáin]

ⓥ**정제하다, 가다듬다**, 개선하다

The plant refines oil into gasoline.
그 공장은 원유를 휘발유로 정제한다.

***refined** ⓐ교양 있는, 세련된

1852 ★★☆

wander

[wάndər]

ⓥ**돌아다니다**

Scores of livestock wander around the meadow.
수십 마리 가축이 초원 여기저기 돌아다닌다.

(0301) ★★☆

wonder

[wΛndər]

ⓥ**놀라다, 궁금히 여기다** ⓝ경이, 불가사의

I wondered at his outstanding achievements.
나는 그의 뛰어난 업적에 놀랐다.

The astronomers wonder about the origin of the solar system.
천문학자들은 태양계의 기원을 궁금히 여긴다.

(0504) ★★☆

acquire

[əkwáiər]

ⓥ**획득하다**

If you conceal ignorance, you won't acquire knowledge.
무지를 숨긴다면, 지식을 얻지 못할 것이다.

***acquired** ⓐ후천적인, 획득된 ***acquisition** ⓝ획득, 인수

1853 ★★☆

inquire

[inkwáiər]

ⓥ**문의하다**, 조사하다

I inquired about my duty before investigating the affair.
나는 그 사건을 조사하기 전에 내 임무에 관해 문의하였다.

***inquiry** ⓝ문의, 조사

1854 ★★☆

require

[rikwáiər]

ⓥ**요구하다**

The infected wound requires intensive treatment.
감염된 부상은 집중적인 치료를 요구한다.

Check

□ define	□ refine	□ wander	□ wonder	□ acquire
□ inquire	□ require			

(0277) ★★★
still
[stil]

ⓐ고요한, 정지한 ⓐⓓ여전히

A feather floated on the still lake.
깃털이 고요한 호수 위에 떠다녔다.

The creature stays still before attacking its prey.
그 동물은 먹잇감을 공격하기 전에 정지한 상태로 머문다.

***stillness** ⓝ고요, 정적

1855 ★☆☆
steel
[sti:l]

ⓝ강철

The steel tube is full of dirt.
철관이 흙먼지로 가득 차 있다.

1856 ★☆☆
steal
[sti:l]

ⓥ훔치다, 몰래 이동하다

His greed made him steal the jewel.
그의 탐욕이 그가 보석을 훔치도록 만들었다.

1857 ★☆☆
oval
[óuvəl]

ⓝ타원형 ⓐ타원형의

The exact shape of the Earth is oval.
지구의 정확한 형태는 타원형이다.

1858 ★☆☆
cube
[kju:b]

ⓝ정육면체

A square has four corners; a cube has eight.
정사각형은 네 모서리를 가지고 있고, 정육면체는 여덟 모서리를 가지고 있다.

***square** ⓝ정사각형 ***rectangle** ⓝ직사각형

1859 ★☆☆
terrible
[térəbəl]

ⓐ끔찍한

A few employees protested his terrible treatment.
몇몇 직원이 그의 끔찍한 대우에 항의하였다.

***terrify** ⓥ겁먹게 하다

1860 ★★☆
terrific
[tərífik]

ⓐ대단한, 훌륭한

I had an opportunity to experience a terrific feast.
나는 대단한 잔치를 경험할 기회를 가졌다.

Check

□ still	□ steel	□ steal	□ oval	□ cube
□ terrible	□ terrific			

1861 ★☆☆

miser
[máizər]

ⓝ**구두쇠**

The mean miser worships only money.
비열한 구두쇠는 오직 돈만 숭배한다.

1862 ★★☆

misery
[mízəri]

ⓝ**비참**, 고통

Violent conflict can be the source of misery.
폭력적인 충돌은 비참의 근원이 될 수 있다.

***miserable** ⓐ비참한

(0434) ★☆☆

band
[bænd]

ⓝ**무리, 띠,** 떼, 악단

A band of military forces surrounded the enemy.
한 무리의 군대가 적을 포위하였다.

***bandage** ⓝ붕대

1863 ★★☆

bend
[bend]

ⓥ**구부리다** (bend-bent-bent)

He bent the metal bar into the right shape.
그는 금속 막대를 올바른 형태로 구부렸다.

1864 ★★☆

transfer
[trænsfə́ːr]

ⓥ**이전하다**, 넘겨주다 ⓝ이전, 환승

I transferred the sum to his account.
나는 그 금액을 그의 계좌로 이체하였다.

1865 ★★☆

transform
[trænsfɔ́ːrm]

ⓥ**변형하다**, 변하다

The snow melted to transform the ground into mud.
눈이 녹아서 땅을 진흙으로 변형시켰다.

1866 ★★☆

transport
[trænspɔ́ːrt]

ⓥ**운송하다** ⓝ운송, 교통편 (영국식)

Air transports water vapor from one region to another.
공기는 수증기를 한 지역에서 다른 지역으로 운반한다.

1867 ★★☆

transportation
[trænspərtéiʃən]

ⓝ**운송**, 교통편

The destruction of transportation facilities caused chaos.
운송 시설의 파괴는 혼란을 초래하였다.

Check

□ miser	□ misery	□ band	□ bend	□ transfer
□ transform	□ transport	□ transportation		

1868 ★☆☆
length
[leŋkθ]

ⓝ**길이**

It is impossible to accurately predict the length of time.
시간의 길이를 정확하게 예측하는 것은 불가능하다.

***lengthen** ⓥ길게 하다 ***at length** 마침내

1869 ★☆☆
width
[widθ]

ⓝ**폭**

The fabric is available in a narrow width.
그 천은 좁은 폭으로 이용 가능하다.

***widen** ⓥ넓히다

1870 ★☆☆
breadth
[bredθ]

ⓝ**폭**

He estimates the breadth of the river to be 1 km.
그는 강의 폭이 1킬로미터라고 추정한다.

***broad** ⓐ넓은 ***broaden** ⓥ넓히다

1871 ★☆☆
depth
[depθ]

ⓝ**깊이**

The instrument can measure the depth of the sea.
그 기구는 바다의 깊이를 측정할 수 있다.

***deepen** ⓥ깊게 하다

1872 ★☆☆
height
[hait]

ⓝ**높이**

The 100-story skyscraper is notable for its height.
100층 고층 건물은 그 높이로 주목할 만하다.

***heighten** ⓥ높이다

1873 ★☆☆
strength
[streŋkθ]

ⓝ**힘**

He achieved his aim through his strength of will.
그는 의지력으로 자신의 목표를 성취하였다.

***strengthen** ⓥ강화하다

1874 ★☆☆
glide
[glaid]

ⓥ**미끄러지듯 이동하다**

Turtles glided gracefully under the sea.
거북이들이 바다 밑에서 우아하게 미끄러져 이동하였다.

1875 ★☆☆
slide
[slaid]

ⓥ**미끄러지다** (slide-slid-slid) ⓝ미끄러짐

The melting snow slid from the roof.
녹은 눈이 지붕으로부터 미끄러져 내려갔다.

Check

□ length	□ width	□ breadth	□ depth	□ height
□ strength	□ glide	□ slide		

1876 ★☆☆

telescope
[téləskòup]

ⓝ**망원경**

The astronomer pointed the telescope at Mars.
천문학자는 화성을 겨냥하여 망원경을 겨누었다.

1877 ★☆☆

microscope
[máikrəskòup]

ⓝ**현미경**

The doctor examined the blood with a microscope.
의사는 현미경으로 피를 검사하였다.

1878 ★☆☆

binoculars
[bənάkjələrz]

ⓝ**쌍안경**

A security guard scanned the surroundings with binoculars.
보안 경비원이 쌍안경으로 주위를 살폈다.

(0126) ★★☆

aid
[eid]

ⓥ**원조하다**, 돕다 ⓝ**보조 도구**, 원조

The starving children were aided by the public institution.
굶주리는 아이들은 공공 기관에 의하여 원조받았다.

They made a presentation by using a projector as an aid.
그들은 보조 도구로서 영사기를 이용하여 발표하였다.

(0253) ★★☆

aim
[eim]

ⓝ**목표** ⓥ**겨냥하다**

Our primary aim is the early detection of cancer.
우리의 제1의 목표는 암의 조기 발견이다.

The policy aims to prevent conflicts between classes.
그 정책은 계층 간 갈등을 예방하는 것을 겨냥하고 있다.

(0355) ★☆☆

late
[leit]

ⓐ**작고한**, 고(故), **늦은** ⓐⓓ**늦게**

The late physician promised to donate his organs.
작고하신 의사는 장기를 기증하기로 약속하였다.

1879 ★☆☆

lately
[léitli]

ⓐⓓ**최근에**

The promising mechanic has resigned lately.
유망한 기계공이 최근에 사직하였다.

1880 ★☆☆

latest
[léitist]

ⓐ**최신의**

The latest data imply that the rich migrated to the suburbs.
최신 자료는 부자들이 교외로 이주하였다는 것을 암시한다.

Check

☐ telescope	☐ microscope	☐ binoculars	☐ aid	☐ aim
☐ late	☐ lately	☐ latest		

※ 정답 표시하지 마시고, 전용 오답 노트를 활용하여 집중 관리 하십시오. 모든 문제는 반복 학습용입니다.

1. flood ⓝ______
2. drought ⓝ______
3. measure ⓥ______
4. measures ⓝ______
5. encourage ⓥ______
6. discourage ⓥ______
7. plane ⓝ______
8. mechanical ⓐ______
9. mechanic ⓝ______
10. rise ⓥ______ ______

1. refine ⓥ______ ______
2. wander ⓥ______
3. inquire ⓥ______
4. require ⓥ______
5. steel ⓝ______
6. steal ⓥ______
7. oval ⓝ______
8. cube ⓝ______
9. terrible ⓐ______
10. terrific ⓐ______

1.홍수 2.가뭄 3.측정하다 4.조치 5.격려하다 6.단념시키다 7.비행기 8.기계적인 9.기계공
10.떠오르다, 증가하다

1.정제하다, 가다듬다 2.돌아다니다 3.문의하다 4.요구하다 5.강철 6.훔치다 7.타원형 8.정육면체
9.끔찍한 10.대단한

1. miser ⓝ______
2. misery ⓝ______
3. bend ⓥ______
4. transfer ⓥ______
5. transform ⓥ______
6. transport ⓥ______
7. transportation ⓝ______
8. length ⓝ______
9. width ⓝ______
10. breadth ⓝ______

1. depth ⓝ______
2. height ⓝ______
3. strength ⓝ______
4. glide ⓥ______
5. slide ⓥ______
6. telescope ⓝ______
7. microscope ⓝ______
8. binoculars ⓝ______
9. lately ⓐⓓ______
10. latest ⓐ______

1.구두쇠 2.비참 3.구부리다 4.이전하다 5.변형하다 6.운송하다 7.운송 8.길이 9.폭 10.폭

1.깊이 2.높이 3.힘 4.미끄러지듯 이동하다 5.미끄러지다 6.망원경 7.현미경 8.쌍안경 9.최근에
10.최신의

※ 정답 표시하지 마시고, 전용 오답 노트를 활용하여 집중 관리 하십시오. 모든 문제는 반복 학습용입니다.

take pains 애쓰다

take part in 참가하다 (participate in)

take place 발생하다 (break out, come about, come to pass, happen), 개최되다

take pride in 자랑하다 (be proud of, pride oneself on)

take steps 조치를 취하다 (take measures)

take the place of 대신하다

take turns 교대로 하다

tell A from B A와 B를 구별하다 (distinguish/discriminate/discern/know A from B)

ten to one 십중팔구

thanks to ~덕분에 (owing to)

that is to say 즉 (that is, namely)

that is why ~ 그래서 ~다 *that is because ~ 그것은 ~이기 때문이다

---

1. He took _______ to persuade his friend.
그는 친구를 설득하느라 애썼다.

2. The company took _______ in the trade fair.
회사는 무역 박람회에 참가하였다.

3. The protest took _______ near the court.
시위가 법원 근처에서 발생하였다.

4. He takes _______ in his achievements.
그는 자기 성취에 대하여 자부심을 가지고 있다.

5. They took _______ to ensure residents' safety.
그들은 주민의 안전을 위한 조치를 취하였다.

6. I took _______ _______ of my colleague during his leave.
나는 동료가 휴가 중인 동안 그를 대신하였다.

7. We took _______ driving long distances.
우리는 교대로 장거리 운전을 하였다.

8. Can you tell a wolf _______ a dog?
너는 늑대와 개를 구별할 수 있니?

9. Ten to _______. he will win the game.
십중팔구, 그가 경기에 이길 거다.

10. _______ to the rain, the temperature dropped down.
비 덕분에 온도가 내려갔다.

11. The store is open 24 hours 7 days, _______ _______ to say, it never closes.
가게는 24시간 일주일 내내 운영한다. 즉, 절대 문을 닫지 않는다.

12. He worked hard. That is _______ he passed the exam.
그는 열심히 공부하였다. 그래서 그는 시험에 합격하였다.

DAY
48

[진단 테스트]

※ 실력을 진단하고 점검하는 연결형 문제입니다. 문제에 표시하지 마시고, 전용 오답 노트를 활용하여 집중 관리 하십시오. 본 단어장의 모든 문제는 반복 학습용입니다.

1. mention	①입자	1. meteor	①공동묘지
2. mansion	②혜성	2. galaxy	②무덤
3. lessen	③창	3. beard	③영리한
4. spear	④언급하다	4. mustache	④구레나룻
5. shield	⑤조언하다	5. whisker	⑤성공
6. counsel	⑥원자	6. intelligent	⑥은하
7. council	⑦위원회	7. intellectual	⑦턱수염
8. atom	⑧방패	8. tomb	⑧지적인
9. particle	⑨저택	9. cemetery	⑨콧수염
10. comet	⑩감소시키다	10. success	⑩유성

1.④ 2.⑨ 3.⑩ 4.③ 5.⑧ 6.⑤ 7.⑦ 8.⑥
9.① 10.②

1.⑩ 2.⑥ 3.⑦ 4.⑨ 5.④ 6.③ 7.⑧ 8.②
9.① 10.⑤

1. succession	①연속적인	1. economic	①경제의
2. successive	②연회	2. economical	②신랑
3. successor	③회전하다	3. industrial	③번개
4. search	④계승자	4. industrious	④산업의
5. research	⑤연구하다	5. thunder	⑤의존하다
6. personal	⑥개인적인	6. lightning	⑥방어하다
7. personnel	⑦수색하다	7. bride	⑦신부
8. reception	⑧연속	8. groom	⑧절약하는
9. evolve	⑨진화하다	9. depend	⑨천둥
10. revolve	⑩인원	10. defend	⑩근면한

1.⑧ 2.① 3.④ 4.⑦ 5.⑤ 6.⑥ 7.⑩ 8.②
9.⑨ 10.③

1.① 2.⑧ 3.④ 4.⑩ 5.⑨ 6.③ 7.⑦ 8.②
9.⑤ 10.⑥

1881 ★★☆

mention

[ménʃən]

ⓥ**언급하다**

The professional mentioned his strengths.
전문가는 자신의 강점을 언급하였다.

1882 ★☆☆

mansion

[mǽnʃən]

ⓝ**저택**

His mansion offers ocean views along the shore.
그의 저택은 해안을 따라 바다 전망을 제공한다.

(0417) ★☆☆

lesson

[lésn]

ⓝ**교훈, 수업**

Your devotion will be a precious lesson to us.
귀하의 헌신은 우리에게 소중한 교훈이 될 것입니다.

1883 ★★☆

lessen

[lésn]

ⓥ**감소시키다,** 감소하다

The physician gave me an injection to lessen the pain.
의사는 통증을 줄이기 위하여 나에게 주사를 놓았다.

1884 ★☆☆

spear

[spiər]

ⓝ**창**

Spears were major weapons of the ancient troops.
창은 고대 군대의 주요 무기였다.

1885 ★☆☆

shield

[ʃiːld]

ⓝ**방패** ⓥ보호하다

The fence served as a shield against the blast.
울타리는 강풍에 대한 방패로서 역할을 하였다.

***windshield** ⓝ(차/오토바이) 앞 유리

1886 ★★☆

counsel

[káunsəl]

ⓥ**조언하다,** 상담하다 ⓝ조언, 상담

The priest counseled non-violence.
성직자는 비폭력을 조언하였다.

1887 ★★☆

council

[káunsəl]

ⓝ**위원회,** 협의회

The council raised the fine for the offense.
위원회는 위법 행위에 대한 벌금을 인상하였다.

Check

□ mention	□ mansion	□ lesson	□ lessen	□ spear
□ shield	□ counsel	□ council		

1888 ★☆☆

atom

[ǽtəm]

ⓝ**원자**

They secured enough nuclear waste to build atom bombs.
그들은 원자 폭탄을 만들기에 충분한 핵폐기물을 확보하였다.

*atomic ⓐ원자의

1889 ★★☆

particle

[pάːrtikl]

ⓝ**입자**

The particles in an atom are infinitely small.
원자 내 입자는 무한히 작다.

1890 ★★☆

comet

[kάmit]

ⓝ**혜성**

The space telescope can observe the comet.
우주 망원경은 혜성을 관찰할 수 있다.

1891 ★☆☆

meteor

[míːtiər]

ⓝ**유성(流星)**

The observers witnessed a spectacular meteor shower.
관찰자들은 장엄한 유성 소나기를 목격하였다.

*meteorite ⓝ운석 (지표면에 떨어진 meteor)

1892 ★☆☆

galaxy

[gǽləksi]

ⓝ**은하**, 은하계

The Earth is one of the planets in the galaxy.
지구는 은하계의 행성 중 하나이다.

1893 ★☆☆

beard

[biərd]

ⓝ**턱수염**

The suspect is described as a bald-headed male with a beard.
혐의자는 턱수염이 있는 대머리 남성으로서 묘사된다.

1894 ★☆☆

mustache

[mʌ́stæʃ]

ⓝ**콧수염**

The scary character wears a mustache on his upper lip.
무서운 등장인물은 윗입술에 콧수염을 기르고 있다.

1895 ★☆☆

whisker

[hwískər]

ⓝ**구레나룻**

He has whiskers on his cheeks.
그는 뺨에 구레나룻이 있다.

Check

□ atom	□ particle	□ comet	□ meteor	□ galaxy
□ beard	□ mastache	□ whisker		

1896 ★☆☆

intelligent
[intélədʒənt]

ⓐ**영리한**

He is so intelligent that he cannot be persuaded by flattery.
그는 너무나 영리해서 아첨에 설득되지 않는다.

1897 ★☆☆

intellectual
[ìntəléktʃuəl]

ⓐ**지적인**

Companies should protect their intellectual property.
회사들은 지적 재산을 보호해야 한다.

(0288) ★★☆

intelligence
[intélədʒəns]

ⓝ**지능** (학습 능력), **정보** (첩보)

Apart from his intelligence, he is industrious.
그의 지능과는 별개로 그는 근면하다.

The intelligence report warned of the enemy invasion.
정보 보고서는 적의 침입을 경고하였다.

***Central Intelligence Agency** 중앙정보기관

(0289) ★★☆

intellect
[íntəlèkt]

ⓝ**지능** (사고력, 판단력), **지식인**, 지적 능력, 지성인

Temperament, not intellect, is more important for investors.
지능이 아니라 본성이 투자자에게는 더 중요하다.

A great intellect gave a lecture in the auditorium.
위대한 지식인이 강당에서 강연하였다.

(0213) ★★☆

grave
[greiv]

ⓝ**무덤** (일반 무덤) ⓐ**심각한**

Careless remarks may dig your own grave.
부주의한 언급이 너 자신의 무덤을 팔 수도 있다.

The frequent storms had grave consequences.
빈번한 폭풍이 심각한 결과를 가져왔다.

***gravity** ⓝ중력, 심각성

1898 ★☆☆

tomb
[tuːm]

ⓝ**무덤** (내부 격실 무덤)

Rare treasures are buried inside the tomb.
희귀한 보물들이 무덤 안에 매장되어 있다.

1899 ★☆☆

cemetery
[sémətèri]

ⓝ**공동묘지**

The brave soldier was buried in the national cemetery.
용감한 병사는 국립묘지에 묻혔다.

Check

□ intelligent	□ intellectual	□ intelligence	□ intellect	□ grave
□ tome	□ cemetery			

1900 ★☆☆

success

[səksés]

ⓝ**성공,** 성공자

He is considered a success as a lawyer.
그는 변호사로서 성공자로 여겨진다.

***succeed** ⓥ성공하다, 계승하다 ***successful** ⓐ성공적인

1901 ★★☆

succession

[səkséʃən]

ⓝ**연속,** 계승

The player suffers from a succession of injuries.
그 선수는 연속적인 부상으로 고생한다.

1902 ★★☆

successive

[səksésiv]

ⓐ**연속적인**

The team suffered five successive defeats.
그 팀은 다섯 번 연속적인 패배를 겪었다.

1903 ★★☆

successor

[səksésər]

ⓝ**계승자,** 후계자

His successor undertook numerous affairs.
그의 후계자는 수많은 업무를 떠맡았다.

***predecessor** ⓝ전임자, 이전의 것

1904 ★★☆

search

[səːrtʃ]

ⓥ**수색하다,** 찾다

The investigators searched the basement for the weapon.
수사관들은 지하실에서 무기를 수색하였다.

1905 ★★☆

research

[risə́ːrtʃ]

ⓥ**연구하다** ⓝ연구

He researches the links between poverty and ignorance.
그는 빈곤과 무지 사이의 연관성을 연구한다.

1906 ★☆☆

personal

[pə́ːrsənəl]

ⓐ**개인적인**

His prime motive for the crime was personal ambition.
그의 범죄에 대한 주된 동기는 개인적 야심이었다.

1907 ★☆☆

personnel

[pə̀ːrsənél]

ⓝ**인원,** 인력, 구성원들

The resume was transferred to the personnel department.
이력서는 인사 부서로 넘겨졌다.

***personnel department** 인사과, 인사 부서

Check

□ success	□ succession	□ successive	□ successor	□ search
□ research	□ personal	□ personnel		

1908 ★☆☆
reception
[risépʃən]

ⓝ**연회**, 접수처

The movie got a chilly **reception** from the audience.
그 영화는 관객으로부터 차가운 응대를 받았다.

(0324) ★☆☆
receipt
[risíːt]

ⓝ**영수증, 수령**, 수취

I keep every **receipt** as proof of purchase.
나는 모든 영수증을 구매의 증거로서 보관한다.

Your reservation will be completed on receipt of a deposit.
귀하의 예약은 예치금을 수령 하자마자 완료될 것입니다.

1909 ★★☆
evolve
[ivάlv]

ⓥ**진화하다**, 진전시키다

Species **evolve** to adapt to their environment.
종들은 환경에 적응하기 위하여 진화한다.

***evolution** ⓝ진화, 점진적 변화

1910 ★★☆
revolve
[rivάlv]

ⓥ**회전하다**

In a solar system, the planets **revolve** around the Sun.
태양계에서는 행성들이 태양 주위를 회전한다.

***revolution** ⓝ회전, 혁명

(0054) ★★☆
involve
[invάlv]

ⓥ**포함하다, 관련시키다,** 수반하다

My daily routine **involves** exercise, reading, and studying.
나의 일상은 운동, 독서 그리고 공부를 포함한다.

***be involved in** ~에 관여하다, ~에 관련되다

1911 ★☆☆
economic
[iːkənάmik]

ⓐ**경제의**

The state placed top priority on **economic** stability.
그 주는 경제의 안정에 최고 우선순위를 두었다.

1912 ★★★
economical
[iːkənάmikəl]

ⓐ**절약하는**, 경제적인

He suggested a more **economical** way to reduce expenses.
그는 비용을 줄이기 위하여 더 절약하는 방법을 제안하였다.

***economy** ⓝ절약, 경제

Check

□ reception	□ receipt	□ evolve	□ revolve	□ involve
□ economic	□ economical			

1913 ★☆☆
industrial
[indʌ́striəl]

ⓐ**산업의**

The Industrial Revolution modified the structure of society.
산업 혁명은 사회의 구조를 변화시켰다.

1914 ★★★
industrious
[indʌ́striəs]

ⓐ**근면한**

People admired the passionate and industrious director.
사람들은 열정적이고 근면한 책임자를 존경하였다.

***industry** ⓝ근면, 산업

1915 ★★☆
thunder
[θʌ́ndər]

ⓝ**천둥**

Thunder deafened the girl, and lightning blinded her.
천둥은 소녀의 귀를 먹게 하고 번개는 눈을 멀게 하였다.

1916 ★★☆
lightning
[láitniŋ]

ⓝ**번개**

Both thunder and lightning are natural phenomena.
천둥과 번개 모두 자연 현상이다.

1917 ★☆☆
bride
[braid]

ⓝ**신부**

The bride wore a white dress, the symbol of purity.
신부는 순수함의 상징인 하얀 드레스를 착용하였다.

1918 ★☆☆
groom
[gru(ː)m]

ⓝ**신랑** (bridegroom)

The bride and groom walked down the aisle together.
신부와 신랑은 통로를 따라 함께 걸었다.

1919 ★★☆
depend
[dipénd]

ⓥ**의존하다** (depend on)

The fishing community depends on the marine ecosystem.
어촌은 해양 생태계에 의존한다.

1920 ★★☆
defend
[difénd]

ⓥ**방어하다**

Troops were sent to defend the borders.
군대가 국경을 방어하기 위하여 파견되었다.

Check

□ industrial	□ industrious	□ thunder	□ lightning	□ bride
□ groom	□ depend	□ defend		

REVIEW

1. mention	ⓥ______	1. meteor	ⓝ______
2. mansion	ⓝ______	2. galaxy	ⓝ______
3. lessen	ⓥ______	3. beard	ⓝ______
4. spear	ⓝ______	4. mustache	ⓝ______
5. shield	ⓝ______	5. whisker	ⓝ______
6. counsel	ⓥ______	6. intelligent	ⓐ______
7. council	ⓝ______	7. intellectual	ⓐ______
8. atom	ⓝ______	8. tomb	ⓝ______
9. particle	ⓝ______	9. cemetery	ⓝ______
10. comet	ⓝ______	10. success	ⓝ______

1.언급하다 2.저택 3.감소시키다 4.창 5.방패 6.조언하다 7.위원회 8.원자 9.입자 10.혜성

1.유성 2.은하 3.턱수염 4.콧수염 5.구레나룻 6.영리한 7.지적인 8.무덤 9.공동묘지 10.성공

1. succession	ⓝ______	1. economic	ⓐ______
2. successive	ⓐ______	2. economical	ⓐ______
3. successor	ⓝ______	3. industrial	ⓐ______
4. search	ⓥ______	4. industrious	ⓐ______
5. research	ⓥ______	5. thunder	ⓝ______
6. personal	ⓐ______	6. lightning	ⓝ______
7. personnel	ⓝ______	7. bride	ⓝ______
8. reception	ⓝ______	8. groom	ⓝ______
9. evolve	ⓥ______	9. depend	ⓥ______
10. revolve	ⓥ______	10. defend	ⓥ______

1.연속 2.연속적인 3.계승자 4.수색하다 5.연구하다 6.개인적인 7.인원 8.연회 9.진화하다
10.회전하다

1.경제의 2.절약하는 3.산업의 4.근면한 5.천둥 6.번개 7.신부 8.신랑 9.의존하다 10.방어하다

PHRASE

there is no ~ing ~하는 것은 불가능하다 (it is impossible to V)
think highly of 존중하다
think little of 경시하다 (make little of, make light of)
think much of 중시하다 (make much of, make account of)
think over 숙고하다 (dwell on/upon, reflect on/upon, ponder on/upon)
tide over 극복하다 (get over, overcome)
to some extent 어느 정도 (in/to a degree, in a measure)
to begin with 우선 (in the first place, first of all, above all)
to make a long story short 간단히 말해서 (in short)
to make matters worse 설상가상으로 (to make the matter worse, to add insult to injury, what is worse)
to say nothing of ~은 말할 것도 없고 (not to speak of, not to mention, let alone)
to the point 적절한, 요령 있는

1. There is no ________ what will happen tomorrow.
   내일 무슨 일이 일어날지 말할 수 없다.

2. People think ________ of the statesman.
   사람들은 그 정치가를 존경한다.

3. I think ________ of people who show off their wealth.
   나는 부를 과시하는 사람들을 경시한다.

4. He thinks ________ of my advice.
   그는 나의 조언을 중시힌디.

5. I thought ________ his proposal carefully.
   나는 그의 제안을 신중하게 숙고하였다.

6. The loan enabled me to tide ________ the financial crisis.
   대출은 내가 재정적 위기를 극복하는 깃을 가능게 하었디.

7. To some ________, I agree with your opinion.
   어느 정도, 나는 네 의견에 동의한다.

8. To begin ________, let's book flight tickets.
   우선 비행기표를 예약하자.

9. To make a long story ________, I gave up the challenge.
   간단히 말해서, 나는 도전을 포기했다.

10. He lost his job, and to make ________ ________, he became ill.
    그는 직장을 잃었고, 설상가상으로 아프게 되었다.

11. The hotel was expensive, to say ________ of the poor service.
    그 호텔은 형편없는 서비스는 물론이고 비쌌다.

12. Your explanation was to the ________.
    너의 설명은 적절하였다.

※ 이 페이지의 단어들은 필요 시 참고하는 분야별 단어입니다. 학습자의 수준과 진도에 맞게 활용하십시오.

conflict	갈등	mission	임무, 사절단
dispute	논쟁, 분쟁	diplomat	외교관
quarrel	논쟁, 언쟁	defeat	패배, 이기다
hatred	증오	betray	배반하다, 누설하다
threat	위협	blame	비난하다
resistance	저항	insult	모욕하다, 모욕
tension	긴장	struggle	애쓰다, 분투, 투쟁
occupation	직업, 점유	invade	침입하다, 침공하다

[Definition Quiz]

1. to win against someone in a contest or war. _______

2. to say someone is responsible for a fault or wrong. _______

3. control of a place by an army. _______

4. to enter a place by force _______

5. a special job or task, often by a government. _______

6. a disagreement or argument. _______

7. a feeling of nervousness or stress. _______

8. to say or do something rude to hurt someone. _______

9. to hurt or harm someone who trusted you. _______

10. a serious disagreement or fight. _______

11. a warning of possible harm. _______

12. a strong feeling of dislike. _______

13. to try hard to do something difficult. _______

14. a noisy argument or fight. _______

15. the act of fighting against something. _______

16. a person who represents their country in foreign affairs. _______

---

1. 시합이나 전쟁에서 누군가를 이기다 **2.** 누군가가 잘못이나 실수에 책임이 있다고 말하다 **3.** 군대에 의한 장소의 통제 **4.** 무력으로 어떤 장소에 들어가다 **5.** 주로 정부가 맡기는 특별한 일이나 임무 **6.** 의견 차이나 언쟁 불일치 **7.** 불안 초조나 스트레스의 느낌 **8.** 누군가를 상처 주기 위해 무례한 말을 하거나 행동하다 **9.** 믿었던 사람을 해치거나 해를 끼치다 **10.** 심각한 의견 충돌이나 싸움 **11.** 해가 될 수 있다는 경고 **12.** 강한 싫어함 **13.** 어려운 일을 하려고 열심히 노력하다 **14.** 시끄러운 언쟁이나 싸움 소동 **15.** 어떤 것에 맞서 싸우는 행위 **16.** 외교에서 자기 나라를 대표하는 사람

1.defeat **2.**blame **3.**occupation **4.**invade **5.**mission **6.**dispute **7.**tension **8.**insult
9.betray **10.**conflict **11.**threat **12.**hatred **13.**struggle **14.**quarrel **15.**resistance
16.diplomat

◀ 27. Emotions p470   Categories p549   29. Disaster & Safety p510 ▶

DAY
49

DAY 49

[진단 테스트]

※ 실력을 진단하고 점검하는 연결형 문제입니다. 문제에 표시하지 마시고, 전용 오답 노트를 활용하여 집중 관리 하십시오. 본 단어장의 모든 문제는 반복 학습용입니다.

1. slim	①내리다	1. palace	①궁전
2. slender	②바느질하다	2. fare	②충동
3. skinny	③홀쭉한	3. pulse	③태양의
4. unlock	④톱질하다	4. impulse	④산소
5. unload	⑤열다	5. religion	⑤맥박
6. uncover	⑥씨 뿌리다	6. solar	⑥수소
7. unpack	⑦풀다	7. lunar	⑦운임
8. saw	⑧깡마른	8. oxygen	⑧종교
9. sew	⑨홀쭉한	9. hydrogen	⑨달의
10. sow	⑩열다	10. rub	⑩문지르다

1.③ **2.**⑨ **3.**⑧ **4.**⑤ **5.**① **6.**⑩ **7.**⑦ **8.**①
9.② **10.**⑥

1.① **2.**⑦ **3.**⑤ **4.**② **5.**⑧ **6.**③ **7.**⑨ **8.**④
9.⑥ **10.**⑩

1. peel	①알약	1. bold	①빌리다
2. pill	②대머리의	2. lend	②대담한
3. blast	③내적인	3. borrow	③전기
4. gust	④마법사	4. phase	④순찰
5. breeze	⑤미풍	5. phrase	⑤단계
6. internal	⑥강풍, 폭발	6. arrow	⑥화살
7. external	⑦외적인	7. biography	⑦어구
8. wizard	⑧돌풍	8. autobiography	⑧빌려주다
9. witch	⑨껍질	9. patrol	⑨자서전
10. bald	⑩마녀	10. petrol	⑩휘발유

1.⑨ **2.**① **3.**⑥ **4.**⑧ **5.**⑤ **6.**③ **7.**⑦ **8.**④
9.⑩ **10.**②

1.② **2.**⑧ **3.**① **4.**⑤ **5.**⑦ **6.**⑥ **7.**③ **8.**⑨
9.④ **10.**⑩

1921 ★☆☆
slim
[slim]

ⓐ**홀쭉한** (균형적 매력), 얇은
There is a slim chance of his promotion.
그의 승진 가능성은 희박하다.

1922 ★★☆
slender
[sléndər]

ⓐ**홀쭉한** (주로 여성, 부분적 매력), 가느다란
Her ankles and wrists are slender.
그녀의 발목과 팔목은 홀쭉하다.

(0154) ★★☆
lean
[liːn]

ⓐ**마른**, 군살 없는 ⓥ**기대다, 의존하다** (lean on), 몸을 굽히다
The lean man with well-developed muscles seems fit.
잘 발달 된 근육을 가진 마른 남자는 건강해 보인다.

The patient barely walked leaning on his stick.
환자는 지팡이에 의존하여 가까스로 걸었다.

1923 ★☆☆
skinny
[skíni]

ⓐ**깡마른**, 야윈
There is a prejudice that skinny people eat less.
깡마른 사람들이 덜 먹는다는 편견이 있다.

1924 ★★☆
unlock
[ʌnlάk]

ⓥ**열다**, 잠금 해제하다, 밝혀내다
The multiple clues unlocked the secrets of its origin.
복합적인 단서가 그 기원의 비밀을 밝혀냈다.

1925 ★★☆
unload
[ʌnlóud]

ⓥ**내리다**, 하역하다
The laborers unloaded lots of lumber at the construction site.
노동자들은 건설 현장에서 많은 목재를 내렸다.

*load ⓥ싣다 ⓝ짐

1926 ★★☆
uncover
[ʌnkʌ́vər]

ⓥ**열다**, 밝혀내다
The system helps uncover the accumulated data.
그 시스템은 축적된 자료들을 열도록 도와준다.

1927 ★★☆
unpack
[ʌnpǽk]

ⓥ**풀다**, 꺼내다
She unpacked the baggage and arranged her belongings.
그녀는 짐을 풀어서 자기 소지품을 정리하였다.

*pack ⓝ포장물, 무리 ⓥ포장하다, 채우다

Check

□ slim	□ slender	□ lean	□ skinny	□ unlock
□ unload	□ uncover	□ unpack		

1928 ★★☆

saw

[sɔː]

ⓥ**톱질하다** (saw-sawed-sawn/sawed) ⓝ톱

His job is to **saw** the logs.
그의 직업은 통나무를 톱질하는 것이다.

1929 ★★☆

sew

[sou]

ⓥ**바느질하다** (sew-sewed-sewn/sewed)

Mother **sewed** a fabric patch onto the garment.
어머니는 옷에 천 조각을 바느질하였다.

***sewing machine** 재봉틀

1930 ★★☆

sow

[sou]

ⓥ**씨 뿌리다** (sow-sowed-sown/sowed)

His neglect **sowed** the seeds of conflict.
그의 태만이 갈등의 씨앗을 뿌렸다.

1931 ★★☆

palace

[pǽlis]

ⓝ**궁전** (건축물 개념)

The authorities gave us permission to visit the **palace**.
당국은 우리에게 궁전을 방문할 수 있는 허가를 내주었다.

(0317) ★★☆

court

[kɔːrt]

ⓝ**법원, 경기장** (울타리 있는 경기장, 코트), 궁전 (거처 개념), 안뜰

The thief was put on trial in **court**.
그 도둑은 법원에서 재판에 넘겨졌다.

(0215) ★★☆

fair

[fɛər]

ⓐ**공정한** ⓝ**박람회**

The authorities took a **fair** step to settle the conflict.
당국은 갈등을 해결하기 위하여 공정한 조치를 취하였다.

The manufacturer displayed its products at the trade **fair**.
제조업체는 무역 박람회에 자사의 생산품을 전시하였다.

***fairly** ⓐⓓ공정하게, 꽤, 매우

1932 ★★☆

fare

[fɛər]

ⓝ**운임**

They apologized for the delay and refunded my **fare**.
그들은 지연에 대해 사과하고, 내 운임을 환불했다.

Check

□ saw	□ sew	□ sow	□ palace	□ court
□ fair	□ fare			

1933 ★☆☆

pulse

[pʌls]

ⓝ**맥박**

The nurse measured my pulse rate on my wrist.
간호사는 내 손목에서 맥박 속도를 측정하였다.

1934 ★★☆

impulse

[ímpʌls]

ⓝ**충동**, 자극

A wise man is motivated not by impulse but by reason.
현명한 사람은 충동이 아니라 이성에 의하여 동기 부여된다.

*impulsive ⓐ충동적인

(0595) ★★☆

region

[ríːdʒən]

ⓝ**지역**

The region is wealthy thanks to its abundant resources.
그 지역은 풍부한 자원 덕분에 부유하다.

*regional ⓐ지역의

1935 ★★☆

religion

[rilídʒən]

ⓝ**종교**

Many evil deeds are done in the name of religion.
많은 나쁜 행위가 종교의 이름으로 행하여진다.

1936 ★★☆

solar

[sóulər]

ⓐ**태양의**

He signed the bill to boost production of solar panels.
그는 태양 전지판의 생산을 증진하기 위한 법안에 서명하였다.

1937 ★★☆

lunar

[lúːnər]

ⓐ**달의**

The mighty lunar attraction produces tides.
강력한 달의 인력(引力)은 조수를 만들어 낸다.

1938 ★☆☆

oxygen

[ɑ́ksidʒən]

ⓝ**산소**

Ozone is a form of oxygen with a peculiar odor.
오존은 특이한 냄새를 가진 산소의 한 형태이다.

1939 ★☆☆

hydrogen

[háidrədʒən]

ⓝ**수소**

The process splits the liquid into hydrogen and oxygen.
그 과정은 액체를 수소와 산소로 분리한다.

Check

□ pulse	□ impulse	□ region	□ religion	□ solar
□ lunar	□ oxygen	□ hydrogen		

(1401) ★★★
rob

[rɑb]

ⓥ**강탈하다**

The facial recognition device may rob people of their privacy.
안면 인식 장치는 사람들에게서 사생활을 빼앗을 수도 있다.

***robber** ⓝ강도 ***robbery** ⓝ강도짓 ***rob A of B** A에게서 B를 강탈하다

1940 ★★☆
rub

[rʌb]

ⓥ**문지르다**

The infant rubbed his eyes with his palm.
유아는 손바닥으로 눈을 문질렀다.

(0341) ★★☆
peer

[piər]

ⓝ**동료, 또래** ⓥ**응시하다**

He suffered isolation and ridicule among his peers.
그는 종료들 사이에서 고립과 조롱을 겪었다.

He peered at the notice posted on the bulletin board.
그는 게시판에 부착된 공고문을 응시하였다.

1941 ★☆☆
peel

[piːl]

ⓝ**껍질** ⓥ**껍질 벗기다**

The peels of specific fruits contain nutrients.
특정한 과일들의 껍질은 영양분을 포함하고 있다.

1942 ★☆☆
pill

[pil]

ⓝ**알약**

He prescribed some pills to treat my disorders.
그는 나의 질환을 치료하기 위하여 약간의 알약을 처방하였다.

1943 ★★☆
blast

[blæst]

ⓝ**강풍, 폭발**

The plant was destroyed by the blast.
공장이 강풍에 의하여 파괴되었다.

1944 ★☆☆
gust

[gʌst]

ⓝ**돌풍**

A sudden gust of wind stirred up the dust.
갑작스러운 돌풍이 먼지를 휘저어 놓았다.

1945 ★★☆
breeze

[briːz]

ⓝ**미풍**

The breeze from the harbor bore the odor of fish.
항구로부터의 미풍이 생선 냄새를 실어 날랐다.

Check

□ rob	□ rub	□ peer	□ peel	□ pill
□ blast	□ gust	□ breeze		

1946 ★☆☆
internal
[intə́ːrnl]

ⓐ**내적인**, 내부의

The geologist analyzed the internal structure of the substance.
지질학자는 그 물질의 내부 구조를 분석하였다.

1947 ★☆☆
external
[ikstə́ːrnəl]

ⓐ**외적인**, 외부의

The evaluation includes both internal and external elements.
평가는 내적, 외적 요소를 모두 포함한다.

1948 ★☆☆
wizard
[wízərd]

ⓝ**마법사**

The wizard cast a spell which sent the subject to sleep.
마법사는 실험 대상을 잠들게 하는 마법을 걸었다.

1949 ★☆☆
witch
[witʃ]

ⓝ**마녀**

The witch deceived and tempted the princess.
마녀는 공주를 속이고 유혹하였다.

1950 ★★☆
bald
[bɔːld]

ⓐ**대머리의**

The bald-headed man has solid muscles.
대머리 남자는 탄탄한 근육을 지니고 있다.

1951 ★★☆
bold
[bould]

ⓐ**대담한**

Their ambitious strategy prompted bold investments.
그들의 야심적인 전략이 대담한 투자를 촉진하였다.

***boldness** ⓝ대담성

1952 ★★☆
lend
[lend]

ⓥ**빌려주다** (lend-lent-lent)

The bank lent me money at favorable interest rates.
은행은 유리한 이자율로 내게 돈을 빌려주었다.

1953 ★★☆
borrow
[bɔ́(ː)rou]

ⓥ**빌리다**

Nobody has the right to borrow the book indefinitely.
누구도 그 책을 무기한으로 빌릴 권리는 없다.

Check

□ internal	□ external	□ wizard	□ witch	□ bald
□ bold	□ lend	□ borrow		

1954 ★★☆

phase
[feiz]

ⓝ단계

The project is in its final **phase**.
그 과제는 최종 단계에 있다.

1955 ★☆☆

phrase
[freiz]

ⓝ어구

His careless choice of **phrases** offended the audience.
그의 부주의한 어구 선택이 청중을 불쾌하게 하였다.

(0315) ★☆☆

bow
[bau]

ⓥ(허리 숙여) **인사하다** ⓝ**활**[bou]

The servant **bowed** low to his master.
하인은 주인에게 낮게 허리 굽혀 인사하였다.

The **bows** were the principal weapons in ancient times.
활은 고대의 주요한 무기였다.

1956 ★☆☆

arrow
[ǽrou]

ⓝ화살

The tribes roamed around with bows and **arrows**.
부족들은 활과 화살을 가지고 여기저기로 돌아다녔다.

1957 ★★☆

biography
[baiɑ́grəfi]

ⓝ전기

The critics appreciated the inspiring **biography** of the author.
비평가들은 그 작가의 고무적인 전기를 높이 평가하였다.

1958 ★★☆

autobiography ⓝ자서전
[ɔ̀:təbaiɑ́grəfi]

He longs to publish his **autobiography**.
그는 자서전 출판하기를 갈망한다.

1959 ★☆☆

patrol
[pətróul]

ⓝ순찰 ⓥ순찰하다

The armed forces regularly **patrolled** the border.
무장 군대가 국경을 정기적으로 순찰하였다.

1960 ★☆☆

petrol
[pétrəl]

ⓝ휘발유 (영국식)

Petrol consumption has steadily decreased.
휘발유 소비가 꾸준히 감소하였다.

***gasoline** ⓝ휘발유 (미국식)

Check

□ phase	□ phrase	□ bow	□ arrow	□ biography
□ autobiography	□ patrol	□ petrol		

REVIEW

1. slim	ⓐ______	1. palace	ⓝ______
2. slender	ⓐ______	2. fare	ⓝ______
3. skinny	ⓐ______	3. pulse	ⓝ______
4. unlock	ⓥ______	4. impulse	ⓝ______
5. unload	ⓥ______	5. religion	ⓝ______
6. uncover	ⓥ______	6. solar	ⓐ______
7. unpack	ⓥ______	7. lunar	ⓐ______
8. saw	ⓥ______	8. oxygen	ⓝ______
9. sew	ⓥ______	9. hydrogen	ⓝ______
10. sow	ⓥ______	10. rub	ⓥ______

1.홀쭉한 2.홀쭉한 3.깡마른 4.열다 5.내리다 6.열다 7.풀다 8.톱질하다 9.바느질하다 10.씨뿌리다

1.궁전 2.운임 3.맥박 4.충동 5.종교 6.태양의 7.달의 8.산소 9.수소 10.문지르다

1. peel	ⓝ______	1. bold	ⓐ______
2. pill	ⓝ______	2. lend	ⓥ______
3. blast	ⓝ______ ______	3. borrow	ⓥ______
4. gust	ⓝ______	4. phase	ⓝ______
5. breeze	ⓝ______	5. phrase	ⓝ______
6. internal	ⓐ______	6. arrow	ⓝ______
7. external	ⓐ______	7. biography	ⓝ______
8. wizard	ⓝ______	8. autobiography	ⓝ______
9. witch	ⓝ______	9. patrol	ⓝ______
10. bald	ⓐ______	10. petrol	ⓝ______

1.껍질 2.알약 3.강풍, 폭발 4.돌풍 5.미풍 6.내적인 7.외적인 8.마법사 9.마녀 10.대머리의

1.대담한 2.빌려주다 3.빌리다 4.단계 5.어구 6.화살 7.전기 8.자서전 9.순찰 10.휘발유

PHRASE

try on 입어보다 *try ~ing 시도하다
turn down 거절하다, 소리를 낮추다
turn in 제출하다 (hand in)
turn off 끄다
turn on 켜다
turn out 판명되다, 쫓아내다, 생산하다
turn up 나타나다 (show up, appear)
up to date 최신의 *out of date 구식의 (behind the times)
use up 다 써 버리다
used to ~하곤 했다 *be used/accustomed to ~ing ~에 익숙하다
wait on 시중들다 *wait for 기다리다
wanting in ~이 부족한 (lacking in)

1. She tried _________ several dresses.
그녀는 몇몇 드레스를 입어보았다.

2. She turned _________ my invitation to the party.
그녀는 나의 파티 초대를 거절하였다.

3. I have to turn _________ my assignment tomorrow.
나는 내일 과제를 제출해야 한다.

4. Don't forget to turn _________ the light before you go out.
외출하기 전에 불 끄는 것 잊지 마.

5. She turned _________ the TV to watch the news.
그녀는 뉴스를 보기 위하여 TV를 켰다.

6. Everything turned _________ to be fine.
모든 것이 훌륭한 것으로 판명되었디.

7. He didn't turn _________ for the meeting.
그는 회의에 나타나지 않았다.

8. This program is up to _________ with better features.
이 프로그램은 더 나은 특징을 가진 최신 것이다.

9. I used _________ all the savings.
나는 모든 저축을 다 써버렸다.

10. I used _________ go climbing every weekend.
나는 주말마다 등산을 가곤 했다.

11. The waiters kindly waited _________ the guests.
웨이터들은 친절하게 손님들을 시중들었다.

12. His idea is _________ in details.
그의 아이디어는 세부 사항이 부족하다.

※ 이 페이지의 단어들은 필요 시 참고하는 분야별 단어입니다. 학습자의 수준과 진도에 맞게 활용하십시오.

disaster	재난	earthquake	지진
crash	충돌, 추락	flood	홍수
explosion	폭발	drought	가뭄
panic	공포, 공황	ruin	폐허, 망치다
emergency	비상	burst	터지다, 폭발
tragedy	비극	drown	익사하다
recovery	회복	collapse	붕괴하다, 붕괴
prevention	예방	rescue	구조하다, 구조

[Definition Quiz]

1. a long period without rain. ______

2. a sudden feeling of fear causing confusion. ______

3. a sudden, violent collision or fall. ______

4. to save someone from danger. ______

5. the process of getting better after a disaster. ______

6. a serious situation needing immediate action. ______

7. a violent burst causing damage. ______

8. to fall down suddenly. ______

9. to break open suddenly and violently. ______

10. a sudden event causing great damage or loss. ______

11. to die by being underwater and unable to breathe. ______

12. actions taken to stop something bad from happening. ______

13. a very sad event causing suffering. ______

14. an overflow of water onto land. ______

15. the broken remains of something destroyed. ______

16. a shaking of the earth's surface. ______

---

1. 오랫동안 비가 오지 않는 기간 **2.** 공포로 인해 혼란이 생기는 갑작스러운 느낌 **3.** 갑작스럽고 격렬한 충돌이나 추락 **4.** 위험에서 누군가를 구하다 **5.** 재해 후에 나아지는 과정 **6.** 즉각적인 조치가 필요한 심각한 상황 **7.** 피해를 일으키는 폭발적인 폭발 **8.** 갑자기 쓰러지다 **9.** 갑작스럽고 격렬하게 터지다 **10.** 큰 피해나 손실을 일으키는 갑작스러운 사건 **11.** 물속에서 숨을 쉴 수 없어 죽다 **12.** 나쁜 일이 일어나지 않도록 하는 행동 **13.** 고통을 일으키는 매우 슬픈 사건 **14.** 물이 육지로 넘쳐흐르는 것 **15.** 파괴된 것의 부서진 잔해 **16.** 지표면이 흔들리는 것

1.drought **2.**panic **3.**crash **4.**rescue **5.**recovery **6.**emergency **7.**explosion **8.**collapse **9.**burst **10.**disaster **11.**drown **12.**prevention **13.**tragedy **14.**flood **15.**ruin **16.**earthquake

---

◀ 28. Conflict & Dispute p500   Categories p549   30. Academic Vocabulary p522 ▶

DAY
50

DAY 50

[진단 테스트]

※ 실력을 진단하고 점검하는 연결형 문제입니다. 문제에 표시하지 마시고, 전용 오답 노트를 활용하여
집중 관리 하십시오. 본 단어장의 모든 문제는 반복 학습용입니다.

1. pole	①연못
2. poll	②우상
3. canal	③여론 조사
4. channel	④극, 막대
5. thick	⑤얇은
6. thin	⑥해협
7. idle	⑦좋아하는
8. idol	⑧게으른
9. fond	⑨운하
10. pond	⑩두꺼운

1.④　2.③　3.⑨　4.⑥　5.⑩　6.⑤　7.⑧　8.⑦
9.⑦　10.①

1. brick	①해외에
2. former	②전의
3. latter	③후식
4. abroad	④연장
5. aboard	⑤벽돌
6. extension	⑥후의
7. extent	⑦날것의
8. raw	⑧상
9. dessert	⑨정도
10. award	⑩탑승한

1.⑤　2.②　3.⑥　4.①　5.⑩　6.④　7.⑨　8.⑦
9.③　10.⑧

1. reward	①고용히디
2. floor	②보상
3. story	③소수
4. hire	④열등한
5. furnished	⑤우월한
6. majority	⑥층, 이야기
7. minority	⑦다수
8. superior	⑧액체
9. inferior	⑨가구가 갖추어진
10. liquid	⑩층, 바닥

1.②　2.⑩　3.⑥　4.①　5.⑨　6.⑦　7.③　8.⑤
9.④　10.⑧

1. artificial	①고진직인
2. lay	②기도하다
3. dozen	③인공적인
4. mathematics	④놓다
5. arithmetic	⑤먹이
6. pray	⑥다스
7. prey	⑦산수
8. classical	⑧수학
9. fright	⑨공포
10. freight	⑩화물

1.③　2.④　3.⑥　4.⑧　5.⑦　6.②　7.⑤　8.①
9.⑨　10.⑩

1961 ★☆☆
pole
[poul]

ⓝ **극, 막대**

The weather at the poles is pretty harsh.
극지방의 날씨는 꽤 혹독하다.

*polar ⓐ극지방의, 정반대의 *north pole 북극 *south pole 남극

1962 ★☆☆
poll
[poul]

ⓝ **여론 조사, 투표**

The opinion poll accurately reflected the public taste.
여론 조사는 대중의 취향을 정확히 반영하였다.

1963 ★★☆
canal
[kənǽl]

ⓝ **운하, 인공 수로**

The vessel unloaded its cargo on the canal bank.
선박은 운하 둑에 화물을 내렸다.

1964 ★★☆
channel
[tʃǽnl]

ⓝ **해협, 경로, 해양 통로**

The channel separates the islands from the continent.
그 해협은 섬과 대륙을 분리한다.

1965 ★★☆
thick
[θik]

ⓐ **두꺼운, 짙은**

The weather center forecast thick fog in coastal areas.
기상청은 해안 지역에 짙은 안개를 예보하였다.

1966 ★★☆
thin
[θin]

ⓐ **얇은, 옅은**

The road is covered with a thin layer of ice.
도로는 얇은 얼음층으로 덮여 있다.

1967 ★☆☆
idle
[áidl]

ⓐ **게으른, 활동하지 않는**

Many people were idle during the depression.
많은 사람이 불경기 동안 활동하지 않았다.

1968 ★☆☆
idol
[áidl]

ⓝ **우상**

I admire the volunteer as my idol.
나는 그 자원봉사자를 나의 우상으로 존경한다.

Check

□ pole	□ poll	□ canal	□ channel	□ thick
□ thin	□ idle	□ idol		

1969 ★☆☆
fond

[fɑnd]

ⓐ**좋아하는**

My children are genuinely fond of livestock.
내 아이들은 가축을 진정으로 좋아한다.

1970 ★☆☆
pond

[pɑnd]

ⓝ**연못**

The pond has a one-hundred-foot diameter.
그 연못의 지름은 100피트이다.

1971 ★☆☆
brick

[brik]

ⓝ**벽돌**

Most houses in rural areas were built with mud bricks.
시골 지역의 대부분 집은 진흙 벽돌로 지어졌다.

(0212) ★★☆
block

[blɑk]

ⓥ**차단하다** ⓝ**사각 물체, 구역**

The police blocked the demonstrators to keep order.
경찰은 질서를 유지하기 위하여 시위자들을 막았다.

The laborers carried many blocks of stone to the site.
노동자들은 많은 사각형 돌덩이를 현장으로 운반하였다.

1972 ★★☆
former

[fɔ́ːrmər]

ⓐ**전의, 전자의**

The restored palace lost its former magnificence.
복구된 왕궁은 이전의 장엄힘을 잃었디.

1973 ★★☆
latter

[lǽtər]

ⓐ**후의, 후자의**

He spent the latter part of his life in solitude.
그는 인생의 후반부를 고독 속에서 보냈다,

1974 ★★☆
abroad

[əbrɔ́ːd]

ⓐⓓ**해외에, 해외로**

My plan is to get a degree abroad.
내 계획은 해외에서 학위를 취득하는 것이다.

1975 ★★☆
aboard

[əbɔ́ːrd]

ⓐ**탑승한** ⓐⓓ**탑승하여**

The thunder scared the passengers aboard the vessel.
천둥이 선박에 탑승한 승객들을 겁먹게 하였다.

Check

□ fond	□ pond	□ brick	□ block	□ former
□ latter	□ abroad	□ aboard		

1976 ★★☆

extension
[iksténʃən]

ⓝ**연장**, 확대

I applied for a visa **extension**.
나는 비자 연장을 신청하였다.

***extend** ⓥ연장하다, 뻗다, 확대하다

1977 ★★☆

extent
[ikstént]

ⓝ**정도**

We can't foresee the **extent** of the flood damage.
우리는 홍수 피해의 정도를 예측할 수 없다.

***to some extent** 어느 정도

1978 ★★☆

raw
[rɔː]

ⓐ**날것의**, 원래 그대로의

His factory suffers from a shortage of **raw** materials.
그의 공장은 원자재 부족으로 고생한다.

***raw material** 원자재

(0254) ★★☆

row
[rou]

ⓝ**열**, 줄, 연속 ⓥ**노를 젓다**

The general gave a speech before many **rows** of soldiers.
장군은 많은 열의 병사들 앞에서 연설하였다.

The natives **rowed** the raft with all their might.
원주민들은 모든 힘을 다하여 뗏목을 노 저었다.

***in a row** 연속으로

(0228) ★★★

desert
[dizə́ːrt]

ⓥ**버리다** ⓝ**사막**[dézərt]

The high rental price forced the poor to **desert** their homes.
높은 임대 비용은 가난한 사람들이 자기들의 집을 포기하도록 강요하였다.

***deserted** ⓐ버려진, 황량한

1979 ★☆☆

dessert
[dizə́ːrt]

ⓝ**후식**

Dozens of appetizers and **desserts** satisfied the participants.
수십 가지의 식전 요리와 후식이 참가자들을 만족시켰다.

Check

☐ extension	☐ extent	☐ raw	☐ row	☐ desert
☐ dessert				

1980 ★★☆

award
[əwɔ́:rd]

ⓝ상 ⓥ상을 주다

He won an **award** for his spirit of sacrifice.
그는 희생정신으로 상을 받았다.

1981 ★★☆

reward
[riwɔ́:rd]

ⓝ**보상**, 보답 ⓥ보상하다, 보답하다

I received a **reward** for restoring the facilities.
나는 시설을 복구한 것에 대한 보상을 받았다.

***rewarding** ⓐ보람 있는

1982 ★☆☆

floor
[flɔ:r]

ⓝ**층 (위치), 바닥**

I was trapped on the top **floor** of the burning building.
나는 불타는 건물의 맨 위층에 갇혔었다.

1983 ★☆☆

story
[stɔ́:ri]

ⓝ**층 (규모), 이야기**

We paid separate admission to enter that **story**.
우리는 그 층에 들어가기 위해 별도의 입장료를 냈다.

1984 ★★☆

hire
[haiər]

ⓥ**고용하다**

The landlord **hired** an agent to manage the facilities.
주인은 시설을 관리할 대리인을 고용하였다.

(0355) ★☆☆

fire
[faiər]

ⓥ**해고하다** ⓝ**불**

The company seeks to **fire** the chief operator.
그 회사는 수석 운영자를 해고하려고 애쓴다.

(1143) ★★☆

furnish
[fə́:rniʃ]

ⓥ**제공하다**, (가구를) 비치하다

The organization **furnished** us with good accommodations.
그 단체는 우리에게 좋은 숙소를 제공하였다.

1985 ★☆☆

furnished
[fə́:rniʃt]

ⓐ**가구가 갖추어진**

We stayed at the comfortably **furnished** accommodation.
우리는 안락하게 가구가 갖추어진 숙소에 체류하였다.

Check				
□ award	□ reward	□ floor	□ story	□ hire
□ fire	□ furnish	□ furnished		

(0230) ★★☆

major
[méidʒər]

ⓐ**주요한** ⓝ**전공**

He pursued major shifts in his strategy to reduce taxes.
그는 세금을 줄이기 위해 자신의 전략에 주요한 변화를 추구하였다.

His major is physics, while his wife's is physical education.
그의 전공은 물리학이고 반면에 아내의 전공은 체육이다.

(0231) ★★☆

minor
[máinər]

ⓐ**사소한** ⓝ**미성년자**

The police ceased to check minor violations.
경찰은 사소한 위반을 다루는 것을 멈췄다.

The minors were refused admission to the bar.
미성년자들은 주점에 입장을 거절당했다.

1986 ★★☆

majority
[mədʒɔ́(ː)rəti]

ⓝ**다수**, 과반수

A majority vote enabled the passage of the resolution.
다수결 투표가 결의안 통과를 가능케 하였다.

1987 ★★☆

minority
[minɔ́ːriti]

ⓝ**소수**, 소수 집단, 소수 민족

Minorities often suffer prejudice and hostility.
소수 집단은 종종 편견과 적대감을 겪는다.

(0157) ★☆☆

bachelor
[bǽtʃələr]

ⓝ**학사, 총각**

He earned a bachelor's degree in physics.
그는 물리학 학사 학위를 취득하였다.

The bachelor led the shy bride to the ceremony.
총각은 수줍은 신부를 예식으로 이끌었다.

(0158) ★☆☆

master
[mǽstər]

ⓝ**석사, 주인** ⓥ**숙달하다**

His master's degree in psychology led him to get a job.
그의 심리학 석사 학위는 그가 취업하도록 이끌었다.

The master instructed his servants to sow the seeds.
주인은 하인들에게 씨앗을 뿌리라고 지시하였다.

***mistress** ⓝ여주인

Check

□ major	□ minor	□ majority	□ minority	□ bachelor
□ master				

1988 ★★☆

superior

[səpíəriər]

ⓐ**우월한** ⓝ상급자

The superior man inherited his superiority from his mother.
우월한 남성은 자신의 어머니로부터 우월성을 물려받았다.

superiority ⓝ우월, 우수

1989 ★★☆

inferior

[infíəriər]

ⓐ**열등한** ⓝ하급자

The tool is inferior to the earlier one owing to some defects.
그 도구는 몇몇 결점 때문에 이전 것보다 열등하다.

inferiority ⓝ열등

(0246) ★★☆

solid

[sɑ́lid]

ⓝ**고체** ⓐ**견고한**

A liquid can be frozen into a solid.
액체는 얼어서 고체가 될 수 있다.

The statue is founded on solid ground.
그 조각상은 견고한 땅 위에 세워졌다.

solidity ⓝ견고 *solidify* ⓥ단단하게 하다, 강화하다

1990 ★☆☆

liquid

[líkwid]

ⓝ**액체**

The plants were fed with liquid fertilizer.
그 식물들은 액체 비료로 기워졌다.

(0051) ★★☆

natural

[nǽtʃərəl]

ⓐ**선천적인, 당연한, 자연의**

Wolves are not naturally cruel or vicious.
늑대는 선천적으로 잔인하거나 사악하지 않다.

It is natural that a lazy person struggles with poverty.
게으른 자가 가난과 싸우는 것은 당연하다.

1991 ★★☆

artificial

[ὰːrtəfíʃəl]

ⓐ**인공적인**

They approved of launching the artificial satellite.
그들은 인공위성의 발사를 승인하였다.

Check

□ superior	□ inferior	□ solid	□ liquid	□ natural
□ artificial				

1992 ★☆☆

lay
[lei]

ⓥ**놓다**, 두다 (lay-laid-laid)

The arrested enemy soldiers laid down their arms.
체포된 적 병사들은 무기를 내려놓았다.

(0188) ★☆☆

lie
[lai]

ⓥ**눕다, 놓여 있다** (lie-lay-lain), 거짓말하다 (lie-lied-lied) ⓝ거짓말

The patient with a back injury lay down on his stomach.
등에 부상이 있는 환자는 배를 대고 엎드렸다.

His edge lies in his ability to accomplish the task.
그의 강점은 과제를 완수하는 능력에 있다.

1993 ★☆☆

dozen
[dʌzn]

ⓝ**다스**, 12

The manuscript went through dozens of revisions.
그 원고는 수십 차례의 교정을 거쳤다.

*dozens ⓝ수십

(0400) ★☆☆

score
[skɔːr]

ⓝ**20, 점수**

We encountered scores of creatures in the wildlife reserve.
우리는 야생 동물 보호 구역에서 수십 마리의 동물들을 마주쳤다.

*scores ⓝ수십

1994 ★☆☆

mathematics
[mæ̀θəmǽtiks]

ⓝ**수학** (math)

He hardly grasps the basic concepts of mathematics.
그는 수학의 기본 개념을 거의 이해하지 못한다.

1995 ★☆☆

arithmetic
[əríθmətik]

ⓝ**산수**

He is good at multiplication and division in arithmetic.
그는 산수에서 곱셈과 나눗셈에 익숙하다.

*geometry ⓝ기하학

Check

□ lay	□ lie	□ dozen	□ score	□ mathematics
□ arithmetic				

1996 ★★☆

pray
[prei]

ⓥ**기도하다**

We **prayed** for the victims of the disaster.
우리는 재난의 피해자들을 위하여 기도하였다.

prayer ⓝ기도, 기도하는 사람

1997 ★★☆

prey
[prei]

ⓝ**먹이,** 사냥감

The lion leaped out and captured its **prey**.
사자가 밖으로 튀어나와 먹이를 잡았다.

(0325) ★★☆

classic
[klǽsik]

ⓐ**최고의, 전형적인,** 일류의 ⓝ명작

The novel is evaluated as one of the **classic** works.
그 소설은 최고의 작품 중 하나로 평가된다.

The patient displayed the **classic** symptoms of depression.
그 환자는 우울증의 전형적인 증상을 보여주었다.

1998 ★☆☆

classical
[klǽsikəl]

ⓐ**고전적인,** 오랜 전통의

He majored in **classical** literature in graduate school.
그는 대학원에서 고전 문학을 전공하였다.

1999 ★☆☆

fright
[frait]

ⓝ**공포**

Children were seized with **fright** by the sound of thunder.
아이들은 천둥소리에 의해 공포에 사로잡혔다.

frighten ⓥ놀라게 하다, 두려워하게 하다

2000 ★☆☆

freight
[freit]

ⓝ**화물**

The vehicle carries both **freight** and passengers.
그 차량은 화물과 승객을 모두 실어 나른다.

Check

□ pray	□ prey	□ classic	□ classical	□ fright
□ freight				

※ 정답 표시하지 마시고, 전용 오답 노트를 활용하여 집중 관리 하십시오. 모든 문제는 반복 학습용입니다.

1. pole	ⓝ_____ _____	1. brick	ⓝ_____
2. poll	ⓝ_____	2. former	ⓐ_____
3. canal	ⓝ_____	3. latter	ⓐ_____
4. channel	ⓝ_____	4. abroad	ⓐⓓ_____
5. thick	ⓐ_____	5. aboard	ⓐ_____
6. thin	ⓐ_____	6. extension	ⓝ_____
7. idle	ⓐ_____	7. extent	ⓝ_____
8. idol	ⓝ_____	8. raw	ⓐ_____
9. fond	ⓐ_____	9. dessert	ⓝ_____
10. pond	ⓝ_____	10. award	ⓝ_____

1.극, 막대 2.여론 조사 3.운하 4.해협 5.두꺼운 6.얇은 7.게으른 8.우상 9.좋아하는 10.연못

1.벽돌 2.전의 3.후의 4.해외에 5.탑승한 6.연장 7.정도 8.날것의 9.후식 10.상

1. reward	ⓝ_____	1. artificial	ⓐ_____
2. floor	ⓝ_____ _____	2. lay	ⓥ_____
3. story	ⓝ_____ _____	3. dozen	ⓝ_____
4. hire	ⓥ_____	4. mathematics	ⓝ_____
5. furnished	ⓐ_____	5. arithmetic	ⓝ_____
6. majority	ⓝ_____	6. pray	ⓥ_____
7. minority	ⓝ_____	7. prey	ⓝ_____
8. superior	ⓐ_____	8. classical	ⓐ_____
9. inferior	ⓐ_____	9. fright	ⓝ_____
10. liquid	ⓝ_____	10. freight	ⓝ_____

1.보상 2.층, 바닥 3.층, 이야기 4.고용하다 5.가구가 갖추어진 6.다수 7.소수 8.우월한 9.열등한 10.액체

1.인공적인 2.놓다 3.다스 4.수학 5.산수 6.기도하다 7.먹이 8.고전적인 9.공포 10.화물

PHRASE

watch out 조심하다, 경계하다

wear out 닳게 하다, 닳게 되다, 지치게 하다

well off 부유한 (better off, rich) *badly off 궁핍한 (worse off, poor)

what is more 게다가 (in addition, furthermore, moreover, besides)

what people call 소위, 흔히 말하는 (what they/we call, what is called, so-called)

when it comes to ~에 관해 말하자면 (as for)

with a view to ~ing ~하기 위하여 (with the view of, for the purpose of)

with regard to ~에 관하여 (with reference/respect to, concerning, regarding)

with relation to ~와 관련하여 (in relation to, in/with reference to, in connection/line with)

write down 적어 두다 (take down)

yield to 굴복하다, 양보하다

zealous for ~을 열망하는 (anxious for, eager for)

1. You should watch ________ for pickpockets in the crowded subway.
   너는 혼잡한 지하철에서 소매치기를 조심해야 해.

2. Walking so much wears our shoes ________.
   너무 많이 걷는 것은 우리 신발을 닳게 한다.

3. She married a ________ businessman.
   그녀는 부유한 사업가와 결혼하였다.

4. The hotel was comfortable. ________ is more, the service was excellent.
   호텔은 편안했다. 게다가 서비스도 훌륭히였디.

5. He is ________ people call a born genius.
   그는 소위 타고난 천재이다.

6. When it ________ ________ cooking, my mother is the best.
   요리에 관해서 말히지면, 내 이미니가 최고다.

7. He studies hard with a ________ ________ passing the exam.
   그는 시험에 합격하기 위하여 열심히 공부한다.

8. With ________ to your question, I will give you an answer tomorrow.
   너의 질문과 관련하여, 나는 내일 너에게 답을 주겠다.

9. The professor spoke with ________ to the greenhouse effect.
   교수는 온실효과와 관련하여 이야기하였다.

10. Please write ________ my instruction.
    나의 지시를 적어 두어라.

11. She yielded ________ pressure from her boss.
    그녀는 상사의 압력에 굴복하였다.

12. He is zealous ________ winning the lottery.
    그는 복권에 당첨되는 것을 갈망한다.

※ 이 페이지의 단어들은 필요 시 참고하는 분야별 단어입니다. 학습자의 수준과 진도에 맞게 활용하십시오.

theory	이론	source	원천, 근원, 출처
method	방법	philosophy	철학
principle	원칙, 원리	psychology	심리학, 심리
assumption	가정	medicine	약, 의학
analysis	분석	arithmetic	산수
context	문맥, 상황	mathematics	수학
definition	정의	physics	물리학
conclusion	결론	biology	생물학

[Definition Quiz]

1. the science of treating illness and injury. _______
2. a clear explanation of a word or idea. _______
3. the study of numbers and basic calculations. _______
4. the study of living things. _______
5. a way of doing something. _______
6. the place or person something comes from. _______
7. a decision or judgment made after thinking. _______
8. the study of the mind and behavior. _______
9. a basic truth or rule that guides actions. _______
10. careful examination of something to understand it. _______
11. the study of basic ideas about life and knowledge. _______
12. the situation or background related to something. _______
13. the study of numbers, shapes, and patterns. _______
14. the study of matter, energy, and forces. _______
15. an idea that explains why something happens. _______
16. something accepted as true without proof.

---

1. 병과 상처를 치료하는 과학 **2.** 단어나 생각을 명확히 설명하는 것 **3.** 숫자와 기본 계산을 연구하는 학문 **4.** 생물들을 연구하는 학문 **5.** 무언가를 하는 방법 **6.** 무언가가 시작된 장소나 사람 **7.** 생각한 후에 내리는 결정이나 판단 **8.** 마음과 행동을 연구하는 학문 **9.** 행동을 이끄는 기본적인 진리나 규칙 **10.** 이해하기 위해 무언가를 주의 깊게 살펴보는 것 **11.** 삶과 지식에 대한 기본 생각을 연구하는 학문 **12.** 무언가와 관련된 상황이나 배경 **13.** 숫자, 도형, 패턴을 연구하는 학문 **14.** 물질, 에너지, 힘을 연구하는 학문학 **15.** 왜 무언가가 일어나는지를 설명하는 생각 **16.** 증거 없이 사실로 받아들이는 것

1.medicine **2.**definition **3.**arithmetic **4.**biology **5.**method **6.**source **7.**conclusion **8.**psychology **9.**principle **10.**analysis **11.**philosophy **12.**context **13.**mathematics **14.**physics **15.**theory **16.**assumption

---

◀ 29. Disaster & Safety p510   Categories p549

INDEX

견고딕 - 표제어
고딕　- 파생어

A

abandon **162**
abandonment 162
abnormal 192
aboard **513**
abound 167
abroad **513**
absence 126
absent **126**
absolute **455**
absolutely 455
absorb **285**
abstract **438**
abundance 167
abundant **167**
access 134
accident **91 307**
accidental 91 307
accommodate **154**
accommodation 154
accompany **474**
accomplish **247**
accomplishment 247
account **47**
accuracy 336
accurate **336**
accusation 396
accuse **396**
ache **294**
achieve **247**
achievement 247
acid **296**
acknowledge **324**
acoustic 467
acquire **145 484**
acquired 145 484

acquisition 145 484
act **95** 71
action 95
actor 95
actress 95
actual **285**
adapt **60 462**
adaptation 60 462
addict **345**
address **19**
adequacy 134
adequate **134**
adjust **38**
admiration 215
admire **215**
admission 12
admit **12**
adopt **462** 60
advance **275**
advantage **413**
adventure **453**
advocacy 437
advocate **437**
affair **314**
affect **402**
affection 402
age **102**
agency **472**
agent **472**
aggressive **454**
agriculture **356**
aid **44 488**
aim **80 488**
aisle **416**
alarm **352**
alcoholic **187**
alien **155**

alienate **155**
alike **226**
allergy **326**
allow **277** 34
allowance **34** 277
almighty 315
alter **233**
alteration 233
alternate 163
alternately 163
alternative **163**
amaze **183**
amazing 183
amend **168**
amendment 168
amuse **415**
analysis 196
analyst 196
analyze **196**
ancestor **167**
ancient **364**
angle **195**
animate **163**
animation 163
anniversary **297**
announce **396**
annoy **285**
annoyance 285
annual **313**
antarctic **457**
anticipate **47 437**
antipathy **434**
antique **334**
anxiety 14
anxious **14**
apart **347**
apologetic 295

apologize **295**
apology 295
appeal **365**
appealing 365
appear **27** 235
appearance **27**
appetite **325**
appetizer 325
applaud **293**
applause 293
applicant 61
application **61**
apply **61**
appoint **28**
appointment 28
appreciate **29**
approach **415**
appropriate **385**
approval 432
approve **432**
approximate **137**
approximately 137
approximation 137
aptitude **474**
architect **325**
architecture 325
arctic **457**
area **115**
argue **15** 185
argument **185** 15
arise **394**
arithmetic **518**
arm **81**
around **90**
arrange **25**
arrest **364**
arrogance 162

arrogant **162**
arrow **507** 96
article **15**
artificial **517**
ascend **433**
ash **407**
ashamed **264**
aspect **286**
assemble **14** 153
assembly **15**
assess 134
asset **134**
assign **134**
assignment **134**
assist **412**
assistant 412
assume **30** 166
assumption **166** 30
assure **273**
astonish **183**
astronaut **383**
astronomer 383
atmosphere **103**
atom **493**
atomic 493
attach **435**
attachment 435
attempt **442**
attend **55** 257
attendance 55
attendant **55**
attention **257** 55
attitude **474**
attorney 437
attract **197**
attractive 197
atypical 245

audible 467
audience **82**
auditorium **153**
auditory **467**
author **233**
authoritative 13
authority **13**
authorize 13
autobiography **507**
autograph 435
automobile **364**
available **292**
avenue **287**
average **294**
avoid **266**
avoidance 266
award **515**
aware **392**
awe **464**
awesome **464**
awful **464**
awkward **202**

B

bachelor **50 516**
backward 374
badly **123**
baggage **377**
balance **114**
bald **506**
band **126 486**
bandage 126 486
bank **116**
bare **222**
barely 222

bargain	**46**	bitterly	404	
bark	**38 475**	blacksmith	**313**	
barn	**184**	blame	**406**	
barrier	**157**	blank	**393**	
base	**262**	blast	**505**	
basement	**262**	bleed	**243**	
basis	**262**	blend	**213**	
beach	**465**	bless	**402**	
bear	**36**	blind	**445**	
beard	**493**	block	**68 513**	
beast	**174**	bloom	**476**	
beat	**103**	blossom	**386**	
beg	**236**	blow	**38**	
behave	367	blue	**426**	
behavior	**367**	board	**45**	
belong	**254**	bold	**506**	
belonging	254	boldness	506	
bend	**486**	bomb	**304**	
beneficial	257	bomber	304	
benefit	**257**	bond	**94**	
bet	**84**	bone	**337**	
betray	**162**	book	**113**	
betrayal	162	boost	**145**	
betrayer	162	booth	**186**	
better	197	border	**403**	
beverage	**302**	bore	**272**	
biannual	313	bored	272	
bias	**135**	boredom	**272**	
biased	135	boring	272	
bill	**71** 95	borrow	**506**	
bind	**375** 96 403	bother	**95 285**	
binoculars	**488**	bothersome	95 285	
biography	**507**	bound	**96 403** 375	
biologist	412	boundary	**403**	
biology	**412**	bounds	**403** 96	
bite	**475**	bow	**96 507**	
bitter	**404**	branch	**78**	

brave	265
bravery	**265**
breadth	**487** 443
break	**72**
breakdown	**295**
breed	243
breeze	**505**
brick	**513** 68
bride	**497**
brief	**37**
bright	**107**
brilliant	**93**
broad	**443** 487
broadcast	**285**
broaden	487
broom	**476**
budget	**222**
bulk	**227**
bulky	227
bullet	**446**
bulletin	**446**
bump	**255**
bunch	**225**
bundle	**225**
burden	**58**
burial	272
burst	**257**
bury	**272**
bush	**287**

C

cabin	**30 373**
calculate	**253**
calculator	253
calm	**104**

canal **512**

cancel **413**

cancellation 413

cancer **217**

candidate **267**

canyon **425**

capability **284**

capable **284**

capacity **172**

capital **50**

capitalism 50

captain **55**

captive 163

capture **163**

career **417**

carpenter **314**

carve **145**

carving 145

case **40**

cashier **386**

cast **44**

casual **36** 47

causal 36 47

cause **47**

caution **342**

cautious 342

cease **167**

ceasefire 167

ceiling **402**

celebrate **216**

celebrated 216

celebrity 216

cemetery **494**

century 296

cereal **336**

ceremony **354**

certain **54**

certainty 54

certificate **407**

certification **407**

certify **406**

chance **125**

channel **512**

chaos **194**

chaotic 194

character **54 462** 308

characteristic **308 462** 54

charge **50**

charity **424**

charm **197**

charming 197

chase **265** 24

cheat **342**

check **70**

checkup **343**

cheek **204**

chef **203**

chemical **127**

chemistry 127

cherish **177**

chew **394**

chief **104**

chilly **296**

chimney **403**

chin **204**

chip **357**

chop **357**

chore **366**

circumstance **142**

cite **436**

civil **59**

civilian 59

civilization **284**

civilized 284

claim **12**

clap **285**

clash **393**

class **426**

classic **102 519**

classical **519** 102

classification 152

classify **152**

claw **223**

clay **305**

clear **59**

clergy 384

clerk **235**

client **283**

cliff **363**

climb **60**

clinic **146**

close **123**

closely 123

closet **206**

cloth **205**

clothes **206**

clothing **206**

cloths 205

clown **417**

clue **283**

coach **108**

coast **465**

collapse **136**

colleague **392**

collect **473**

collective 473

colonial 267

colony **267**

combat **286**

combination 157

combine **157**

comet **493**
comfort **37** 347
comfortable **347** 37
command **94**
commander 94
comment **292**
commerce **376**
commercial 376
commit **19**
commitment 19
committee **257**
common **81 193**
communicate **227**
communism **313**
communist 313
community **236**
compact **45**
companion **393**
company **103 474** 393
compare **237**
comparison 237
compartment 186
compassion 242
compassionate 242
compensate **137**
compete **225** 435
competence 435
competent **435**
competition 225 435
competitive **435** 225
complain **247**
complaint 247
complement **233**
complete **67**
completion 67
complex **46 184**
complexity 46 184

complicate 184
complicated **184**
compliment 233
compose **73**
composer 73
composition 73
compute **403**
conceal **193**
concealment 193
conceivably 452
conceive **452**
concentrate **304**
concentration 304
concept 452
concern **49**
conclude **294 475**
conclusion **295** 475
concrete **438**
condition **83**
conditional 83
conduct **362** 79
conductor **79** 362
cone **407**
confess **302**
confession 302
confidence 245
confident **245**
confirm **224**
conflict **405**
confuse **315**
confusion 315
congress **152** 15
connect **275**
conquer **177**
conqueror 177
conquest **177**
conscience **438**

conscious **438**
consent **137**
consequence **243**
consequent 243
consider **264**
considerable **434** 264
considerate **434** 264
consist **365**
consistency 133
consistent **133**
constant **344**
construct **266**
constructive 266
consult **396**
consultant 396
consume **375**
consumer 375
consumption 375
contact **283**
contain **357**
container **357**
content **45**
context **146**
continent **333**
continental 333
continual **447**
continuous **447**
contract **106**
contradict 142
contrary **335**
contrast **142** 335
contribute **78 433**
contribution **78** 433
convenience 223
convenient **223**
convey **357**
cook **397**

cooker 397
cooperate 427
cooperation **427**
coordinate **162**
coordination 162
coordinator 162
core **184**
correct **25 473**
correlation 297
corridor **416**
cost **117**
costly 117
costume **206**
cottage **373** 30
cough **423**
council **492**
counsel **492**
count **82**
courage **378** 482
courageous 378
court **97 503**
courteous 145
courtesy **145**
cover **125**
coverage 125
coward **242**
cowardly 242
cowardice 242
crack **224**
craft **69**
craftsman 69
crash **393**
crawl **332**
craze 48
crazy **48**
creation 324
creative **324**

creature **324**
credible **464**
creditor **256**
creep **332**
crew **325**
crime **422**
criminal **422**
crisis **384**
critic **363** 84
critical **84 363**
criticism **363**
criticize **363**
crop **294**
cross **93**
crossroad **362**
crosswalk **362**
cruel **332**
cruelty 332
crush **393**
cube **485**
cultivate **172**
cultivated 172
culture **18**
cultured 18
cure **295**
curiosity **417**
curious 417
currency 17
current **17**
custom **46**
customer **407**

D

dairy **213**
damage **255**

damp **345**
dare **167**
daring 167
dawn **478**
deaf **445**
deal **60**
dealer 60
debate **185**
debt **255**
debtor 255
decade **296**
decay **196**
deceit 452
deceive **452**
decisive **143**
deck **347**
declaration 187
declare **187**
decline **15**
decorate **366**
dedicate **144**
deed **143**
deep **454**
deepen 487
deeply **454**
defeat **36**
defect **182**
defective 182
defend **497** 335
defense **335**
define **155 484**
definite **443** 155 484
definitely 443
definition **155**
deforest 194
degree **66**
delay **276**

delete 156
delicate 346
delight 227
deliver 337
delivery 337
demand 66 38
demanding 66
demerit 256
democracy 313
demonstrate 67
demonstration 67
demonstrator 67
denial 213
dense 196
density 196
dentist 414
deny 213
depart 413
department 265
departure 413
depend 497
dependence 186
dependent 186
deposit 152
depress 246
depression 246
depth 487
descend 433 167
descendant 167 433
descent 433
describe 354 25
description 25 354
desert 71 514
deserted 71 514
deserve 253
desirable 282
desire 282

despair 135
desperate 135
dessert 514 71
destination 274
destiny 374
destroy 265
destruction 265
detach 435
detached 435
detachment 435
detail 252
detailed 252
detect 378
detective 378
detector 378
determine 283
develop 71
device 406
devil 407
devise 406
devote 144
dew 306
dialect 478
dialogue 456
diameter 234
dictate 25
dictator 25
diet 113
dietary 113
differ 364
dig 352
digest 90
dignified 142
dignity 142
diligence 313
diligent 313
dine 314

dip 257
diploma 466
diplomacy 466
diplomat 466
diplomatic 466
direct 58 424
direction 58
directive 58
director 424 58
dirt 323
dirty 323
disable 317
disabled 317
disadvantage 413
disappear 235 27
disappoint 334
disappointment 334
disassemble 153 14
disaster 198
disastrous 198
discourage 482 378
discover 263
discovery 263
disease 256
disgrace 394
disgust 147
dishonor 235
dismiss 94
dismissal 94
disobey 166
disorder 78 40
display 187
dispute 185
disqualify 302
dissuade 173
distance 234 404
distant 404 234

distinct	**56 312 438**	due	**96** 306	embrace	**135**
distinctive	**438** 56 312	dull	**187**	emerge	**244**
distinguish	**177**	dumb	**445**	emergence	226 244
distinguished	177	dump	**266**	emergency	**226**
distress	**28 286**	dust	**274**	emigrant	**476**
distribute	**433**	duty	**34**	emigrate	**476**
distribution	433	dynamic	**423**	emotion	**276**
disturb	**132**			emperor	**393**
disturbance	132			emphasis	246
diverse	**162**	**E**		emphasize	**246**
diversity	162			empire	**393**
divide	**342** 44	eager	**217**	employ	**126 352**
division	**44** 342	earn	**412**	employee	352
divisive	342	earnings	412	employer	**352**
dizzy	**267**	earth	**117**	employment	126 352
document	**204**	earthly	117	empty	**384**
documentary	204	ease	**56**	enable	**287**
documentation	204	easy	56 187	encounter	**133**
dome	**413**	economic	**496** 96	encourage	**482** 378
domestic	**16**	economical	**496** 96	end	**122**
donate	**156**	economy	**96** 496	endangered	165
donation	156	edge	**39**	endurance	174
donor	156	edit	378	endure	**174**
dorm	413	editor	**378**	enduring	174
dormitory	**153**	effect	**84 402**	engage	**327**
doubt	**133** 46	effective	**402** 84	engagement	327
dozen	**518**	efficiency	402	enlarge	**263**
dozens	518	efficient	**402**	enlargement	263
draft	**13 477**	elect	**426** 397	enormous	**153**
drag	**335**	election	397	enrich	**404**
draw	**48** 267	elegance	**414**	enroll	**143**
drawer	**267** 48	elegant	414	enrollment	143
drill	**94**	element	**366**	enslave	253
drought	**482**	elementary	**376**	entertain	**415**
drown	**283**	embarrass	**164**	entire	**67**
drug	**202** 78 307	embarrassed	164	entry	**222**
drugstore	202	embarrassing	164	envelope	**237**

enviable	333	excite	**302**	expression	93
envious	333	excited	302	extend	**95 446** 514
environment	**365**	exciting	302	extension	**514** 95 446
envision	57	exclaim	**136**	extensive	95 446
envy	**333**	exclude	**475**	extent	**514**
equip	**406**	exclusion	475	external	**506**
equipment	**405**	exclusive	475	extinct	**165**
erect	426	excuse	**73**	extinction	165
erupt	**154**	exercise	**57**	extraordinary	192
eruption	154	exhaust	**19**	extreme	**284**
escape	**266**	exhibit	**187**		
essence	**244** 107	exhibition	187		
essential	**107 244**	exist	**284**	**F**	
establish	**374**	existence	284		
establishment	374	existing	284	fable	**397**
estimate	**132**	exotic	**142**	fabric	**205**
estimated	**132**	expand	**196 446**	face	**124**
evaluate	**134**	expansion	196 446	facilitate	17
even	**122** 232	expansive	196 446	facility	**17**
eventual	**286**	expend	**446** 196	factor	**342**
eventually	286	expenditure	246 446	fade	**236**
everlasting	**133**	expense	**246** 446	faint	**232**
evidence	**224** 312	expensive	246	fair	**68 503**
evident	**312** 224	experiment	**207**	fairly	**69** 503
evil	**216**	experimental	207	fairy	**266**
evolution	496	expert	**308**	faith	**264**
evolve	**496**	expertise	308	faithful	**264**
exact	**226**	expire	**137**	fake	**212**
examination	79	expiry	137	false	**293**
examine	**79**	explode	**445**	fame	**422**
example	**127**	exploration	445	familiar	**324**
exceed	**172**	explore	**445**	familiarity	324
excel	**253**	explosion	445	famine	**462**
excellent	253	explosive	445	fancy	**29**
exception	**312**	expose	**136**	fare	**503**
excess	**173**	exposure	136	farewell	**385**
exchange	**335**	express	**93**	fashion	**123**

fasten	**346**	flame	**467**	fortunate	37 303		
fat	**396**	flat	**248**	fortune	**37 303**		
fatal	374	flatter	**306**	fortuneteller	303		
fate	**374**	flattered	306	forward	**374**		
fatigue	**137**	flattery	306	foul	**186**		
fault	**182**	flavor	**315**	found	**465** 55		
favor	**194**	flesh	**227**	foundation	**55** 465		
favorable	194	float	**356**	fountain	**352**		
favorite	**267**	flock	**387**	fragile	**306**		
feast	**466**	flood	**482**	fragility	306		
feature	**308**	floor	**515**	frame	**467**		
federal	**153**	flour	**354**	frank	**192**		
feed	**336**	flow	**237**	freedom	232		
feminine	**462**	fluent	**453**	freeze	**287**		
feminism	**462**	fog	**308**	freight	**519**		
feminist	462	foggy	308	frequency	453		
fertile	**375**	fold	**412**	frequent	**453**		
fertilize	375	folk	**397**	fright	**519** 183		
fertilizer	375	folklore	**397**	frighten	**183** 519		
fiber	**205**	folktale	**397**	frontier	**403**		
fiction	**73**	fond	**513**	frost	**306**		
field	**124**	foot	**83**	frustrate	**236**		
fierce	**474**	forbid	**277**	fuel	**104**		
fiery	**222**	force	**57**	fulfill	**247**		
figurative	72	forecast	**322**	fulfillment	247		
figure	**72**	forefather	**167**	function	**412**		
filter	**124**	forehead	**424**	functional	412		
finance	**163**	foreign	**123**	fund	**478**		
financial	163	forerunner	167	fundamental	**60**		
fine	**105**	foresee	**322**	funeral	**202**		
fire	**106 515**	forest	**194**	furious	**152**		
firm	**56**	foretell	**322**	furnish	**305 515**		
firsthand	**443** 66	forgive	**386**	furnished	**515** 305		
fist	**466**	form	**107**	fury	**152**		
fit	**28**	formal	**367**				
fitness	28	former	**513**				
fix	**113**	formula	367				

G

gain 215
galaxy 493
game 108
gap 324
garage 35 482
garbage 282 482
garment 206
gasoline 507
gather 106
gaze 467
gear 346
gender 324
general 59 473
generalize 373 59 473
generate 343 38
generation 38 343
generosity 473
generous 473
genius 236
genuine 224
geographer 477
geography 477
geologist 477
geology 477
geometry 518
ghost 186
gift 122
glacier 467
glance 315
glide 487
glitter 254
global 322
globe 322
gloom 345
gloomy 345

glow 335
goodwill 203
govern 262
governance 262
government 262
governor 262
grab 335
grace 394
graceful 394
gracious 394
grade 81
gradual 382
graduate 417
grain 296
grand 426
grasp 18
grasshopper 202
grateful 196
gratitude 196
grave 68 494
gravel 337
gravity 68 494
graze 467
greed 394
greedy 394
grind 144 124
grocer 366
grocery 366
groom 497
ground 124 144
groundless 124
guarantee 355
guard 82
guilt 422
guilty 422
gust 505
gymnasium 293

H

habitat 143
hand 112
handicap 213
handy 224
hang 37
harbor 16 272
harden 217
hardly 175
hardship 237
harm 333
harmful 333
harmless 333
harsh 56
harvest 385
haste 354
hasten 354
hatch 344
hate 316
hatred 316
hay 416
head 114
heal 295
height 487
heighten 487
heir 146
hell 303
help 117
helpless 323
herb 147
herbal 147
herd 387 29
heritage 147
hesitate 362

hidden 193
hide **193**
hire **515**
historic **453**
historical **453**
hold **112**
holy **203**
honor **235**
honorable 235
hop **202**
horizon 432
horizontal **432**
horn **54**
horrible **413**
horror 413
hospitable 242
hospitality **242**
host **29 387**
hostess 29 387
hostility 242
house **117**
household **262**
hub 147
huge **154**
humane 93 304
humanity **93 304**
humble **13**
humid **277**
humidity **277** 252
hurt **327**
hut **373**
hydrogen **504**

I

iceberg **467**

icon **154**
ideal **325**
identical 204
identification **204**
identify **204**
identity **204**
idiom **174**
idle **512**
idol **512**
ignorance **457**
ignorant **457**
ignore **457**
illegal 346
illiterate 442
illogical 395
illusion **177**
illustrate **242** 35
illustration **35** 242
imaginary **438**
imaginative **438**
imitate **354**
imitation 354
immature 164
immediate **18**
immediately 18
immigrant **476**
immigrate **476**
immoral 427
impact **156**
impartial 25
impatient 46
implication 164
imply **164**
impress **275**
impressive 275
imprison **263**
improper 345

improve **432**
improvement 432
impulse **504**
impulsive 504
inaccurate 336
incident **307**
incidental 307
incline **17**
include **475**
income **454**
incompetent 435
incredible **464**
indeed **143**
independence **186**
independent 186
indicate **24** 166
indication **166** 24
indifferent **212**
individual **343**
individuality 343
industrial **497**
industrious **497** 96
industry **96** 497
inevitability 245
inevitable **245**
infancy 415
infant **415**
infect **157**
infection 157
infectious 157
inferior **517**
inferiority 517
infinite **443**
infinity 443
influence **402**
influential 402
ingredient **133**

inhabit 143
inhabitant 143
inherit 146
inheritance 147
inheritor 146
initial 173
initiate 173
initiative 173
inject 226
injector 226
injure 307
injury 307
innocence 422
innocent 422
inquire 484
inquiry 484
inscribe 145
insect 334
insecticide 334
insert 156
insight 164
insist 456
inspect 326
inspector 326
inspiration 243
inspire 243
install 215
installation 215
installment 215
instance 304
instant 297
instinct 163
instinctive 163
institute 463 24
institution 24 463
instruct 54
instruction 54

instructive 54
instructor 54
instrument 405
insult 154
insurance 337
insure 337
intake 184
intellect 91 494
intellectual 494 91
intelligence 91 494
intelligent 494 91
intend 347
intense 172
intensify 172
intensive 172
intent 347
intention 347
interest 29
interfere 144
interference 144
internal 506
internalize 223
interpret 256
interpreter 256
interrupt 176
interruption 176
intersection 362
interval 346
invade 144
invaluable 446
invariable 34
invent 70
invention 70
invest 427
investigate 326
investigator 326
investment 427

involve 26 496
iron 295
isolate 414
issue 60

J

jail 263
jam 293
jaw 204
jealous 455
jealousy 455
jewel 254
jewelry 254
joint 95
journal 263
journalism 263
journalist 263
journey 313
judge 103
junk 282
just 116 296 383
justice 383 116
justify 296

K

keen 107
kindergarten 273
kit 423
kite 384
knight 414

L

label **116**
labor **194**
laboratory **152**
laborer 194
lack **283**
lacking 283
land **125**
landlord **245**
landscape **362**
lap **254**
largely **316**
last **112**
lasting 112
late **108 488**
lately **488** 108
latest **488**
latter **513**
launch **153**
launching 153
laundry **254**
lawyer **437**
lay **518** 59
layer **175**
leak **404**
lean **49 502**
lcap **472**
leave **50**
lecture **287**
leftover **264**
legal **346**
legend **425**
legendary 425
lend **506**
length **487**
lengthen 487
lessen **492**
lesson **124 492**

liberal 232
liberty **232**
lid **263**
lie **59 518**
lift **274**
lightning **497**
likelihood **183**
likely **183**
limit **416**
link **385**
liquid **517** 79
literacy 442
literal **442**
literary **442**
literate **442**
literature **106** 442
litter **282**
livelihood **183**
livestock **202**
load **83** 502
loaf **312**
loan **176**
local **132**
locate **85**
location 85
lodge **373**
log **343**
logic **395**
logical 395
long **115**
loose **405**
loosen 405
lord 245
lot **92 287**
loyal **444**
loyalty **444**
luggage 377

lumber **297**
lunar **504**

M

machine **257**
machinery 257
mad **44**
magnet **203**
magnificence 205
magnificent **205**
magnify **366**
maintain **14** 245
maintenance **245** 14
major **71 516**
majority **516** 71
makeup **80**
mall **314**
malnutrition 375
mammal **355**
mankind **304**
manner **123**
mansion **492**
manual **18**
manufacture **264**
manufacturer 264
manuscript **477**
marble **226**
margin **46**
marine **365**
marvel 226
mass **59**
massive **277**
master **50 516**
masterpiece **332**
match **61**

material	**18**
mathematics	**518**
matter	**102**
mature	**164**
maturity	164
maxim	252
mayor	**355**
meadow	**203**
meal	**478**
means	**36**
measure	**482**
measured	482
measures	**482**
mechanic	**483**
mechanical	**483**
mechanism	483
media	**322** 112
medical	**222**
medicine	**78 307** 222
medium	**112 322**
meet	**112**
melt	**342**
memorial	**284**
memorize	**215**
mend	**366**
mental	**235**
mentality	235
mention	**492**
merchandise	**387**
merchant	**386**
merely	**135**
merit	**256**
mess	168
messy	**168**
meteor	**493**
meteorite	493
method	**394**
microscope	**488**
might	315
mighty	**315**
migrate	476
mild	**273**
military	**365**
mill	**332 478**
millennium	296
millionaire	**147**
mind	**108**
mine	**97**
miner	97
minister	**27**
minor	**72 516**
minority	**516** 72
minute	**122**
miracle	**336**
miser	**486**
miserable	486
misery	**486**
misfortune	**303** 37
misleading	**184**
miss	**116**
missing	116
mission	**44**
mist	**308**
mistress	50 516
misty	308
mobile	**364**
mode	**184**
moderate	**132**
modification	168
modify	**168**
moist	**276**
moisture	**276**
moisturize	276
momentary	**466** 244
momentous	**244 466**
monitor	**115**
monitoring	115
monologue	**456**
monotonous	**166**
monotony	166
monster	**186**
monument	**376**
moral	**427**
morality	427
mostly	**382**
motivate	**232**
motivation	232
motive	**232**
move	**115**
mud	**305**
muddy	305
multiple	**464**
multiplication	464
multiply	**464**
murder	**374**
murderer	374
muscle	**406**
mustache	**493**
mutual	**314**
mystery	**343**
myth	**47 424**
mythology	47 424

N

naked	**387**
namely	**317**
nap	**212**
narrate	**207**
narration	207

narrative 207
narrow **443**
nationality **386**
native **256**
natural **25 517**
nature **108**
navigate **172**
navigation 172
nearly **253**
necessitate **225**
negative **456**
neglect **162**
negligent 162
nerve **357**
nervous **357**
net **124**
neutral **165**
neutralize 165
nobility 473
noble **473**
nod **255**
nonsense **317**
norm 192
normal **192**
notable 82
note **82**
notice **68**
novel **114 473**
novelty 114 473
nuclear **193**
numerous **133**
nurse 336
nursery **336**
nutrient **375**
nutrition **375**
nutritious 375

O

obedience 166
obedient **166**
obey **166**
object **16 436**
objection 16 436
objective **16 436**
objectivity 16 436
obligate 375
obligation **375**
obligatory 375
observance **454** 12
observation **454** 12
observatory **412**
observe **12** 412 454
obstacle **303**
obtain **237**
obvious **312**
occasion **406**
occasionally 406
occupant 165
occupation **73 214** 165
occupy **165** 73 214
occur **395**
occurrence 395
odd **232** 122
odor **223**
offend **28** 163
offense 28
offensive **163** 28
offer **305**
official **264**
omission 182
omit **182**
operate **19**

opinion **284**
opponent **185**
opportunity **332**
oppose **185**
opposite **185**
opposition 185
opt 237
optimism 442
optimist 442
optimistic **442**
option **237**
optional 237
oral **324**
order **40** 78
orderly 40
ordinary **192**
organ **113 343**
organic **344**
organism **343** 113
organization 344
organize **344**
organizer 344
orient **48**
origin **378**
original **127 378**
originality 127 370
originate 378
orphan **198**
orphanage 198
outcome **454**
outdo **444**
outlet **40**
outline **144**
outlive **444**
outlook **332**
outperform **444**
output **155**

outrun	**444**	partition	124	persuade	**173**
outskirts	**472**	partly	**314**	persuasion	173
outstanding	**134**	party	**61**	persuasive	173
oval	**485**	pass	**122** 69	pessimism	442
overall	**217**	passage	**69** 122	pessimist	442
overcome	**244**	passenger	**384**	pessimistic	**442**
overestimate	132	passion	**242**	petrol	**507**
overhear	**253**	passionate	**242**	phase	**507**
overlook	**48**	passive	**454**	phenomena	136
overseas	**315**	past	**127**	phenomenon	**136**
overvalue	**198**	pasture	**203**	philosopher	392
owe	**464**	pat	**396**	philosophy	**392**
own	**82 302**	patch	**30**	phrase	**507**
oxygen	**504**	path	**265**	physical	**34** 437
		patience	46	physician	**437**
		patient	**46** 457	physicist	**437**
P		patrol	**507**	physics	**437**
		pause	**475**	picture	**122**
pace	**273**	pave	**344**	pierce	**474**
pack	**69 377** 502	pavement	344	pile	**235**
package	**377**	peak	**384**	pill	**505**
packet	**377** 69	pebble	**337**	pioneer	**325**
pain	**376**	peel	**505** 105	pit	**424**
painful	376	peer	**105 505**	pitiful	233
palace	**503** 97	perceive	**452**	pity	**233**
pale	**275**	perception	452	place	**116**
palm	**102**	perform	**363** 85	plain	**36 483**
panic	**136**	performance	**85** 363	plane	**483**
paradise	**336**	performer	363	planet	**47**
parcel	**377**	permanent	**132** 175	plant	**49**
parliament	152	permission	277	please	**415**
part	**124**	permit	**277**	plow	**276**
partial	**25** 314	persist	**456**	point	**79**
participant	**156** 437	persistence	456	poison	**372**
participate	**155 437**	personal	**495**	poisonous	372
particle	**493**	personality	**216**	polar	**197** 512
particular	**424**	personnel	**495**	pole	**512** 197

policy	**297**	
polish	**355**	
politics	**405**	
poll	**512**	
pollutant	192	
pollute	**192**	
pollution	192	
pond	**513**	
poor	**113** 322	
pop	**202**	
popular	**342**	
popularity	**342**	
porch	**312**	
port	**272** 16	
portable	**205**	
portion	**195**	
portrait	**425**	
portray	**425**	
pose	**97 165 475**	
positive	**456**	
possess	**303**	
possession	303	
possibly	**182**	
post	**40**	
postpone	**246**	
postponement	246	
posture	**165** 97 475	
potential	**274**	
pound	**465**	
pour	**346**	
poverty	**322** 113	
power	**113**	
practical	**105** 27	
practice	**27** 105	
praise	**294**	
pray	**519**	
prayer	519	

precious	**447**	
precise	**207**	
precision	207	
predecessor	495	
predict	**323**	
prefer	**374**	
preference	374	
prejudice	**135**	
prejudiced	135	
premature	164	
premium	**224**	
prepare	**395**	
prescribe	**174**	
prescription	**174**	
prescriptive	174	
present	**45 305**	
presentation	**45** 305	
preservative	445	
preserve	**445**	
press	**38**	
pressure	**345**	
pretend	**335**	
pretty	**117**	
prevent	**262**	
previous	**447**	
prey	**519**	
priceless	**446**	
priest	**384**	
primary	**423**	
prime	**423**	
primitive	**145**	
principal	**35 465**	
principle	**465** 35	
privacy	**254**	
private	**356**	
privilege	**144**	
privileged	144	

probability	**182**	
probable	**182**	
probably	**182**	
procedure	**353** 48	
proceed	**353**	
process	**48 353**	
profession	**214** 73	
professional	**214**	
professor	**215**	
profit	**274**	
profitable	274	
profound	**135**	
progress	**227**	
progressive	227	
prohibit	**277**	
project	**47**	
projector	47	
promote	**57**	
promotion	57	
prompt	**85 248**	
pronounce	**396**	
pronouncement	396	
pronunciation	396	
proof	**224** 432	
propel	**425**	
proper	**345**	
property	**12**	
proportion	**195** 39	
proposal	376	
propose	**376**	
prospect	**226**	
prospective	226	
protect	**207**	
protective	207	
protest	**263**	
prove	**432** 224	
proverb	**252**	

provide 305
provision 305
psychologist 392
psychology 392
public 97
publish 353
pulse 504
punch 233
punish 133
punishment 133
purchase 356
pure 246
purely 246
purify 246
purity 246
purpose 405
pursue 173
pursuit 173
puzzle 112 165

Q

qualification 302
qualified 302
qualify 302
quality 125 308
quarrel 185
quit 177

R

race 123
racial 123
racism 123
raft 317
rage 152

raise 84 483
random 155
range 207
rapid 248 85
rare 176
rarely 176
rate 39 195
rather 103
rating 39 195
ratio 195
raw 514 80
razor 424
reach 66
react 372
reaction 372
reality 354
realize 12
reap 385 472
reason 26 273
reasonable 273 26
rebound 96 403
recall 107
receipt 102 496
reception 496 102
recipe 334
recognition 30
recognize 30
recommend 367
recommendation 367
recount 82
recover 197
recovery 197
recruit 105
rectangle 68 485
reduce 212
reduction 212
refer 90

refine 484
refined 484
reflect 45
reform 292
refresh 414
refreshment 414
refuge 333
refugee 333
refund 478
refuse 385
regard 395
region 168 504
regional 168 504
register 143
registration 143
regretful 463
regrettable 463
regular 83
regulate 147
regulation 147
reinforce 175
reinforcement 175
reject 385
relate 297
relation 297
relative 14 455
relax 216
relaxed 216
release 26
reliability 192
reliable 192
reliance 192
relief 27
relieve 27
religion 504
rely 192
remain 395

remainder 395
remark **364**
remarkable **134** 364
remedy **296**
remind **387**
remote **316**
removal 372
remove **372**
renew **383**
renovate 292
repair **366**
repeat 293
repetition **293**
repetitive 293
replace **198**
represent **13** 247
representation 13 247
representative **247** 13
republic **213**
reputation **194**
request **327**
require **484**
rescue **132**
research **495**
resemblance 193
resemble **193**
reserve **15 445**
reside **423**
residence 423
resident **423**
resign **344**
resignation **344**
resist **247**
resistance 247
resistant 247
resolute **142** 35
resolution **35**

resolve **35** 142
resource **452**
respect **67**
respectable **463**
respectful **463**
respond **392**
respondent **392**
response 392
responsibility **392**
rest **39**
restless 39
restoration 197
restore **197**
restrict **164**
restriction 164
retire **214**
retiree 214
retirement 214
reveal **355**
revelation 355
review **317**
revise **168**
revision 168
revolution **13** 496
revolve **496** 13
reward **515**
rewarding 515
riddle **337**
ridicule **214**
ridiculous **214**
right **95**
riot **137**
ripe **172**
ripen **172**
rise **483**
risk **384**
risky 384

rob **372 505**
robber **372** 505
robbery 372 505
room **115**
rotate **413**
rotation 413
rough **416**
roughly **417**
route **394** 157
routine **157** 394
row **80 514**
royal **444**
royalty **444**
rub **505**
rubbish **282**
rude **287**
ruin **92**
rule **115**
ruler 115
run **108**
rural **456**
rust **346**
rusty 346

S

sacred **432**
sacrifice **267**
safe **125**
sail **70**
satellite **356**
satisfaction 334
satisfactory 334
satisfy **334**
saw **503**
sawmill 332 478

saying	**252**	seldom	**175**	shrinkage	136
scale	**30** 114	select	**216**	shrub	287
scan	**326**	selfish	**404**	shuttle	**303**
scarce	**176**	semester	**386**	sigh	**255**
scarcely	**175**	senior	**28**	sight	164
scarcity	176	sense	**85**	sign	**91 435**
scare	**173** 432	sensible	**434**	signal	**435**
scared	**432** 173	sensitive	**434**	signature	**435** 91
scary	173	sensor	85	significance	29 244
scatter	**243 474**	sentence	**73**	significant	**29 244**
scene	**81**	separate	**105**	silly	**353**
scenery	81	series	**394**	sin	**422**
scent	**222**	servant	**367**	sincere	**294**
scholar	**316** 57	serve	**104**	sincerity	294
scholarship	**57** 316	session	**386**	sink	**356**
scold	**142**	settle	**55**	site	**436**
score	**117 518**	severe	**223**	situation	**306**
scores	117 518	severity	223	skinny	**502**
scrap	**232**	sew	**503**	skip	**323**
scratch	**333**	shade	**34 477**	slang	**478**
scream	**365**	shadow	**477**	slap	**203**
screw	**292**	shallow	**443**	slave	**253**
script	**477**	shame	264	slavery	253
sculptor	195	shape	**69**	slender	**502**
sculpture	**195**	share	**16**	slice	**223**
seal	**72**	shatter	**474** 243	slide	**487**
search	**495**	shave	**216**	slight	**232**
seat	**127**	sheet	**265**	slim	**502**
secondhand	**66 443**	shelf	**463**	smash	**345**
secretary	**56**	shelter	**463**	snap	**186**
section	**447**	shepherd	**326**	sneeze	**303**
sector	**447**	shield	**492**	sniff	**314**
secure	**17** 236	shift	**453**	sociable	**466**
security	**236** 17	shore	**465**	social	**466**
seed	**294**	shortage	**194**	soften	**217**
seek	**93**	shortcut	**146**	soil	**252**
seize	**146**	shrink	**136**	solar	**504**

sole	**476**	sponsor	**153**	stitch	**217**	
solid	**79 517**	spot	**19**	stock	**47**	
solidify	79 517	spread	**306**	stomachache	294	
solidity	79 517	spring	**58**	storage	**164** 71	
solution	**37** 417	square	**68** 485	store	**71** 164	
solve	**417** 37	squeeze	**416**	story	**515**	
sorrow	**376**	stability	245	strategy	**297**	
sorrowful	376	stable	**245**	stream	**92**	
sort	**84**	stage	**114**	strength	**487**	
soul	**476**	stand	**58**	strengthen	407 487	
sound	**37**	standpoint	**276**	stress	**103**	
source	**452**	stare	**286**	stretch	**327**	
souvenir	**252**	starvation	206	strict	**285**	
sow	**503**	starve	**206**	strike	**112**	
space	**107**	state	**26** 316	string	**415**	
spacecraft	**383**	statement	**316**	strip	**472**	
spacious	**243**	station	**126**	stripe	**472**	
spark	**395**	stationary	227	stroll	**225**	
sparkle	**395**	stationery	**227**	structural	196	
spatial	243	statue	**195** 376	structure	**196**	
spear	**492**	status	**26** 195	struggle	**334**	
specialize	**253**	steady	**293**	subdivision	44	
species	**355**	steal	**485**	subject	**70 436**	
specific	**91**	steel	**485**	subjective	**436**	
spectacle	**205**	steep	**447**	submarine	**212**	
spectacular	**205**	step	**48**	submission	34	
spectator	**352**	steward	**217**	submit	**34**	
spend	**233**	stewardess	217	substance	**106**	
spice	**234**	stick	**90**	substitute	**198**	
spicy	**234**	sticky	90	subtle	**275**	
spill	**304**	stiff	**447**	subtract	**212**	
spin	**235**	still	**85 485**	subtraction	212	
spirit	**273**	stillness	85 485	suburb	**472**	
spiritual	273	stimulate	**255**	succeed	**114** 495	
split	**304**	stimuli	255	success	**495**	
spoil	**156**	stimulus	255	successful	114 495	
spoiled	156	stir	**133**	succession	**495**	

successive **495** 114
successor **495**
suffer **80**
suffice 382
sufficient **382**
suggest **80**
suit **40** 274
suitable **274** 40
sum **83** 327
summary **327**
superficial **327**
superior **517**
superiority 517
superstition **425**
superstitious 425
supervise **142**
supply **38** 66
support **92**
suppose **293**
surf **90**
surface **233**
surgeon 437
surplus 194
surprise **183**
surround **157**
surroundings **157**
survey **326**
survival 61
survive **61**
suspect **46 433**
suspicion 46 433
suspicious 46 433
swallow **114**
sweep **323**
sweeping 323
swift **248 453**
switch **296**

sword **274**
sympathy **434**
symptom **223**

T

tale 397
talent **273**
talented 273
talkative **213**
tame **176**
tap **315**
task **364**
taste **126**
tear **123**
telegram **212**
telescope **488**
temper **44 452**
temperament **452** 44
temperature **252**
temple **426**
temporary **175**
tempt **442**
temptation 442
tend **427**
tendency **427**
tender **427**
tense 176
tension **176**
term **49**
terminal **154**
terminate **155**
terrible **485** 166
terrific **485**
terrify **166** 485
territorial 168

territory **168**
terror 166
theft 193
theme **248**
theory **215**
thermometer **426**
thick **512**
thief **193**
thin **512**
things **125**
thirst **225**
thirsty 225
thorn **243**
thorough **417**
threat **372**
threaten 372
throat **367**
throne 243
thunder **497**
tide **104**
tidy **434**
tie **97**
tight **292**
tighten 292
timber 297
timid **356**
tiny **434**
tip **28**
tire **122**
tolerable **457** 174
tolerance 457
tolerant **457** 174
tolerate **174** 46 457
tomb **494** 68
tongue **116**
tool **405**
toss **286**

touch **115**
tough **416**
toxic **146**
trace **24** 265
track **24** 265
trade **92**
tradition **283**
traditional 283
traffic **235**
tragedy **325**
tragic 325
trail **24**
transfer **486**
transform **486**
translate **256**
transport **486**
transportation **486**
trap **54**
trash **282**
treasure **326**
treat **39 295**
treatment 39 295
trek 24
trend **404**
trial **17**
tribal 275
tribe **275**
trick **81**
triumph **362**
troop **414**
tropical **355**
trustworthy **323**
tube **353**
twilight **478**
typical **245**

U

ultimate **286**
ultimately 286
unbiased 135
uncommon 81 193
uncover **502**
underestimate 132
undergo **145**
undertake **145**
undervalue 198
uneasy **187**
unemployment **352**
unfold 412
unfortunate 37 303
unification **382**
uniform **114** 382
unify **382**
union **383**
unique **292**
unite **382**
universal **113**
unload **502** 83
unlock **502**
unpack **502** 69 377
unprejudiced 135
unwilling 272
uproot **323**
upset **36**
upstairs **313**
urban **456**
urge **35** 198
urgent **198**
usage **174**
utilize **202**
utmost **347**

V

vacant **292**
vacuum **222**
vague **312**
vagueness 312
vain **242**
valley **415**
valueless 446
vanity 242
varied 34
variety **234**
various **234** 34
vary **34** 234
vast **154**
vehicle **252**
vein 242
venture **453**
version **367**
vertical **432**
vessel **225**
vibrate **347**
vice **39 455**
vicious 39 455
victim **246**
victimize 246
view **70**
viewpoint **276**
violate **383**
violation 383
violent **383**
violet **254**
virtue **455** 39
virtuous 455
vision **57**

vital	**244**
vitality	244
vivid	**306**
vocation	**214**
volcano	**404**
volume	**106**
voluntary	**302**
volunteer	**302**
vote	**397**
voyage	**377**

W

wage	**345**
wagon	**262**
wait	**126**
wander	**484**
warn	**363**
waste	**282**
watch	**72**
watchman	72
wave	**79**
weak	407
weaken	**407**
wealth	**248**
wealthy	248
weapon	**315**
wear	**66**
weary	137
weed	**373**
welfare	**216**
well	**26**
wheat	**215**
wheel	**353**
whisker	**493**
whisper	**305**

whistle	**316**
whole	**373**
widen	487
widow	**213**
widower	213
width	**487**
wildlife	**317**
will	**30**
willing	**272**
willingly	272
win	**127**
wind	**125** 307
windmill	**333**
windshield	492
wipe	**334**
wire	**207**
wireless	207
wisdom	**382**
wise	382
witch	**506**
withdraw	152
witness	**14**
witty	**255**
wizard	**506**
wonder	**94 484**
work	**108**
workshop	**425**
worsen	**197**
worth	**234**
worthy	234
wound	**307** 125
wounded	307
wrap	**365**
wrestle	**426**

Y

yawn	**275**
yell	**266**

Z

zeal	455
zealous	**455**

Categories

1. Earth & Space	22	14. Media & Communication	290
2. History	64	15-1. Society	300
3-1. Science & Technology	76	15-2. Society	320
3-2. Science & Technology	88	16. Culture	330
4. Agriculture	100	17. Literature	340
5-1. Nature & Creature	120	18. Psychology	350
5-2. Nature & Creature	130	19. Religion	360
6. Job	140	20. Weather & Climate	370
7-1. Economy & Consumption	150	21. Travel	390
7-2. Economy & Consumption	160	22. Family Relationships	400
8. Politics	180	23. Housing & Living	410
9-1. Education	190	24. Food & Health	420
9-2. Education	210	25-1. Characters & Features	430
10-1. Law	220	25-2. Characters & Features	450
10-2. Law	230	26. Daily Routine	460
11. Environment	240	27. Emotions	470
12-1. Hospital	260	28. Conflict & Dispute	500
12-2. Hospital	270	29. Disaster & Safety	510
13. Transportation	280	30. Academic Vocabulary	522

Academic Vocabulary	522	Hospital	270
Agriculture	100	Housing & Living	410
Characters & Features	430	Job	140
Characters & Features	450	Law	220
Conflict & Dispute	500	Law	230
Culture	330	Literature	340
Daily Routine	460	Media & Communication	290
Disaster & Safety	510	Nature & Creature	120
Earth & Space	22	Nature & Creature	130
Economy & Consumption	150	Politics	180
Economy & Consumption	160	Psychology	350
Education	190	Religion	360
Education	210	Science & Techonology	76
Emotions	470	Science & Techonology	88
Environment	240	Society	300
Family Relationships	400	Society	320
Food & Health	420	Transportation	280
History	64	Travel	390
Hospital	260	Weather & Climate	370

MEMO

MEMO

MEMO